新商科创新教材·商务分析系列

云计算及商务应用

马海英　主编

科学出版社

北京

内 容 简 介

云计算作为"新基建"技术支撑与数字化基础设施，将更为深入、更大规模地赋能行业，迎来推进产业智能化、现代化发展的新阶段。

本书从商务的视角出发，共 11 章，介绍了 4 个方面的内容，首先介绍云计算产生的背景、定义、关键技术、部署模式、服务模式等基本概念，以及云计算与物联网、大数据、人工智能、商务智能等技术的关系；其次从商务的视角介绍云计算的商业模式、云计算的经济分析、云计算的商业影响及价值；再次介绍企业实施云计算的策略和方法；最后介绍云计算的发展趋势。

本书主要面向高等院校信息管理与信息系统专业本科生、管理科学与工程专业硕士研究生以及 MBA、MEM 等专业硕士研究生，对于在企业中从事信息化管理工作的人员也具有一定的参考价值。

图书在版编目（CIP）数据

云计算及商务应用 / 马海英主编. —北京：科学出版社，2022.8
新商科创新教材·商务分析系列
ISBN 978-7-03-070620-1

Ⅰ. ①云… Ⅱ. ①马… Ⅲ. ①云计算－应用－商业管理－教材
Ⅳ. ①F716-39

中国版本图书馆 CIP 数据核字（2021）第 227944 号

责任编辑：郝　静 / 责任校对：樊雅琼
责任印制：张　伟 / 封面设计：无极书装

科 学 出 版 社 出版
北京东黄城根北街 16 号
邮政编码：100717
http://www.sciencep.com
北京中石油彩色印刷有限责任公司 印刷
科学出版社发行　各地新华书店经销
*
2022 年 8 月第 一 版　开本：787×1092　1/16
2023 年 3 月第二次印刷　印张：16 1/2
字数：381 000
定价：56.00 元
（如有印装质量问题，我社负责调换）

信息技术（information technology，IT）产业的上一次巨变发生在 20 世纪 90 年代，大型计算机逐渐退出舞台，以客户端/服务器为架构的新模式一直被沿用到现在。云计算可以认为是 IT 产业的又一个重大变化。云计算自 2006 年提出至今，大致经历了形成阶段、发展阶段和应用阶段。随着云计算突飞猛进的发展，全球云计算市场规模增长数倍。云计算描述了一种新的基于互联网的 IT 服务模式，人们无须详细了解云中的基础架构，也不需要具备专业知识就可以轻松使用。云计算动态可伸缩的特性不仅可以帮助用户节省成本，也可以让 IT 资源更好地匹配业务发展需求。如今，IT 公司、大型企业、大学和政府正逐渐将其数据中心转移到云设施中，以支持移动和网络应用。

《中华人民共和国国民经济和社会发展第十四个五年规划和 2035 年远景目标纲要》对于云计算产业指出，"加快云操作系统迭代升级，推动超大规模分布式存储、弹性计算、数据虚拟隔离等技术创新，提高云安全水平。以混合云为重点培育行业解决方案、系统集成、运维管理等云服务产业"。这充分体现了国际前沿的最新动态，也为中国云计算产业指明了发展方向。作为"新基建"技术支撑与数字化基础设施的云计算，亦将肩负起全新使命，更为深入、更大规模地赋能行业，迎来推进产业智能化、现代化发展的新阶段。

我们看到了云计算、大数据、物联网、移动互联网与人工智能等新兴领域的蓬勃发展，新技术革命开启了科技的新时代。在现代社会，信息技术已经渗透到国民经济乃至人类社会的各个领域，深刻改变了人们的生产方式和生活方式，影响经济发展方向和产业结构调整。同样信息技术的发展也为企业管理带来了巨大的商业优势，我们应该认识到信息技术在企业中的应用，不仅是技术本身的问题，信息技术的应用必然会对企业当前的管理模式、管理过程、企业变革和创新产生深远的影响。作为商学院的学生，不仅要了解新技术，更应该知道信息技术如何与企业管理模式、管理过程、企业变革和创新有机结合，从而为企业带来竞争优势。这样的背景，就对管理人才知识结构与创新能力提出了新的要求，同时也对商学院专业人才的培养提出了新的要求。

在针对商学院学生的云计算课程教学过程中，笔者发现，商学院的学生对云计算的基本知识了解不多，对云计算对企业管理、组织维度的影响，以及如何应用云计算推动企业业务的发展更是知之甚少。全球数字经济背景下，我国企业数字化转型也在加快推进。对于商学院的学生来说，不仅要了解云计算的一些基本概念和关键技术，更为重要的是从商业的视角了解云计算对于企业的商业价值、云计算的应用场景、云计算如何推动业务的发展、如何实施云战略，以及企业如何成功地向云端迁移完成数字化转型等。为了满足商学院学生的培养需求，也为了更好地开展教学工作，急需一本契合商学院学生培养要求的云计算教材，这也是笔者写作这本书的初心。

云计算本身在不断发展，笔者水平有限，书中难免会有不足之处，恳请读者批评指正。

目 录

第 1 章　云计算概述 ··· 1

   1.1　云计算产生的背景 ··· 1

   1.2　云计算的定义及内涵 ·· 13

   1.3　云计算部署模式 ·· 17

   1.4　云计算服务模式 ·· 21

   1.5　云计算的安全 ··· 24

   1.6　云计算的影响 ··· 30

   1.7　"互联网 +"与云计算 ·· 33

   1.8　章末案例——云计算的缘起 ······································ 36

第 2 章　云计算架构及关键技术 ··· 40

   2.1　云架构概述 ·· 40

   2.2　虚拟化技术 ·· 48

   2.3　数据存储技术 ··· 56

   2.4　资源管理技术 ··· 68

   2.5　并行编程模型 ··· 72

   2.6　自动化技术 ·· 78

   2.7　章末案例——阿里云 ·· 79

第 3 章　IaaS ··· 84

   3.1　IaaS 概述 ··· 84

   3.2　IaaS 特点 ··· 84

   3.3　IaaS 在企业中的应用 ·· 86

   3.4　IaaS 的规划与部署 ··· 88

   3.5　IaaS 行业发展状况 ··· 93

   3.6　章末案例 ··· 94

第 4 章　PaaS ·· **97**

　4.1　PaaS 概述 ·· 97

　4.2　PaaS 提供的服务及应用 ··· 99

　4.3　PaaS 产品的分类 ··· 101

　4.4　PaaS 的价值 ·· 103

　4.5　PaaS 提供商分析 ··· 105

第 5 章　SaaS ··· **109**

　5.1　SaaS 概述 ··· 109

　5.2　SaaS 模式与传统软件 ··· 112

　5.3　多租户架构 ··· 114

　5.4　SaaS 在企业中的应用 ··· 118

　5.5　SaaS 的发展现状及前景 ··· 124

　5.6　章末案例 ··· 126

第 6 章　云计算与其他技术 ··· **129**

　6.1　云计算与大数据 ··· 129

　6.2　云计算与人工智能 ··· 133

　6.3　云计算与商务智能 ··· 139

　6.4　云计算与物联网 ··· 143

　6.5　云计算与智能制造 ··· 152

　6.6　云计算在智慧城市中的应用 ··· 159

第 7 章　云计算的商业模式 ··· **163**

　7.1　商业模式概述 ··· 163

　7.2　云服务商业模式分析 ··· 167

　7.3　云计算商业模式的特点 ··· 170

　7.4　云计算商业模式的演进 ··· 172

　7.5　章末案例 ··· 174

第 8 章　云计算的经济分析 ··· **179**

　8.1　云计算对信息技术产品需求的影响 ······································· 179

　8.2　云计算对供给的影响 ··· 180

　8.3　云计算对信息技术产业的影响 ··· 184

　8.4　云计算对非信息技术产业的影响 ··· 187

　8.5　云计算的成本结构分析 ··· 189

　8.6　云计算的效益分析 ··· 192

第 9 章　云计算的商业影响及价值··**196**

9.1　云计算的商业影响·· 196

9.2　云计算对企业组织的影响·· 201

9.3　企业采用云计算的驱动力·· 206

9.4　云计算的商业应用·· 213

9.5　章末案例·· 215

第 10 章　企业云化的策略和方法···**218**

10.1　企业云化的关键成功因素··· 218

10.2　企业架构与云架构·· 225

10.3　企业云化的 5W1H·· 231

10.4　云服务模式的选择·· 235

10.5　管理 SLA··· 239

第 11 章　云计算的发展趋势···**244**

11.1　云计算的应用趋势·· 244

11.2　去中心化云计算··· 245

11.3　混合多云部署··· 247

11.4　云原生的发展··· 250

11.5　边云协同的发展·· 253

参考文献···**255**

第 1 章

云计算概述

🌀 1.1 云计算产生的背景

云计算不仅是一种技术趋势、一种计算机体系架构，也是一种在新业务策略引导下产生的全新的信息系统（information system，IS）交付方式。它是一种由技术变革驱动的业务策略方向的转变，可以帮助企业实现快速的业务创新。云计算可通过诸多技术得以实现，但比这些技术更重要的是：云计算成为一种新型的交付信息系统和信息技术的方式。希望在未来竞争中胜出的企业将云计算作为至关重要的战略举措，予以关注和重视。本书将从技术的演进及业务策略的视角介绍云计算的产生和兴起。

1.1.1 技术视角的演进

云计算是一种业务模式，或者是一种全新的交付信息系统和信息技术的方式。为了理解信息技术是如何进化到云计算这个阶段的，我们回顾一下这些基础技术的演进历程。认识这段历史可以使我们避开各种误区，并在坚实的基础上展望未来策略。同样，回顾这段历史还有助于我们理解云计算如何对业务策略产生影响。在演化历程的介绍中会特别提到服务器导向的体系架构与这种架构的成因，以及虚拟化技术何以如此重要。这些内容都是理解云计算如何帮助企业实现战略定位的基础。

1. 计算机硬件

计算机硬件的改变是信息系统和信息技术交付方式发生转变的重要驱动因素。在早期的计算机时代，大型主机广泛采用"幕后计算处理"的方式，用户并不会直接接触到后台的主机。而在今天，用户可以在他们的办公桌前直接使用比早期大型主机更加强大的处理资源。

在 20 世纪 50～60 年代，大型企业通常采用大型主机来处理日常数据。1958 年，杰克·基尔比（Jack Kilby）和罗伯特·诺伊斯（Robert Noyce）发明了集成电路（integrated circuit，IC）。随后数年间，集成电路在体积和成本上逐步缩减，这种持续的技术发展最终产生了微型计算机和小型计算机。在集成电路之前，分立式晶体管是大型主机的构成单位。那时没有商务智能（business intelligence，BI）或大数据（big data）之类的名词术语或者可以支持这种应用的技术条件。大型主机的作用只是帮助大型企业处理日常数据。

以今天的标准来看，这种早期的系统易用性不强。它们根本没有直观的人工界面（如显示终端或键盘），而是通过硬接线、穿孔卡片或者纸带进行数据交互和程序编写。

1964 年 4 月 7 日，国际商业机器公司（International Business Machines Corporation，IBM）第一台大型机 System/360（简称 S/360）诞生。S/360 以取一圈 360°之意，即为满足每个用户的需要而设计。它可以让低端计算机连接大型主机，上传和下载程序或资料，将电子数据处理的"松散终端"连接起来。大型主机的性能优势如可用性、可扩展性、安全性、分区和负载能力是其他类型服务器所不及的。大型主机处理复杂多任务时具有超强的能力，宕机时间远远低于其他类型的服务器；大型主机输入/输出（input/output，I/O）能力强，擅长超大型资料库的访问；采取动态分区管理，根据不同套用负载量的大小灵活地分配系统资源；从底层防止入侵的设计策略使大型主机的安全性得到提高。

大型主机时至今日仍有应用，它们所提供的强劲的运算能力能够帮助企业处理海量数据。这些设备具有极高的运算性能，能够快速处理大批量的数据集合。大型主机的这种特性使它们尤其适合在后台的批量处理中使用，帮助政府快速处理纳税申报，或者帮助企业在资源管理系统中处理大量库存方面的计算。大型主机的强项在于将大批量的数据进行迁移和快速运算处理，这样其他用户和系统［如个人计算机（personal computer，PC）端的系统］就可以进一步处理信息。今天，大型主机仍在其适合的位置上施展拳脚。这实质上是技术和架构领域的分工：个人计算机使用高端显卡，适合显示图片、影像和流媒体，而大型主机则在处理交易事务型的数据方面具有强大的能力。

需要注意一点，不要将大型主机和超级计算机混为一谈。两者都适合快速处理大批量的数据，然而它们有不同的应用领域。超级计算机在科学数据运算方面表现卓越；大型主机则适合大批量的数据迁移，并快速处理业务交易型的数据。随着云计算的兴起，多台服务器通过并发协调可以实现甚至超越大型主机的处理性能，当然这一过程中还需同时兼顾体系架构、成本和业务收益等方面。

20 世纪 60 年代中期，一种被称为小型计算机的计算设备遍地开花。1970 年，《纽约时报》（New York Times）提议将小型计算机定义为成本低于 25 000 美元、配置至少 4KB 内存，并且能够运行 Fortran 或 Basic 等编程语言的设备。小型计算机的架构与大型主机截然不同，而且能让那些没有足够经费购置庞大的大型主机但却同样需要人力无法企及的处理能力的小型企业用上计算设备。这种设备通常不会为企业内的每位雇员配备输入输出设备，而主要用于批量处理。后来，随着小型计算机和应用软件的不断衍生以及集成电路技术的发展，设备访问变得更为简便，部分小型和中型企业开始能够为每位雇员配置独立的小型计算机终端，但这仍然代价高昂，成本效益极为低下。

随着大型主机和小型计算机的运用日益普及，人们越来越感觉到需要有种设备来处理他们自身的信息——尤其是在工作中，他们有大量的数据需要进行有效处理。大型主机不可能开放给企业中的每一位普通员工使用，同时也难以操作，而要让每个人都拥有一台小型计算机也是昂贵且难以企及的。这时，集成电路和其他技术的发展及价格趋势已经使个人计算机进入了人们日常使用的范畴，并使小型的可扩展式服务器成为现实。首批个人计算机在 20 世纪 70 年代由克莱科（Coleco）、美国无线电（Radio Shack）、康懋达（Commodore）和雅达利（Atari）等制造商推出。在几年间，这些厂商所制造的个人计算机被人们视为"业余爱好者"计算机。与此同时，处理器芯片的晶体管数量以大约每两年翻倍的趋势增长，这推动了处理器性能的不断提升——这就是人们熟知的摩尔定律。

在 20 世纪 70 年代末期，每位企业雇员都需要访问计算机的观点已经成为共识。1981 年，IBM 推出了个人计算机，同一年，微软与 IBM 签署协议，发布了微软磁盘操作系统（Microsoft disk operating system，MS-DOS）。有关 MS-DOS 的诞生，业内众说纷纭，有人认为是早期"快速而肮脏的操作系统"（quick and dirty operating system，QDOS）的衍生版本，也有人认为其复制了加里·基尔代尔（Gary Kildall）的微处理器或微机控制程序（control program/microprocessor or microcomputer，CP/M）操作系统。不管怎样，微软创始人比尔·盖茨（Bill Gates）说服了 IBM，微软保留了在市场上销售 MS-DOS 的权利，使 MS-DOS 可用在 IBM 个人计算机以外的设备上。随后，微软在 1985 年推出了第一版 Windows 操作系统。在此之前，史蒂夫·乔布斯（Steve Jobs）在 1984 年推出了苹果计算机，该产品也经过了多个软、硬件版本的升级。这一系列事件最终推动了桌面计算机的革命。

2. 网络与 HTML

伴随着大型主机、小型计算机以及个人计算机的流行，业内出现了另一种现象：人们开始寻找各种途径连接不同的计算设备，从而在彼此之间传输信息。1969 年，阿帕网诞生了（有人称它为互联网的鼻祖）。阿帕网是美国国防部高级研究计划局（Defense Advanced Research Projects Agency，DARPA）的网络系统，它隶属于美国联邦政府，旨在"通过资助革命性的、高回报的科研项目，弥补和缩短现有技术和军方实际需求之间的差距，从而保持美国军方在科学技术领域的领先地位，防止意外和突发事件对本土安全的侵害"。阿帕网最初的建设目的只是让千里之外的研究人员能够从工作地点快速而简便地访问大型主机。它是第一个可以大规模扩展并基于封包模式进行数据交换的网络，它最终让位于传输控制协议/网际协议（transmission control protocol/internet protocol，TCP/IP）和今天的互联网。

阿帕网初建时有四个接入位置，分别是：①加利福尼亚大学洛杉矶分校（University of California，Los Angeles，UCLA）；②斯坦福大学研究中心；③加利福尼亚大学圣巴巴拉分校；④犹他大学。阿帕网在 1969 年 10 月 29 日从加利福尼亚大学洛杉矶分校向斯坦福大学研究中心传输了有史以来的第一条信息。随着阿帕网的不断拓展，到 1970 年它已延伸接入东海岸节点，将博尔特（Bolt）、贝拉尼克（Beranek）和纽曼（Newman）组建的高科技企业囊括在内。截至 1981 年，阿帕网已经涵盖了 213 个地区，同时以大约每20 天新增一个区域的速度发展。

同一时期（大约在 1975 年），一个横跨大西洋的卫星链路加入了阿帕网，从而使挪威地震台阵上线。阿帕网于 1983 年一分为二，军方控制其自有网络，称为军事通信网络，用于非保密通信。这种非保密的军事网络和民用传输的结合被称为国防数据网。

美国国家科学基金会（National Science Foundation，NSF）在 1985 年启动了一项计划，开始通过美国国家科学基金会网络（National Science Foundation Network，NSFNet）协调其各个项目。从 1985 年到 1995 年，NSFNet 这个名词还代表着其他在此期间建成的美国全国范围内的网络。NSFNet 最初的宗旨是使美国全国由 NSF 投资构建的超级计算机连接起来，但通过 NSF 和行业合作伙伴的协作，NSFNet 逐渐成为互联网的主要组成部分。这一主干网络连接了多个区域性网络，并使各种小规模的网络和校园网通过 NSFNet 得以相互连接。

此时，为 NSFNet 拨款的美国联邦法律将商用网络视为非法。为了使那些 NSFNet 的连接者能够合法使用该网络，NSF 发布了可接受使用策略（acceptable use policy，AUP），AUP 限制了商业网络，即便那时已经有一些商用互联网服务供应商（internet service provider，ISP）连接到了 NSFNet。于是，一些 NSFNet 早期的行业合作伙伴（尤其值得一提的是 Merit、IBM 和 MCI）创建了商用互联网交换（commercial internet exchange），用于连接诸多私有 ISP，从而减少了 NSF 所发布的 AUP 的限制和影响。于是，NSFNet 成为阿帕网和我们今天所熟知的互联网之间的过渡。

与阿帕网、NSFNet 以及互联网同时发展的还有局域网（local area network，LAN）。局域网可用来连接企业内的计算机系统，让彼此分享数据，同时连接打印机等设备。在 20 世纪 70 年代，局域网有许多种标准，彼此之间相互竞争（最著名的有以太网、令牌环和令牌总线等）。各种技术都有不少支持者，在市场上分庭抗礼。随着个人计算机的快速发展，操作系统越来越便于使用（相对于大型主机和小型计算机而言），如 CP/M 和 MS-DOS 使桌面系统也具备了计算能力，而用户同样产生了分享设备数据的需求，局域网的部署遍地开花。

施乐集团（Xerox）旗下的帕洛阿尔托研究中心（Palo Alto Research Center，PARC）将自己定位为技术平台的先驱者。罗伯特·梅特卡尔夫（Robert Metcalfe）和他在帕洛阿尔托研究中心的同僚于 20 世纪 70 年代早期推出了以太网，并在 1975 年获得专利。由于以太网适用于个人计算机市场及其相对较低的成本，它实质上变成了个人计算机和服务器之间的连接标准。以太网最终由电气和电子工程师协会 802 工作组确定了正式标准，并从最初时期缓慢的连接速度（以今天的标准来看）进化为当前我们日常使用的高速网络。

另外，伴随而来的是超文本传输协议（hypertext transfer protocol，HTTP）和超文本标记语言（hypertext markup language，HTML），它们由蒂姆·伯纳斯-李（Tim Berners-Lee）发明。蒂姆·伯纳斯-李发现可以使用这种新出现的互联网及其支持的协议技术来传输标记文本。20 世纪 80 年代末期和 90 年代早期是 HTTP 和 HTML 的诞生和高速发展时期。1991 年，第一家网站问世，该网站由欧洲核子研究中心部署。1994 年蒂姆·伯纳斯-李创建万维网联盟，该项目带来了革命性的变革，使人们可以更好地使用万维网。HTTP 和 HTML 引发的革命直接为云计算服务的交付做好了铺垫。2009 年蒂姆·伯纳斯-李和 R. 莉丝共同成立了万维网基金会（World Wide Web Foundation）。

　　所有这些技术（包括许多未被提及的）汇聚在一起，形成了我们今天所看到的互联网通信基础架构。Level 3 等公司提供了互联网连接；AT&T、Verizon 和其他许多公司实现了移动接入技术；思科等硬件厂商提供了 Wi-Fi 和其他通信设备；陈旧的电话系统演变成数字化通信媒介；还有许多来自其他企业和供应商的技术共同打造了一个全球化的基础架构，使我们只要身处技术所能企及的任何地点，都能彼此连接在一起共同工作和娱乐。

　　带宽代表着计算机网络在设备间传输信息的速率。我们这里所说的带宽主要应用于企业实现其信息与通信技术（information and communications technology，ICT）的基础架构。带宽通常用每秒比特数或类似的单位（如每秒兆比特数或每秒千兆比特数等）计算。随着计算平台的发展和互联网的出现，带宽成本直线下降，市场上充斥着野心勃勃的各路厂家，这导致 2004 年其价格大幅跳水，大量厂商纷纷破产。美国带宽市场到 2005 年趋于稳定，整体价格保持在 2004 年的水平。在经历了大幅度的价格缩水之后，传输线路的价格开始趋于稳定。当然，在今天的带宽市场上仍然充斥着各种竞争和价格压力。

　　通信成本的降低实现了廉价的电话呼叫和数据传输，而这无疑为云计算的变革创造了基础条件，这也成为云计算普及最重要的原因。

　　3. 计算平台

　　在回顾了计算机、小型计算机操作系统和网络的演变之后，我们再来看看它们对计算平台和信息系统所造成的影响。我们可以说，这些技术引发了一场"完美风暴"，因为它们是今天计算平台和信息系统得以存在的基础。其中有三种计算平台对于我们步入云计算时代做出了无可替代的贡献：①集群与网格计算；②面向服务的体系架构（service-oriented architecture，SOA）；③虚拟化技术。

　　1）集群与网格计算

　　长期以来，人们早已认识到了集群所能发挥的作用。其中的一个例子是我们对于语言的处理，计算机用这种被称为自然语言处理（natural language processing，NLP）的技术，以类似于人类沟通的方式进行人机交互。NLP（其中包含了计算机科学、人工智能和语言学）指的是让计算机之间用类似于人类的语言进行交流。NLP 的声音处理集群完全使用人类语言，易于计算机理解、分析和处理。

　　集群还可应用于互联网搜索引擎向使用者提供内容的过程中，各种内容根据分类或集群分组。集群可用于将事物分组，使分类更为简便，还可用于将计算资源整合在一起，将其效能最大化。因此，集群可以应用在很多场合中。

　　计算机集群与其说是一种计算机类型，不如把它看成一种体系架构。许多类型的计算机都可以集群在一起，将使用效率最大化，并提升生产力，就像我们通常所说的"整体大于局部之和"。集群可以是简单的两台相邻的个人计算机彼此相连，从而共同完成一项任务；或者相互备份，以防止单台设备宕机。集群也可以是一系列小型计算机连接组成的超级计算机。集群还可以用于将计算机内存和硬盘驱动器资源整合在一起，这通常称为资源的池化。

　　所有的计算机集群都有一个共同点：向最终用户所显示的是一台单独的设备而非大

量相互连接的设备集合。集群需要由相应的软、硬件创建组成，从而协调集群的各种功能，使其看上去像是一个系统。集群的另一个共同点（大部分集群至今仍然沿用）是：向一群用户提供网络服务时会使用负载均衡集群，见图 1-1。

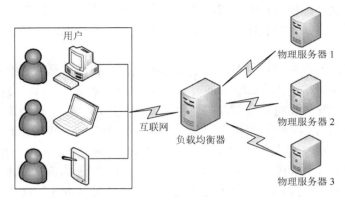

图 1-1　负载均衡集群

集群中包含一个负载均衡器，作为用户和网站服务器之间的协调器。在图 1-1 所示的案例中，负载均衡器背后有三台服务器，每一台都可以响应用户的请求，提供同样的站点内容。负载均衡器会监控、分配每台服务器的工作负载。负载均衡器以中间件的方式工作，或者是其他协调器管理服务器，使其工作效率最大化。对于用户而言，看上去他只是在和一个单独的网站交互，而实际上背后可能有许多网站服务器准备提供其请求的页面。这完全取决于本地的负载均衡器判断应该由哪台网站服务器接受访问。

与此类似的一种体系架构是网格计算。网格计算平台有一些独特的地方，网格和集群最大的区别在于集群在用户看来是一个单独的系统，而网格却是完全分布式处理的。集群和网格都需要使用中间件来协调常规任务。在上面集群计算的案例中，交付网站内容的任务在后台的具体操作对于用户来说是完全透明的；而网格在处理这种请求时也比较相似。

2）SOA

SOA 是一种设计与架构彼此相关的计算机软件工程技术，即使用全新的方式来创建计算机软件，使信息系统的开发者能以业务流程组件为单元来编写软件程序，而不必每次都事倍功半地重写程序。这也使企业能以最具性价比的方式提供服务。

对软件开发而言，SOA 是一种复杂但非常实用且高效的体系架构，许多人认为这种体系架构直接导致了云计算的诞生。SOA 有如下几个重要的特点：SOA 基于一系列松耦合的服务模式。例如，用户可以使用某个供应商的服务来实现购物车功能，然后让另一个供应商（如和银行对接的供应商）提供信用卡验证服务；SOA 应用程序的每一项服务都会使用明确定义的格式或协议进行通信和信息交换，通常是可扩展标记语言（extensible markup language，XML）。这种明确定义的格式和协议确保了标准化和互操作性；SOA 通常被视为协调来自不同企业或供应商各种服务的协调器。例如，前面所说的具备购物车和信用卡验证功能的网站案例中，其中会有协调层（有可能就是网站的用户界面），以此来调用各种服务（如购物车和信用卡验证功能）并与之通信；最初主要有两种标准可用来表述这种服务，这两种标准都基于 XML：网站服务描述语言（web services description language，WSDL）通常用于描述和定义服务自身；简单对象访问协议（simple object access protocol，SOAP）往往用来在协调层和服务调用之间传输和交换信息。当然，现在市场上还有一些其他标准［描述性状态迁移（representational state transfer，REST）］。SOA 的一大优点在于可以将服务从一款应用程序重复地应用到另一款之中。在前面的案例中，任何想要使用购物车功能的网站都可以很轻易地实现这种功能，只要从服务供应商处获取相应的授权即可；网站服务是 SOA 最常见的部署方式。服务供应商通过这种方式发布服务，供消费者访问和使用；服务消费者通过打包的软件接口使用供应商提供的服务，打包功能通常由一个网站、一款应用程序或者其他调用这项服务的软件实现；服务通常基于按次付费的模式（例如，每一笔信用卡验证交易都会收取一笔费用）。

IBM 用一种简单的概念模型来描述 SOA，其中涉及三种角色：服务供应商，负责发布服务描述及具体的服务部署；服务消费者，使用（消费）该种服务；服务经销商，如果存在这样的经销商，那么他需要维护服务注册信息、描述服务。今天的服务经销商通常被称为管理服务供应商。

在今天的云计算环境中可以找到许多 SOA 中的关键元素，如软件重用、按次付费（或计量使用）模式以及协调层。这些都和云计算中的软件即服务（software as a service，SaaS）十分相似。

3）虚拟化技术

早期的计算机，硬件是一种独立的资源，一台大型主机提供一台大型主机的计算资源，一台服务器或存储设备同样如此。当然，那时会在大型主机和小型计算机上使用划分时间片段的方式来满足多用户操作的需求，但这种技术在个人计算机上从未使用过。而单独使用某一项资源存在一些弊端，例如，使用效率有限、每台设备上都有某些没有被使用到的资源等。

针对这一问题的解决方案是使用虚拟化技术。在计算领域，虚拟化意味着创建出共享同一物理资源的多个副本。举例来讲，假如你有一台服务器（一个独立的计算资源）并且了解到该服务器的性能利用率仅有 20%，那么就可以通过虚拟化软件，如 VMware 或 Microsoft Hyper-V 将一台服务器虚拟成多台服务器。每一份副本都在这台单独的服务器上运行，但是对于最终用户而言，每一份副本都显示为一台独立的计算设备。

目前有三类常见的虚拟化技术，分别是硬件虚拟化、桌面虚拟化和应用程序虚拟化。这三类虚拟化技术都有以下特性。

（1）每项虚拟实例（即虚拟的资源）共享同一硬件。举例来讲，一台物理服务器可以表现为多台物理服务器（例如，通过 VMware 的解决方案）；一台物理服务器也可以为许多桌面系统或应用程序提供计算资源（通过使用 Microsoft Hyper-V、Citrix、XenDesktop 或 XenApp）。

（2）虚拟化技术可以整合服务器以提升利用率和成本效益。通过最高效地使用现有资源，使设备具有更高的性价比，还能帮助企业降低碳排放量及能耗，从而给企业和环保都带来积极影响。

（3）虚拟化另一个卓越的功能在于使基础架构更具扩展性。虚拟化实例可以按需从现有硬件上添加或移除。这在多用户共享同一硬件资源时显得尤为重要、不可或缺。

（4）资源共享毫无疑问推动了虚拟化技术的发展并使其可以发挥更大的功效。多用户可以访问同样的物理资源并表现为每项资源都是该用户专属的，这是虚拟化最有吸引力的地方。如果配合另一项功能——根据每个用户实际使用资源的总量独立计费，就可以创建出一种非常高效的业务模式。

（5）虚拟化技术的部署通常是理性自主的，而且基于实际的需求。在搭建虚拟化基础架构时，完全可以根据使用量购买计算和存储资源（如处理器和磁盘驱动器），并按需进行资源扩展。而付费金额可以随着资源的增加或移除进行调整。这代表了一种更加实用的模式，与使用电力一样，根据实际用量支付费用。

（6）虚拟化环境中会出现传统的非虚拟化基础架构中不存在的安全问题。举例来讲，在非虚拟化环境中，每项资源都对应同一个 IP 地址，而将这种环境置于虚拟化基础架构之后，每一项物理资源都可能会支持多个上层虚拟资源，而每项虚拟资源都可能有自己独立的 IP 地址。

今天，我们可以看到各种非虚拟化环境、虚拟化硬件、虚拟化桌面和应用程序基础架构的混合部署。简单来说，硬件虚拟化主要是将一台设备显示为多台同样的（或类似的）设备；桌面虚拟化则是用一台设备（如一台服务器）同时向多台终端设备提供完整的桌面系统；应用程序虚拟化是指将一款特定的应用程序或一组应用程序（通过网络浏览器或其他客户端软件）交付给用户。虚拟化环境中的桌面硬件可以较为便宜，因为桌面应用程序交付的集中化可以使这部分资源的管理更便捷、成本更低。

回顾计算机技术在过去几十年间的迅猛发展，我们很容易找出云计算的发展路径。硬件、网络、数据通信和软件架构在不断演变的历史长河中汇聚于一处，将我们带到了今天，云计算就是基于本章所介绍的这些技术演变发展而来的。

1.1.2　商务视角的演进

1. 商业环境的不确定性

不确定性（uncertainty）是一个出现在哲学、统计学、经济学、金融学、保险学、心理学、社会学的概念。不确定性就是指事先不能准确知道某个事件或某种决策的结果。或者说，只要事件或决策的可能结果不止一种，就会产生不确定性。在经济学中不确定性是指对于未来的收益和损失等经济状况的分布范围和状态不能确知。

不确定性给企业带来的影响有大有小。小而言之，可能影响一次营销活动的成败；从大的方面看，则可能使企业遭受灭顶之灾，破产倒闭。由于不确定性，一些企业或者不敢放手去做比较长期的规划和投入，或者毫无理性、不顾后果地孤注一掷。

总体上，对不确定性的畏惧是人的普遍心态，美国投资奇才索罗斯就曾言："我什么都不怕，只怕不确定性。"当然，不确定性的影响并不总是负面的，它本身是一柄"双刃剑"。正是不确定性、模糊性和混沌性，才使得后来居上、脱颖而出成为可能；才使一些企业，特别是中小型企业，有望实现超常规、跨越式的发展。

企业在进行外部环境分析时，要充分考虑不确定性，尤其是战略不确定性。战略不确定性常指对企业的战略决策有重大影响的不确定性、对企业生死攸关的不确定性。因此，企业对此必须高度重视，认真研究，趋利避害。一方面，企业应该对可能造成严重伤害的不确定性，设法化解与超越，力争把损失降到最低；另一方面，企业应该把握、利用甚至刻意创造不确定性，以期获得重大的战略机遇，实现战略性赶超。

有许多环境因素会对企业产生影响，其影响可能并不明显，企业必须面对这一现实并处理好环境不确定性，才能保持其高效率。环境不确定性增加了企业各种战略失败的风险，使企业很难计算与各种战略选择方案有关的成本和概率。

随着国际化进程的加快、技术的日新月异、市场环境的变幻莫测、全球竞争的日益激烈，企业环境表现出越来越强的不确定性。在复杂的世界面前，不确定因素在更快、更广地涌现，计划跟不上变化，任何一台精于预测的机器也无法准确预测到"黑天鹅现象"（不可预知的未来，一旦发生，影响力极大，事前无法预测，事后有诸多理由解释）的发生。

2. 信息的重要作用

社会进入信息化时代的主要标志是通信技术及计算机技术的飞速发展和广泛应用。自 20 世纪 90 年代以来，人类社会进入信息化时代的高速发展时期。信息化时代就是信息产生价值的时代。信息化是当今时代发展的大趋势，代表着先进的生产力。按照托夫勒的观点，第三次浪潮是信息革命，大约从 20 世纪 50 年代中期开始，其代表性象征为"计算机"，主要以信息技术为主体，重点是创造和开发知识。随着农业时代和工业时代的衰落，人类社会正在向信息化时代过渡，跨进第三次浪潮文明，其社会形态是由工业社会发展到信息社会。第三次浪潮的信息社会与前两次浪潮的农业社会和工业社会最大的区别，就是不再以体能和机械能为主，而是以智能为主。

托夫勒在其影响深远的《第三次浪潮》著作中提出，信息化时代，对信息和知识的掌控能力成为社会的主导。未来学家约翰·奈斯比特描述了 20 世纪 50 年代中期信息社会在美国的悄然来临：从表面上看，美国似乎是一个繁荣的工业经济社会。然而，一项很少被人注意的、带有象征性的里程碑却宣告了一个时代的结束，1956 年在美国历史上第一次出现从事技术、管理和事务工作的白领工人的人数超过了蓝领工人的现象。美国的工业社会要让路给一个新的社会，在这个社会里，有史以来第一次，我们大多数人要处理信息，而不是生产产品。

信息化时代，信息、物质和能源是人类社会发展的三大资源，三者共同构成了"资源三角形"。资源三角形由哈佛大学的一个研究小组提出，他们指出：没有物质，什么也不会存在；没有能源，什么也不会发生；没有信息，任何事物都没有意义。在信息社会，信息已经成为一种资源，而且是重要的战略资源。

信息是一种资源，是因为信息能够给人和组织带来现实的或者潜在的利益，因此信息必然具有一定的价值。信息的价值主要是指信息的实用性，也就是信息的使用价值。在商务活动中，信息价值最本质的体现就是：信息的所有人因掌握更多的信息而占有或者保持竞争优势。例如，概率知识告诉我们，投掷硬币落地后出现正反面的概率均为 50%，但如果由于某种原因，出现正面的概率是 70%，反面是 30%，这样的信息对于准备使用硬币打赌的双方就有价值。如果仅一方获得，就会影响其行为并获得对其有利的不公正的结果。

信息的价值与准确性、时间性、针对性密切相关。

信息资料的准确性是信息价值的关键，不真实的信息将毫无价值，并将进一步给企业的决策带来危害。对于处在竞争激烈的市场环境中的企业而言，信息的准确性不仅关系到它的竞争优势，甚至关系到企业的存亡。世界质量领域的奠基专家之一朱兰（Joseph M. Juran）认为低质量信息的成本占销售收入的比例高达 20%～40%。因此信息研究工作一定要客观，要站在中间立场。信息的准确性不仅包括信息来源的可靠性，还包括研究分析的客观性。为保证信息的准确性，需要在信息的流程上设置质量控制点。在时间性、内容性及信息背景等方面进行严格审核，防止各种伪劣数据信息的干扰。信息的准确性对于一手资料和二手资料都同样重要。在基于信息的研究分析方面，应排除各种利益干扰，做到公正客观。

信息强调时间价值，随着通信技术的发展，信息交流在速度和数量方面快速提高，谁首先获得信息谁就将掌握竞争的主动权。信息价值的时间性有短期和长期的区别，信息价值的短期性表现为信息出现后，必须在一到两天或更短的时间内做出决策，而有效期一过信息价值将为零，例如，证券市场信息的价值持续时间一般都较短。

信息的时间维度主要包括及时性和新颖性两个方面。

及时性的含义是在人们需要的时候拥有信息，及时的信息对于人们的正确决策有着非常重要的作用。信息都具有一定的时效，过了时效就不再具有价值或者价值大幅度下降。

新颖性的含义是获得最近和最新的信息。一般来说，具有新颖性的信息比仅具有及时性的信息更具有价值，如果说及时性能够帮助企业把握住机会，那么新颖性则可以为企业带来新的机会。

一般来说，越新颖、越及时的信息，其价值越高。因此，应该尽量缩短信息的采集、存储、加工、传输、使用等环节的时间间隔，提高信息的价值。

针对性是指信息价值需要通过实际的需求来体现。例如，汇率的波动信息对于银行具有很高的价值，但对于只做国内市场的食品加工企业来说汇率信息价值不大。企业信息部门在对内发布有关信息时，需要按照不同的对象有选择地发布，以确保信息价值的最大化，避免信息资源的浪费，减少工时成本，提高效率，同时有利于加强信息的保密性。

不确定性指在没有获得足够的、有关环境因素的信息情况下必须做出决策，而决策人很难估计外部环境变化。决策的过程就是在多种方案中进行选择，对一件事情的多种方案，这就是一个不确定性的问题。选择哪一种方案要根据方案本身的优劣以及方案实施的环境条件而定。有关的方案信息是决策的依据，它表明各方案在诸多方面的优劣，消除了模糊不清、似是而非的感性认识；与方案实施有关的环境信息明确了方案实施的环境，消除了因对环境不了解而带来的环境不适应性。在没有获得充足信息的条件下，不能消除对决策对象的不确定性，决策必然带有一定的盲目性。从理论上讲，决策时获得的有关信息越多、越准确，决策就越可靠。人们总是希望获得更多、更准确的信息，以尽可能准确、全面地消除决策中的不确定性。然而，多数决策又常常在不充足信息的条件下做出，这是受了信息的难以获得性等方面的限制。

　　3. 技术的新角色：从信息技术到业务技术

　　由于信息可以起到降低不确定性的作用，支持企业决策。因此实时的信息获取和全面的信息分析对于企业来说至关重要。而信息的实时获取和处理离不开信息技术与信息技术设施。

　　早期，公司（一般都是比较大型的公司）使用计算机的相关行为称作"数据处理"（data processing，DP）。这种叫法非常形象地描述了当时的使用情况，因为"数据处理"其实就是大型计算机源源不断地吐出成堆成串的写满数字的记录纸。到了 20 世纪 80 年代早期，随着文字处理机、个人计算机、微型计算机以及其他新兴电子设备的出现，术语"管理信息系统"（management information system，MIS）逐渐取代了"数据处理"。而到了 20 世纪 90 年代早期，"信息技术"这个叫法流行起来，这个名字涵盖层出不穷的网络、移动设备、移动电话、电子邮件或电子商务等新鲜事物，成为当时比较热门的术语和话题。

　　在过去的数据处理、MIS 时代，计算机主要用于记录公司的业务活动（如财务记录、销售记录、合同收入、利润率等），其作用仅是帮助企业经营管理者了解公司发生过的事情。这个时期的计算机应用对于业务拓展（如产品开发、生产制造、市场推广、客户关系和销售活动）并未起到非常大的积极作用。发展到今天，信息技术不仅深入日常生活的每一个角落，而且技术的触角已深入企业大多数业务领域，深入企业运营的每一个层面，成为企业生产运营的 DNA（deoxyribonucleic acid，脱氧核糖核酸），成为企业肌体中的神经网络系统。这样的变化实现了从 IT 到 IT 化的进化。

　　今天，在联想、中兴通讯或者格力这些大型公司内，核心信息系统一旦停机，销售订单的录入、客户发票的开出、流水线生产、新产品设计、库存出入库检查、财务报表输出等，所有业务环节都将瘫痪，核心信息系统停止一天的经济损失可能就是几亿元。可以想象，若银行业务信息系统（例如，现金存取款系统、在线服务系统和后台清算系统）发生故障，银行可能面临灭顶之灾。像中国银行、中国农业银行、中国工商银行和中国建设银行四大银行，业务信息系统中断一小时就可能造成数亿元的经济损失。

　　发展到今天，信息技术和企业业务已经成为须臾不可分离的东西。国外的一些大公司（IBM、HP、Cisco、Intel 等）历经几十年的信息化洗礼，已经把信息技术作为它们业务核心竞争力的有机组成部分。它们甚至认为，信息化不是什么外在的工具，就是核心业务本身。正是基于这样的历史实践所产生的对信息技术的新认识，弗雷斯特研究公司提出，信息技术进化到了业务技术（business technology，BT）。因为信息技术发展到今天，信息技术就是业务技术，业务技术就是信息技术。信息技术不再是仅仅和业务相关的术语，而是推动业务运营的专门领域或行业。用术语"业务技术"或 BT 来取而代之，可以阐明业务就是科技，科技就是业务这一事实。业务技术负责人和主管企业经营的高管一样，不仅要考虑面向服务的体系架构、网络服务和存储管理，更要考虑业务流程、运营和客户价值。业务技术负责人采用各种技术不是为了产生各种数据和信息，而是要改善业务流程、开发新的运营收入、创造业务成果和价值。同样，企业经营管理班子也对业务技术寄予厚望，希望能够帮助企业扩大收入、利润以及市场份额。一旦信息技术变为业务技术，首席信息官（chief information officer，CIO）中的 I（表示"信息"）就要换掉了，改称为首席业务技术官（chief business technology officer，CBTO）。

企业曾经只负责建设各类信息与通信系统，并希望可以从中为企业和最终用户找到有用的信息和价值，这种时代已经一去不复返了。今天我们首先要自问，使用这项信息通信技术的目的是什么，这些项目能创造什么价值，以及企业需要为这些项目花费多少代价。

4. 传统信息化建设面对的挑战及云计算的兴起

通过上述分析，我们可以看到信息技术对今天的企业十分重要，信息技术的关键目标是成为实现企业业务转型和创新及高效运营的催化剂。然而企业信息化建设却面对巨大的挑战，传统的企业信息化建设已不再适应企业的转型、快速响应客户和市场的需求。CIO 需要平衡业务绩效对信息技术的需求，但是目前大多数 CIO 仍需要面对和处理大量来自信息技术自身存在的各类问题，从而阻碍了其根据企业自身的特点和要求进行创新行为的思维，传统信息化建设的问题具体表现如下。

（1）信息技术不能对变化的业务需求做出快速反应。

（2）信息技术对业务的服务水平不高、服务改进及创新能力差、服务成本模糊且难以计量、服务质量与报告不一样，不能对重大服务时间或危机做出有效反应。

（3）信息技术人员工作方法的标准化问题。

（4）减轻环保、节能减排目标的压力，如碳排放量、用电量等。

（5）复杂的应用系统、基础设施以及模糊的端对端信息技术服务。

（6）信息技术预算及支出仍在持续增长，现在面临高成本的瓶颈，这些成本至少包括人力成本、资金成本、时间成本、使用成本、环境成本。

（7）业务部门与信息技术部门之间存在的期望差距加大了信息技术服务能力与交付过程中的压力。

面对信息技术投入的结构性变化及业务部门期望带来的压力，CIO 迫切希望有新的信息技术解决方案。

（1）建立灵活的、敏捷的信息技术基础设施，面向服务、动态开通及调整。

（2）提高业务价值——服务快速进入市场，关注服务的可用性及质量。

（3）持续优化运营成本及管理成本。

（4）建立可变成本模式，打破原有的固定成本模式。

（5）保障绿色 IT 计划的实施。

综上所述，随着企业的发展和竞争的逐渐加剧，传统的信息技术管理模式在时效性和灵活性上已不能满足日新月异的市场需求，客观上需要一种灵活的、动态的能够为企业提供实时支持的信息技术模式。云计算技术的兴起，提供了这种适应于企业信息化发展需要的具体方式。

实时的信息获取和全面的信息分析有助于降低管理的复杂性，而按需即用的计算资源、随需应变的业务流程将黑天鹅事件的负面影响降到最低。实时的、覆盖全网的、随需应变的云计算的作用显而易见。随着全球经济一体化发展的加速，实践证明：国家或地区利用区位优势和比较优势在自发地全球寻租，基于成本考虑，价值链的协作者自发整合；基于效率考虑，协同效应需要弹性的业务流程支持。对成本和效率的需求促进云计算的加速发展。云计算带来的益处是显而易见的：用户不需要专门的信息技术团队，也不需要购买、维护、安放有形的信息技术产品，可以低成本、高效率、随时按需地使用信息技术服务；云计算服务提供商可以极大地提高资源（硬件、软件、空间、人力、能源等）的利用效率和业务响应速度，有效聚合产业链。

云计算的出现是信息技术产业的巨大变革，为什么用巨大变革来形容云计算带来的影响？因为云计算不仅是信息技术产业的最新一次技术变革，为信息技术带来了巨大改变，更为信息技术企业的商业模式及业务模式带来了深远影响。同时也为其他需要信息技术服务的企业带来了深远的影响。云是一种颠覆力量，对多数产业可能具有广泛的、长期的影响。

1.2　云计算的定义及内涵

"云计算"从出现起，只用了短短几年时间就赢得了众多企业及教育科研机构的重视。谷歌、IBM、亚马逊、微软等公司投入了空前的人力、物力从事云计算技术和产品。云计算到底是什么？虽然云计算这一概念炒得火热，但业界对其的定义却千差万别、各不相同。说明大家对这一概念理解存在差异，所有人都从自身的角度出发来定义云计算。云计算这个概念最早是由谷歌提出的，在众多企业的推动下逐渐深入人心。

1. 云计算的概念

目前，云计算的概念可以被划分为"狭义云计算"和"广义云计算"。狭义云计算是指信息技术基础设施的交付和使用模式，指通过网络以按需、易扩展的方式获得所需资源（硬件、平台、软件）[1]。提供资源的网络被称为"云"。"云"中的资源在使用者看来是可以无限扩展的，并可以随时获取、按需使用、随时扩展、按使用付费。人们像购买水、电、燃气一样购买计算服务，将使用信息技术基础设施变为按需取用。相对地，广义云计算是指服务的交付和使用模式，指通过网络以按需、易扩展的方式获得所需的服务。下面将给出一些有代表性的云计算的定义，并进行对比分析。

美国谷歌公司于 2006 年首次提出"云计算"的概念。进入云计算时代，大量的数据处理功能将由云中心的超级计算机进行。个人计算机终端只需简单配置，通过网络向云中心申请服务即可。云计算通过统一灵活地调用各种网络资源，实现低成本、高效率、大规模地处理海量信息并提供 ICT 服务。谷歌的云计算概念接近于一种应用云。因为对谷歌公司来说由于其最大的业务为搜索引擎，其做云计算的目的最早就是优化其搜索引擎的性能，在发展了基础设施规模之后，谷歌希望将其作为服务提供给用户使用，只不过它在上面加载了很多服务，包括文字处理、图片处理等。

维基百科认为云计算是一种基于互联网的计算新方式，通过互联网上异构、自洽的服务为个人和企业用户提供按需即取的计算。云计算的资源是动态易扩展而且虚拟化的，通过互联网提供，终端用户不需要了解"云"中基础设施的细节，不必具有相应的专业知识，也无须直接进行控制，只关注自己真正需要什么样的资源以及如何通过网络来得到相应的服务。

美国加利福尼亚大学伯克利分校发表了一篇关于云计算的报告，该报告认为云计算既指在互联网上以服务形式提供的应用，也指在数据中心中提供这些服务的硬件和软件，而这些数据中心中的硬件和软件则被称为云。

《商业周刊》的文章指出，谷歌的云就是由网络连接起来的几十万甚至上百万台廉价计算机，这些大规模的计算机集群每天都处理着来自互联网的海量检索数据和搜索业务请求。《商业周刊》在另一篇文章中总结说，从亚马逊的角度看，云计算就是在一个大规模的系统环境中，不同的系统之间相互提供服务，软件就是以服务的方式运行的，当所有这些系统相互协作并在互联网上提供服务时，这些系统的总体就成了云。

IBM 的技术白皮书 Cloud Computing（《云计算》）中对云计算的定义是："云计算一词用来同时描述一个系统平台或者一种类型的应用程序。"一个云计算的平台按需进行动态的供给（provision）、配置（configuration）、重新配置（reconfiguration）以及取消供给（deprovision）等。在云计算平台中的服务器可以是物理的服务器或者虚拟的服务器。高级的计算云通常包含一些其他计算资源，如存储区域网络（storage area network，SAN）、网络设备、防火墙以及其他安全设备等。在应用方面，云计算描述了一种可以通过互联网进行访问的可扩展的应用程序。"云应用"使用大规模的数据中心以及功能强大的服务器来运行网络应用程序与网络服务。任何一个用户通过合适的互联网接入设备以及一个标准浏览器就能够访问一个云计算应用程序。

中国云计算网将云计算定义为：云计算是分布式计算（distributed computing）、并行计算（parallel computing）和网格计算（grid computing）的发展，或者说是这些科学概念的商业实现。

2009 年，美国国家标准与技术研究院（National Institute of Standards and Technology，NIST）对云计算设立草案，在这份草案中，对云计算进行了如下定义：云计算是一种按使用付费的模型。该模型具有方便、可以按需访问资源共享池的特点。这里的资源共享池可以是网络、服务器、存储、应用或者服务。云计算也可以利用最少的管理提供迅速的服务。目前公认的最公正、专一，适合各行业、层次的定义是美国国家标准与技术研究院历经 15 次完善的第 16 版的云计算定义：云计算是一种模型，它可以随时随地地、便捷地、随需应变地从可配置计算资源共享池中获取所需的资源（如网络、服务器、存储、应用及服务），这些资源能够快速供应与释放，同时最大限度地减少资源管理的工作量和用户与服务提供商间的互动[2]。

云计算的定义中有以下 4 个关键要素。

（1）硬件、平台、软件和服务都是资源，通过互联网以服务的方式提供给用户。在云计算中，资源已经不限定于处理器、网络带宽等物理范畴，而是扩展到了软件平台、Web 服务和应用程序的软件范畴。传统模式下自给自足的信息技术运用模式在云计算中已经变成分工专业、协同配合的运用模式。对于企业和机构而言，它们不需要规划属于自己的数据中心，也不需要将精力耗费在与自己主管业务无关的信息技术管理上。对于个人用户而言，也不再需要一次性投入大量费用购买软件，因为云中的服务已提供了用户所需要的功能。

（2）这些资源都可以根据需要进行动态扩展和配置。云计算可以根据访问用户的数量，增减相应的信息技术资源［包括中央处理器（central processing unit，CPU）、存储、带宽和中间件应用等］，使信息技术资源的规模可以动态伸缩，满足应用和用户规模变化的需要。云计算模式具有极大的灵活性，足以适应各个开发与部署阶段的各种类型和规模的应用程序，提供者可以根据用户的需要及时部署资源，最终用户也可按需选择。

（3）这些资源在物理上以分布式的共享方式存在，但最终在逻辑上以单一整体的形式呈现。对于分布式的理解有两个方面。一方面，计算密集型应用需要并行计算来实现，此类的分布式系统往往在同一个数据中心实现，虽然有较大的规模，由几千台甚至上万台计算机组成，但是在地域上仍然相对集中。另一方面，就是地域上的分布式。例如，一款商业应用的服务器可以设在位于北京的金融街，但是它的数据备份却由位于成都的数据中心完成。

（4）用户按需使用云中的资源，按实际使用量付费，而不需要管理它们。即付即用的方式已广泛应用于存储和网络宽带中（计费单位为字节）。虚拟化程度的不同导致了计算能力的差异。例如，Google App Engine 按照增加或减少负载来达到其可伸缩性，而其用户按照使用 CPU 的周期来付费；亚马逊网络服务（Amazon web services，AWS）则是按照用户所占用的虚拟机节点的时间（以 h 为单位）进行付费的，根据用户指定的策略，系统可以根据负载情况进行快速扩张或者缩减，从而保证用户只使用他所需要的资源，达到为用户省钱的目的。

综合以上内容，本书认为云计算就是软件、处理能力、平台及服务的交付。云计算也就是一种实现基础设施共享的方式，云服务的使用者看到的只有服务本身，而不用关心相关基础设施的具体实现。例如，通过云计算技术可以快速得到大批量任务的处理结果，因为使用 1000 台服务器 1h 的成本与使用一台服务器 1000h 相当。这种资源的伸缩性、无须为大规模处理支付额外费用的特性，在信息技术历史上是前所未有的。

云计算不单纯是一种技术趋势、一种计算机体系架构，这是一种在新业务策略引导下产生的全新的信息技术交付方式；云计算将信息技术资源（包括计算、存储、数据、应用）打包成服务进行交付，推动信息技术产业的商业模式从卖硬件，到卖软件，再到卖服务一步一步演进，云计算成为一种新型的交付信息系统和信息技术的方式。

2. 云计算的内涵

云计算的内涵包括以下五个方面。

（1）公共基础设施（common infrastructure）。

（2）位置独立性（location independence）。

（3）可在线访问（online accessibility）。

（4）按效用定价（utility pricing）。

（5）按需提供资源（on-demand resources）。

通常，我们将其缩写成助记符 C.L.O.U.D 以便于记忆。

1）公共基础设施

"公共"在这个意义上讲，即指共享池资源的分配。以往企业做信息技术建设好比是"烟囱式"的建设，今天要建设一个业务应用，就买一套设备，一个应用就是一根烟囱，互相之间不连通，资源无法根据业务的变化实现动态调整，利用率很低。云计算则打破烟囱，改成"池子"的方式，把所有计算的资源整合成计算资源池，所有存储的资源整合成存储资源池。全部信息技术资源都变成一个个池子。再基于这些基础架构的资源池建设应用，以服务的方式交付资源。动态共享的特点很重要，因为静态分割成本不足以实现利润最大化。其微妙之处在于，这种"公共"既是空间上的公共分配，也是"时间"上的公共分配或者两者兼而有之。例如，酒店钟点房被称为"时间分割"的复用。两个或两个以上的租户可能选择成为室友或邻居（当然是在同一时间），这称为"空间分割"的复用。

2）位置独立性

简单地说，"位置独立性"是指用户或客户可以访问的云服务无处不在，而不管他们的位置在哪里。如果用户在家里、办公室内、度假屋中、小船上、汽车内，服务都可以用，而且和本地服务的效果是一样的。我们也没有必要知道任何与云服务设施地理位置有关的信息，只需要我们的计算任务或存储任务可以在可接受的响应时间内得到成功执行。但是需要强调的是响应时间很重要，在 24h 内交付实体书是可以接受的；喝一杯热咖啡也可以等上 10min。同样地，用户可以接受用 24s 的时间交付电子书，但要求在 1/6s 时间内提供击键镜像（key stroke mirroring）。位置独立性提供了无处不在的接入服务，使用户更加便利，体验更好。

3）可在线访问

网络是我们上述所列举的公共资源、位置独立性等种种特性得以实现的关键。没有网络，公共资源可能就无法共享，因此也就没有了动态分配，没有了位置独立性，没有了资源按需提供。没有网络，就无法进行数据备份和文件共享，社交网络就无法工作，按需分配远程访问就无法实现，若是这样，就无法通过云创造价值或只能创造有限价值。

4）按效用定价

在我们对云的定义里，资源是按效用定价的。其他类似的表述有按使用量收费、线性收费或敏感使用收费。还有其他定价方法，如基于时间（如服务器使用时间）、基于数量（如传输的字节数）以及其他一些方法或这些方法的综合（如每个用户或每位每月）。

按效用定价有别于其他定价模式以及固定价格模式。传统企业的软件许可证协议是固定收费的模式，不论实际使用者有多少、使用起来有无计划性，按效用定价就是让资源的需求、资源数量和资源价格等都保持一致。

　　5）按需提供资源

　　"按需提供"这个术语表示客户可以在时间确定、时间不确定或任意给定的时间内，都能分配到适量的资源。例如，如果客户原有 10 台服务器，但突然需要 20 台，或者客户原有 20 台服务器，但突然只需要 10 台，需求可以适当地纵向或横向扩展。足够细微度的资源计量是指如果客户需要 20 台服务器，就可以获得 20 台；但如果客户需要 1 台，则可以获得 1 台；如果客户需要 0.07 台，同样也可以分配到相应的数量。足够细微度的时间是指如果客户需要一个星期的资源，他们就可以获得一个星期；如果他们需要一天，就可以获得一天；如果客户需要 1h 或 1min 同样也可以满足。

　　电力的使用非常接近这种理想状态：打开开关，启动设备，而设备所需要的电量是固定的，如 37.3W，那么它瞬时所使用的电量一定就是这么多。云计算与此接近，但还不够理想。主要的云服务提供商可能会提供四核、双核或单核服务器，但不会提供 0.0437 核。而且，如果仅需要可以维持 7min 左右的容量，但仍会按照 1h 的容量来分配资源和计费。通常来说，较大的计量单位对服务提供商有利，较小则对客户有利。在适当的时间获得适量的资源往往是企业成功的关键。拥有过多的资源，意味着这些资源将变成非生产性资本，影响利润率，从而影响投资的回报率、利润、留存收益和市值。资源太少则会影响灵活性、效率、业绩或造成延迟，这些都会影响客户体验，导致客户流失，增加吸引和留住客户的成本。

✿ 1.3　云计算部署模式

　　根据云计算服务的部署方式和服务对象范围，可以将云计算的部署模式分为四种。云计算的四种部署模式如下。

　　1）私有云

　　云端资源只给一个单位组织内的用户使用，这是私有云的核心特征。而云端的所有权、日常管理和操作的主体到底属于谁并没有严格的规定，可能是本单位，也可能是第三方机构，还可能是二者的联合。云端可能位于本单位内部，也可能托管在其他地方。与传统的数据中心相比较，云数据中心可以支持动态灵活的基础设施，降低信息技术架构的复杂度，使各种信息技术资源得以整合、标准化；并且可以通过自动化部署提供策略驱动的服务水平管理，使信息技术资源能够更加容易地满足业务需求的变化。相对于公有云，私有云的用户完全拥有整个云中心设施（如中间件、服务器、网络和磁盘），可以控制哪些应用程序在哪里运行，并且可以决定允许哪些用户使用云服务。由于私有云的服务提供对象是企业或社团内部，私有云上的服务可以更少地受到在公有云中必须考虑的诸多限制，如带宽、安全和法规遵从性等。而且，通过用户范围控制和网络限制等手段，私有云可以提供更多的安全和私密等专属性的保证。例如，日本政府各部委在其基础架构上设置了数千台服务器。中央政府已宣布使用私有"霞关"云环境，为托管政府应用程序提供安全、集中的基础架构。薪资、会计和人事管理等现有的后台办公系统将在私有云中实现虚拟和托管。霞关云方案解决了三个问题，即节省成本、降低能耗以及减少信息技术人员。云基础架构将以日本电信公司构建的专用网络为基础构建。由于隐私和安全是主要问题，因此私有云是必需的，将某些个人资料存储在日本以外的服务器上是非法的。

私有云提供的服务类型也可以是多样化的。私有云不仅可以提供信息技术基础设施服务，而且支持应用程序和中间件运行环境等云服务，如企业内部的管理信息系统云服务。中国中化集团的"中化云计算"就是典型的支持系统应用和产品（System Applications and Products，SAP）服务的私有云。

私有云一种是部署在单位内部（如机房），称为本地私有云；一种是托管在别处（如阿里云端），称为托管私有云，如图 1-2 和图 1-3 所示。由于本地私有云的云端部署在企业内部，私有云的安全及网络安全边界定义都由企业自己实现并管理，一切由

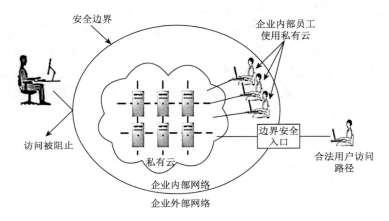

图 1-2　本地私有云

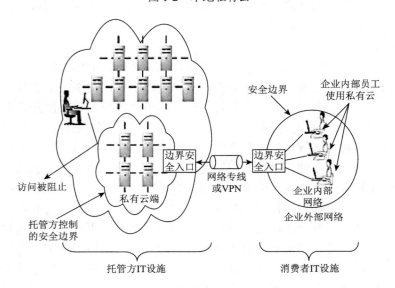

图 1-3　托管私有云

企业掌控，所以本地私有云适合运行企业中关键的应用。托管私有云是把云端托管在第三方机房或者其他云端，计算设备可以自己购买，也可以租用第三方云端的计算资源，消费者所在的企业一般通过专线与托管的云端建立连接，或者利用叠加网络技术在因特网上建立安全通道［虚拟专用网（virtual private network，VPN）］，以便减少专线费用，托管私有云由于云端托管在公司之外，企业自身不能完全控制其安全性，所以要与信誉好、资金雄厚的托管方合作，这样的托管方抵御天灾人祸的能力更强。

2）公共云

云端资源开放给社会公众使用。云端的所有权、日常管理和操作的主体可以是一个商业组织、学术机构、政府部门或者它们其中的几个联合。云端可能部署在本地，也可能部署于其他地方，如中山市民公共云的云端可能建在中山，也可能建在深圳。

在公共云中，最终用户不知道与其共享使用资源的还有其他哪些用户，以及具体的资源底层如何实现，甚至几乎无法控制物理基础设施。所以云服务提供商必须保证所提供资源的安全性和可靠性等非功能性需求，云服务提供商的服务级别也因提供不同非功能性服务进行分级。特别是需要严格按照安全性和法规遵从性的云服务要求来提供服务，也需要更高层次、更成熟的服务质量保证。公共云的示例包括 Google App Engine、Amazon EC2 和 IBM Developer Cloud。中国的无锡云计算中心建立的"太湖云"也是一种对外提供服务的公共云。

3）混合云

混合云由两个或两个以上不同类型的云（私有云、社区云、公共云）组成，它们各自独立，但用标准的或专有的技术将它们组合起来，而这些技术能实现云之间的数据和应用程序的平滑流转。由私有云和公共云构成的混合云是目前最流行的。用户可以通过一种可控的方式部分拥有，部分与他人共享。企业可以利用公共云的成本优势，将非关键的应用部分运行在公共云上，同时将安全性要求更高、关键性更强的主要应用通过内部的私有云提供服务。这些云可以由企业创建，而管理职责由企业和云服务提供商共同承担。也可以是由云服务提供商提供当企业内部信息技术资源不足时支持快速配置扩展规模的一种承诺服务，当私有云资源短暂性需求过大（称为云爆发，cloud bursting）时，自动租赁公共云资源来平抑私有云资源的需求峰值，例如，网店在节假日期间点击量巨大，这时就会临时使用公共云资源来应急。然而由于私有和公共服务组件间的交互及部署会带来更多的网络与安全方面的要求，这会相应带来较高的设计和实施难度。混合云的示例包括运行在荷兰的 iTricity 的云计算中心。

这里要特别注意，混合云其实不是一种特定类型的单个云，其对外呈现出来的计算资源来自两个或两个以上的云，只不过增加了一个混合云管理层。云服务消费者通过混合云管理层租赁和使用资源，感觉就像在使用同一个云端的资源，其实内部被混合云管理层路由到真实的云端了。在图 1-4 中，假如用户在混合云上租赁了一台虚拟机［基础设施即服务（infrastructure as a service，IaaS）型资源］及开发工具［平台即服务（platform as a service，PaaS）型资源］，那么用户每次都是连接混合云端，并使用其中的资源。用

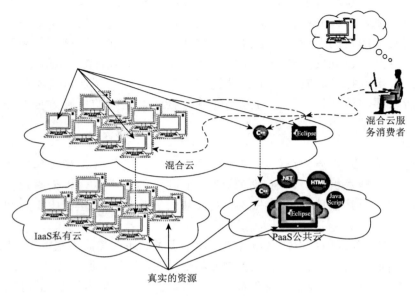

图 1-4　混合云

户并不知道自己的虚拟机实际上位于另一个 IaaS 私有云端，而开发工具又在另一个公共云上。

4）社区云

云端资源专门给固定的几个单位内的用户使用，而这些单位对云端具有相同的诉求（如安全要求、云端使命、规章制度、合规性要求等）。云端的所有权、日常管理和操作的主体可能是本社区内的一个或多个单位，也可能是社区外的第三方机构，还可能是二者的联合。云端可能部署在本地，也可能部署于他处。例如，深圳地区的酒店联盟组建酒店社区云，以满足数字化客房建设和酒店结算的需要。

与私有云类似，社区云的云端也有两种部署方法，即本地部署和托管部署。由于存在多个单位组织，所以本地部署存在三种情况：只部署在一个单位组织内部；部署在部分单位组织内部；部署在全部单位组织内部。如果云端部署在多个单位组织，那么每个单位组织只部署云端的一部分或者进行容灾和备份，如图 1-5 所示。

当云端分散在多个单位组织时，社区云的访问策略就变得很复杂。如果社区云有 N 个单位组织，那么对于一个部署了云端的单位组织来说，就存在 $N-1$ 个其他单位组织如何共享本地云资源的问题。换言之，就是如何控制资源的访问权限问题，常用的解决办法有"用户通过可扩展访问控制标记语言（extensible access control markup language，XACML）标准自主访问控制""遵循'基于角色的访问控制'安全模型""基于属性访问控制"等。除此之外，还必须统一用户身份管理，解决用户不能登录云端的问题。其实，以上两个问题就是常见的权限控制和身份验证问题，是大多数应用系统都会面临的问题。托管社区云的示意图如图 1-6 所示。

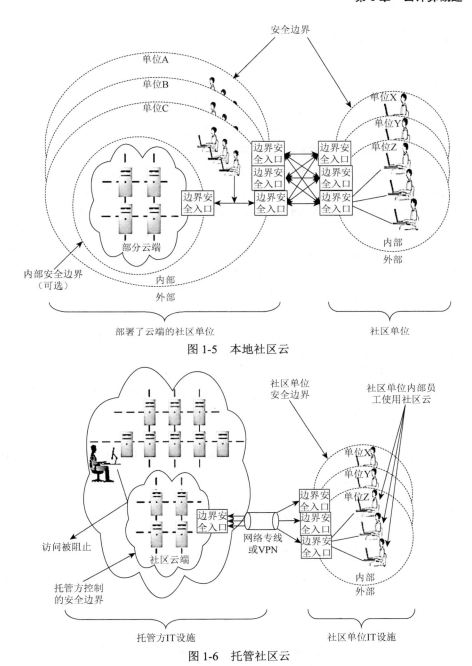

图 1-5　本地社区云

图 1-6　托管社区云

🌀 1.4　云计算服务模式

云计算的服务类型可以将云分为三层：IaaS、PaaS 和 SaaS。不同的云层提供不同的云服务，除此之外还有容器即服务（container as a service，CaaS）。下面对这些云服务逐一进行简单的说明。

1. IaaS

IaaS 位于云计算三层服务的底端，即把信息技术基础设施像水、电一样以服务的形式提供给用户，以服务形式提供基于服务器和存储等硬件资源的可高度扩展与按需变化的信息技术能力。通常按照所消耗资源的成本进行收费。

该层提供的是基本的计算和存储能力，以计算能力的提供为例，其提供的基本单元就是服务器，包含 CPU、内存、存储。为了让用户能够定制自己的服务器，需要借助服务器模板技术，即将一定的服务器配置与操作系统和软件进行绑定，并提供定制的功能。服务的供应是一个关键点，它的好坏直接影响用户的使用效率及 IaaS 系统运行和维护的成本。自动化是一个核心技术，它使用户对资源使用的请求可以以自行服务的方式完成，无须服务提供者的介入。一个稳定而强大的自动化管理方案可以将服务的边际成本降低为 0，从而保证云计算的规模化效应得以体现。在自动化的基础上，资源的动态调度得以成为现实。资源动态调度的目的是满足服务水平的要求。例如，根据服务器的 CPU 利用率，IaaS 平台自动决定为用户增加新的服务器或存储空间，从而满足事先和用户订立的服务水平条款。在这里，资源动态调度技术的智能性和可靠性十分关键。此外，虚拟化技术是另外一个关键的技术，它通过物理资源共享来极大地提高资源利用率，降低 IaaS 平台成本与用户使用成本，而且虚拟化技术的动态迁移功能能够带来服务可用性的大幅度提高这一点对许多用户极具吸引力。具体的例子包括：IBM 为无锡软件园建立的云计算中心以及 Amazon EC2。

基于 IaaS 的特点，其适合以下几个方面的场景：需求不稳定的情况，在这种情况下需求的变化使得对基础设施有明显的高峰值和低谷值的要求；当一个企业是新成立的，并且没有足够的资金采购大量硬件资源时；当企业面临资金压力，需要将基础建设费用转移至运营支出时；其他一些特殊的情况，如企业的业务处于试验期或者为临时业务时。

企业可以与 IaaS 服务商合作，将一次性的基础设施投入分解为"分期付款"形式，形成虚拟基础设施、信息中心，可以将这些节约下来的资金投入主营业务当中以支持公司的发展。

2. PaaS

PaaS 位于云计算三层服务的最中间，也称为"云计算操作系统"。它提供给终端用户基于联网的应用开发环境，包括应用编程接口和运行平台等，并且支持应用从创建到运行整个生命周期所需的各种软、硬件资源和工具。一般情况下按照用户或登录情况计费。在 PaaS 层面，服务提供商提供的是经过封装的信息技术能力，或者说是一些逻辑资源，如数据库、文件系统和应用运行环境等。

通常又可将 PaaS 细分为开发组件即服务和软件平台即服务。前者指的是提供一个开发平台和应用程序编程接口（application programming interface，API）组件，给开发人员更大的弹性，依据不同需求来定制功能。PaaS 一般面向的是应用软件开发商（independent software vendors，ISV）或独立开发者，这些应用软件开发商或独立开发者在 PaaS 厂商提供的在线开发平台上进行开发，从而推出自己的 SaaS 产品或应用。后者指的是提供一个基于云计算式的软件平台运行环境，让应用软件开发商或独立开发者能够根据负载情况动态提供运行资源，并提供一些支撑应用程序运行的中间件支持。例如，IBM 的 Rational 开发者云、Salesforce 公司的 Force.com 和 Google App Engine 等。

　　这个层面涉及两个核心技术。一是基于云的软件开发、测试及运行技术。PaaS 主要面向软件开发者提供了在线开发工具，开发者可通过浏览器、远程控制台（控制台中运行开发工具）等技术直接远程开发应用，无须在本地安装开发工具；或者是提供了本地开发工具和云计算的集成技术，开发者可以通过本地开发工具将开发好的应用直接部署到云计算环境中，同时能够进行远程调试。二是大规模分布式应用运行环境，它指的是利用大量服务器构建的可扩展的应用中间件、数据库及文件系统。该环境可以使应用得以充分利用云计算中心的海量计算和存储资源，进行充分扩展，突破单一物理硬件的资源瓶颈，满足互联网上百万级用户量的访问要求，Google App Engine 就采用了这样的技术。

　　PaaS 的应用场景大体可以概括为几个方面：端到端的软件开发环境，包括物理环境、开发环境、测试环境、部署环境和运行环境；提供配套服务，如账户管理、邮件、数据库、消息队列等；编程语言和环境，提供应用程序开发环境（integrated development environment，IDE）或 API；基于 PaaS 供应商提供的安全保障，为应用程序开发者提供了安全的开发环境，同时也为使用者提供了安全的使用接口；动态扩展性，可根据应用程序用户实际的动态需求来调整资源的分配；良好的认证、监控和计费机制，实时监控应用程序的运行状况和使用情况。

　　3. SaaS

　　SaaS 是最常见的云计算服务，位于云计算三层服务的顶端。用户通过标准的 Web 浏览器来使用互联网上的软件。服务供应商负责维护和管理软、硬件设施，并以免费（提供商可以从网络广告之类的项目中生成收入）或按需租用方式向最终用户提供服务。这类服务既有面向普通用户的，如 Google Calendar 和 Gmail；也有直接面向企业团体的，用于帮助处理工资单流程、人力资源管理、协作、客户关系管理和业务合作伙伴关系管理等。这些产品的常见案例包括：SAP 的云上企业资源计划（enterprise resource planning，ERP）、IBM LotusLive、Salesforce.com 和 SugarCRM 等。这些 SaaS 提供的应用程序减少了客户安装和维护软件的时间与技能等代价，并且可以通过按使用付费的方式来减少软件许可证费用的支出。

　　在 SaaS 层面，服务提供商提供的是消费者应用或行业应用，直接面向最终消费者和各种企业用户。这个层面主要涉及如下技术：Web 2.0、多租户和虚拟化。Web 2.0 中的异步 JavaScript 和 XML（asynchronous JavaScript and XML，AJAX）等技术的发展使 Web 应用的易用性越来越高，它把一些桌面应用中的用户体验带给了 Web 用户，从而让人们容易接受从桌面应用到 Web 应用的转变。多租户是指一种软件架构，在这种架构下，软件的单个实例可以服务于多个客户组织（租户），客户之间共享一套硬件和软件架构，它可以大大降低每个客户的资源消耗,降低客户成本。虚拟化也是 SaaS 层的一项重要技术,与多租户技术不同,它可以支持多个客户共享硬件基础架构,但不共享软件架构,这与 IaaS 中的虚拟化是相同的。

以上的三层,每层都有相应的技术支持该层的服务,具有云计算的特征,如弹性伸缩和自动部署等。每层云服务可以独立成云,也可以基于下面层次的云提供服务。每种云可以直接提供给最终用户使用,也可以只用来支撑上层的服务。

SaaS 的应用场景大体有:当应用程序起到组织与外界相互联系的作用时,如电子邮件即时通信活动;非常需要通过网页和移动端入口的应用程序,如移动设备上的销售管理软件;当应用程序仅是为了满足短期的需求时,如某些用于特定项目的协同软件;当应用程序的需求变动十分明显时,如税务或计费软件一般一个月只使用一次。

4. CaaS

CaaS 也称为容器云,是以容器为资源分割和调度的基本单位,封装整个软件运行时的环境,为开发者和系统管理员提供用于构建、发布和运行分布式应用的平台。CaaS 具备一套标准的镜像格式,可以把各种应用打包成统一的格式,并在任意平台之间部署迁移,容器服务之间又可以通过地址、端口服务来互相通信,做到既有序又灵活,既支持对应用的无限定制,又可以规范服务的交互和编排。

容器云的 Docker 容器几乎可以在任意的平台上运行,包括物理机、虚拟机、公共云、私有云、个人计算机、服务器等。这种兼容性可以让用户把一个应用程序从一个平台直接迁移到另外一个。容器云的这种特性类似于 Java 虚拟机(Java virtual machine,JVM),Java 程序可以运行在任意安装了 JVM 的设备上,在迁移和扩展方面变得更加容易。

CaaS 与 IaaS 和 PaaS 的关系如下。

(1)作为后起之秀的 CaaS 介于 IaaS 和 PaaS 之间,起到了屏蔽底层系统 IaaS、支撑并丰富上层应用平台 PaaS 的作用。

(2)CaaS 解决了 IaaS 和 PaaS 的一些核心问题,例如,IaaS 在很大程度上仍然只是提供机器和系统,需要自己把控资源的管理、分配和监控,没有减少使用成本,对各种业务应用的支持也非常有限;而 PaaS 的侧重点是提供对主流应用平台的支持,没有统一的服务接口标准,不能满足个性化的需求。CaaS 应运而生,以容器为中心的 CaaS 很好地将底层的 IaaS 封装成一个大的资源池,用户只要把自己的应用部署到这个资源池中,不再需要关心资源的申请、管理,以及与业务开发无关的事情。

❀ 1.5 云计算的安全

根据恩林博德市场咨询公司于 2010 年 9 月发布的研究报告,企业采用云计算最大的前三项顾虑分别为:安全(20%)、对云计算缺乏了解(19%)以及隐私(11%),其中安全及隐私问题占了 31%,可见云安全问题已成为企业采用云计算与否的关键因素。

1.5.1　云安全的概念

云计算使公司可以把计算处理工作的一部分外包出去，公司可以通过互联网访问计算基础设施。但同时，数据却是一个公司最重要的财富，云计算中的数据对于数据所有者以外的其他用户是保密的，但是对于提供云计算的商业机构而言确实毫无秘密。随着基于云计算的服务的日益发展，云计算服务存在由多家服务提供商共同承担的现象。这样一来，公司的机密文件将经过层层传递，安全风险巨大。作为一项可以大幅降低成本的新兴技术，云计算正在受到众多企业的追捧。然而，云计算所带来的安全问题也应该引起足够的重视。

云安全越来越成为云计算及安全界关注的重点，一方面云计算应用的无边界性、流动性等特点引发了很多新的安全问题；另一方面云计算技术也对传统安全技术及应用产生了深远的影响。

"云安全"这个名词最初是由传统防病毒厂商提出来的，其主要思路是将用户和厂商安全中心平台通过互联网紧密相连，组成一个庞大的病毒、木马、恶意软件监测、查杀的"安全云"，每个用户都是"安全云"的一个信息节点，用户在为整个"安全云"网络提供服务的同时，也分享其他所有用户的安全成果。这实际上只是云计算理念在安全领域的一个具体应用。

当前主流云计算服务提供商及研究机构更为关注的是云计算应用自身的安全，如国外研究机构对于"云安全"的解释，主要指的是云计算应用自身的安全。因此，从完整意义上来说，"云安全"应该包含两个方面的含义：其一是"云上的安全"，即云计算应用自身的安全，如云计算应用系统及服务安全、云计算用户信息安全等；其二是云计算技术在网络信息安全领域的具体应用，即通过采用云计算技术来提升网络信息安全系统的服务效能，如基于云计算的防病毒技术、挂马检测技术等。前者是各类云计算应用健康、可持续发展的基础，后者则是当前网络信息安全领域最为关注的技术热点。

1.5.2　云安全与传统网络安全的区别

由上述云安全的定义可知，云安全包括两种含义，分别是云计算应用的安全以及云计算技术在网络安全领域的具体应用。

云计算安全与传统信息安全并无本质区别，但由于云计算自身的虚拟化、无边界、流动性等特性，其面临较多新的安全威胁，同时云计算应用导致信息技术资源、信息资源、用户数据、用户应用高度集中，带来的安全隐患与风险也较传统应用高出很多。例如，云计算应用使企业的重要数据和业务应用都处于云服务提供商的云计算系统中，云服务提供商如何实施严格的安全管理和访问控制措施，避免内部员工或者其他使用云服务的用户、外部攻击者等对用户数据的窃取及滥用的安全风险；如何实施有效的安全审计、对数据的操作进行安全监控；如何避免云计算环境中多客户共存带来的潜在风险、数据分散存储和云服务的开放性以及如何保证用户数据的可用性等，这些都对现有的安全体系带来新的挑战。

许多安全问题并非云计算环境下所特有的，无论黑客入侵、恶意代码攻击、拒绝服务攻击、网络钓鱼还是敏感信息外泄等，都是存在已久的信息安全问题。许多人对云安全的顾虑甚为担忧，源自混杂了互联网固有的安全问题和云计算所带来的新兴安全问题。例如，2009 年 12 月，Zeus 恶意代码入侵到亚马逊服务，形成恶意控制主机事件，被许多人视为新兴的云安全问题。然而，同样的安全问题也存在于传统的计算环境中，这个事件再次说明了云安全和传统信息安全在许多方面的本质是一样的。

另外，在现有网络安全形势日益严峻的形势下，传统的网络安全系统与防护机制在防护能力、响应速度、防护策略更新等方面越来越难以满足日益复杂的安全防护需求。面对各类恶意威胁、病毒传播的互联网化，必须要有新的安全防御思路与之抗衡，而通过将云计算技术引入安全领域，将改变过去网络安全设备单机防御的思路。通过全网分布的安全节点、安全云中心超大规模的计算处理能力，可实现统一策略动态更新，全面提升安全系统的处理能力，并为全网防御提供了可能，这也正是安全互联网化的一个体现。

1.5.3 云安全常见问题

总的来说，云计算所带来的新兴安全问题主要包含以下几个方面。

1. 云计算资源的滥用

由于通过云计算服务可以用极低的成本轻易取得大量的计算资源，于是已有黑客利用云计算资源滥发垃圾邮件、破解密码及作为僵尸网络控制主机等恶意行为。滥用云计算资源的行为，极有可能造成云服务供应商的网络地址被列入黑名单，导致其他用户无法正常访问云端资源。例如，Amazon EC2 云服务曾遭到滥用，而被第三方列入黑名单，导致服务中断。之后，亚马逊改为采用申请制度，对通过审查的用户，解除发信限制。此外，当云计算资源遭到滥用作为网络犯罪工具后，执法机关介入调查时，为保全证据，有可能导致其他用户的服务中断。例如，2009 年 4 月，美国联邦调查局在得克萨斯州调查一起网络犯罪时，查扣了一家数据中心的计算机设备，导致该数据中心许多用户的服务中断。

2. 云计算环境的安全保护

当云服务供应商某一服务或客户遭到入侵，导致资料被窃取时，极有可能会影响到同一供应商其他客户的商誉，使其他客户的终端用户不敢使用该客户提供的服务。此外云服务供应商拥有许多客户，这些客户可能彼此间有竞争关系，而引发利用在同一云计算环境之便去窃取竞争对手的机密资料的强烈动机。

另一个云安全问题是在多用户环境中，用户的活动特征也有可能成为泄密的渠道。2009 年在美国计算机学会（Association for Computing Machinery，ACM）上发表的一份研究报告,即提出了在同一物理服务器上攻击者可以对目标虚拟机发动安全外壳(secure shell,SSH)协议按键时序攻击。

以上安全问题的对策,有赖于云服务供应商对云计算环境中的系统与数据的有效隔离。但不幸的是,大多数的云服务供应商都有免责条款,不保证系统安全,并要求用户自行负起安全维护的责任。

3. 云服务供应商信任问题

传统数据中心的环境中,员工泄密情况时有发生,同样的问题,极有可能发生在云计算的环境中。此外,云服务供应商可能同时经营多项业务,在一些业务和计划开拓的市场中甚至可能与客户具有竞争关系,其中可能存在着巨大的利益冲突,这将大幅增加云计算服务供应商内部员工窃取客户资料的动机。此外,某些云服务供应商对客户知识产权的保护是有所限制的。选择云服务供应商除了应避免竞争关系外,也应审慎阅读云服务供应商提供的合约内容。此外,一些云服务供应商所在国家的法律规定,允许执法机关未经客户授权直接对数据中心内的资料进行调查,这也是选择云服务供应商时必须注意的。欧盟和日本的法律限制涉及个人隐私的数据不可传送及存储于该地区以外的数据中心。

4. 双向及多方审计

其实问题 1~3 都与审计有关。然而,在云计算环境中,都涉及供应商与用户间双向审计的问题,远比传统数据中心的审计来得复杂。国内对云计算审计的讨论,很多都是集中在用户对云服务供应商的审计方面。而在云计算环境中,云服务供应商也必须对用户进行审计,以保护其他用户及自身的商誉。此外,在某些安全事故中,审计对象可能涉及多个用户,复杂度更高。为维护审计结果的公信力,审计行为可能由独立的第三方执行,云服务供应商应记录并维护审计过程所有的稽核轨迹。如何有效地进行双向及多方审计,仍是云安全中重要的讨论议题,应逐步制定相关规范,未来还有很多的工作需要做。

5. 系统与数据备份

很多人都有这样的认识,即云服务供应商已做好完善的灾备措施,并且具有持续提供服务的能力。事实上,已有许多云服务供应商因网络、安全事故或犯罪调查等原因中断服务。此外,云服务供应商也有可能因为经营不善宣告倒闭,而无法继续提供服务。面对诸如此类的安全问题,用户必须考虑数据备份计划。

另外一个值得注意的问题是,当不再使用某一云服务供应商的服务时,如何能确保相关的数据,尤其是备份数据,已被完整删除,这是对用户数据隐私保护的极大挑战,有待于供应商完善安全管理及审计制度。

1.5.4　云安全包括的内容

1. 可靠性

可靠性是指系统能够安全可靠运行的一种特性,即系统在接收、处理、存储和使用信息的过程中，当受到自然和人为危害时所受到的影响。系统的高可靠性是云计算系统设计时的基本要求。谷歌公司的电子邮件服务中断、微软公司的云计算平台 Azure 运作中断、亚马逊公司"简单存储服务"（simple storage service，S3）中断等问题都可归结为由于云计算系统可靠性设计的不足而发生的。提高云计算系统的可靠性应关注环境、设备、介质三个方面。

（1）环境可靠性措施。在设计云系统时，机房要避开各种高危（地震、磁场、闪电、火灾等）区域，当系统遭到危害时，其应具备相应的预报、告警、自动排除危害机制，系统不仅要有完善的容错措施和单点故障修复措施，还要有大量的支撑设备［不间断电源（uninterruptible power supply，UPS）、备用服务器等］，为防止电磁泄漏，系统内部设备应采用屏蔽、抗干扰等技术。

（2）设备可靠性措施。为提高云系统设备的可靠性，我们应运用电源、静电保护技术，防病毒、防电磁、防短路、断路技术等，设备的操作人员应受到相应的教育、培养、训练和管理，并要有合理的人机互通机制，这样可在很大程度上避免设备非正常工作并提高设备的效率和寿命。

（3）介质可靠性措施。在考虑云系统的传输介质时，应尽量使用光纤，也可采用加压电缆，它密封于塑料中，置于地下并在线的两端加压，具有带报警的监视器来测试压力，可防止断路、短路和并联窃听等。

2. 可用性

可用性指授权个体可访问及使用其有权使用的信息。安全的云计算系统应允许授权用户使用云计算服务，并在系统部分受损或需要降级使用时，仍能为授权用户提供有效服务。

为保证系统对可用性的需求，云计算系统应引入以下机制。

（1）标识与认证是进行身份识别的重要技术，标识指用户表明身份以确保用户在系统中的可识别性和唯一性。认证是指系统对用户身份的真实性进行鉴别。传统的认证技术有安全口令、令牌口令、数字签名、单点登录认证、资源认证等，可使用身份认证协议、分布式计算环境（distributed computing environment，DCE）和安全外壳协议等目前比较成熟的分布式安全技术。

（2）访问控制分为自主访问控制（discretionary access control，DAC）和强制访问控制（mandatory access control，MAC），其特点是系统能够将权限授予系统人员和用户，限制或拒绝非授权的访问。在云系统中，可参考强制访问控制模型来设计适用于云系统的访问机制。

（3）数据流控制是为了防止数据流量过度集中而引起网络阻塞，云计算系统要能够分析服务器的负荷程度，并根据负荷程度对用户的请求进行正确的引导，控制机制应从结构控制、位移寄存器控制、变量控制等方面来解决数据流问题，并能自动选择那些稳定可靠的网络，在服务器之间实现负载均衡。

（4）审计是支持系统安全运行的重要工具，它可准确地反映系统运行中与安全相关的事件。审计渗透于系统的每个过程，包括操作系统（operating system，OS）、数据库管理系统（database management system，DBMS）和网络设备等。在云计算系统中，安全审计要能够在检测到侵害事件时自动响应，记录事件的情况并确定审计的级别。日志审计内容应包括时间、事件类型、事件主体和事件结果等重要通信数据与行为。为了便于对大量日志进行有效审计，日志审计系统要具有自己专用的日志格式，审计管理员要定时对日志进行分析。为了有效表示不同日志信息的重要程度，日志审计系统应按照一定的规则进行排序，如按照时间、事件的敏感程度等。

3. 保密性

保密性要求信息不被泄露给非授权的用户、实体或供其利用。为保证云计算系统中数据的安全，首先要加强对相关人员的管理；其次，利用密码技术对数据进行处理是保证云系统中数据安全最简单、有效的方法，常见的密码技术有分组密码系统数据加密标准（data encryption standard，DES）、公钥密码系统 RSA、椭圆曲线密码系统如椭圆曲线密码学（elliptic curve cryptography，ECC）和背包公钥密码系统等；此外，云系统设施要能够防侦收（使外界侦收不到有用的信息）、防辐射（防止有用信息以各种途径辐射出去），并要利用限制、隔离、掩蔽、控制等物理措施保护数据不被泄露。我们可以使用防火墙技术、网络地址转换（network address translation，NAT）技术、安全套接字层（secure sockets layer，SSL）协议、点对点隧道协议（point to point tunneling protocol，PPTP）或虚拟专用网络（virtual private network，VPN）等不同的方式来对云系统中传输的信息进行保护。建立"私有云"是人们针对保密性问题所提出的一个解决方法。私有云居于用户防火墙内，因此更加安全稳定，为内部用户或者外部客户提供云计算服务，用户拥有云计算环境的自主权。"公共云"则是通过云计算提供商自己的基础架构直接向公众用户提供服务的云环境，用户通过互联网访问服务，使用透明加密技术可以帮助用户强制执行安全策略，保证存储在云里的数据只能以密文的形式存在，用户自主控制数据安全性，不再被动依赖服务提供商的安全保障措施。采用私有云/公共云机制可让用户自主选择对敏感数据的处理，这也极大地减少了数据泄露的风险。

4. 完整性

完整性指信息在存储或传输过程中不被偶然或蓄意地删除、修改、伪造、乱序、重放插入等以造成破坏和丢失。保护数据完整性的两种技术是预防与恢复。为保证存储、传输、处理数据的完整性，经常采用分级存储、密码校验、纠错编码（奇偶校验）镜像协议、公证等方法。在设计云系统时，由于其复杂性，目前可采用的主要技术有两阶段提交技术和复制服务器技术。

5. 不可抵赖性

不可抵赖性也称为不可否认性，指在信息交互过程中，明确厂商及用户的真实同一性，任何人都不能否认或抵赖曾经完成的操作和承诺。由于云计算制度的不完善，云供应商和用户之间可能会在非技术层面产生各种纠纷，对此，云计算系统可以增加可信任的第三方机构来办理和协调提供商和用户之间的业务，并可利用信息源证据、递交接收证据来防止发送方或接收方事后否认已发送/接收的信息。

6. 可控性

可控性是指系统对其数据应具有控制能力。在云计算系统中，我们可以建立从节点到主干的树状控制体系，使系统可以对数据传播的内容、速率、范围、方式等进行有效控制，这样可以增强系统的扩展性、有效性和自动容错能力，有效控制数据的传播，并降低数据系统出现故障时的修复难度。

1.5.5 云安全的研究方向

云安全的研究方向包括以下几个。

（1）云计算安全。云计算安全主要研究如何保障云计算应用的安全，包括云计算平台系统安全、用户数据安全存储与隔离、用户接入认证、信息传输安全、网络攻击防护乃至合规审计等多个层面的安全。

（2）网络安全设备、安全基础设施的"云化"。网络安全设备的"云化"是指通过采用云计算的虚拟化和分布式处理技术，实现安全系统资源的虚拟化和池化，有效提高资源利用率，增加安全系统的弹性，提升威胁响应速率和防护处理能力，其研究主体是传统网络信息安全设备厂商。对于云安全服务提供商或电信运营商来说，其主要研究领域是如何实现安全基础设施的"云化"来提升网络安全运营水平，主要研究方向是采用云计算技术及理念新建、整合安全系统等安全基础设施资源，优化安全防护机制。例如，通过云计算技术构建的超大规模安全事件、信息采集与处理平台，可实现对海量信息的采集、关联分析，提高全网安全态势、把控能力、风险控制能力等。

（3）云安全服务。云安全服务是云计算应用的一个分支，主要是基于云安全业务平台为客户提供安全服务，云安全服务可提供比传统安全业务可靠性更高、性价比更高的弹性安全服务，而且用户可根据自身的安全需求，按需订购服务内容，降低客户使用安全服务的门槛。云安全业务按其服务模式可分为两类，若该服务直接向客户提供，则属于 SaaS 业务；若作为一种能力开放给第三方或上两层应用，则可归类为 PaaS 业务。

❀ 1.6 云 计 算 的 影 响

弗雷斯特市场咨询公司的分析师断言，云计算是一种典型的颠覆性技术。Gartner 则预测，80%的财富 1000 强的企业将付费使用云计算服务，而 30%的企业将为云计算基础结构服务付费。

目前，云计算的快速发展已经并正在给全球带来巨大的影响，主要体现在以下几个方面。

（1）云计算对信息技术产业的影响。云计算的颠覆性的体现之一，就是对传统信息技术产业的冲击。云计算将对信息技术产业的各个领域产生革命性的影响，有些影响可以迅速可见，有些影响则需要若干年才能显现出来。高性能计算机、高端的处理器、服务器及存储器市场将被大量低成本、低能耗、高性价比的云计算硬件市场所挤占；传统的互联网信息中心将被成本低一个数量级的云计算数据中心所取代；多数软件将以服务形式呈现，在"云"中运行：呼叫中心、网络会议中心、智能监控中心、数据交换中心、视频监控中心和销售管理中心将趋向集中于云计算设施以大幅提高性价比。云计算与网格计算融为一体，实现云计算平台之间的互操作和资源共享，实现紧耦合、高性能科学计算与松耦合、高吞吐量商业计算的融合，使互联网上的主要计算设施融为一个有机整体。

（2）云计算对业务模式和商业模式的影响。云计算的影响不仅仅是技术架构的变化，同时也会对业务模式和商业模式带来变革。以呼叫中心为例，传统呼叫中心强调本地资源，通过流程化、标准化和规模化，核心解决呼叫中心的服务效率问题。而基于云计算的呼叫中心不仅解决效率问题，更强调效果，其核心价值在于整合地域资源、外包资源、专家资源、产业链上下游资源甚至移动终端资源等多种企业的经营资源，随时随地为客户服务。这些服务已经超出了传统呼叫中心的范畴，这正是基于云计算的商业应用。

（3）云计算可以创造出更大的发展机遇。十年前，互联网的热潮创造了数个信息技术英雄：阿里巴巴的马云、腾讯的马化腾、百度的李彦宏、网易的丁磊、搜狐的张朝阳和巨人网络的史玉柱等。而在当今云计算引领下的物联网和移动互联网等新领域也会带来新机会。

例如，Instagram 是一款运行在 iOS 和安卓平台上的移动应用，以一种快速、美妙和有趣的方式将用户随时抓拍下的图片彼此分享，产品于 2010 年 10 月正式登录苹果 App Store，注册用户超过 1 亿人。2012 年 10 月 25 日，Facebook 以总值 7.15 亿美元收购了 Instagram。据悉，Instagram 公司只有 13 名员工，也从未进行任何市场营销，完全租用亚马逊的云计算服务来支持他们的照片分享网站。如果没有云计算服务，类似这样的创业案例是不太容易成功的，至少也不会在短短的两年内就获得如此成功。

云计算既有技术属性，又有商业属性，它的最大价值并不仅仅是节省了大量的社会资源，而是创造了更多新的经济增长点。云计算不仅可以为大数据的存储、处理提供云服务平台，还可以通过计算的力量全面分析数据，输出有实际价值的信息，全面帮助人们提升工作和生活效率，为企业和社会公共服务。根据麦肯锡咨询公司公布的数据，估算到 2025 年，新型颠覆性技术对全球经济的价值贡献均将超过 15 万亿美元，其中云计算为 1.7 万亿～6.2 万亿美元，可令生产力提高 15%～20%。

世界各国都将云计算作为抢占未来信息化制高点的重要途径和战略制高点。为推进云计算的发展，世界各国纷纷制定了战略、政策、规范，鼓励和支持技术业、培育云计算市场。

作为云计算的发源地，目前在全球范围来看，美国是云计算市场发展最快、规模最大的国家。美国历届政府始终都将促进信息技术创新和产业发展作为基本国策。近些年，美国政府制定了一系列关于云计算的扶植政策，主要体现在以下几个方面：统一战略计划、明确云计算产品服务标准；加强基础设施建设、制定标准、鼓励创新；加大政府采购，积极培育市场；构建云计算生态系统，推动产业链协调发展。

2010 年 10 月，德国联邦经济和技术部发布《云计算行动计划》，旨在大力发展云计算，支持云计算在德国中小企业的应用，消除云计算应用中遇到的技术、组织和法律问题。目前因受联邦体制的局限，德国政府部门的信息技术服务参差不齐，缺乏标准化和统一管理，存在信息技术服务质量不均衡等问题。该行动计划的发展目标是主要支持中小企业用户和供应商、州政府、乡镇政府以及法律机关和团体，以增强其竞争力，提供基于互联网的新型服务，开发前景广阔的商业领域，并将通过各种项目和信息产品，为用户和供应商提供示范与支持，为他们指明发展方向，提高他们对云计算的认可程度和信任度。

在韩国，广播通信委员会于 2009 年 12 月底公布了《云计算全面振兴计划》，韩国政府决定在 2014 年之前向云计算领域投入约 6441 亿韩元促进云计算的发展。韩国拟通过政府部门先行投资及政企合作等方式，将韩国云计算市场扩大到现有的 4 倍，达到 2.5 万亿韩元，同时还要将世界市场占有率提高到 10%。韩国知识经济部、通信委员会、行政安全部等联合公布了《政府发展云计算综合规划》，在四大领域、十大课题方面共投入6000 亿韩元，主要包括"公共部门率先构建""构建民间云服务基础平台""云技术开发""营造发展环境"。韩国还积极争取云计算标准的主导权，韩国电子通信研究院服务融合标准研究组人员已获任国际电联联盟通信局的电信标准化顾问组的下属云计算焦点组（FG Cloud）的副主席，韩国 KT 公司人事主管也获任智能焦点组（FG Smart）的副主席。

与美国大刀阔斧地推进不同，由于数据安全和隐私性要求严格，欧洲在云计算方面的态度推进相对谨慎。在云计算方面，欧洲更希望先做好基础研究工作，然后再进行推广应用。

2010 年初，欧盟专家小组在一份关于云计算未来的报告中，建议欧盟及其成员国为云计算的研究和技术开发提供激励，并制定适当的管理框架促进云计算的应用，共同推动云计算服务。欧盟委员会于 2011 年 5 月开展了云计算公众咨询活动，向社会各界征求有关意见和建议，咨询重点包括数据保护及其责任、影响欧洲云计算发展的法律和技术障碍、标准化和协作方案以及促进云计算研发的方法等。2012 年，欧盟委员会宣布启动一项旨在进一步开发欧洲云计算潜力的战略计划"释放欧洲云计算潜力"。该云计算战略计划中的政策措施包括筛选众多技术标准，使云计算用户在互操作性、数据的便携性和可逆性方面得到保证，到 2013 年确定上述领域的必要标准，支持在欧盟范围内开展"可信赖云服务提供商"的认证计划，为云计算服务，特别是服务的服务等级协议（service-level agreement，SLA）制定安全和公平的标准规范。利用公共部门的购买力（占全部信息技术支出的 20%）来建立欧盟成员国与相关企业欧洲云计算业务之间的合作伙伴关系，确立欧洲云计算市场促使欧洲云服务提供商扩大业务范围并提供性价比高的在线管理服务。

近年来，随着云计算技术在世界范围内风起云涌，日本政府看到了云计算对未来科技发展与社会发展的巨大影响，适时制定了一系列相关政策，推动云计算产业发展。

日本政府在 2009 年发布的《i-Japan 战略 2015》中就要求政府建设"基于云计算的新的信息、知识利用环境"。为了推动云计算技术的发展与应用，日本总务省相继设立了若干个研究会，从以下四个角度推动相关战略的制定：标准化或法律法规的国际协调策略；核心设备数据中心的国际引导策略；以削减经费为目标的、政府信息系统整合构想"霞关"云（中央政府办公平台）；都道府县、市镇村系统一体化的自治体云（地方电子政务信息系统）。目前总务省设立的研究会有智能云研究会、政府信息系统建设方向研究会、云计算时代数据中心应用策略研讨会等。

日本经济产业省于 2010 年 8 月发布了《云计算与日本竞争力研究》报告。报告指出，将从完善基础设施建设、改善制度、鼓励创新三方面推进云计算发展。报告计划通过开创基于云计算的新服务开拓全球市场，2020 年前培育出超过 40 万亿日元的新市场。

中国政府近年来高度重视云计算的发展。《中华人民共和国国民经济和社会发展第十二个五年规划纲要》和《国务院关于加快培育和发展战略性新兴产业的决定》（简称《决定》）均把云计算列为重点发展的战略性新兴产业。为了配合与落实《决定》，2010 年10 月，国家发展改革委、工业和信息化部联合印发《关于做好云计算服务创新发展试点示范工作的通知》，确定在北京、上海、深圳、杭州和无锡等五个城市先行开展云计算创新发展试点示范工作。

政府云计算试点工程的落地，使我国的云计算受到了各级政府的高度重视，纷纷制订云计算发展计划，并将其作为战略性新兴的重要组成部分。例如，北京、上海、成都、佛山、重庆等地发布了地方云计算战略规划，如上海发布"云海计划"；北京启动"祥云工程"；成都制定了云计算应用与产业发展"十二五"规划纲要；深圳"十二五"规划中计划建设"智慧深圳"等。地方政府通过为当地云计算服务提供税收、土地、资源等多方面政策支持，鼓励发展云计算。

2013 年以后我国云计算产业进入快速成长阶段，国内外互联网公司、电子商务交易平台、电信运营商纷纷竞争云计算市场。云计算产业成为产业资本和政府投资的重点方向，云计算产业集聚成为科技园区建设的新热点。云计算相关的硬件制造、软件开发、运营服务等领域是各路资本关注的重点。云计算基础技术的自主研发继续获得政府的大力支持，交通云、政务云、教育云、健康医疗云等建设成为智慧城市建设的重要环节。2015 年 1 月 30 日，国务院印发了《关于促进云计算创新发展培育信息产业新业态的意见》。

🌀 1.7　"互联网 +"与云计算

1.7.1　互联网 +

2015 年 7 月 4 日，国务院印发《关于积极推进"互联网 +"行动的指导意见》。

"互联网 +"是指在创新 2.0（信息时代、知识社会的创新形态）推动下由互联网发展的新业态，也是在知识社会创新 2.0 推动下由互联网形态演进、催生的经济社会发展新形态。

"互联网 +"简单地说就是"互联网 + 传统行业"，随着科学技术的发展，利用信息和互联网平台，互联网与传统行业进行融合，利用互联网具备的优势特点，创造新的发展机会。"互联网+"通过其自身的优势，对传统行业进行优化升级转型，使传统行业能够适应当下的新发展，从而最终推动社会不断地向前发展。

"互联网+"是两化（信息化和工业化）融合的升级版，将互联网作为当前信息化发展的核心特征提取出来，并与工业、商业、金融业等服务业全面融合。其中的关键就是创新，只有创新才能让这个"+"真正有价值、有意义。因此，"互联网+"被认为是创新2.0下的互联网发展新形态、新业态，是知识社会创新2.0推动下的经济社会发展新形态的演进。

通俗来说，"互联网+"就是"互联网+各个传统行业"，但这并不是简单地将两者相加，而是利用信息通信技术以及互联网平台，让互联网与传统行业进行深度融合，创造新的发展生态。

"互联网+"有六大特征。

（1）跨界融合。"+"就是跨界，就是变革，就是开放，就是重塑融合。敢于跨界了，创新的基础就更坚实；融合协同了，群体智能才会实现，从研发到产业化的路径才会更垂直。融合本身也指代身份的融合、客户消费转化为投资、伙伴参与创新等，不一而足。

（2）创新驱动。中国粗放的资源驱动型增长方式早就难以为继，必须转变到创新驱动发展这条正确的道路上来。这正是互联网的特质，用所谓的互联网思维来求变、自我革命，也更能发挥创新的力量。

（3）重塑结构。信息革命、互联网已打破了原有的社会结构、经济结构、地缘结构、文化结构。权力、议事规则、话语权在不断发生变化。"互联网+"社会治理、虚拟社会治理会有很大的不同。

（4）尊重人性。人性的光辉是推动科技进步、经济增长、社会进步、文化繁荣的最根本的力量，互联网的力量强大最根本也来源于对人性的最大限度的尊重、对人体验的敬畏、对人的创造性发挥的重视。例如，用户生成内容（user generated content，UGC）、卷入式营销、分享经济。

（5）开放生态。关于"互联网+"，生态是非常重要的特征，而生态的本身就是开放的。我们推进"互联网+"，其中一个重要的方向就是要把过去制约创新的环节化解掉，把孤岛式创新连接起来，让研发由人性决定的市场驱动，让创业并努力者有机会实现价值。

（6）连接一切。连接是有层次的，可连接性是有差异的，连接的价值是相差很大的，但是连接一切是"互联网+"的目标。

1.7.2 "互联网+"与云计算的关系

云计算作为新一代信息技术的重要发展方向，在实施"互联网+"战略上具有重要作用。加快云计算技术创新和产业发展，有利于将"互联网+"落到实处，助推产业转型升级，实现快速发展。如果说传统互联网的发展还依托于信息技术，那么"互联网+"的背后则更多是云计算和大数据的创新。以云计算为代表的信息新技术发展日益迅猛，被认为是"战略石油"和"信息生产力",成为大型企业高度关注并积极布局的经济战略制高点,并将带来新一轮的科技革命和产业变革。发展和普及云计算前景广阔。

同时"互联网+"发展的需求也会进一步推动云计算的发展和演进。中国云计算建设的初期可以视为云计算的"试水期"。无论云的建设者,还是承建方,对于云计算能给业务带来的价值,以及云计算服务业务模式、交付管理流程,大多还处于探索阶段。在这一阶段,大量云基地、云机房得到快速兴建。从云建设阶段向云使用和普及阶段演进的四大挑战如下。

(1)云服务与业务价值的脱轨。云计算建设初期,大量云计算建设过于盲目。无论业务价值,还是云服务交付管理流程,将云计算业务价值量化的能力都有待完善。这种缺乏明确业务价值的云规划部署,缺少成熟的以 SLA 为驱动的跨异构资源管理和信息技术服务交付管理流程,导致一方面有大量"云"闲置;另一方面用户对"云"的需求无法得到满足,限制了用户通过云计算实现业务创新。

(2)私有云孤岛。不是一种云计算服务就可以满足所有用户的信息技术需求,中国企业级用户普遍存在多形态云。以电信行业为例,通常是三种云部署形态同时进行。第一种是现有数据中心基于虚拟化,逐步实现负载和架构解耦,为负载向云迁移做好准备;第二种是建立超融合数据中心,以成为云服务商;第三种新应用为驱动的 Pilot 云部署。大量新应用驱动云计算,将快速形成大量云孤岛。这不仅增加了云计算部署、管理运维的复杂度,同时,限制通过大数据分析和物联网实现产业升级与服务创新。

(3)灵活和融合技术平台信息技术演进是一个长期持续的过程。用户往往根据工作负载属性分期、分批实现应用向云的迁移。目前,从中国企业级用户来看,大量业务关键型应用长期运行在小型机或物理环境下。如何在信息技术演进过程中,保证用户业务在高度融合的云平台上的稳定安全性,能够根据业务发展不同阶段,跨小型机、开放系统,以及各种异构环境实现架构、资源和服务的灵活选择,以及技术和服务的集中统一管理,决定着云计算对业务的支撑能力。

(4)通过云来加速产业升级和业务创新。实现通过云计算支撑产业升级和业务创新,要求信息技术服务商能对全球经济环境下的产业差距进行深度认知,并结合产业链各环节流程和信息化成熟方案,以及针对不同行业用户业务的深度积累,来与信息技术厂商进行持续、长期、更深度的合作。

"互联网+"行动计划结合互联网、云计算、大数据和物联网,能够充分发挥中国的软实力,加速中国经济向服务和科技驱动的经济转型,从而提升中国企业在全球经济方面的竞争力。在新经济环境下,"互联网+"将成为中国经济新的增长点。与此同时,"互联网+"结合亚洲基础设施投资银行,也直接决定着"一带一路"倡议的执行能力。

云计算作为"互联网+"行动计划的重要组成部分,将加速中国云计算从目前的"云建设阶段"向"云使用和普及阶段"快速演进。无论云计算建设者还是云计算的运营商,其工作重点将快速从云计算基础架构向云计算服务价值进行转变。在云建设阶段,更多的重点在于如何建立云基地和云机房,而在云使用和普及阶段,云服务商和云服务使用者需将工作重点转移到如何提高云服务的含金量方面,让用户通过云计算创造价值。

❀ 1.8 章末案例——云计算的缘起[①]

1961 年，在美国麻省理工学院成立一百周年纪念典礼上，约翰·麦卡锡（1971 年图灵奖获得者）第一次提出了效用计算的概念。

这个概念放在今天可能人们已经听过不少，但在当时的条件下，可谓天马行空：计算机将可能变成一种公共资源，会像生活中的水、电、煤气一样，被每一个人寻常地使用。直到 1996 年，康柏电脑公司在内部文件中首次提及"云计算"一词，给这个超前的想法命名。

进入 20 世纪 90 年代，只要是有前瞻思维的公司，都想挤上信息技术的高速路。数据、产品、人员、财务的管理，都免不了数据信息化，而完成这些工作的主要设备就是计算机。

随着规模扩大、应用场景增多，为了满足数据运算需求，公司就要购置运算能力更强的服务器，甚至是具有多台服务器的数据中心，导致初期建设成本、电费、运营和网络维护给很多企业造成了负担。

这时 Salesforce 看到了机会，通过租赁式网页客户关系管理（customer relationship management，CRM）软件服务，开创了 SaaS 模式的时代。初创企业只要按月支付租赁费用，不用再购买任何软件和硬件，也不用花费人力成本在软件运营上。

Salesforce 提出"将所有软件带入云中"的愿景，成了革命性的创举，也成了云计算的一个里程碑。

此时的亚马逊也不知道什么叫云，亚马逊的创始人贝索斯正苦恼着，自己的电子商务网站是否能承受住来自"黑色星期五"的流量轰炸。

2002 年，出版商奥莱利（O'Reilly）向贝索斯展示了一个称为 Amarank 的工具，它可以每隔数小时访问 Amazon.com，并复制 O'Reilly 的销售数据及其竞争对手数据的排名。

出版商建议亚马逊开发一个 API，第三方公司可以通过这个接口获取其产品、价格和销售排名。贝索斯觉得这个想法不错，或许可以借此转型成技术公司。巧合的是，亚马逊内部已经在进行这项研究，并设计了一些 API。在贝索斯的推动下，更丰富的接口被陆续推出。贝索斯发现：这些服务器的运作能力，能够当成虚拟货品卖给开发者和初创企业，这和当时毛利率百分之二的主业务电子商务比起来，简直就是一笔"横财"。

同年，亚马逊启用了 AWS 平台。当时该免费服务可以让企业将 Amazon.com 的功能整合到自家网站上。2006 年，亚马逊第一次将其弹性计算能力作为云服务售卖，标志着云计算这种新的商业模式诞生了。

接下来将详细地介绍亚马逊是如何走上云计算之路的。

---

① 资料来源：https://www.infoobs.com/article/20200807/41193.html.

亚马逊并非我们认为最可能进军云计算业务的公司。多数人认为这种业务应该是 IBM 和甲骨文这样的厂商来做才对。

让我们先看看亚马逊是如何进入这个领域的。亚马逊最初的业务是在线销售书籍，但现在发展成了经营几十万种商品的在线商店。为了跟上用户规模的发展速度，亚马逊需要能适应运营模式的硬件设备和软件系统。但不幸的是，在亚马逊发展的初期阶段，这种系统还没有诞生。亚马逊的工程师除了自己研发以外别无选择。

亚马逊的工程师被迫开始研发应对其零售业务的大规模分布式系统。这一切完成后，亚马逊意识到自己不仅可以自己掌握主动权，而且研发成果还能为其他用户所用。由此，2002 年亚马逊网络服务诞生了。

众所周知，亚马逊网络服务伞状系统包含了许多不同的技术，最新的技术之一被称为亚马逊弹性计算云，即 Amazon EC2。

当亚马逊刚开始研发亚马逊网络服务时，它决定除了要简化个体计算机工作负载的分配，还要确保个体计算机能在随需的基础上提供服务。举例来说，如果有人登录亚马逊这样的大型网站浏览视频，如果他没在使用留言板，那么处理留言板的服务器就没理由为他留出存储空间。亚马逊研发的大型分布式系统能根据用户的需求分配资源，当用户不需要这些资源时，亚马逊就会将这些资源释放。在小型网络服务器环境中，随着程序员了解了如何按需分配对象，这种资源分配的应用越来越多。对于大型系统，这种方式尤其重要，这便是云计算的雏形。

在云计算的世界里，大型网络服务器的每个部分都成为一种服务，可供执行每项特别任务使用。这些服务在独立的硬件上运行。在其他计算机上运行的软件也能按需访问服务。这就是云计算的真实体现：可以互相提供服务的多重系统，也就是软件功能即服务（也称为软件即服务）。但是在云计算的情况下，这些独立的系统通常本身就很大，它们不仅是独立的网络服务器，而且更像是容量巨大的数据库。当所有这些大型系统作为整体在网络上铺展开来协同工作时，形成的系统池就被称为云。

如今这个概念进入了新的层次，即创建独立的服务，这样就可以按需使用。想象一下用户想要将这些服务的某些部分用于他们自己的软件开发。他们想在网络上运行自己的软件，并且通过这些服务的交付来获益。他们不需要所有可供使用的服务，只选择自己需要的部分。这就是亚马逊弹性计算云的使用原理：用户租用亚马逊云上的空间，只需为他们需要和使用的部分付费。软件也是在运行的时候分配使用空间（甚至是计算机新增虚拟机也是如此）。云的每个部分都能提供给用户使用，他们都是按需付费。

这对于用户来说无疑好处多多，因为通过云的方式，他们的软件就可以在大型系统上运行，这种系统功能强大，每天处理的交易量可以达到数百万条，这样用户就不用必须购买属于自己的物理硬件。他们也不必订购在数据中心的物理台式机中拥有一个虚拟区域的托管服务，而结果就是他们的软件功能可以和大型厂商的一样强大。

这种云计算的方式并非亚马逊所独有的。不过亚马逊自己的系统被称为弹性计算云，因为亚马逊的工程师认为它是具有弹性的。用户的软件能向闲置的服务提出请求，在软件运行时按照需求相应增长，当需求减少时资源也会随之逐渐释放。换句话说，软件是很灵活的，在需求的基础上发展，用户按照使用的服务进行付费。这种方式与传统的托管服务是有所不同的，传统的托管服务通常都是用户对固定限度的资源每月按照固定费用支付。

不过亚马逊的弹性计算云与传统的托管服务也有类似之处。当用户在弹性计算云上运行应用软件时，他们创建的虚拟机与小型托管提供商的虚拟服务器十分相似。从这里可以看出，他们的系统能随着新增虚拟机需求一同成长。这些虚拟服务器就是云服务提供的最小的原子单元。

接下来随着用户软件的运行，他们可能要对软件的代码进行编译来决定是否需要增加额外的虚拟机。他们的软件可能需要处理一些复杂的数字运算，但他们又不想将目前使用的虚拟机供这个运算过程使用。此时他们可以分配第二个虚拟机给这个运算过程，这个虚拟机拥有与一台独立的单机系统同样的能力。当数字运算过程完成后，第二个虚拟机可以将运算的结果返回给第一个虚拟机然后关机，这样亚马逊其他的用户就能使用这段处理时间了。

创建这样的弹性计算环境需要精密的计算能力，例如，一座由专门执行这些任务的很多计算机组成的服务器机房。有了这些计算机，工程师可能会有额外的需求，让系统具备按照需求分配多重虚拟机的能力，以便系统更加高效。

这就是很多公司对亚马逊提供的产品感兴趣的原因：提供大容量并行基础架构允许用户的应用软件随需升级，所有人都必须考虑执行这项任务的具体细节或者维护他们自己的数据中心所需的财力状况。

2006～2009年，云服务尚处于推广阶段，把它重视起来的公司还很少，而且只有大公司有基础和资本做这种"苦活"。第一步总是困难的，出于安全性和可靠性考虑，拥抱云计算的用户不多。当时亚马逊的云计算尚不稳定，曾由于雷电等原因多次出现服务器中断的故障。因此AWS的早期推广和现在的会员制一样，都是先投钱，先推出一个月免费试用云服务来积累客户，同时慢慢改进技术。

然后，一件具有重大意义的事情发生了。在2009年初，也就是金融危机最严重的时候，美国Salesforce公司公布了2008年年度报告，数据显示公司云服务收入超过了10亿美元。这对于新兴的云计算业务来说是个破纪录的数字，同时，这一数字也让整个行业对云计算开始另眼看待。2009年美国奥巴马政府宣布了一项影响深远的长期性云端运算政策，希望降低基础建设成本，并减少政府计算机系统对环境的影响。这意味着美国政府的云端运算计划已经开始执行。

在2009～2011年，世界级的供应商都无一例外地参与到云市场的竞争中。于是出现了第二梯队：IBM、VMware、微软和AT&T。这些大都是传统的信息技术企业，由于云计算的出现不得不选择转型。

在云业务上，微软算是个迟到者，虽然其有大量的开发人员从事Azure，但是直到2010年才正式启动该平台。尽管技术上一时无法赶上从2002年就开始云布局的AWS，但是胜在和很多企业都有长久的良好关系，于是以云服务＋微软软件优惠为特色，鼓励用户一开始就选择Azure。

面对微软的竞争，亚马逊也感到了巨大的压力，它的一贯宗旨就是为了长期的主导地位而牺牲短期利润。于是它选择不断降价，高调宣告"价格战"的开始。除了在价格上发力，AWS 也不断提高业务能力。在扩展旧服务的同时，也开发了提供企业功能的新服务。亚马逊自 2012 年起，每年都会举办 AWS re：Invent 大会。AWS 每次都会在会上发布一系列的技术创新和应用，积累到 2017 年已发布了 3951 项新功能和服务。根据美国摩根士丹利和国际知名调研机构 Gartner 的报告，AWS 比竞争对手拥有更强的计算能力。

这里被比下去的对手就包括谷歌，谷歌云虽然在大数据应用方面引人注目，但是整体能力和 AWS、Azure 相比尚未成熟。该业务在谷歌母公司 Alphabet 的全部业务中只占很小一部分，大部分（约 85%）来自广告业务。

于是，亚马逊的行业龙头的地位不断巩固，云业务进入了良性循环。更多的 AWS 使用量意味着建设更多的基础设施，从而通过扩大规模来降低成本，最终减少服务费用。

虽然亚马逊在美国市场中，云计算布局比对手要早好几年，但是进入中国市场比微软晚了整整一年。因为亚马逊花了一年的时间在中国选址，据说共有 282 项选址标准，要全部达标才能正式开始建设，于是直到 2013 年底才选好了宁夏中卫这个地方，并于 2015 年建设完毕，正式提供商用服务。

而国内市场，自 2012 年起，中国公有以及私有基础架构市场就开始高速发展扩张。微软、阿里云、金山云都开始积极开拓中国市场，准备在公共云、私有云和混合云等所有的云计算细分市场一较高下。

第2章

云计算架构及关键技术

本章从云计算的体系结构和关键技术两个维度来系统论述云计算。云计算的体系结构从技术及参与者两个视角介绍。关键技术维度包括虚拟化、数据存储、资源管理等技术的介绍。

2.1 云架构概述

2.1.1 技术视角的云架构

云计算体系结构由五个主要部分构成，分别为应用层、平台层、资源层、用户访问层、管理层。云计算的本质是通过网络提供服务，因而其体系结构的构成以服务为核心。应用层、平台层、资源层这三层是云计算提供的不同层次的服务，如图 2-1 所示。

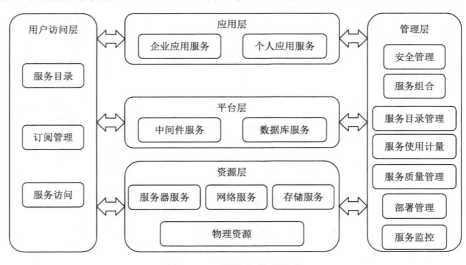

图 2-1 云计算的体系结构

1. 资源层

资源层是指基础架构层面的云计算服务。它把基础架构的各种功能提供给用户，使用户可以基于这些服务搭建自己的应用。这种服务可以提供虚拟化的资源，从而隐藏物理资源的复杂性。

（1）物理资源是指支撑云计算上层服务的各种物理设备，如服务器、网络设备、存储设备等。

（2）服务器服务为用户提供一个服务器环境，如 Windows、Linux、UNIX 或者一个集群。

（3）网络服务为用户提供网络处理能力，如防火墙、虚拟局域网（virtual local area network，VLAN）、负载均衡、路由、交换等。

（4）存储服务为用户提供存储能力，如文件级存储或块设备级存储。

2. 平台层

平台层为用户提供对资源层服务的封装，使用户可以使用更高级的服务构建自己的应用。

（1）数据库服务为用户提供可扩展的数据库处理能力。

（2）中间件服务为用户提供可扩展的消息中间件或事务处理中间件等服务。

3. 应用层

应用层为用户提供软件服务。

（1）企业应用服务是面向企业用户的应用，如财务管理、客户关系管理、商务智能等。

（2）个人应用服务是面向个人用户的应用，如电子邮件、文本处理、个人信息存储等。

4. 用户访问层

用户访问层是方便用户使用云计算服务所需的各种支撑服务，针对每个层次的云计算服务都需要提供相应的访问接口。

（1）服务目录是一个服务的列表，用户可以从中选择需要使用的云计算服务。

（2）订阅管理提供给用户管理功能，用户可以查阅自己订阅的服务或者终止订阅的服务。

（3）服务访问是针对每种层次的云计算服务提供的访问接口。例如，针对资源层的访问，提供的接口可能是远程桌面或者是 X Window；针对应用层的访问，提供的接口可能是 Web。

5. 管理层

管理层提供对所有层次云计算服务的管理功能。

（1）安全管理提供对服务的授权控制、用户认证、审计、一致性检查等功能。

（2）服务组合提供对已有云计算服务进行组合的功能，使新的服务可以基于已有服务创建。

（3）服务目录管理，提供服务目录和服务本身的管理功能。管理员可以增加新的服务，或者从服务目录中除去服务。

（4）服务使用计量对用户的使用情况进行统计，并以此为依据对用户进行计费。

（5）服务质量管理提供对服务的性能、可靠性、可扩展性的管理。

（6）部署管理提供对服务实例的自动化部署和配置。当用户通过订阅管理增加新的服务订阅后，部署管理模块自动为用户准备服务实例。

（7）服务监控提供对服务的健康状态的记录。

云计算体系结构和网格计算体系结构有所类似，都是利用底层的资源为用户提供服务能力。其区别在于云计算提供的服务类型更广，提供的服务管理能力更强。而网格计算只提供资源层的服务，更多地强调资源本身的管理。

2.1.2　参与者视角的云架构

图 2-2 所示是 NIST 定义的通用云计算架构参考模型，图中列举了主要的云计算参与者以及它们各自的分工。

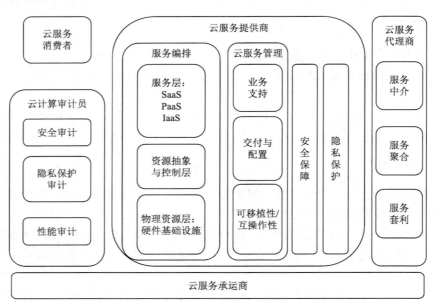

图 2-2　云计算架构参考模型

NIST 云计算架构参考模型定义了 5 种角色，分别是云服务消费者、云服务提供商、云计算审计员、云服务代理商和云服务承运商。每个角色可以是个人，也可以是单位组织。表 2-1 列举了每个角色的具体定义。

表 2-1　角色定义

角色	定义
云服务消费者	租赁云服务产品的个人或者单位组织
云服务提供商	提供云服务产品的个人或者单位组织
云计算审计员	能对云计算安全性、云计算性能、云服务及信息系统的操作开展独立评估的第三方个人或者单位组织
云服务代理商	代理云服务提供商向消费者销售云计算服务并获取一定佣金的个人云服务代理商或者单位组织，如世纪互联是微软 Azure 的中国代理商
云服务承运商	在云服务提供商和云服务消费者之间提供连接媒介，以便把云计算服务产品从云服务提供商转移到云服务消费者手中，如中国电信。但是广域网商和因特网商不属于云服务承运商

云计算中各个角色之间进行交互的相互关系为：云服务消费者可以从云服务代理商或者云服务提供商那里租赁云服务产品，而云计算审计员必须能从云服务消费者、云服务提供商和云服务代理商那里获取信息，以便独立开展审计工作。

在具体的实施过程中，并不是每个云计算都包含这 5 种角色，但是云服务提供商和云服务消费者是必需的两个角色，而是否包含其他 3 种角色，与具体的业务要求相关。例如，本地私有云、网盘等应用场景只有云服务消费者和云服务提供商；X 公司把数据备份到亚马逊公共云上，那么 X 公司就是云服务消费者，亚马逊是云服务提供商，而提供点对点专线服务的本地电信部门就是云服务承运商；一家私有企业 Y 利用第三方的云计算代理咨询公司发现并租赁最经济的 Linux 云主机，那么云服务消费者是 Y 企业，云服务代理商是第三方的云计算代理咨询公司，云服务提供商是亚马逊、谷歌、阿里巴巴；使用公民档案 SaaS 云服务，那么社会公民是云服务消费者，公民档案 SaaS 云服务提供商是云服务提供商，而人力资源和社会保障部及云计算国家安全管理局是云计算审计员。

1. 云服务消费者

云服务消费者从云服务提供商或者云服务代理商那里租赁云服务产品，在合同期内和云服务提供商保持一种供需业务关系。首先，准消费者浏览云服务提供商的官方网站，在云服务分类中找到能够满足自己需求的云服务产品，然后和云服务提供商签订合同，最后按照合同条款使用云计算资源并付款。付款的方式有很多种，如按年、按季、按月付款及按次数付款等。

需要注意的是，云服务消费者应与云服务提供商仔细落实 SLA 中的条款，这些条款涵盖服务质量、安全保障、应用中断的弥补措施等内容。另外，云服务提供商可能在 SLA 中列举针对所有用户的承诺条款，以及云服务消费者必须接受的限制和义务条款。通常一个云服务提供商的报价和 SLA 条款是不可以讨价还价的，除非你是一个令其心动的大客户。一般客户只有在货比三家后挑选信誉良好、技术能力强、财力雄厚、报价实惠、服务条款更具吸引力的云服务提供商。

SaaS 型消费者通过网络访问云端的 SaaS 型应用程序。如果消费者是一个单位组织，那么它的内部成员才是真正的 SaaS 程序操作者，不过有的成员是使用软件的最终用户，有的成员是为最终用户配置软件的管理员。SaaS 型消费者付款的费用因素包括最终用户数、使用时间的长短、消耗的网络带宽、存储的数据规模或者数据保存期限等。

PaaS 型消费者使用云端的工具和计算资源来开发、测试、部署和管理驻留于云中的应用程序，因此消费者的具体角色可能是程序开发人员、软件测试工程师、应用程序部署人员或者应用程序管理员等。与 PaaS 型消费者付款有关的因素包括处理器消耗、网络带宽消耗、数据库存储规模及使用时间的长短等。

IaaS 型消费者使用云端的虚拟机、网络附属存储（network attached storage，NAS）、网络设施及其他能部署和运行任何软件的基础计算资源，因此 IaaS 型消费者一般为系统开发人员、系统管理员或者热衷于掌控基础设施的信息技术部经理。计费的因素包括虚拟机使用 CPU 的小时数、存储的数据规模和时间、消耗的网络带宽，以及申请的公网 IP 地址的数量等。

2. 云服务提供商

云服务提供商是个人或者单位组织，负责搭建云端并对外提供云服务产品。支撑云服务的信息技术层可以由云服务提供商自己组建，也可以租赁其他人的云服务。例如，一个云服务提供商租赁其他人的虚拟机（IaaS 云服务）并在此虚拟机上部署 PaaS 云服务，然后出租出去。

云服务提供商的五大任务包括服务部署、服务编排、云服务管理、安全保障和隐私保护。

1）服务部署

服务部署即为第 1 章介绍的云计算的部署模式，分别是私有云、公共云、混合云、社区云，这里不再展开介绍。

2）服务编排

服务编排是指把各种系统组件合理地整合在一起，以便向云服务消费者提供云服务产品。

云服务编排模型中有三个叠加层，从下到上依次是物理资源层、资源抽象与控制层、服务层。

顶层的服务层定义了云服务消费者访问计算资源的接口（简称访问接口）——IaaS、PaaS 和 SaaS。SaaS 应用程序可以（但不是必须）搭建在 PaaS 组件上，PaaS 组件可以（但不是必须）搭建在 IaaS 组件上，这三者层叠在一起是组合方式的一种。另外，PaaS 和 SaaS 可以单独构建各自的底层架构，如 SaaS 云服务直接部署在物理服务器上，而不是层叠在 PaaS 和 IaaS 组件上。对于一个具体的云服务提供商而言，其可定义全部的 3 种服务模式或者其中的 1～2 种。

中间层是资源抽象与控制层，它包括两类系统组件：一类组件是抽象组件，主要用于对物理计算资源进行虚拟化，虚拟化之后的资源就可以放入资源池中，以便将来供云服务消费者弹性租赁。抽象组件包括虚拟机管理平台（Hypervisor）、虚拟机（virtual machine，VM）软件、软件定义存储（software defined storage，SDS）、软件定义网络（software defined network，SDN）等，虚拟机技术是最常见的资源抽象组件。无论如何，资源抽象组件必须能确保高效、安全和可靠地运用底层的物理资源。本层的另一类组件是控制组件，主要负责资源分配、访问控制和监控资源使用等。总之，本层的主要功能是把物理资源池化并有效管理被池化后的资源。

底层是物理资源层，包含所有的物理计算资源——物理服务器（主要包含 CPU、内存计算资源）、网络设备（路由器、防火墙、交换机、网卡等）、存储设备（如硬盘、存储阵列），以及其他物理计算设施；也包含基础设施资源，如加热器、空调、通风设备、供电设备等。

三层叠加在一起，上层依赖于与其直接相邻的下层。资源抽象与控制层利用下层的物理资源，向上层暴露资源池，而顶层的服务层利用下层的资源池向云服务消费者暴露服务接口，云服务消费者不能直接操纵底层的物理资源。

3）云服务管理

云服务管理是指云服务提供商必须履行的一套流程和任务，以便圆满地把云服务交付给消费者。这些流程和任务分为三大类：业务支持、交付与配置、可移植性与互操作性。

业务支持是与客户有关的活动和服务，具体包括以下内容：租户管理（管理租户账号、激活账号、禁用账号、终止账号、管理用户资料、解决租户提出的问题、处理投诉等）、合同管理（管理服务合同、洽谈合同、签订合同、关闭合同、终止合同等）、云服务产品管理（建立和管理云服务产品目录，以便用户浏览和选择等）、费用结算（生成发票并送交客户，回收款项，尽量做到现收现付）、报表与审计（监视用户消耗资源的状况，产生有关报表，履行事后监督和审计）、价格管理（给云服务产品建立价格点和价格分层，监视竞争对手的报价并及时调整产品价格以确保竞争力，云服务提供商通常会给大客户提供价格折扣或者信用消费）。

交付与配置是与资源有关的管理活动，具体包括以下内容：快速交付（能快速响应用户的弹性需求，最好是自动化响应）、资源变更（包括替换故障设备、升级设备、添加新设备，从而扩充资源容量，以及重新配置现有的设备）、资源监控（发现和监视虚拟资源，监视云端操作和事件，并且产生性能报表）、计量（定义付费的计量方法，例如，根据某类资源如存储设备 CPU、内存、网络带宽等的使用量和时间长短计费，也有按照每使用一次计费的，还有的使用较复杂的计费公式）、SLA 管理（具体涵盖 SLA 定义、SLA 实施监督和 SLA 执行评价，目的是保证服务质量）。

云计算能节约成本，快速满足用户对资源的弹性需求，这使一些潜在的云服务消费者有兴趣把计算迁入云端。然而，这些潜在的云服务消费者能否变成真实的云服务消费者，在很大程度上依赖于云服务提供商如何对待用户关心的安全、可移植性和互操作性问题。

关于可移植性，潜在的消费者非常想知道他们是否能够以较低的成本和最短的中断时间在多个云端之间迁移数据或应用程序。而对于互操作性，用户关心在两个或多个云端之间的互通能力。

为了便于用户进行数据移动、服务交互和系统迁移，云服务提供商应该提供一些有利机制（包括策略和工具），而不是故意设置障碍，以便增加用户黏度。数据移动是指把数据复制到云端或从云端复制出来或者进行批量传输。理想的服务交互能力是指用户能够通过统一的管理接口使用横跨多个云端的数据和服务功能。而系统迁移是指将一台完全关闭的虚拟机从一个云服务提供商的云端迁移到另一个云服务提供商的云端，或者在不同云服务提供商的云端之间迁移应用、服务和相应的内容。

但是要特别注意的是，不同的云服务模式（IaaS、PaaS、SaaS）在可移植性和互操作性方面的侧重点不同。例如，IaaS 模式侧重于迁移虚拟机并能在新的云端启动。因此，为了能迁移一台虚拟机镜像到另一个采用不同虚拟机技术的云端，必须移除云服务提供商加入虚拟机镜像文件中的特有的扩展技术。如果这种扩展技术非常好且被广泛接受，那么云服务提供商应该公开这种技术细节，从而使所有的 IaaS 云服务提供商都接受并把该技术融入自己的虚拟机镜像中。而 SaaS 侧重于数据可移植性方面，因此最好按照业界通行的标准进行数据抽取和备份，以保证数据的可移植性。

4）安全保障

我们必须清晰地认识到安全性问题涉及云计算参考模型的各个方面，纵向上从底层的基础设施到顶层的应用，横向上包括全部的参与角色，如云服务提供商、云服务消费者、云服务代理商等。基于云的系统仍然需要满足这些传统信息技术系统中的安全要求，如认证、授权、可用性、保密性、身份管理、完整性、审计、安全监控、事件响应及安全策略管理等，下面着重讨论一下云计算特有的一些安全问题。

（1）三种云服务模式蕴含的安全问题。云计算的三种云服务模式 IaaS、PaaS 和 SaaS 为用户提供了不同类型的接入云端的接口，同时也不可避免地成为不怀好意者的攻击入口。因此，在设计和实施云计算的过程中，需要充分考虑这三种云服务模式的内部机制和各自侧重的安全性问题。例如，人们通常使用网页浏览器通过因特网访问云端的 SaaS 应用，那么在考察 SaaS 的安全性时，就需要重点关注网页浏览器的安全性。而 IaaS 型消费者一般是远程登录并使用云端的虚拟机，那么在设计 IaaS 云服务时，就要重点关注虚拟机软件的隔离效果，因为运行在同一台物理机上的虚拟机相互之间的隔离效果越好就越安全。

（2）四种部署模型蕴含的安全问题。四种部署模型也蕴含着安全问题，其中从租户的隔离程度来考察部署模型中的安全问题是一个不错的方法。由于私有云只供一个单位组织内部的员工使用，所以在租户隔离方面就没有公共云那么重要。公共云上的租户来自五湖四海，身份复杂且不可预测，所以公共云上的租户必须严格隔离。另一个观察部署模型所蕴含的安全问题的解决方法是采用安全边界，例如，一个本地私有云的云端就不必再额外增加一道安全边界，因为云端本身就在消费者单位组织的网络安全边界之内，但是人们更倾向于给托管私有云的云端再建立一道安全防护边界。

（3）安全职责共担。由于云服务提供商和云服务消费者对于云端的计算资源具有不同的控制范围，与传统信息技术系统完全由一家单位组织控制不同，云计算系统要求云服务提供商和云服务消费者在设计、建设、部署和操作云系统时必须通力合作，双方共同努力才能构建一个安全的云计算环境。我们必须仔细分析每一项安全控制措施，再结合具体的云服务模式，确认其最佳的责任方（云服务提供商或云服务消费者）。例如，对于 IaaS 云服务模式来说，具备初始系统权限的用户账户管理通常由 IaaS 云服务提供商负责，而部署在 IaaS 环境（如虚拟机）中的应用程序的账户管理则由云服务消费者负责。

5）隐私保护

在云计算时代，个人信息、操作行为和习惯都存储在云端或者在云端留下印迹，所以隐私保护的重要性是前所未有的，有必要单独拿出来讨论。

隐私是指关于个人或者单位组织本身的信息，信息的主体不愿意公开而且法律没有规定必须公开的信息。隐私包括个人信息（personal information，PI）和个人身份信息（personally identifiable information，PII），个人信息描述了个体的静态信息，如姓名、年龄、性别、住址、电话等，个人身份信息描述了与个体关联的周边信息，如家庭、存款、社会关系、行动路线等。主体的身份不同，隐私的具体内容也不尽相同。例如，普通民众的个人财产是隐私，但是公务员的财产就不是隐私（法律规定必须公开）；又如，企业的财务报表是隐私，但是上市企业的财务报表就不是隐私。

如果云服务提供商收集了消费者的身份信息或者操作行为和习惯模式，那么它必须确保这些隐私信息能得到可靠的保护，除消费者本人外，其他任何人或机构都不能获取这些信息。对于全球性的或者跨国经营的云服务提供商来说，隐私保护的问题变得异常复杂，因为各国关于隐私保护的法律都不尽相同。

3. 云计算审计员

云计算审计员能对云计算利益相关者开展独立检查并发布评估结果，审计的核心任务就是通过对客观证据的审查来评估是否符合预设的标准。针对云服务提供商的审计主要包括安全审计、隐私保护审计和性能审计等。

1）安全审计

云计算审计员评估云服务提供商是否具备足够的且准备妥当的安全控制措施，以及是否严格遵守切实可行的安全流程。例如，云计算审计员审查云服务提供商是否遵守了 ISO 27001 安全标准。

2）隐私保护审计

隐私保护审计主要检查云服务提供商是否保护了个人信息和个人身份信息。

3）性能审计

云服务提供商必须满足在 SLA 中列举的服务质量（quality of service，QoS）的要求，但是云服务消费者往往抱怨其利益受到损害，而云服务提供商也常常表示无辜，只有通过第三方独立开展性能审计才能消除供需双方的分歧。

4. 云服务代理商

随着云计算的不断发展，云服务公司提供的产品越来越多，如何整合这些产品以满足用户的需求也变得越来越复杂。例如，登录亚马逊官方网站，会发现有上百种云服务产品，有的产品可以单独租赁，但有的需要整合其他产品才能发挥最佳效果。所以，不少潜在云服务消费者宁愿把需求告诉云服务代理商，由云服务代理商全权负责选购产品并进行最佳的整合，也不愿耗费时间和精力直接与众多的云服务提供商打交道。云服务代理商管理云服务的使用、性能和交互，并且协调云服务供需双方的关系。随着云服务市场的繁荣，可以预计，将来还会出现云服务一级代理、二级代理，甚至更多级代理的现象。

通常，云服务代理商的主要工作有以下三个方面。

（1）服务中介：云服务代理商处于云服务提供商和云服务消费者之间，它是云服务提供商的客户，又充当云服务消费者的云服务提供商。云服务代理商尽可能地改善一些云服务产品并给消费者提供增值服务，这些改善措施包括但不限于强化安全、完善性能报告、优化身份管理、做好本地化（语言、本地人的习惯、本地法律法规等），以及增强用户的交互体验等。

（2）服务聚合：云服务代理商把多个服务整合成一个或几个新的服务，以满足用户复杂的需求，同时提供数据集成，使云服务消费者和多个云服务提供商之间的数据移动是安全的。

（3）服务套利："套利"意为快速买卖以赚取差价。这里的服务套利类似于服务聚合，但是被聚合的服务是不固定的，云服务代理商可随时在多个云服务提供商的产品中筛选最好的服务。例如，云服务代理商可以使用信用评分措施来衡量和挑选分数最高的云服务提供商。

5. 云服务承运商

云服务承运商负责在云服务提供商和云服务消费者之间建立连接媒介，以便把云计算服务产品从云服务提供商那里转移到云服务消费者手中。云服务的分发工作通常由网络和电信运营商或者专门的传输代理机构完成。传输代理机构是指提供大容量磁盘这种物理的传输存储媒介的业务机构。为了保证服务质量，云服务提供商会和云服务承运商签订服务水平协议，还可能要求云服务承运商提供专线，以保证云服务供需双方的连接安全。

按需部署是云计算的核心，要解决好按需部署，必须解决好资源的动态可重构、监控和自动化部署等，而这些又需要以虚拟化技术、高性能存储技术、处理器技术、高速互联网技术为基础。所以云计算除了需要仔细研究其体系结构外，还要特别注意研究资源的动态可重构、自动化部署、资源监控、虚拟化技术、高性能存储技术、处理器技术等。从 2.2 节开始将介绍云计算的关键技术。

❀ 2.2 虚拟化技术

虚拟化是实现云计算的最重要的技术基础，虚拟化技术实现了物理资源的逻辑抽象和统一表示。通过虚拟化技术可以提高资源的利用率，并能够根据用户业务需求的变化快速、灵活地进行资源部署。

虚拟相对于真实，虚拟化就是将原本运行在真实环境中的计算机系统或组件运行在虚拟出来的环境中。一般来说，计算机系统分为若干层次，从下至上包括底层硬件资源、操作系统、操作系统提供的应用程序编程接口，以及运行在操作系统之上的应用程序。虚拟化技术可以在这些不同层次之间构建虚拟化层，向上提供与真实层次相同或类似的功能，使上层系统可以运行在该中间层之上。这个中间层可以解除其上下两层间原本存在的耦合关系，使上层的运行不依赖于下层的具体实现。

由于引入了中间层，虚拟化不可避免地会带来一定的性能影响，但是随着虚拟化技术的发展，这样的开销在不断地减少。根据所处具体层次的不同，"虚拟化"这个概念也具有不同的内涵，为"虚拟化"加上不同的定语，就形成了不同的虚拟化技术。目前，应用比较广泛的虚拟化技术有基础设施虚拟化、系统虚拟化和软件虚拟化等类型。虚拟化是一个非常宽泛的概念，随着信息技术产业的发展，这个概念所涵盖的范围也在扩大。

例如，操作系统中的虚拟内存技术是计算机业内认知度最广的虚拟化技术，现有的主流操作系统都提供了虚拟内存功能。虚拟内存技术是指在磁盘存储空间中划分一部分作为内存的中转空间，负责存储内存中存放不下并且暂时不用的数据。当程序用到这些数据时，再将它们从磁盘换入内存。有了虚拟内存技术，程序员就拥有了更多的空间来存放自己的程序指令和数据，从而可以更加专注于程序逻辑的编写。虚拟内存技术屏蔽了程序所需内存空间的存储位置和访问方式等实现细节，使程序看到的是一个统一的地址空间。可以说，虚拟内存技术向上提供透明的服务时，不论程序开发人员还是普通用户都感觉不到它的存在。这也体现了虚拟化的核心理念，以一种透明的方式提供抽象的底层资源。

虚拟化不是个新事物，在 20 世纪 60 年代末，IBM 首先在其主机系统上提出了虚拟机的概念，当时是为了对大型机硬件进行分区以提高硬件利用率。当时的虚拟机是一个简单的、运行在物理计算机上的软件，用于仿真物理计算机，让在虚拟机中运行的应用程序认为自己直接在和物理计算机进行互动。换句话说，虚拟机就是模拟了一个物理计算机的环境，当多个虚拟机运行在一个物理设备上时，看似有多个同样的物理设备在同时工作。由于当时大型机是十分昂贵的资源，因此设计了虚拟化技术来进行分区，作为一种充分利用投资的方式。

在 20 世纪 80 年代和 90 年代，由于客户端-服务器应用程序以及价格低廉的 x86 服务器和台式机成就了分布式计算技术，虚拟化实际上已被人们弃用。随着互联网在 20 世纪 90 年代的快速发展，企业计算在规模和复杂度上也得到了快速的增长，并且从主机模式换到分布计算模式。在此期间 Windows 的广泛使用以及 Linux 作为服务器操作系统的出现，奠定了 x86 服务器的行业标准地位。x86 服务器和桌面部署的增长带来了新的信息技术基础架构和运作难题。这些难题包括以下几点。

（1）基础架构利用率低。根据国际数据公司（International Data Corporation，IDC）的报告，典型的 x86 服务器部署平均达到的利用率仅为总容量的 10.9%～15%。企业的应用程序发布一般都会带来 2 台以上的服务器上线运行，而通常为了避免出现一个应用程序中的漏洞影响同一服务器上其他应用程序的可用性的风险，每台服务器上只运行一个应用程序。

（2）物理基础架构成本日益攀升。为了支持不断增长的物理基础架构，需要的运营成本持续攀升。大多数计算基础架构都必须时刻保持运行，因此耗电量、制冷和设施成本不随利用率水平而变化。

（3）信息技术管理成本不断攀升。随着计算环境日益复杂，基础架构管理人员所需的专业教育水平和经验以及此类人员的相关成本也会增加。组织在与服务器维护相关的手动任务方面花费过多的时间和资源，因而也需要更多的人员来完成这些任务。

（4）故障切换和灾难保护不足。关键服务器应用程序停机和关键最终用户桌面不可访问对组织造成的影响越来越大。安全攻击、自然灾害、流行疾病等威胁使得对用户桌面和服务器进行业务连续性规划显得更为重要。

（5）最终用户桌面的维护成本高昂。企业桌面的管理和保护带来了许多难题，在不影响用户有效工作能力的情况下控制分布式桌面环境并强制实施管理、访问安全策略，实现起来十分复杂且成本高昂。必须不断地对桌面环境应用数目众多的修补程序和升级以消除安全漏洞。

2.2.1　虚拟化的定义

虚拟化是一个宽泛的技术术语，是指将计算资源或计算环境加以抽象。虚拟化提供一个平台将物理计算资源逻辑化后呈现给其上运行的操作系统。这样可以使多个操作系统同时共享一个物理计算机设备，且认为自身还拥有对物理设备的独享控制权。虚拟化还会修改物理资源的某些真实属性，将其转变成一个通用的逻辑资源呈现给操作系统。换句话说，虚拟化技术就是将具体的技术特性加以封装隐藏，对外提供统一逻辑接口从而屏蔽物理设备的多样性带来的差异。

IBM 对虚拟化的定义为：虚拟化是资源的逻辑表示，它不受物理限制的约束。

在这个定义中，资源涵盖的范围很广。资源可以是各种硬件资源，如 CPU、内存、存储、网络；也可以是各种软件环境，如操作系统、文件系统、应用程序等。

虚拟化的主要目标是对包括基础设施、系统和软件等信息技术资源的表示、访问和管理进行简化，并为这些资源提供标准的接口来接收输入和提供输出。虚拟化的使用者可以是最终用户、应用程序或者服务。通过标准接口，虚拟化可以在信息技术基础设施发生变化时将其对使用者的影响降到最低。最终用户可以重用原有的接口，因为他们与虚拟资源进行交互的方式并没有发生变化，即使底层资源的实现方式已经发生了改变，他们也不会受到影响。

虚拟化技术降低了资源使用者具体实现之间的耦合程度，让使用者不再依赖于资源的某种特定实现。利用这种松耦合关系，系统管理员在对信息技术资源进行维护与升级时，可以降低对使用者的影响。

2.2.2　虚拟化的类型

从被虚拟的资源类型来看，一般可以将虚拟化技术分成软件虚拟化、系统虚拟化和基础设施虚拟化三类。

1）软件虚拟化

软件虚拟化很显然是针对软件环境的虚拟化技术，应用虚拟化就是其中的一种。应用虚拟化分离了应用程序的计算和显示逻辑，即界面抽象化，而不是在用户端安装软件。当用户要访问被虚拟化的应用程序时，用户端只需要把用户端人机交互的数据传送到服务器，由服务器来为用户开设独立的会话去运行被访问的应用程序的计算逻辑，服务器把处理后的显示逻辑传回给用户端，从而使用户获取像在本地运行应用程序一样的使用感受。

2）系统虚拟化

系统虚拟化是指使用虚拟化软件在一台物理主机上虚拟出一台或多台相互独立的虚拟机。服务器虚拟化就属于系统虚拟化，它是指在一台物理机上面运行多个虚拟机，各个虚拟机之间相互隔离，并能同时运行相互独立的操作系统，这些客户操作系统（guest OS）通过虚拟机管理器（virtual machine monitor，VMM）访问实际的物理资源并进行管理。服务器虚拟化技术具有诸多优点，基于服务器虚拟化搭建的云计算平台有着很多良好特性。

3）基础设施虚拟化

基础设施虚拟化一般包含存储虚拟化和网络虚拟化等。存储虚拟化是指为物理存储设备提供抽象的逻辑视图，而用户能通过这个视图中的统一逻辑接口访问被整合在一起的存储资源。网络虚拟化是指将软件资源和网络的硬件整合起来，为用户提供虚拟的网络连接服务。网络虚拟化的典型代表有虚拟专用网和虚拟局域网。

2.2.3　服务器虚拟化

1. 服务器虚拟化的技术方法

服务器虚拟化是指在一个物理机器上虚拟出很多个虚拟主机，并且各个虚拟主机之间是相互隔离的，它们可以同时运行彼此独立的操作系统，所有的客户操作系统都能借助虚拟机管理器访问实际存在的物理资源，并对其进行管理。该技术的原理就是同一组物理资源能够被很多的虚拟主机重复使用，而底层资源的策划以及共享功能的实现都交由虚拟机管理器完成，然后将虚拟的计算资源提供给上层设备。如今，一个标准的虚拟机系统，内存的虚拟化通常是使用划分的方式实现的，该方式也被运用于一些能够被划分的输入/输出设备的虚拟化，如常见的磁盘设备。但 CPU 的虚拟化和一些支持共享的设备虚拟化却是使用共享的方式来实现的。

服务器虚拟化将系统虚拟化技术应用于服务器上，在一个服务器上创建出若干个可独立使用的虚拟机服务器。根据虚拟化层实现方式的不同，服务器虚拟化主要有两种类型：寄宿虚拟化和原生虚拟化，如图 2-3 所示。

服务器虚拟化必备的是对三种硬件资源的虚拟化：CPU、内存、设备和 I/O。此外，为了更好地实现动态资源整合，当前的服务器虚拟化大多支持虚拟机的实时迁移。

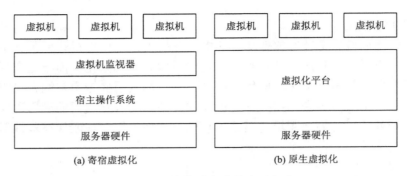

图 2-3　服务器虚拟化的实现方式

1）CPU 的虚拟化

在 x86 的架构里，CPU 有 4 个运行级别，分别为 Ring3、Ring2、Ring1 和 Ring0，其中的最高级别为 Ring0，它能够运行所有的系统指令。操作系统的内核就是运行于 Ring0 级别的，而应用程序一般都是运行在 Ring3 级别的，不可以执行特权指令。要想在 x86 的架构里实现虚拟化，就必须在客户操作系统层之下加入虚拟化层，由于虚拟化层要在 Ring0 级别运行，因此客户操作系统只能够运行于 Ring0 级别以上，但是客户操作系统中的特权指令又需要在 Ring0 级别执行，所以就产生了矛盾。解决这一矛盾的方法有两种：全虚拟化和半虚拟化。

全虚拟化是一种采用二进制代码的翻译技术。即在虚拟主机运行的时候，将陷入指令（访管指令）插入特权指令的前面，把执行陷入虚拟主机的监视器中，然后虚拟主机监视器动态地把这些系统指令转换成为能够实现相同功能的指令的序列之后再去执行。不用修改客户操作系统就能实现全虚拟化技术，但是动态转换指令的步骤将需要使用一定量的性能开销。

半虚拟化则是通过修改客户操作系统实现的，把虚拟化层的超级调用作为特权指令，以此来解决虚拟主机运行特权指令的相关问题。

半虚拟化和全虚拟化都属于 CPU 虚拟化技术，不论超级调用还是二进制翻译都将产生一定的性能开销。而伴随着虚拟化技术的不断应用，AMD 和英特尔都已经分别推出了自己的硬件辅助虚拟化技术 AMD-V 和 Intel VT，通过在 CPU 里面加入新的指令集和处理器运行模式完成 CPU 虚拟化的一些功能。因此，客户操作系统可以直接在硬件辅助虚拟化技术基础上运行，这样大大减少了相关性能的开销。

2）内存的虚拟化

内存虚拟化是将服务器的物理内存进行统一管理，为每个虚拟机提供了彼此隔离而连续的虚拟化内存空间。虚拟机监视器则利用一个虚拟机内存管理单元来维护物理主机内存与虚拟主机逻辑内存之间的映射关系。

物理主机内存和虚拟主机逻辑内存之间的映射关系是由内存虚拟化管理单元来负责的，主要可以分为影子页表法和页表写入法。

在影子页表法中，如果客户在操作系统中维护自己的页表，该页表将维护虚拟主机物理内存和虚拟主机逻辑地址之间的映射关系。虚拟机监视器则是为每一台虚拟主机维护着一个与其相对应的页表，这张页表里面保存着物理主机的内存和虚拟主机的物理内存之间的映射关系。现有的 VMware ESX Server 和基于内核的虚拟机（kernel-based virtual machine，KVM）都是采用这种方法。

在页表写入法中，客户操作系统要创建一个全新页表时，必须向虚拟机监视器注册要创建的新页表。虚拟机监视器会维护该新页表，并记录物理主机地址和虚拟主机逻辑地址之间的映射关系。在客户操作系统想对该页表进行更新的时候，虚拟机监视器会对该页表进行修改。即实现页表写入法就必须修改客户操作系统，现在流行的 Xen 虚拟化采用的就是这种方法。

3）设备和 I/O 的虚拟化

除了 CPU 和内存以外，服务器的重要部件还有设备与 I/O。设备和 I/O 的虚拟化将物理机器的真实设备进行统一管理，将其包装成多个虚拟化的设备提供给多台虚拟主机使用，并能响应每台虚拟主机的设备访问及 I/O 请求。现在比较常见的设备和 I/O 虚拟化基本都是用软件的方式实现的。虚拟化设备的标准化使虚拟主机不需要再依靠底层的物理设备实现，也便于进行虚拟机的迁移工作。

2. 服务器虚拟化的特征

通过上述讨论与分析，我们可以看出服务器虚拟化有以下几方面的明显特征。

（1）隔离性。服务器虚拟化能够将运行于同一个物理主机上的多个虚拟机完全隔离开，多个虚拟机之间的关系就如同多台物理主机之间一样，每一台虚拟机有着自己相对独立的内存空间。当一台虚拟机崩溃的时候，不会直接影响到其他虚拟机的正常工作。

（2）多实例。一台物理主机通过服务器虚拟化技术的处理之后，能够运行很多个虚拟服务器，不仅支持多个客户操作系统，而且物理系统的资源还能以可控的方式被分配给各个虚拟机。

（3）封装性。通过服务器虚拟化处理以后，一个完整的虚拟机环境对外表现为一个单一的实体，这样方便在不相同的硬件设备间进行复制、移动和备份操作。同时，服务器虚拟化技术将物理主机的硬件封装成标准化的虚拟硬件设备，提供给每一台虚拟机的操作系统和应用程序，这在很大程度上提高了系统的兼容性。

基于上述的这几种特征，服务器虚拟化技术也带来了如下优点。

（1）快速部署。在传统的数据中心里面，一般都要耗费十几小时甚至几天的时间去部署一个应用。需要做的工作十分繁杂，如安装操作系统、安装中间件、安装应用、系统配置、系统测试、运行等多个步骤，在部署的过程中还很容易发生错误。但在通过服务器虚拟化技术处理之后，要部署一个应用就相当于部署一个封装好的操作系统和应用程序的虚拟机，部署的过程只用简单的几个操作就可以完成，如复制虚拟机、启动虚拟机和配置虚拟机即可。这个过程通常只需十几分钟即可，并且部署过程都是自动化的，不容易出现安装错位的问题。

（2）较高的资源利用率。在传统的数据中心里面，由于对管理性、安全性和性能的考虑，绝大多数的服务器上面往往只运行一个应用，这导致许多机器的 CPU 使用率非常低，平均下来一般不到 20%。当采用了服务器虚拟化技术以后，能够将原来大部分服务器上的应用整合到一台服务器上，很大程度地提高了服务器资源的使用率，而且服务器虚拟化所固有的隔离性、多实例和封装性也保证了应用原来所具有的安全性和性能特征。

（3）实时迁移。实时迁移是指当虚拟机运行的时候，将一台虚拟机的运行状态快速、完整地从一台宿主机迁移到另一台宿主机上，整个迁移过程都是平滑的，而且对于用户是透明的。由于服务器虚拟化有封装性，所以实时迁移能够支持原宿主机和目标宿主机之间的硬件平台异构性。若一台物理服务器的硬件需要更新或者维护，实时迁移可以在不宕机的情形之下将其上的虚拟机顺利地迁移至另一台物理服务器上，这大大提高了系统的可用性。

（4）动态资源调度及高兼容性。依据虚拟机内部资源的使用情况，用户能够自由调整所使用虚拟主机的资源配置，如虚拟机的内存和 CPU 等资源，而不用像物理主机那样去变更硬件设备。服务器虚拟化技术的封装性和隔离性也使物理底层与应用程序的运行平台彼此分离，这大大提高了系统的兼容性。

2.2.4　云计算与虚拟化

在搭建云计算平台的时候，使用了虚拟化和没有使用虚拟化的基础设施层有着非常大的差别，前者的资源部署更多的是对虚拟机的部署和配置的过程，而后者资源部署的主要过程则涉及的是从操作系统至上层应用程序整个软件堆的部署以及配置。因此，相对于传统的方式而言，基于虚拟化技术搭建的云平台有着相当大的优势，体现在以下几个方面。

1）易伸缩

可伸缩性是指系统通过对资源的合理调整去应对负载变化的特性，以此来保持性能的一致性。对基于虚拟化技术的云计算平台来说，能够通过对虚拟机资源的适度调整来实现系统的可伸缩性。相较于传统的方式而言，新的调整虚拟机映像资源的方式远比调整物理主机资源的方式要快速得多、灵活得多，从而易于实现软件系统的可伸缩性。

2）高可用性

可用性是指系统在一段时间内正常工作的时间与总时间之比。企业对于信息技术应用系统的依赖性越来越高，信息技术部门的价值也得到显著提升，但随之而来的是责任越来越大。如何保证信息技术应用系统的持续运转，不间断地为业务活动提供服务是企业信息技术部门的主要挑战。为了确保业务系统的持续运转，信息技术部门使用各种昂贵的技术来加以保证，如集群、负载平衡、磁带数据备份。目前使用的灾难恢复方案是确保业务不间断运转的技术手段中最昂贵的一个。企业往往需要花费大量的金钱、人力，远程构建一个几乎相同的数据中心，然后平时让它闲置，以应对可能出现的灾难。大多数企业认为灾难恢复方案是必要的，但由于费用过于昂贵，从而宁愿承担可能的风险，也不去建设灾备环境。企业希望能够有一种廉价、可靠的解决方案，让企业建立起灾备环境，从而最终构建出确保业务系统运转的最后壁垒。

虚拟化技术可以让所有资产维持可持续性和维持灾难恢复战略的过程变得简单。通过划分负载，可以防止一个应用程序影响其他程序的性能或导致系统崩溃。就算不稳定的遗留应用程序也可以运行在安全、被隔离的环境中。

全面的虚拟化策略还可以让信息技术管理员维护随时可用的容错规划，在发生意外时保证业务连续性。通过将操作系统和应用程序实例转换为数据文件，可以帮助实现自动化和流线化的备份、复制及提供更稳健的业务连续性，并加快故障或自然灾难后的恢复速度。

3）负载均衡

在云计算平台之中，可能在某个时刻有的节点负载特别高，而其他节点负载过低。当某一节点的负载很高时，将会影响到该节点上层应用的性能。若采用了虚拟化技术，则能够将高负载节点上的部分虚拟机实时迁移到低负载节点上面，从而使整个系统的负载达到均衡，也保证了上层应用的使用性能。同时，因为虚拟机也包括上层应用的执行环境，所以进行实时迁移操作的时候，对上层应用并无影响。

4）提高资源使用率

对于云计算这样的大规模集群式环境来说，任何时刻每一个节点的负载都将是不均匀的。若过多的节点负载很低，会造成资源的严重浪费。但是基于虚拟化技术的云计算平台能够将多个低负载的虚拟机合并至同一个物理节点上，并且关闭其他空闲的物理节点，从而大大提高了资源的利用率，还能够达到减少系统能耗的目的。

5）快速应对业务需求变化

应对企业业务竞争所带来的信息技术需求的快速变化是企业目前最为棘手的事情之一，业务部门传导过来的压力越来越大。信息技术部门如果无法满足随需应变的能力，信息技术部门的形象将无法在企业内部得到进一步的提升。但使用目前传统的信息技术，如果信息技术部门对业务部门承诺过多的快速响应变化需求，必然会给信息技术部门带来工作量、维护成本的显著增加。这是信息技术部门最不想看到的情况。

企业信息技术部门需要有更加有效的技术手段使其能够在更快响应变化需求承诺的同时，不要过多增加信息技术部门的维护成本。

云平台的虚拟化技术将传统计算环境中的元素之间的联系彻底打断。在虚拟化的堆中，每个元素在逻辑上都是隔离的，并且是独立的。通过将不同的层分隔在逻辑堆栈中，就可以实现更好的灵活性和简化的变动管理，信息技术管理员已经不再需要配置每个元素才能令其正常工作。这时计算元素已经成为可以立刻使用的按需服务，这使动态添加、更新和支持基础架构的所有层的过程变得更容易，同时也能更容易地创建效用计算以及敏捷业务的基础。

虚拟化技术是动态信息技术的关键组成部分，使用该技术企业可以前瞻性地响应业务变动并快速有效地抓住机遇。动态信息技术基础架构提供了多级别的收益，使企业可以完成以下工作。

（1）用户需要时，赋予他们访问信息的权力。

（2）实现与业务目标相一致的自动化流程。

（3）保障安全和合规。

（4）易于适应信息技术服务以满足业务变动的需求。

（5）优化成本、服务级别和敏捷度。

6）更加方便地搭建开发测试环境

应用系统是提供业务活动的技术支撑，为了更好、更高效地进行应用系统的开发，企业一般情况下会为项目组提供独立的服务器环境进行开发工作。同样地，开发好的系统需要经过严格的测试才能投入生产和使用，否则将有可能出现业务效率反而下降的最坏情况。这也会极大地损害信息技术部门的形象。但是随着信息技术建设的不断发展，业务系统开发越来越多，为不同项目组提供各自所需的服务器环境，也会给信息技术管理员带来琐碎的工作量。而且每个开发团队都提供一组服务器设备，投入的物理资源的利用率会很低。

如果有种技术，能够将物理资源的利用率进一步提升，同时能够按照开发组的需求自行构建服务器环境，将会使信息技术维护人员的压力得到显著降低。信息技术部门将会获得更多的时间，用在提高业务活动支撑上面。

云平台的虚拟化技术可以让测试和开发人员的工作变得更简便。他们可以事先构建操作系统、应用程序、安全和管理环境，然后用更简化、更有效率的方式，将产品应用到生产环境中，从而提供更大的灵活性，并快速识别潜在的冲突。虚拟化技术提供的机制可用于快速构建不同的环境以及不同的实验场景，而无须浪费太多的硬件和物理资源。

例如，在将某个应用程序部署到生产环境之前，信息技术专业人员可以在云端创建映像的虚拟化实例，以确保互操作性。这样也可以对虚拟机的工具和管理问题进一步熟悉。

❀ 2.3 数据存储技术

2.3.1 数据存储的要求

大数据和生活息息相关，大量数据的出现对分布式存储提出了更高的需求，具体表现为以下方面。

（1）高可靠：这是存储系统需要满足的最关键的需求，既要保证数据在读写过程中不能发生错误，还要保证数据进入系统后硬件失效不会导致数据丢失。随着集群规模的增大，遇到硬件错误的概率会变高，存储系统需要有能力保证在对数据做转换的时候有无缝的数据检查机制保证数据不会出错，在硬件失效后可以及时补充数据防止硬件损坏引起的数据丢失。

（2）高可用：存储系统必须具备连续提供对外服务的能力。在系统运行过程中，软件升级、软件缺陷、供电和网络系统维护、硬件失效都有可能中断系统服务。为了实现高可用性，软件方面，系统模块之间需要做到低耦合，模块内部做到高可用，保证在某个集成或者某一个模块的一批进程出现异常时系统其他组件仍然可用；硬件方面，可以根据硬件的拓扑结构来分布数据，防止某个硬件故障导致任何数据不可用，例如，采用数据跨机架、跨数据中心分布等策略。

（3）高性能：存储系统软件的实现需要释放硬件技术进步带来的性能提升。现在高速存储设备在不断降低延迟增加吞吐，如果还使用传统的传输控制协议（transmission control protocol，TCP）网络和内核的 CPU 调度，将不能充分发挥硬件的性能。例如，现在 NVMe SSD 设备的写入时延小于 10μs，远程直接数据存取（remote direct memory access，RDMA）网络小数据包传输时延小于 5μs，如果采用传统的多线程编程技术和传统的 TCP 网络模型会导致软件时间消耗是硬件消耗的几倍甚至几十倍，完全体现不出硬件发展带来的技术红利。

（4）低成本：随着云计算的蓬勃发展，数据呈爆炸式增长，粗放的堆设备的发展方式最终会让公司失去竞争力。存储系统在保证高可靠、高可用、高性能的前提下做到成本更低会从根本上提高产品的竞争力。在存储行业一般采用的通用方法是数据编解码、分级存储等技术。

（5）好用：存储系统面临的用户多种多样，服务好这些用户是系统能广为使用的前提。存储系统接口需要多种多样，传统用户使用最多的是块设备和文件系统，同时互联网新应用需要的是对象存储、分布式表格存储等形式，在一套系统中提供这样丰富的接口，既对存储架构的灵活性有比较高的要求，还需要有很好的抽象能力。

云计算的另一大优势就是能够快速、高效地处理海量数据。在数据爆炸的今天，这一点至关重要。为保证高可用、高可靠和经济性，云计算通常会采用分布式存储技术，将数据存储在不同的物理设备中。这种模式不仅摆脱了硬件设备的限制，同时扩展性更好，能够快速响应用户需求的变化。

分布式存储与传统的网络存储并不完全一样，传统的网络存储系统采用集中的存储服务器存放所有数据，存储服务器成为系统性能的瓶颈，不能满足大规模存储应用的需要。分布式网络存储系统采用可扩展的系统结构，利用多台存储服务器分担存储负荷，利用位置服务器定位存储信息，它不但提高了系统的可靠性、可用性和存取效率，还易于扩展。

云计算的数据存储技术主要有谷歌的非开源的谷歌文件系统（Google file system，GFS）和 Hadoop 开发团队开发的开源的 Hadoop 分布式文件系统（Hadoop distributed file system，HDFS）。大部分信息技术厂商，包括雅虎、英特尔的"云"计划采用的都是 HDFS 的数据存储技术。

云计算的数据存储技术未来的发展将集中在超大规模的数据存储、数据加密和安全性保证以及继续提高 I/O 速率等方面。

下面以 GFS 和 HDFS 以及阿里云的盘古为例进行具体阐述。

2.3.2　GFS

1. GFS 的定义和内涵

GFS 是一个管理大型分布式数据密集型计算的可扩展的分布式文件系统。它使用廉价的商用硬件搭建系统并为大量用户提供容错的高性能的服务。

GFS 与传统分布式文件系统的区别如表 2-2 所示。

表 2-2　GFS 与传统分布式文件系统的区别

文件系统	组件失败管理	文件大小	数据写方式	数据流与控制流
GFS	不作为异常处理	少量大文件	在文件末尾附加数据	数据流和控制流分开
传统分布式文件系统	作为异常处理	大量小文件	修改现存数据	数据流和控制流结合

2. GFS 的构成

GFS 由一个主服务器和大量块服务器构成。主服务器存放文件系统的所有元数据，包括名字空间、存取控制、文件分块信息、文件块的位置信息等。GFS 中的文件切分为 64MB 的块进行存储。

在 GFS 中，采用冗余存储的方式来保证数据的可靠性。每份数据在系统中保存三个以上的备份。为了保证数据的一致性，对于数据的所有修改需要在所有的备份上进行，并用版本号的方式来确保所有备份处于一致的状态。

客户端不通过主服务器读取数据，可避免大量读操作使主服务器成为系统瓶颈。客户端从主服务器获取目标数据块的位置信息后，直接和块服务器交互进行读操作。

GFS 将写操作控制信号和数据流分开，如图 2-4 所示。

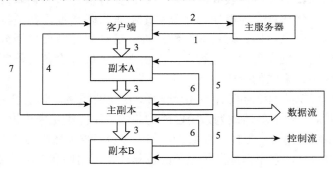

图 2-4　写操作控制信号和数据流

即客户端在获取主服务器的写授权后，将数据传输给所有的数据副本，在所有的数据副本都收到修改的数据后，客户端才发出写请求控制信号。在所有的数据副本更新完数据后，由主副本向客户端发出写操作完成控制信号。当然，云计算的数据存储技术并不仅仅只是 GFS，其他信息技术厂商，包括微软、Hadoop 开发团队也在开发相应的数据管理工具。它本质上是一种分布式的数据存储技术，以及与之相关的虚拟化技术，对上层屏蔽具体的物理存储器的位置、信息等。快速的数据定位、数据安全性、数据可靠性以及底层设备内存储数据量的均衡等方面都需要继续研究完善。

由于搜索引擎需要处理海量的数据，所以谷歌的两位创始人拉里·佩奇（Larry Page）和谢尔盖·布林（Sergey Brin）在创业初期设计了一套名为 BigFiles 的文件系统，而 GFS 则是 BigFiles 的延续。

GFS 主要分为两类节点。

（1）Master 节点主要存储与数据文件相关的元数据，而不是 Chunk（表示数据块）。

元数据包括一个能将 64 位标签映射到数据块的位置及其组成文件的表格、数据块副本位置和哪个进程正在读写特定的数据块等。另外，Master 节点会周期性地接收从每个 Chunk 节点来的更新（Heart-beat，即心跳包）以让元数据保持最新状态。

（2）Chunk 节点，顾名思义，肯定用来存储 Chunk，数据文件通过被分割为每个默认大小为 64MB 的 Chunk 的方式存储，而且每个 Chunk 有唯一一个 64 位标签，并且每个 Chunk 都会在整个分布式系统中被复制多次，默认为 3 次。图 2-5 是 GFS 的架构图。

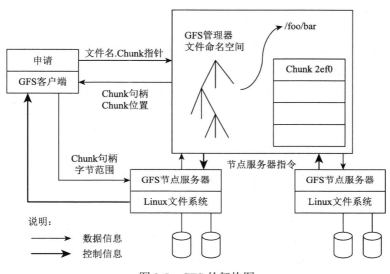

图 2-5　GFS 的架构图

3. GFS 的特点

在设计上，GFS 主要有 8 个特点。

1）大文件和大数据块

数据文件的大小普遍在 GB 级别，而且其每个数据块默认大小为 64MB，这样做的好处是减小了元数据的大小，能使 Master 节点非常方便地将元数据放置在内存中以提升访问效率。

2）操作以添加为主

因为文件很少被删减或者覆盖，通常只是进行添加或者读取操作，这样能充分考虑到硬盘现行吞吐量大和随机读写慢的特点。

3）支持容错

首先，虽然当时为了设计方便，采用了单 Master 的方案，但是整个系统会保证每个 Master 都有其相对应的复制品，以便于在 Master 节点出现问题时进行切换。其次，在 Chunk 层，GFS 已经在设计上将节点失败视为常态，所以能非常好地处理 Chunk 节点失效的问题。

4）高吞吐量

虽然其单个节点的性能无论从吞吐量还是延迟都很普通，但因为其支持上千个节点，所以总的数据吞吐量是非常惊人的。

5）保护数据

文件被分割成固定尺寸的数据块以便于保存，而且每个数据块都会被系统复制三份。

6）扩展能力强

因为元数据偏小，一个 Master 节点能控制上千个存储数据的 Chunk 节点。

7）支持压缩

对于那些稍旧的文件，可以通过对它进行压缩来节省硬盘空间，并且压缩率非常惊人，有时甚至接近 90%。

8）用户空间

虽然在用户空间运行时，运行效率方面稍差，但是更便于开发和测试，能更好地利用 Linux 自带的一些便携式操作系统界面。

2.3.3　HDFS

1. HDFS 的功能

HDFS 是一个为普通硬件设计的分布式文件系统，是 Hadoop 分布式软件架构的基础部件。

HDFS 在设计之初就做了如下假设。

（1）硬件错误是常态。

（2）以流式数据访问为主，要求具备高吞吐量。

（3）存储的文件以大数据集为主。

（4）文件修改以尾部追加为主，一次写入多次读取。

基于以上几点，HDFS 被设计为部署在大量廉价硬件上的、适用于大数据集应用程序的分布式文件系统，具有高容错、高吞吐率等优点。HDFS 使用文件和目录的形式组织用户数据，支持文件系统的大多数操作，包括创建、删除、修改、复制目录和文件等。HDFS 提供了一组 Java API 供程序使用，并支持对这组 API 的 C 语言封装。用户可通过命令接口 DF-Shell 与数据进行交互，以容许流式访问文件系统的数据。HDFS 还提供了一组管理命令用于对 HDFS 集群进行管理，这些命令包括设置元数据节点，添加、删除数据节点，监控文件系统的使用情况等。

2. HDFS 的基本概念

1）数据块

（1）HDFS 默认的最基本的存储单位是 64MB 的数据块。

（2）和普通文件系统相同的是，HDFS 中的文件是被分成 64MB 一块的数据块存储的。

（3）不同于普通文件系统的是，HDFS 中，如果一个文件小于一个数据块，并不占用整个数据块存储空间。

2）元数据节点、数据节点和从元数据节点

（1）元数据节点（NameNode）用来管理文件系统的命名空间，其将所有的文件和文件夹的元数据保存在一个文件系统树中。这些信息也会在硬盘上保存成以下文件：命名空间镜像及修改日志，其还另外保存了一个文件，包括哪些数据块、分布在哪些数据节点上。然而这些信息并不存储在硬盘上，而是在系统启动的时候从数据节点收集而成的。

（2）数据节点（DataNode）是文件系统中真正存储数据的地方。客户端或者元数据信息可以向数据节点请求写入或者读出数据块，其周期性地向元数据节点回报其存储的数据块信息。

（3）从元数据节点。从元数据节点并不是元数据节点出现问题时的备用节点，它和元数据节点负责不同的事情。其主要功能就是周期性地将元数据节点的命名空间镜像文件和修改日志合并，以防日志文件过大。这点在下面会详细叙述。合并过后的命名空间镜像文件也在从元数据节点保存了一份，在元数据节点失败的时候，可以恢复。

3. HDFS 文件读操作流程

客户端用文件系统的 open()函数打开文件，Distributed FileSystem 用远程过程调用（remote procedure call，RPC）来调用元数据节点，得到文件的数据块信息。对于每一个数据块，元数据节点返回保存数据块的数据节点的地址。Distributed FileSystem 返回 FSData InputStream 给客户端，用来读取数据。客户端调用 stream 的 read()函数开始读取数据。DFS InputStream 连接保存此文件第一个数据块的最近的数据节点。数据从数据节点读到客户端，当此数据块读取完毕时，DFS InputStream 关闭和此数据节点的连接，然后连接此文件下一个数据块的最近的数据节点。当客户端读取完数据的时候，调用 FSData InputStream 的 close()函数。

在读取数据的过程中，如果客户端在与数据节点通信时出现错误，则尝试连接包含此数据块的下一个数据节点。失败的数据节点将被记录，以后不再连接。HDFS 文件读操作流程如图 2-6 所示。

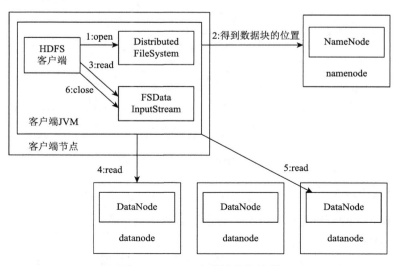

图 2-6　HDFS 文件读操作流程

4. HDFS 文件写操作流程

客户端调用 create()来创建文件，Distributed FileSystem 用 RPC 调用元数据节点，在文件系统的命名空间中创建一个新的文件。元数据节点首先确定文件原来不存在，并且客户端有创建文件的权限，然后创建新文件。Distributed FileSystem 返回 DFS OutputStream，客户端用于写数据。客户端开始写入数据时，DFS OutputStream 将数据分成块，写入数据队列。数据队列由 Data Streamer 函数读取，并通知元数据节点分配数据节点，用来存储数据块（每块默认复制 3 块）。分配的数据节点放在一个流水线里。Data Streamer 将数据块写入流水线中的第一个数据节点。第一个数据节点将数据块发送给第二个数据节点，第二个数据节点将数据发送给第三个数据节点。DFS OutputStream 为发出去的数据块保存了消息队列，等待流水线中的数据节点告知数据已经写入成功。如果数据节点在写入的过程中失败，则关闭流水线，将消息队列中的数据块放入数据队列的开始。当前的数据块在已经写入的数据节点中被元数据节点赋予新的标识，则错误节点重启后能够察觉其数据块是过时的，会被删除。失败的数据节点从流水线中移除，另外的数据块则写入流水线中的另外两个数据节点。元数据节点则被通知此数据块被复制的块数不够，将来会再创建第三份备份。当客户端结束写入数据时，则调用 stream 的 close()函数。此操作将所有的数据块写入流水线中的数据节点，并等待消息队列返回成功，最后通知元数据节点写入完毕。HDFS 文件写操作流程如图 2-7 所示。

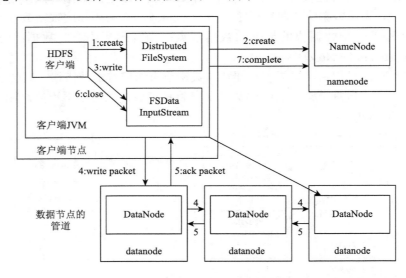

图 2-7　HDFS 文件写操作流程

5. HDFS 存储分析

为了实现文件的可靠存储，HDFS 做出了如下设计。

1）冗余存储

在 HDFS 中大文件被存储为一系列的数据块，每个数据块被复制成若干个副本，存储在不同的数据节点上以保证系统的容错性。

2）错误恢复

每个数据节点都周期性地向名字节点发送心跳数据包，当网络出现故障或者数据节点出现故障时，心跳信息无法发出，名字节点由此判断故障出现，此时名字节点会标记最近没有心跳的数据节点宕机，并不再向它们转发任何新的 I/O 请求，当数据节点宕机导致数据块复制因子低于指定位时，名字节点会复制这些数据块。

3）集群重配平

当某个数据节点的剩余磁盘空间小于极限值时，HDFS 自动将一部分数据从此数据节点移动到另一个节点，同样，当系统对某个文件的访问很频繁时，HDFS 会动态增加该文件的副本数，以平衡集群的访问。

4）数据完整性检查

HDFS 客户端从数据节点读取数据后，将对数据进行校验和检查。

5）元数据磁盘失效

为应对名字节点失效导致的系统故障，HDFS 对名字节点的关键数据，如文件系统镜像和编辑日志进行了多份备份，以便在名字节点宕机时快速恢复到其他机器。

可见，HDFS 采用了多项技术支持文件的可靠存储，这些技术在一定程度上牺牲了磁盘空间和访问效率，但对于保证系统的可靠性而言，这种牺牲是值得的。

2.3.4 阿里云分布式存储系统

1. 系统架构

盘古存储系统在阿里云内部支持弹性云服务器（elastic cloud server，ECS）、MaxCompute、对象存储服务（object storage service，OSS）、表格存储（table store，TS）、时序存储（sequential storage，SLS）等几乎所有的阿里云存储产品，对这些产品提供一致、可靠、高性能分布式文件接口和块设备接口，对上层屏蔽硬件错误和存储位置。

系统层次上遵循 Meta 和 Data 分离的原则，架构类似 HDFS 的 NameNode 和 DataNode 分离，同时利用数据读写和 Meta 节点低耦合、Meta 节点高可用和 Meta 节点水平扩展等技术方案来规避 Meta 的单点问题。在盘古系统中 NameNode 对应盘古的 Master 节点，DataNode 对应盘古的 ChunkServer 节点。针对块设备，盘古在文件系统上增加块层来将块设备的随机读写映射到顺序读写的文件上，保证块设备数据的强一致性。在上述两层之外，增加系统管控层次，可以让存储系统和其他系统如流计算、NoSQL、MapReduce 等协调一致共享硬件资源，在系统运维方面可以从各个节点获取监控、踪迹、日志信息，给出运维建议和硬件故障自动处理建议。

Master 节点相当于系统的大脑，主要完成数据分布、恢复、垃圾回收功能。可以在数据写入时根据数据节点的情况动态分配数据位置，防止局部热点。在部分节点失效的情况下，合理控制数据恢复过程，既保证数据可靠，又让性能损失最小，例如，在某个交换机出现故障后，为了让数据尽快恢复，可以先在部分交换机下允许数据有多个副本，这样可以加速数据恢复，在交换机故障恢复后，同一交换机下的多个副本进行数据回收，尽量降低单交换机失效引起的集群性能波动。

ChunkServer 节点需要做到可以适应不同的硬件类型，以各种硬件最友好的 I/O 方式操作硬件，释放硬件极限性能，同时对外暴露统一的接口。实现的主要难度是在最小资源消耗的情况下，如何让软件消耗在整个 I/O 路径上最小。在数据恢复和重新分布功能中，ChunkServer 也是流量控制和优先级控制的重要环节，涉及多点流量控制，防止系统由于数据恢复过多占用整体或者局部网络流量导致系统性能下降。

2. 数据复制

在分布式存储系统中，既利用了网络设备的网卡、交换机，也利用了单机的磁盘、CPU、内存、主板等硬件设备，每种设备都有其特有的失效模型。以硬盘驱动器（hard disk drive，HDD）磁盘举例，其失效模型包括磁盘直接损坏导致数据丢失、I/O 下发之后永不返回、数据静默错误、进入只读状态等多种错误类型，不同错误都需要有针对性的处理方法，底线应该保证数据不会丢失。在万台机器构成的集群（一个独立存储系统称为一个集群，数据中心和集群间的关系为多对多，假设机器为 20 盘位）中，如果按照磁盘年损坏率为 5%计算，平均到每天要损坏 3 块硬盘。

为保证数据的可靠性，数据采用多副本的方式来防止硬件损坏导致数据丢失，Meta 和 Data 同样需要高可靠性，但是使用的方法不同。为保证 Meta 可靠，Master 多个进程分成一组，使用 Raft 协议对数据状态进行复制。协议保证所有的 Meta 修改日志同步给大多数成员且落盘成功后才会反馈成功完成，同时针对每条日志计算循环冗余校验（cyclic redundancy check，CRC），防止数据出错。数据可靠性采用多副本和纠删码两种方式实现，为了降低成本，存储的副本越少越好，但为了增加数据的可靠性，存储的副本越多越好，所以为了协调两者的关系，需要系统可以及时发现硬件错误并快速对数据进行恢复。

在盘古系统中，会将硬件错误分成不同级别进行处理，例如，磁盘错误作为第一优先级处理，因为这样的错误会导致数据永久丢失，在网络、磁盘、CPU 的调度上都会为这样的硬件失效留有配额，做到单盘数据丢失在分钟量级就可以恢复。

3. 数据容灾

数据容灾主要解决某个数据中心的网络和电力故障导致的系统可用性问题，跨数据中心和跨地域容灾可以突破单数据中心可用性的限制，将系统可用性提高到和数据可靠性相同的水平。

在容灾水平上，一地多中心和异地多中心区别比较大，主要局限于时延和网络带宽两个方面。在同地域 100km 范围内，多个数据中心间的时延增加小于 1ms，带宽可以做到接近于数据中心内部网络的水平，在系统设计时主要考虑数据分布，在流量控制和时延上的限制不突出。但是跨地域的容灾将时延增大到几十毫秒，带宽则下降至少一个数量级。为了缓解这样的问题，需要做到数据可以异步进行同步，数据可以按照重要程度来区别对待。异步复制需要保证系统 Meta 的一致性，需要在每时每刻保证充分利用跨地域的网络带宽，地域内部多副本防止数据恢复占用跨地域带宽。根据数据重要程度的不同，指定的数据分布特性也不同，目前盘古系统可以设置每个文件的分布特性，改变分布特性后可以动态对数据分布做出调整。

4. 低成本

对于降低成本，从不同维度可以找到不同的解决方案，将方案集成到存储系统就可以达到极致的成本降低。从软、硬件方面考虑，软件编码可以有效降低存储空间，同时硬件高集成度也可以降低存储成本。从系统内部单机到整个集群，单机降低资源消耗和整个集群共享资源都可以降低对硬件的要求。从系统间考虑，将多个系统混合部署到相同机器上分时或者同时隔离使用硬件资源也可以做到成本降低，同时有助于降低网络带宽要求。

盘古系统支持纠删码编码，可以在提高数据可靠性的前提下，将数据存储成本降低一半以上，同时利用集成度非常高的存储机型，降低对网络、内存、CPU 等的均摊成本，这是一个软、硬件同时进行优化达到极大降低成本的事例。为了达到降低成本而不降低性能的目的，在单机的硬件上盘古系统采用固态硬盘（solid state disk，SSD）介质高速缓存的技术手段，在享受 HDD 低成本的同时还可以体验到接近 SSD 的高性能，同时在整个盘古系统范围内，可以设置文件的多个副本分别放在不同的介质上，在多个副本间做不同的介质分布，在系统级别将介质混合使用的方案发挥到极致。在和其他系统共享使用硬件的方案中，盘古提供本地磁盘接口，当用户程序需要使用本地盘存储数据的时候，直接向盘古申请一块块设备，按照自己的要求格式化成需要的各种文件系统，所有数据流均经过盘古进行统一的 I/O 调度。这种方案不但没有造成共享硬件带来的管理复杂性和硬件效率降低，还提供了兼容现在本地磁盘操作所有数据操作的接口。有了这个基础，盘古系统和其他计算类系统可以有效共享网络、磁盘、内存、CPU 资源，达到硬件使用效率的提高。

5. 高性能

为了实现高性能，系统在各个模块应该尽量降低软件实现对时间和资源的消耗，常用的技术手段有：使用 Cache；降低多线程访问，防止锁冲突带来的时间消耗和上下文切换；在数据处理过程中，利用内存零副本的处理方式减少时间消耗；并发使用多组硬件；硬件处理和软件处理在时间上并行处理；流水线化的数据处理增大吞吐量；借助新硬件技术对某个数据阶段进行加速。

上述技术虽然不能完全应用于所有模块，但是针对不同模块的特点选择尽量多的手段组合可以将性能优化到极致。例如，盘古的 Master 节点使用了所有文件 Meta 池化缓存在内存中的 Cache 方式、细粒度目录锁、处理流水线、操作日志合并落盘、软件处理和落盘并行处理等技术，单组盘古 Master 的读写混合每秒的输入输出操作数（input/output operations per second，IOPS）可以达到 10 万次。盘古在块存储数据通路上采用全链路无锁、全程无内存副本、磁盘操作和数据验证并行处理、操作会话控制使用线程级别 Cache 等技术，可以充分发挥 NVMe SSD 和双 25Gbit/s 网络的极限性能，时延小于 $30\mu s$，实现数据流量将网络带宽用满的效果。

6. 规模和隔离

规模增大有利于平滑各种由于瞬时并发带来的系统波动，同时规模增大会带来单集群多租户的场景顺势产生，多个租户隔离和优先级控制可以防止高优先级用户受到其他用户的影响。

在 MaxCompute 系统中，需要调度的作业规模比较大，单个计算任务使用的数据量可以达到 PB 级别，任务众多，每天处理的作业量在百万级别，在每天凌晨开始到早上结束的这段时间，内部系统均处于众多用户并行使用的阶段，白天更多的资源会闲下来给开发调试软件版本和模型训练使用。

针对这样的计算规模，盘古系统可以提供单集群 1 万台的存储系统，整个 MaxCompute 系统会在不同集群间调度计算资源，导致链接单个盘古集群的客户端数量远远大于一个集群的规模。在盘古系统中为了应对规模化带来的管理压力，将目录树进行静态划分，用多组 Master 来提供更强的处理能力，同时在各个处理阶段采用优先级队列的方式来做到多用户的隔离优先级目的。在 MaxCompute 使用情况下，盘古单集群使用 3 组 Master 来对外服务，每个 Master 可以并行处理 70 万客户端的并发访问，每个任务需要在请求中提供用户信息，Master 通过用户信息和用户访问的请求数在多个用户间进行公平性调度。当相同优先级的多个用户的请求同时到达 Master 且超过处理能力时，发送请求最多的任务的请求会优先被丢弃，这样可以保证整个集群中小任务可以尽快执行完成并释放出资源，大任务有效利用 Master 处理能力尽快完成处理。在数据路径上使用相同的处理方法，做到不同用户的 I/O 优先级控制和相同优先级内部的公平。

针对 MaxCompute 这种大规模数据处理任务的计算特点，大部分中间数据只在计算过程中使用，计算完毕后就会被删除，例如，MapReduce 过程中产生 Shuffle 数据，盘古为这类数据的操作提供了特殊处理，这类文件的创建、打开、读写、关闭、重命名等操作不经过 Master 节点，只会存储于单台机器跨网络读取，删除操作跟随任务的生命周期由 Master 节点负责。这种类型文件的增加有效地解决了 Master 节点在大规模计算过程中每秒操作（operations per second，OPS）能力不足的问题，增大了系统规模。

2.3.5　键值存储系统技术

键值存储系统的目的就是存储海量半结构化和非结构化数据，应对数据量和用户规模的不断扩展。对于传统的关系数据库存储系统来说，这种目标是可望而不可即的。键值存储系统的目标并不是最终取代关系数据库系统，而是弥补关系数据库系统的不足。

在互联网飞速发展的今天，键值存储系统和关系数据库系统将共存。虽然都是管理数据，但键值存储系统和关系数据库系统是完全不同的。

（1）关系数据库系统中，数据库包含表，表包含行和列，行由各个列的数据值组成，在一个表中的行都拥有相同的策略。而在键值存储系统中，并不包含策略和关系数据库那样的表。键值存储系统一般包含域或桶，各个域或桶中包含若干条数据记录。

（2）关系数据库拥有良好的数据模型定义，包含策略、表的关系、事务等机制。数据之间的关系是建立在数据本身基础上的，而不是上层应用的功能和需要。键值存储系统中，数据记录只是简单地通过一个标识来识别和获取，数据之间没有关系的概念。

（3）关系数据库的目的是提高数据共享能力和减少数据冗余，键值存储系统一般需要进行数据冗余来保证可靠性。

（4）关系数据库适合存储传统数据，如字符、数字的存储和查询。键值存储系统适合海量的非关系型数据的存储和查询。

总而言之，键值存储系统和关系数据库系统从根本上是不同的，键值存储系统在需要可扩展性的系统中和需要进行海量非关系数据查询与处理的环境中拥有明显优势。当前，键值存储系统在以下几方面的效果优于关系数据库系统。

（1）键值存储系统是云计算模式的最佳搭档。云计算模式就是需要灵活地应对用户对可伸缩性的需求。键值存储系统可伸缩性的特点正好满足了用户的需求。如果试图把规模大的系统伸缩需求交给数十台甚至上百台服务器去处理，那么键值存储系统应该是一个比较好的解决方案。

（2）键值存储系统提供了相对廉价的存储平台，并拥有巨大的扩充潜力。用户通常只需根据自己的规模进行相应的配置即可，当需求增长时配额也随之增加。同时，键值存储系统一般运行在便宜的 PC 服务器集群上，避免了购买高性能服务器的昂贵开销。

与关系数据库系统相比，键值存储系统也在一些传统的数据处理上存在明显的不足。例如，关系数据库系统的约束性保证数据在最低层次拥有完整性，违反完整性约束的数据是不可能存在于关系数据库系统中的，而键值存储系统一般都不同程度地放宽了对一致性和完整性约束的要求。键值存储系统不存在这些约束，使程序员不得不担起确保数据完整性的重要责任。然而在实际过程中，程序员经常会犯错，使系统出现一些 Bug，这很可能引起数据完整性问题。其次，各种键值存储系统之间并没有像关系数据库系统的标准查询语言一样的标准接口，所以兼容性问题也是键值存储系统需要面临的一个重要挑战。

2.3.6　分布式存储系统技术展望

随着更多的传统业务由于成本和新应用场景要求搬迁到云计算平台上来，用户对系统的接口兼容、性能和可用性提出更高的要求，同时大客户和众多用户上云会进一步对系统的规模提出要求，所以从不同方面可以总结出分布式系统的发展路线。

1. 接口

（1）互联网小型计算机系统接口是企业存储上云的主要接口，这个方式可以有效兼容当前所有传统存储系统的接口形态，同时对于后端定制性更强，有利于快速变化的云计算技术的迭代更新。由于 HDFS 有 Hadoop 计算生态非常广泛的用户基础，它会作为一个重要的分布式存储接口形式来顺利将生态用户迁移上公有云计算平台。

（2）互联网新业务要求存储系统在提供块和文件接口的同时，也需要提供对象存储、NoSQL 等存储形态，同时在这样的形态之上需要存储系统集成图片处理、视频处理、特征提取等更多的计算服务，一站满足很多用户公共的处理要求，这样不但可以让存储和计算结合来降低成本，同时也将靠近底层的公共技术作为用户建立新系统的基础。

（3）存储系统对于规模的适应性可以拓展更多企业客户，并且将会成为这部分企业客户使用公共云的必经阶段。只有让用户在自己的企业内部熟悉了存储系统的功能，同时了解到企业内部很难在资源弹性、容灾级别上和公共云媲美后，才会最终切换到公共云上。

2. 稳定性

（1）跨数据中心和跨地域的容灾将是存储系统的标准配置，同时对容灾进行动态调整和灵活的定价策略将吸引更多的用户。

（2）容器技术和智能交换网络需要进一步与存储系统进行结合，在数据安全和隔离性方面给存储系统带来巨大的变化。目前基于进程内部的队列和优先级控制始终处于被动状态，不能在源头上就实现数据流量和优先级的控制，增加了系统的消耗。

3. 性能

（1）存储节点的数据处理将使用专用硬件设备接管来实现数据处理加速，并将数据处理和存储数据的过程合并。存储节点将集成更多的硬件，例如，现场可编程门阵列（field programmable gate array，FPGA）、远程直接数据存取（remote direct memory access，RDMA）网卡、GPU，这些硬件为特定的数据处理带来加速效果，同时降低功耗，如利用 FPGA 对数据进行加密和解密、校验数据的 Checksum 等。

（2）操作系统内核将不会再参与数据的 I/O 处理。由于内核进程调度、内存管理和文件系统等增加的软件消耗阻止了新存储硬件性能的发挥，所以这些软件层次将直接被跳过或者放到用户态进行重新实现，而内核只会参与存储节点的管理工作等对时效性要求不高的功能。

❀ 2.4 资源管理技术

云计算数据中心将不同资源按照需求动态地、自动化地分配给用户。但是用户的需求规格与数据中心物理服务器提供的规格不一致，如果采用简单的资源分配调度方法，如常见的轮转法、加权轮转法、最小负载（或链接数）优先、加权最小负载优先和哈希等方法，较难达到物理服务器的负载均衡，进而会造成服务性能不均衡以及一系列其他问题。

在云计算数据中心环境中，运营商部署的大多是性能较好且较常见的物理主机，而非昂贵的大型服务器。云计算服务提供商大多一次性批量购买上千台这样的设备来运行云计算服务。因此云计算对外宣称将所有物理资源汇总成资源池，但在实际中所有的物理资源仍然以物理主机为单位，只是通过多种技术手段并通过网络对资源进行调用。显而易见的是，这种资源的基本单位与多变的用户需求是不符合的。在业务规模大的情况下，用户可以租用远超过一台物理服务器所能提供的资源，在这种情况下云计算服务提供商会调度多个物理主机协同为其服务，同时在业务规模小的情况下，用户也可以租用一台物理主机所能提供资源的一部分。

因此也就存在这样一种情况，一台物理主机的绝大部分资源都已经被其他用户所租用，仅剩的一些资源或资源组合难以单独满足绝大多数服务的需要，此时云计算系统便会产生碎片资源。

如果能够尽可能地利用好这些资源解决出现的问题，对提高云计算系统资源利用率无疑是一个巨大的帮助，这就需要资源管理技术。

2.4.1　资源的统一管理

资源管理主要针对所有物理可见的网元设备包括服务器、存储、网络（设备、VLAN）、物理介质、软件资源以及经虚拟化技术形成的资源池（计算资源、存储资源、网络资源、软件资源）进行抽象和信息记录，并对其生命周期、容量和访问操作进行综合管理，同时对系统内的重要配置信息进行发现、备份、比对和检查等。

对于物理可见的网元设备和软件，按其类型可分为服务器类资源设备（包括计算服务器等）、存储类资源设备［包括存储区域网络（storage area network，SAN）设备、网络附属存储（network attached storage，NAS）设备等］、网络类资源（包括交换机和路由器等）、软件类资源等。服务器类资源设备实现对服务器设备的自动发现，远程管理，资源记录的创建、修改、查询和删除，以及物理机容量和能力的管理。存储类资源设备为上层服务提供数据存储空间（包括文件、块和对象）的生命周期管理接口，对存储空间的提供者（存储设备）进行信息记录和综合管理。网络类资源提供对路由器、交换机等网络设备的查询和配置管理。软件类资源对软件名称、软件类型、支持的操作系统类型、部署环境、安装所需介质、软件许可证等信息进行获取和管理。

资源池是指将多个具有相同能力（相同厂商同种功能的设备或者具有同种参数的设备）的资源组合，根据服务实例的需求其可划分为计算资源池、存储资源池、网络资源池和软件资源池。

（1）对于计算资源池的管理，包括对资源池的创建、修改、查询和删除，容量管理，资源定位，相关信息的收集和生命周期管理。

（2）对于存储资源池的管理，包括对资源池的创建、修改、查询和删除，容量管理，生命周期管理，资源定位和相关信息的收集。

（3）对网络资源池的管理，包括对资源池的创建、修改、查询和删除，容量管理，生命周期管理，相关信息的收集，网络资源定位，将 IP 地址或域名等虚拟资源包装为资源池，对 VLAN 动态创建和释放。

（4）对软件资源池的管理，包括对资源池的创建、修改、查询和删除，容量管理，生命周期管理，软件资源定位和相关信息的收集。

另外，管理模块还需将数据中心的各类资源与系统域关联起来，所涉及的资源包括物理资源、各类资源池、系统策略、IP 地址池等。

2.4.2 资源的统一监控

资源监控是保证运营管理平台流程化、自动化、标准化运作的关键模块之一。它利用下层资源管理模块提供的各类参数,进行有针对性的分析和判决后,为上层的资源部署调度模块提供必要的输入,是实现负载管理、资源部署、优化整理的基础。一般认为,资源监控包括故障监控、性能监控和自动巡检三个方面的内容。

(1)故障监控屏蔽了不同设备的差别,对被管资源提供故障信息的采集、预处理、告警展现、警告处理等方面的监控。首先,可以对物理机、虚拟机、网络设备、存储设备、系统软件主动发出的各种告警信息进行分析处理;其次,可以对系统主动轮询采集到的关键绩效指标(key performance indicator,KPI)定义各种告警类型、告警级别、告警条件,支持静态门限值和动态门限值,同时以告警监视窗口、实时板等多种告警方式展现。另外,支持告警确认、升级等功能,并能把特定级别的告警信息转发给上一级管理支撑系统。

(2)性能监控实现对采集到的数据,通过分析、优化和分组,以图表等形式,让管理员在单一界面对虚拟化环境中的计算资源、存储资源和网络资源的总量、使用情况、性能和健康状态等信息有明确、量化的了解,同时可以为其他模块提供相关监控信息。

(3)自动巡检则实现每天登录资源做例行检查的工作,实现任务的自动执行和巡检结果的自动发送。

对不同类型的资源,监控的指标或方法是不同的。对于 CPU 而言,通常关注 CPU 的使用率;对于内存而言,除使用率外,还会监控读写操作;对于存储而言,除使用率、读写操作外,各节点的网络流量也需要进行监控;对于网络而言,则需要对 I/O 流量、路由状态进行监控;对于物理服务器而言,还需要对功耗等进行监控。

2.4.3 资源的统一部署调度

资源的部署调度是通过自动化部署流程将资源交付给上层应用的过程,主要分为两个阶段。第一,在上层应用触发需要创建相应基础资源环境需求流程时,资源部署调度模块进行初始化的资源部署;第二,在服务部署运行中,根据上层应用对底层基础资源的需求,会进行过程中的动态部署与优化。调度管理实现弹性、按需的自动化调度,能够根据服务和资源指定调度策略,自动执行操作流程,实现对计算资源、网络、存储、软件、补丁等集中的自动选择、部署、更改和回收的功能。具体部署调度内容如下。

(1)对于计算资源的部署调度,主要指集中控制、批量自动化安装,结合设备厂商提供的部署工具,控制服务器的引导过程,允许用户预定义安装服务器所需要的配置模板,如 IP 地址、主机名、管理员口令、磁盘分区、安全设置、操作系统部件等。

(2)对于网络资源的部署调度,主要指通过统一的网络配置部署平台对复杂的多供应商网络基础环境进行自动配置和管理,实现端到端的自动化。实现控制和检查整个网络基础结构中的配置变更，集中定义、核查、强制执行网络安全政策以及配置与规范相关的合规性。

（3）对于存储资源的部署调度，主要指多个供应存储环境中的自动配置和管理，实现端到端的自动化。根据设备的管理方式采用直接对设备配置的操作或者集成存储厂商的设备管理工具，实现对存储的统一配置管理。

（4）对于软件的部署调度，主要指对数据库、中间件、Web 服务器、用户子开发应用等的自动生成与安装。另外，对软件的部署调度还具备回滚功能，如在安装失败后，可利用回滚恢复环境。

（5）对于补丁的部署调度，主要指以联机或脱机方式获取各厂家最新的补丁信息，从而对系统当前的补丁进行分析，推荐应该安装的补丁。在导入补丁之后，根据补丁的平台自动生成补丁安装指令。

另外，部署调度模块还可以根据惯例策略利用流程调度引擎对服务到期、服务中止、欠费客户的计算资源和网络资源进行回收，包括关闭虚拟机或物理机，回收 VPN 使用的公网 IP、虚拟交换机，取消与之相关的存储资源、负载均衡设备、交换机等相关配置，并更新资源库的信息，具体回收的操作需要集成设备的管理能力。

2.4.4　负载均衡

负载均衡是资源管理的重要内容，数据中心管理和维护时应做到负载均衡，以避免浪费资源或形成系统瓶颈。负载不均衡主要体现在以下几个方面。

（1）同一服务器内不同类型的资源使用不均衡。例如，内存已经严重不足，但 CPU 利用率为 10%。这种问题的出现多是由于在购买和升级服务器时没有很好地分析应用对资源的需求。对于计算密集型应用，应为服务器配置高主频 CPU；对于 I/O 密集型应用，应配置高速大容量磁盘；对于网络密集型应用，应配置高速网络。

（2）同一应用不同服务器间的负载不均衡。Web 应用往往采用表现层、应用层和数据层的三层架构，三层协同工作处理用户的请求。同样的请求给这三层带来的压力往往是不同的，因此要根据业务请求的压力分配情况决定服务器的配置。如果应用层压力较大而其他两层压力较小，则要为应用层提供较高的配置；如果仍然不能满足需求，可以搭建应用层集群环境，使用多个服务器平衡负载。

（3）不同应用之间的资源分配不均衡。数据中心往往运行着多个应用，每个应用对资源的需求是不同的，应按照应用的具体要求来分配系统资源。例如，时间不均衡，用户对业务的使用存在高峰期和低谷期，这种不均衡具有一定的规律，如对于在线游戏来说，晚上的负载大于白天，白天的负载大于深夜，周末和节假日的负载大于工作日。此外，从长期来看，随着企业的发展，业务系统的负载往往呈上升趋势。与前述其他情况相比，时间不均衡有其特殊性：时间不均衡不能通过静态配置的方式解决，只能通过动态调整资源来解决，这对系统的管理和维护工作提出了更高的要求。

总之，有效的资源管理方式能提高资源利用率，合理的资源分配能够有效地均衡负载，减少资源浪费，避免系统瓶颈的出现，保障业务系统的正常运行。

例如，HDFS 中对数据进行了负载均衡。在复制数据块时，采用分散部署的策略，当复制因子等于 3 时，在本地机柜一个数据节点放置一个副本，在本地机柜的不同数据节点放置另一个副本，在不同机柜的数据节点再放置一个副本，由此提高数据块的读写均衡能力，保证了数据的可靠性。另外，当系统中因为数据节点宕机导致复制因子过低，以及出现访问文件热点时，系统会自动进行数据块复制，以保证系统的可靠性和数据均衡。此外，HDFS 读写数据时，采用客户端直接从数据节点存储数据的方式，避免了单独访问名字节点造成的性能瓶颈。

✿ 2.5 并行编程模型

作为一种新兴的计算模式，云计算以互联网服务和应用为中心，其背后是大规模集群和海量数据。从本质上讲，云计算是一个多用户、多任务、支持并发处理的系统。高效、简捷、快速是其核心理念，它旨在通过网络把强大的服务器计算资源方便地分发到终端用户手中，同时保证低成本和良好的用户体验。新的场景需要新的编程模型来支撑。云计算场景下，新的编程模型要能够方便、快速地分析和处理海量数据，并提供安全、容错、负载均衡、高并发和可伸缩性等机制。目前云计算项目中分布式并行编程模式被广泛采用。

分布式并行编程模式创立的初衷是更高效地利用软、硬件资源，让用户更快速、更简单地使用应用或服务。在分布式并行编程模式中，后台复杂的任务处理和资源调度对于用户来说是透明的，这样用户体验能够大大提升。

为了能够低成本、高效率地处理海量数据，主要的互联网公司都在大规模集群系统上研发了分布式编程系统，使普通开发人员可以将精力集中于业务逻辑上，不用关注分布式编程的底层细节和复杂性，从而降低普通开发人员编程处理海量数据并充分利用集群资源的难度。

1. 分布式计算的概念

分布式计算是一门计算机科学，研究如何把一个需要非常大的计算能力才能解决的问题分成许多小的部分，并由许多相互独立的计算机进行协同处理，以得到最终结果。分布式计算让几个物理上独立的组件作为一个单独的系统协同工作，这些组件可能指多个 CPU 或者网络中的多台计算机。它做了如下假定：如果一台计算机能够在 5s 内完成一项任务，那么 5 台计算机以并行方式协同工作时就能在 1s 内完成。实际上，由于协同设计的复杂性，分布式计算并不都能满足这一假设。对于分布式编程而言，核心的问题是如何把一个大的应用程序分解成若干可以并行处理的子程序。有两种可能的处理方法：一种是分割计算，即把应用程序的功能分割成若干个模块，由网络上多台机器协同完成；另一种是分割数据，即把数据集分割成小块，由网络上的多台计算机分别计算。对于海量数据分析等数据密集型问题，通常采取分割数据的分布式计算方法，对于大规模分布式系统则可能同时采取这两种方法。

2. 分布式计算的基本原理

大量分布式系统通常会面临如何把应用程序分割成若干个可并行处理的功能模块，并解决各功能模块间协同工作的问题。这类系统可能采用以客户端/服务器（client/server，C/S）架构为基础的三层或多层分布式对象体系结构，把表示逻辑、业务逻辑和数据逻辑分布在不同的机器上，也可能采用 Web 体系结构。基于 C/S 架构的分布式系统可借助公共对象请求代理体系结构（common object request broker architecture，CORBA）、企业级 JavaBean（enterprise JavaBean，EJB）、分布式组件对象模型（distributed component object model，DCOM）等中间件技术解决各模块间的协同工作问题。基于 Web 体系架构或称为 Web Service 的分布式系统，则基于标准的网际协议支持不同平台和不同应用程序的通信。Web Service 是未来分布式体系架构的发展趋势。对于数据密集型问题，可以采用分割数据的分布式计算模型，把需要进行大量计算的数据分割成小块，由网络上的多台计算机分别计算，然后对结果进行组合得出数据结论。

为了使用户能更轻松地享受云计算带来的服务，让用户能利用编程模型编写简单的程序来实现特定的目的，云计算上的编程模型必须十分简单，必须保证后台复杂的并行执行和任务调度向用户和编程人员透明。接下来将介绍几种有代表性的通用编程模型。

3. MapReduce

MapReduce 是谷歌公司的杰夫·迪恩（Jeff Dean）等提出的编程模型，用于大规模数据的处理和生成。MapReduce 是分割数据型分布式计算模型的典范，在云计算领域被广泛采用。从概念上讲，MapReduce 处理一组输入的键/值（key/value）对，产生另一组输出的键/值对。MapReduce 在谷歌中得到了广泛应用，包括反向索引构建、分布式排序、Web 访问日志分析、机器学习、基于统计的机器翻译、文档聚类等。

Hadoop 作为 MapReduce 的开源实现，得到了雅虎、Facebook、IBM 等大量公司的支持和应用。现在大部分信息技术厂商提出的"云"计划中采用的编程模型，都是基于 MapReduce 的思想开发的编程工具。MapReduce 不仅仅是一种编程模型，同时也是一种高效的任务调度模型。MapReduce 这种编程模型不仅适用于云计算，在多核和多处理器、单元处理器以及异构机群上同样有良好的性能。该编程模型仅适用于编写任务内部松耦合、能够高度并行化的程序。如何改进该编程模型，使程序员能够轻松地编写紧耦合的程序，运行时能高效地调度和执行任务，是 MapReduce 编程模型未来的发展方向。

1）MapReduce 的概念

MapReduce 是一种简化的分布式编程模型和高效的任务调度模型，用于大规模数据集（大于 1TB）的并行计算。严格的编程模型使云计算环境下的编程十分简单。MapReduce 模型的思想是将要执行的问题分解成 Map（映射）和 Reduce（归约）的方式，先通过

Map 程序将数据切割成不相关的区块，分配（调度）给大量计算机处理，达到分布式运算的效果，再通过 Reduce 程序将结果汇总输出。

MapReduce 提供了泛函编程的一个简化版本，与传统编程模型中函数参数只能代表明确的一个数或数的集合不同，泛函编程模型中的函数参数能够代表一个函数，这使泛函编程模型的表达能力和抽象能力更高。在 MapReduce 模型中，输入数据和输出结果都被视作由一系列键/值对组成的集合，对数据的处理过程，就是 Map 和 Reduce 过程，Map 过程将一组键/值映射成另一组键/值，Reduce 是一个归约过程，把具有相同键的值合并在一起。

基于 MapReduce 的分布式系统隐藏了并行化、容错、数据分布、负载均衡等复杂的分布式处理细节，提供简单有力的接口来实现自动并行化和大规模分布式计算，从而在大量普通 PC 上实现高性能计算。在这些系统中，用户指定 Map 函数对输入的键/值集进行处理，形成中间形式的键/值集，系统按照键的值把中间形式的值集中起来，传给用户指定的 Reduce 函数，Reduce 函数把具有相同键的值合并在一起，最终输出一系列的键/值对作为结果。

2）MapReduce 的优点

MapReduce 借鉴了列表处理（list processing，LISP）等函数编程语言的思想，把对数据的处理归结为 Map 和 Reduce 两个操作。谷歌最初将其应用在内部海量的 Web 页面索引上，在效率和健壮性上取得了极大的成功。实际上，MapReduce 是一种简化的并行计算编程模型，这对开发人员而言具有重要的意义。随着互联网数据的急剧增长，开发人员面临越来越多的大数据量计算题，处理这类问题的主要方法是并行计算，然而并行计算是一个相对复杂的技术，不易掌握。MapReduce 的出现降低了并行应用开发的入门门槛，它隐藏了并行化、容错、数据分布、负载均衡等复杂的分布式处理细节，使开发人员可以专注于程序逻辑的编写。MapReduce 使并行计算得以广泛应用，是云计算的一项重要技术。

3）MapReduce 的执行

MapReduce 是一种处理和产生大规模数据集的编程模型，程序员在 Map 函数中指定对各分块数据的处理过程，在 Reduce 函数中指定如何对分块数据处理的中间结果进行归约。用户只需要指定 Map 和 Reduce 函数来编写分布式的并行程序。当在集群上运行 MapReduce 程序时，程序员不需要关心如何对输入的数据进行分块、分配和调度，同时系统还将处理集群内节点失败以及节点间通信的管理等。图 2-8 给出了一个 MapReduce 程序的具体执行过程。

从图 2-8 可以看出，执行一个 MapReduce 程序需要 5 个步骤：输入文件；将文件分配给多个工作机，并行执行；写中间文件（本地写）；多个 Reduce 工作机同时运行；输出最终结果。本地写中间文件在减少了对网络带宽压力的同时缩短了写中间文件的时间。执行 Reduce 时，根据从主节点获得的中间文件位置信息，Reduce 使用远程过程调用，从中间文件所在节点读取所需的数据。MapReduce 模型具有很强的容错性，当工作机节点出现错误时，只需将该工作机节点屏蔽在系统外等待修复，并将该工作机上执行的程

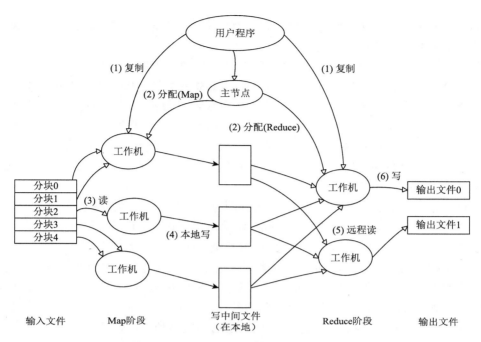

图 2-8　MapReduce 程序的具体执行过程

序迁移到其他工作机上重新执行，同时将该迁移信息通过主节点发送给需要该节点处理结果的节点。MapReduce 使用检查点的方式来处理主节点因出错而失败的问题，当主节点出现错误时，可以根据最近的一个检查点重新选择一个节点作为主节点并由此检查点位置继续运行。

4. Dryad

Dryad 是微软设计并实现的允许程序员使用集群或数据中心计算资源的数据并行处理编程系统。从概念上讲，一个应用程序可表示成一个有向无环图（directed acyclic graph，DAG）。顶点表示计算，应用开发人员针对顶点编写串行程序，顶点之间的边表示数据通道，用来传输数据，可采用文件、TCP 管道和共享内存的先进先出（first input first output，FIFO）等数据传输机制。Dryad 类似于 UNIX 中的管道，如果把 UNIX 中的管道看成一维，即数据流动是单向的，每一步计算都是单输入单输出，整个数据流是一个线性结构，那么 Dryad 可以看成二维的分布式管道，一个计算顶点可以有多个输入数据流，处理完数据后，可以产生多个输出数据流，一个 Dryad 作业是一个 DAG。

Dryad 是针对运行 Windows HPC Server 的计算机集群设计的，是微软构建云计算基础设施的核心技术之一。

5. Pregel

Pregel 是谷歌提出的一个面向大规模图计算的通用编程模型。许多实际应用中都涉及大型的图算法，典型的如网页链接关系、社交关系、地理位置图、科研论文中的引用关系等，有的图规模可达数十亿个顶点和上万亿条边。Pregel 编程模型就是为了对这种大规模图进行高效计算而设计的。

Pregel 的设计思想来自美国哈佛大学教授莱斯利·瓦利安特（Leslie Valiant）在 1990 年提出的整体同步并行（bulk synchronous parallel，BSP）模型。BSP 模型包括三部分：BSP 机器模型、BSP 计算模型和 BSP 代价模型。其中 BSP 计算模型采用单程序多数据（single program multiple data，SPMD）的执行方式。BSP 计算由一组处理单元和一系列连续的超级步组成。在每个超级步内，每个处理单元并发地执行本地计算，并向其他的处理单元发送消息。在一个超级步结束时有一个全局的同步操作。因此，可以看作计算—通信—同步模式。

具体而言，Pregel 计算由一系列的迭代（即超级步）组成。在每一个超级步中，计算框架会调用顶点上的用户自定义的 Compute 函数，这个过程是并行执行的。Compute 函数定义了在一个顶点 V 以及一个超级步 S 中需要执行的操作。该函数可以读入前一超级步 $S-1$ 中发送来的消息，然后将消息发送给在下一超级步 $S+1$ 中处理的其他顶点，并且在此过程中修改 V 的状态以及其出边的状态，或者修改图的拓扑结构。消息通过顶点的出边发送，但一个消息可以送到任何已知 ID 的特定顶点上。这种计算模式非常适合分布式实现：顶点的计算是并行的；它没有限制每个超级步的执行顺序，所有的通信都仅限于 S 到 $S+1$。

Pregel 是一个以顶点为中心的计算模型，边在这种计算模式中并不是第一类对象，在边上没有相应的计算。

Pregel 编程模型的输入是一个有向图，其中顶点有一个可以唯一标识的字符串 ID，有向边包含源顶点和目标顶点的信息，顶点和有向边都允许用户自定义一些可修改的值。

一个典型的 Pregel 计算过程包括以下步骤：读取输入，初始化该图，然后是一系列由全局同步点分隔的超级步，直到算法结束，输出结果。

每个顶点通过"投票停止"的方式说明计算结束。在超级步 0 中，所有顶点都会被初始化为活动状态。每一个活动的顶点都会在某一次超级步中被计算。完成计算任务后，顶点将自身设置为非活动状态。除非该顶点收到一个其他超级步发送的消息，否则 Pregel 框架将不会在接下来的超级步中再计算该顶点。如果顶点接收到消息，该消息将该顶点重新置为活动状态，那么在随后的计算中该顶点必须再次将自身置为非活动状态。

整个计算在所有顶点都达到非活动状态，并且没有消息再传送的时候结束。整个 Pregel 程序的输出是所有顶点输出的集合。

Pregel 选择消息传递模式主要基于以下两点考虑：其一，消息传递有足够高效的表达能力；其二，性能原因，通过异步和批量的方式传递消息，该模式可以缓解集群环境中远程读取的延迟。

Pregel 的接口非常简单，只需要继承 Vertex 类并重写虚函数 Compute（），其中参数 msgs 为其他顶点发送来的消息。

Pregel 在谷歌的 PageRank 中有所应用，开源的 Apache Hama 采用了类似的思想。

6. AllPairs

AllPairs 是从科学计算类应用中抽象出来的一种编程模型。从概念上讲，AllPairs 解决的问题可以归结为求集合 A 和集合 B 的笛卡儿积。AllPairs 模型的典型应用场景是比较两个图片数据集中任意两张图片的相似度。典型的 AllPairs 计算包括四个阶段：首先对系统建模，求最优的计算节点个数；其次向所有的计算节点分发数据集；再次调度任务到相应的计算节点上运行；最后收集计算结果。

7. 高级编程模型

在通用编程模型的基础上，很多高级编程模型被提出，下面介绍其中的几种具有代表性的模型。

1）Sawzall

Sawzall 是谷歌建立在其 MapReduce 编程模型之上的查询语言，Sawzall 的典型任务是在成百或上千台机器上并发操作上百万条记录。整个计算分为两个阶段：过滤阶段（相当于 Map 阶段）和聚合阶段（相当于 Reduce 阶段），并且过滤和聚合均可以在大量的分布式节点上并行执行。Sawzall 程序实现非常简洁，据统计，一个完成相同功能的MapReduce C++程序代码量是 Sawzall 程序代码量的 10～20 倍。

2）FlumeJava

FlumeJava 是一个建立在 MapReduce 之上的 Java 库，适合由多个 MapReduce 作业拼接在一起的复杂计算场景使用。FlumeJava 能简单地开发、测试和执行数据并行管道（pipeline）。

FlumeJava 库位于 MapReduce 等原语的上层，在允许用户表达计算和管道信息的前提下，通过自动的优化机制，调用 MapReduce 等底层原语进行执行。FlumeJava 首先优化执行计划，然后基于底层的原语来执行优化了的操作。

3）DryadLINQ

DryadLINQ 是微软的高级编程语言。DryadLINQ 结合了微软的两个重要技术：Dryad语言和语言集成查询（language integrated query，LINQ）。DryadLINQ 使用和 LINQ 相同的编程模型，并扩展了少量操作符和数据类型以适用于分布式计算。DryadLINQ 程序是一个顺序的 LINQ 代码，对数据集做任何无副作用的操作，编译器会自动地将数据并行的部分翻译成执行计划，交给底层的 Dryad 完成计算。

4）Pig Latin

Pig Latin 是雅虎研发的运行在其 Pig 系统上的数据流语言。Pig 是高层次的声明式结构化查询语言（structured query language，SQL）与低层次过程式的 MapReduce 之间的折中。Pig 系统将 Pig Latin 程序编译成一组 Hadoop（MapReduce 的开源实现）作业然后进行执行。Pig 不仅提供了常见的数据处理操作，包括加载、存储、过滤、分组、排序和连接等，还提供了丰富的数据模型，支持原子类型、字典、元组等数据结构，以及嵌套操作。

随着商务智能分析、社交网络分析、在线推荐、数据挖掘、机器学习等应用的普及和深入，海量数据处理的应用领域越来越呈现出多样化的趋势。而这些应用领域的问题可以抽象为结构化数据处理、大规模图计算、迭代计算等多种不同类型的计算。这些不同的问题领域适合采用不同的编程模型，不存在能解决所有数据密集型应用的通用编程模型。可以预见，将来会不断出现新的编程模型来解决领域相关的应用问题。

✿ 2.6 自动化技术

云计算资源规模庞大，一个系统的服务器数量可能会高达 10 万台并跨越几个坐落于不同物理地点的数据中心，同时还运行成千上万种应用。如何有效地管理这些服务器，保证这些服务器组成的系统能够提供 7×24h 不间断服务是一个巨大的挑战。云计算系统管理技术是云计算的"神经网络"。云计算系统管理技术能使大量的服务器协同工作，方便地进行业务部署和开通，快速地发现和恢复系统故障，使云计算系统通过自动化、智能化的手段实现大规模的可运营、可管理。

类似于谷歌的云技术，一般的云都是由成百上千台甚至由几十万台计算机组成的。因此，要把分布在不同地理位置上的众多计算机资源集中起来协调工作，并充分发挥作用，这些工作单靠人工完成是不可能的。也就是说，只有采用自动化的控制技术，由计算机通过相关的自动化控制软件来进行自我协调、管理和完成，才能达到云计算技术的要求。因此要充分了解这些复杂的和相互依赖的用于管理和控制云计算机集群的自动化软件，并充分了解这些软件所能提供的相关服务。特别是在大型数据中心的应用中，更要了解这些技术，跟踪和监视这些技术，并且确定这些技术所产生的效果，能够为访问和使用这些技术制定出相应的标准，让多种不同的技术有效地协调工作，为客户提供高水平的、可靠的和经济的服务。

事实上，自动化技术在控制日益增长的复杂性、优化云计算环境方面发挥了非常重要的作用。因此，提供云服务的企业必须要认识到虚拟化、云计算和数据中心自动化之间的相互关系，并统一起来管理。充分利用自动化技术和设备，最大限度地减少人工与设备的投入，从而实现计算资源的低成本。自动化是可持续的、可伸缩的云计算商业模式的关键。

随着信息技术领域继续向面向服务的未来发展，焦点继续集中在虚拟化、计算和计费模式等这个组合中，漏掉了自动化技术。目前，有业界专家指出，自动化技术是任何云计算基础设施的基础。

例如，数据中心自动化解决方案供应商 Stratavia 公司的共同创始人和首席执行官文卡特·德夫拉杰（Venkat Devraj）认为，任何云计算产品就好像一把只有三条腿的凳子。这三条腿分别是虚拟化、SOA 和自动化。无论它是存储虚拟化、服务器虚拟化还是其他虚拟化，虚拟化对于云计算的概念是非常重要的。SOA 的概念提供了随需应变的服务所需要的动态机制和灵活性。这第三条腿就是数据中心自动化，它带来了实时的或者随需应变的基础设施管理能力，并通过在后台有效地管理资源实现。Venkat Devraj 补充说，虽然一些厂商和批评人士把云计算当作老想法和老的计算模式的重复而不予理睬，但是，这些批评是不准确的。云计算的真正性质是采用 SOA、虚拟化和数据中心自动化。

数据库自动化解决方案供应商 GridApp Systems 的首席执行官罗伯特·加尔多斯（Robert Gardos）赞成自动化是任何云计算基础设施中不可分割的一部分的观点。无论在用户方面（管理托管的主机）还是提供商方面（更新基础设施和配置虚拟机），自动化是任何自助服务基础设施的构件。他认为没有自助服务，云计算是不可能实现的。

Tideway Systems 公司首席执行官理查德·缪尔黑德（Richard Muirhead）认为，自动化能够实现云计算或者大规模的基础设施，让企业理解影响应用程序或者服务性能的复杂性和依赖性，特别是在大型的数据中心中。除非能了解这些技术，能够跟踪和监视这些技术，并且确定这些技术应该是什么样的，能够访问这些技术和制定它们的政策，否则就不能提供高水平的服务，需要多种不同的技术有效地工作，可靠地和经济地为内部用户服务。Richard Muirhead 表示，如果用户准备把应用程序拿到防火墙外面放在其他人的环境中并且以某种方式为这个使用权限付费，理解环境对于让这种云计算发挥作用是非常重要的，特别是在有严格的服务级协议的时候。他解释说，这只有通过整个流程的一直设置、自动化和工业化才能实现。

Venkat Devraj 也认为自动化在通过控制日益增长的复杂性优化云计算环境方面发挥了重要作用。例如，以前人们发布一个新的应用程序是很容易的，这个应用程序将包含在某个环境中。但是，现在由于这个堆栈中有许多相互依赖的关系，甚至管理任务的一个简单变化就能打破整个堆栈。

美国企业管理协会的研究经理安迪·曼恩（Andi Mann）对于数据中心自动化发表了如下评论，他说，一旦数据达到某种规模，即使不是非常大的规模，自动化也是非常重要的，不能用人工有效地管理大规模的数据中心。他看到了虚拟化、云计算和数据中心自动化之间的相互关系。企业必须认识到这三个方面要一起管理。他解释说，自动化是任何高级计算技术的基础。如果要在没有任何自动化的情况下采用云计算，那就意味着没有任何可重复的和可再利用的流程，那就意味着正在设法把自己没有掌握的事情外包出去。

Stratavia 公司的 Venkat Devraj 认为，云计算提供商分为三个重要类型：繁重任务的提供商，如亚马逊、谷歌和现在的微软；设法提供云计算的老式的主机服务提供商；向内部客户提供专用云计算资源的单个机构。他说，第一类提供商不信任任何不是自己制作的东西，因此设法向其出售东西是徒劳的。Stratavia 公司的主要业务来自第三类中的厂商。这类厂商中全球财富 1000 强企业中的首席信息官要在自己的数据中心建立公共云计算服务，他们或者自己建立或者商业性地购买这种服务。Venkat Devraj 重申，自动化是可持续的、可伸缩的云计算商业模式的关键。

❧ 2.7　章末案例——阿里云[①]

2008 年 9 月，王坚加入阿里巴巴，马云把他从微软亚洲研究院常务副院长的位置挖

[①] 资料来源：https://www.capwhale.com/newsfile/details/20200629/bb42f16284f045639e686/24086d7f6c.shtml.

来，是因为阿里巴巴面临一个重大的危机——公司的"脑力"快不够用了。阿里巴巴的"脑力"，其实就是"计算力"。几亿用户无论是在淘宝网剁手，还是在支付宝上转账，这一切都要靠巨大的计算力来思考、记忆。如果这个"大脑"记忆被填满，就没办法存储新的商品和交易记录。如果这个"大脑"思维速度跟不上，就没有办法让用户及时下单、付款。

2008 年，阿里巴巴的现状是没有自己的操作系统，没有自己的芯片，同样没有自己的计算力系统。所以，购买国外成熟的设备和系统，几乎是 BAT（B 指百度公司、A 指阿里巴巴集团、T 指腾讯公司）和所有大型国企的唯一选择。国外的东西，无外乎 IOE 这三样标配：I（IBM，服务器提供商，提供的服务器俗称"小型机"）、O（Oracle，数据库提供商，其软件是著名的"甲骨文商业数据库"）、E（EMC（易安信），存储设备提供商，提供的是"集中式存储"）。

2008 年，在阿里巴巴的信息技术架构中，淘宝网和支付宝使用的绝大部分都是 IBM 小型机、Oracle 商业数据库以及 EMC 集中式存储。当年用户激增，数据越来越多，每天早上八点到九点半，服务器的处理器使用率都会飙升到 98%，离爆棚就差两个百分点。阿里巴巴的信息技术基础设施已经无法满足业务增长的需求，后果不堪设想。

可能连马云自己都没有想到，阻碍阿里巴巴增长最迫切的阻力不是商场上的博弈，不是政策的变化，而是信息技术基础设施的瓶颈。

如果继续购买服务器和软件，会存在两个问题：一个问题是太贵。那时候小型机价格大概是几十万到几百万元；商业数据库软件费用为几千万元，外加一大笔维护费。王坚 2008 年刚来阿里巴巴时就给马云做了计算，按照这样的速度"剁手"，光是买机器和软件就足够让阿里巴巴破产。阿里巴巴需要找到一种成本更低的技术架构。另一个问题是不好用。阿里巴巴在 2008～2009 年的时候，业务增长速度实在太快。每年都是十几到二十倍，IOE 的系统并没有经受过服务几亿人这么大规模的考验，此时已经变得非常难用了。

2008 年年中，马云召开了内部会议。事情刻不容缓，要研发一套新的技术架构来换掉阿里巴巴的旧引擎。

这个新的计算架构应该是什么样的呢？第一，它要便宜，就像一日三餐一样，无论去哪家餐厅，都不如自己做饭更实惠。长远来看，自己开发一套计算架构显然是最经济的。第二，它要好用。为了满足阿里巴巴庞大的计算需求，这套系统至少要比 IOE 表现更好，能同时调度数千台计算机，组成一个巨大无比的"大脑"。于是，"阿里云"这个词，第一次出现在公司高层的话语里。而王坚，加盟阿里巴巴之后的职务恰恰是"首席架构师"，他的使命就是从零开始建立这个云计算系统。

王坚是个理想主义者，在他的理想中，这个新架构的每一行代码都要自己来写。但现实是骨感的：环顾四周，他身边除了几位从微软带来的旧部，几乎一无所有。2008 年 10 月，这个想象中属于中国的云计算系统被团队命名为"飞天"，其名称源自中国神话中的形象。

飞天相当于一个发动机，而时间紧迫，阿里巴巴准备同时做两件事：一边制造发动机，一边顺便为自己的主力业务淘宝网造一部整车出来。

当时，淘宝网在计算力方面的主要需求就是"大规模数据计算"。所以，用飞天为淘宝网"大规模数据计算"制造整车的计划就被命名为"云梯计划"。实际上，"云梯计划"关乎阿里巴巴的生死，不是儿戏。思来想去，公司内部还是做了两手准备：①用一些已有的开源软件为基础，研发一个数据计算系统，这是"云梯 1"计划；②以"飞天"为基础，纯自研一套数据计算系统，被定为"云梯 2"计划。

马云深受王坚鼓舞，虽然不懂技术，但是他逐渐发现，云计算这件事情的价值比一开始想象中的要大得多。这是因为云计算系统会制造出一种具有极强弹性的计算力。这样的计算力一方面可以为阿里巴巴添置家当，另一方面可以"批发零售"给无数中小企业，为未来世界建设一整套"基础设施"。这样来看，就把"独善其身的工具"变成了"兼济天下的生意"，这不正是马云创建阿里巴巴的基本信念吗？从这一刻开始，马云就对阿里云寄予厚望。

然而，事情发展到这里，就开始有些错位了。阿里巴巴的很多业务部门希望的是稳定地在现有系统上加以改进，最好别冒太大风险；但飞天团队想依靠一己之力，开发出一套完美的云计算系统：分布式存储的系统，就像大地一样承载万物，那就叫"盘古"；调度系统，需要"能掐会算"，就用懂得阴阳八卦的"伏羲"命名；结构化存储系统，就用会盖房子的"有巢"；网络通信，就用追日的"夸父"等。

到了 2009 年，云梯 1、云梯 2 两套系统一边搭建，一边在淘宝网内部试验，一边承担部分计算任务以缓解现有系统的压力。

2009 年春节上班第一天，在北京上地的汇众大厦 203 室，工程师敲出了"飞天"的第一行代码。

"牧羊犬"是阿里金融的第一个产品，简单来说就是给淘宝网商家贷款的项目。王国涛回忆：当时阿里云一边搭建飞天平台，我们就一边在飞天上面开发牧羊犬应用。这就像是开发商一边在造房子，我们一边在室内装修铺地板。飞天问题不断，数据传输问题、计算稳定性问题、处理速度问题一样都不少，各种 Bug 形式翻新，永不重复。阿里金融的工程师必须时刻盯着系统，才能防止酿成大错。好不容易捱过了 2009 年，春节过后，阿里云发布了一次大版本升级。升级后，飞天系统实现了非常稳定的运行。巨大的计算力让阿里金融实现了"秒级"放贷。这种技术进步让"小额多次放贷"成为可能，这就让阿里金融几乎开挂，不良贷款率大大低于传统金融机构。也正是因为阿里云"高效低价"的加持，单账户每年的信息技术成本可以控制在 1 元以内。

解决了稳定性，阿里云就像抓住了救命稻草，总算可以暂时喘口气。这些成绩，也已经成功引起了其他公司的注意。2010 年，在阿里巴巴出发两年后，很多大公司纷纷着手研究自己的云计算技术。

2012 年底，以开源软件为基础的"云梯 1"计划实现了 4000 台集群调度，而阿里云团队更看好的纯自研的"云梯 2"还在 1500 台集群的数量徘徊。

2013 年 3 月 28 日，一封来自集团技术保障部架构师云铮的邮件直达高层：按照数据增量与未来业务增长的情况，云梯 1 和云梯 2 两套系统的存储和计算能力将在今年 6 月 21 日到达瓶颈。到那时，数据业务将会停滞，淘数据、量子能业务都会受到影响；阿里金融的贷款业务将因为无法进行信用数据运算而中止。这个时候，把飞天推上 5K

（5000 台服务器的集群），几乎已经是唯一的选择了。事到如今，这已经不是阿里云自己的战斗，而是整个阿里巴巴集团的"背水一战"了。

最初，因为要做两手准备，以 Hadoop 为基础的"云梯 1"和以飞天为基础的"云梯 2"一直并行。这个时候，时局已经紧迫到不允许团队分流，他们必须抛弃一个云梯。云梯 1 依靠开源技术，更加成熟，但几年的实践证明，把它推到 5K 有明显的技术瓶颈，而且，最核心的技术转向开源系统，也许会让阿里巴巴在未来遇到更多的技术制约；云梯 2 是自研技术，难度更大，但它的架构和代码都是基于阿里巴巴的自身诉求而设计的。自主可控的 5K 一旦成功，就会打下阿里巴巴下一个十年的江山。而一旦失败，后果也不堪设想。

此时做出任何抉择，都会彻底改变阿里巴巴的命运，所有人的目光都看向王坚，王坚说了两个字："飞天！"核心技术系统的团队，全员投入 5K 的攻坚战。

2013 年 6 月底，5K 进入了最后的稳定性测试阶段。阿里云成为中国第一家拥有完整云计算能力的企业。飞天 5K 单点服务器集群拥有超过 10 万核计算的能力、100PB 存储空间，可处理 15 万并发任务数，承载亿级别文件数目。因为突破了技术瓶颈，在 5K 之后，开放数据处理服务（open data processing service，ODPS）只用了几个月就冲上了单集群 10K，进而实现了无限制扩展。

2015 年，在计算界的奥运会 Sort Benchmark 中，阿里云计算 100TB 数据排序只用了不到 7min，把 Apache Spark 之前创造的 23min 世界纪录一下子缩短了一多半。这说明，中国人研发的云计算系统不仅成功了，而且不比世界上任何现存的云计算系统差。成功登顶的"云梯 2"后来更名为 ODPS，成为阿里巴巴各项业务通用的大数据计算平台。ODPS 验证成功之后，阿里巴巴立刻启动"登月计划"，把所有的数据和计算都迁移到以飞天为基础的系统上，全盘替代 IOE 和云梯 1。2013 年 5 月，阿里巴巴最后一台小型机下线；7 月，淘宝网最后一个 Oracle 数据库下线。阿里巴巴这台战车，用了五年时间，在超高速行驶中，没有踩一脚刹车，成功更换了发动机。

2014 年 7 月，阿里云计算最重要的产品 ODPS 正式开放商用。ODPS 可在 6h 内处理 100PB 数据。通过 ODPS 在线服务，小型公司花几百元即可分析海量数据。

2014 年 8 月，阿里云发布"云合计划"，希望能够与合作伙伴一起构建适应数据技术（data technology，DT）时代的云生态体系。阿里云在这个生态圈里的定位非常清楚——生态的底层，提供云计算的基础服务，如弹性计算、存储服务、大规模计算等。

2014 年 11 月，运行在阿里云上的"中国药品电子监管网"，正式通过国家信息安全等级保护三级测评，这是全国首例部署在"云端"的部委级应用系统。

2014 年 12 月，阿里云抵御了全球互联网史上最大的分布式拒绝服务（distributed denial of service，DDoS）攻击。攻击时间长达 14h，攻击峰值流量达到 453.8Gbit/s。

2015 年，阿里云加快了全球化步伐，陆续启用新加坡数据中心、美国硅谷两个大型数据中心，扩建中国香港数据中心。2015 年 5 月，迪拜领军企业 Meraas 控股集团和阿里云正式签署合作协议，合资成立全新的技术型企业，为中东、北非地区的企业以及政府机构提供服务。

2015 年 6 月，阿里云启动全球合作伙伴计划，在世界范围内寻找顶尖的合作伙伴，共同构建适应 DT 时代的云生态体系。英特尔、新加坡电信有限公司、迪拜 Meraas 控股集团等首批加入。

2015 年 11 月，阿里云完成中国香港数据中心的规模扩大，正式启用该数据中心第二个可用区。此外，阿里云国际站也同步上线。目前阿里云在杭州、北京、青岛、深圳、上海、千岛湖、香港、新加坡、硅谷 9 个地域设有数据中心，未来还会在日本、欧洲、中东等地设立新的数据中心。

2015 年 7 月 29 日，阿里巴巴集团宣布对阿里云战略增资 60 亿元，用于国际业务拓展、云计算、大数据领域基础和技术的研发，以及 DT 生态体系的建设。阿里巴巴集团首席执行官（chief executive officer，CEO）张勇表示，"阿里巴巴集团对云计算的投入放在最高战略优先级"，2015 年 7 月 29 日，阿里巴巴集团与用友网络科技股份有限公司在北京签署全面战略合作协议。

2015 年云计算在成为各个领域基础设施的同时，进一步发挥了计算的力量，数据成为新的能源。2015 年 4 月，中国石油化工集团有限公司与阿里云共同宣布展开技术合作，借助云计算和大数据，部分传统石油化工业务将进行升级，新的商业服务模式将会展开。

2015 年 5 月，华夏人寿保险股份有限公司决定采用云和分布式技术重构其电商业务系统，新的电商系统将基于阿里金融云进行建设，华夏人寿保险股份有限公司成为国内首家将关键业务部署到公共云平台的人寿保险机构。2015 年 7 月，阿里云宣布联合中国科学院成立全新的实验室，共同开展在量子信息科学领域的前瞻性研究，研制量子计算机。2015 年 10 月，阿里云与英特尔、华大基因合作，共建中国乃至亚太地区首个定位精准的医疗应用云平台，促进精准医疗的发展。

2020 年 5 月，国际研究机构 Gartner 发布最新云计算市场追踪数据，2019 年全球云计算市场，亚马逊、微软、阿里云、谷歌排名前四。阿里云全球市场份额从 7.7% 上涨至 9.1%，进一步拉开与谷歌的差距；亚太市场，阿里云排名第一，市场份额从 26% 上涨至 28%，接近亚马逊和微软的总和。

2020 年 4 月 20 日，阿里云宣布未来三年将投入 2000 亿元，用于云操作系统、服务器、芯片、网络等重大核心技术研发攻坚和面向未来的数据中心建设。三年再投 2000 亿元意味着阿里云的数据中心和服务器规模再翻 3 倍，冲刺全球最大的云基础设施。

第 3 章

IaaS

❧ 3.1　IaaS 概述

IaaS 指把信息技术基础设施作为一种服务通过网络对外提供,并根据用户对资源的实际使用量或占用量进行计费的一种服务模式。

IaaS 通常译为基础设施即服务,这里的基础设施主要是指信息技术设施,包括计算机、存储、网络,以及其他相关的设施。IaaS 所指的服务,是用户通过网络,按照实际需求所获得的 IaaS 云服务提供商所提供的上述信息技术设施资源服务,用户可以将自己的应用部署到上面,开展业务。

在这种服务模型中,普通用户不用自己构建一个数据中心等硬件设施,而是通过租用的方式,利用互联网从 IaaS 服务提供商获得计算机基础设施服务,包括服务器、存储和网络等服务。

IaaS 是最简单的云计算交付模式,它用虚拟化操作系统、工作负载管理软件、硬件、网络和存储服务的形式交付计算资源。它也可以包括操作系统和虚拟化技术到管理资源的交付。

IaaS 能够按需提供计算能力和存储服务。不是在传统的数据中心购买和安装所需的资源,而是根据公司的需要,租用这些所需的资源。这种租赁模式可以部署在公司的防火墙之后或通过第三方服务提供商实现。

❧ 3.2　IaaS 特点

1. 租赁

当用户使用 IaaS 服务、购买服务器和存储资源时,可以获得需要的资源即时访问。

然而，并不是租赁实际的服务器或其他基础设施，它不像租来一辆卡车开到办公室交付服务，该物理组件仍放在基础设施服务提供商的数据中心。

在一个私有的 IaaS 内，租赁呈现出不同的重点。它可能不会向每个访问资源的用户收费，在该收费模式中，可以根据各个部门的使用情况，按一星期、一个月或者一年分配使用费用。由于 IaaS 模型的灵活性，较多资源的使用者应该比较少资源的使用者支付更多的费用。

2. 自助服务

自助服务是 IaaS 的一个关键特性，能让用户通过一个自助服务门户获得资源，如服务器和网络，而无须依赖信息技术为他们提供这些资源。该门户类似于一台银行自动取款机（automated teller machine，ATM）模型，通过一个自助服务界面，可以轻松处理多个重复性任务。

3. 动态缩放

当资源能按照工作负载或任务需求自动伸展或收缩时，就称为动态缩放。如果用户需要的资源比预期的资源要多，也可以立即获得所需的资源。这种 IaaS 的提供商或创建者通常优化了环境，这样的硬件、操作系统和自动化可以支持大量的工作负载。

4. 服务等级

在 IaaS 中，消费者可以按需付费，而无须签署合同。在其他解决方案中，消费者要为特定的存储量和/或计算量签订一份合同。一份典型的 IaaS 合同有某个等级的服务保障。在低端市场中，供应商可能会声明：该公司会尽最大的努力提供良好的服务。根据不同的服务和价格，可以承包 99.999%的可用性。用户需要的服务等级取决于正在运行的工作负载。

5. 许可

使用公共的 IaaS 运行所需的软件，会带来在许可和支付模式上的创新。例如，一些 IaaS 和软件供应商已经创造了自带许可证计划，这样，用户就用一种方法，既可在传统环境中，也可在云环境中使用软件。另一种选择是即用即付模式，它一般集成了软件许可和按需基础设施服务。

6. 计量

计量确保用户能按照他们需要的资源和使用收费。这种计量按照对 IaaS 服务的评估收费，从实例的启动开始，到实例的终止结束。除了每个实例的基本费用，IaaS 提供商还可以对存储、数据传输以及可选的服务（如增强安全性、技术支持或先进监视等）收费。

❀ 3.3 IaaS 在企业中的应用

3.3.1 企业为什么要用 IaaS

企业要实现信息化，就需要一系列的应用软件来处理企业应用的业务逻辑，还需要将企业的数据以结构化或非结构化的形式保存起来，也要构造应用软件与使用者之间的桥梁，使应用软件的使用者可以使用应用软件获取或保存数据。这些应用软件需要一个完整的平台以支撑它的运行，这个平台通常包括网络、服务器和存储系统等构成企业信息技术系统的硬件环境，也可以包括操作系统、数据库、中间件等基础软件，这个由信息技术系统的硬件环境和基础软件共同构成的平台就是信息技术基础设施。

通过抽象的表达方法，可以把信息技术基础设施中的各种设备抽象成各种信息技术基础设施的资源。实际上，业务应用软件在运行环境中运行，使用信息技术基础设施的服务，就是在直接使用信息技术基础设施的各种资源，信息技术基础设施资源分为计算资源、存储资源、网络资源、中间件资源、数据库资源等。

很多人喜欢用自来水、电力供应等公共事业部门来比喻 IaaS，这种比喻比较形象地描述了 IaaS 所定义的信息技术基础架构资源（网络、存储、服务器、操作系统）和这些资源的使用者之间的关系：获得清洁的自来水并不需要自己拥有自来水工厂，获得电能也无须自己建造发电厂。但是，这种比喻并不是很恰当，因为在信息化社会中，作为企业或者组织重要的无形资产——信息资产的地位在这种比喻中被彻底抹杀了。在信息化社会中，信息资产的价值不言而喻。那么应该怎么理解 IaaS 呢，特别是云计算时代的 IaaS 该怎么合理地加以定义呢？很多人往往象形夺名，以 XaaS（表示任何即服务）的某种形态来定义 XaaS 本身，这样做会限制我们的思维，从而导致云计算战略落地的形式主义。那么云计算或者 XaaS 的含义到底是什么呢？其实非常简单，只是定义了信息技术资产（硬件、软件等）的拥有者和这些资产所包含的计算能力的使用者之间的关系，与其昂贵地获得产生计算能力的资产，不如低成本地直接获得需要的计算能力。

将信息技术资产和信息技术能力剥离，作为信息技术能力的使用者，无须拥有资产，能力的需求者和资产的拥有者（能力的供应者）之间以生命周期的管理方式进行协约管理，那么从这个角度看，公共云和私有云的唯一区别就只剩下信息资产的处置方式。

IaaS 的主要业务优势就像在其他云产品中一样，IaaS 使依靠内部部署数据中心的传统信息技术基础设施提高了灵活性。

IaaS 平台可以访问高度可扩展的信息技术资源，可以根据容量变化的需求进行调整。这使该模式非常适合只是暂时具有高工作负荷的公司，例如，许多零售商在假期和购物季节期间面临这样的问题。它也非常适合中小企业，希望看到稳定的增长需求。

如今的公司正在寻求使信息技术基础设施更有弹性，以便更好地与可以快速更改的网络商家竞争。提高业务灵活性和可扩展性是 IaaS 的主要业务推动力。

节省成本也是如此，通过将信息技术基础架构转移到云端，组织可以节省资金和运营支出。只在需要时才为计算能力支付费用，可以降低未充分利用的资源的成本。由于减少了对内部数据中心硬件的依赖，还可以降低信息技术硬件维护成本。云计算监控工具和云计算智能的成本模式可以帮助避免 IaaS 费用的激增。

但是，组织必须小心监控自己的使用情况，并确保应用程序和其他系统有效地使用云资源。因为在 IaaS 的计量中，组织为所浪费资源支付的费用与实际支付的费用一样多。

IaaS 的另一个好处是地点上的灵活性。组织可以从几乎任何地方通过互联网访问 IaaS 产品。

IaaS 还有可用性的优势，由于云计算提供商依赖于多个设施，所以没有单点故障，还能根据客户所在的位置分配其设施，以减少延迟。

3.3.2　IaaS 的业务价值

IaaS 能给企业带来的业务价值包括以下几种。

（1）消除资金投入并降低后续费用。IaaS 省去了设置和管理现场数据中心的前期成本，是初创企业和公司测试新创意的一项实惠之选。

（2）保持业务连续性和灾难恢复。由于需要大量技术和工作人员，所以实现高可用性、业务连续性和灾难恢复代价高昂。但通过适当的服务级别协议，IaaS 可以降低这一成本，并能在灾难或中断期间照常访问应用程序和数据。

（3）快速创新。当决定推出新产品或新创意后，可以在几分钟或几小时内准备好必需的计算基础结构，而无须花费在内部进行设置所需的几天或几周甚至几个月的时间。

（4）更快响应不断变化的业务条件。IaaS 让用户能够快速扩展资源以适应应用程序需求的激增（如节假日），并在活动减少时再次缩减回原来的状态以便节省费用。

（5）专注于核心业务。IaaS 让团队有时间专注于公司核心业务而不是信息技术基础结构。

（6）增强稳定性、可靠性和可支持性。使用 IaaS 时，无须维护和升级软件及硬件，也无须解决设备问题。通过采用适当的协议，服务提供商能够确保提供可靠且符合 SLA 的基础结构。

（7）更安全。通过适当的服务协议，云服务提供商可以为应用程序和数据提供比在内部所能实现的更好的保护。

（8）将新应用更快地推向用户。使用 IaaS，由于无须在开发和交付应用前先设置基础结构，可以将其更快地推向用户。

3.3.3　常见的 IaaS 业务方案

企业通过 IaaS 可以完成的典型事项如下。

（1）测试和开发。团队可以快速设置和拆除测试与开发环境，将新应用程序更快地推向市场。IaaS 让用户能够以快捷和经济的方式扩展和收缩开发-测试环境。

（2）网站托管。与传统 Web 托管相比，使用 IaaS 运行网站的费用较低。

（3）存储、备份和恢复。组织可以避免用于存储的资本支出和存储管理的复杂操作，那种情况通常需要一名熟练员工来管理数据并满足法律、法规要求。IaaS 可以应对无法预测的需求和稳定增长的存储需求。它还可以简化备份和恢复系统的规划与管理。

（4）Web 应用。IaaS 提供支持 Web 应用的全部基础结构，包括存储、Web 和应用程序服务器以及网络资源。组织可以在 IaaS 上快速部署 Web 应用，并且由于应用不可预测，可以轻松地按需纵向扩展和缩减基础结构。

（5）高性能计算。超级计算机、计算机网或计算机集群上的高性能计算（high performance computing，HPC）有助于解决涉及数百万变量或运算的复杂问题。示例包括地震和蛋白质折叠模拟、气候和天气预测、财务建模以及评估产品设计。

（6）大数据分析。大数据是一个指代海量数据集的流行术语，它包含具有潜在价值的模式、趋势和关联。挖掘数据集以找到或梳理出这些隐藏模式需要大量处理能力，而 IaaS 能够实惠地提供这种能力。

❀ 3.4 IaaS 的规划与部署

首先，企业或者组织是否需要 IaaS 要根据自身的业务特点和管理目标决定。无论何种应用在规划初期都要进行一定的评估，因为不同应用对性能的要求不同。

（1）互联网应用：对网络连接数、并行连接数的基准性能评估。

（2）数据密集型应用：磁盘 I/O、CPU 负载、网络性能的基准评估。

（3）计算密集型应用：CPU 负载的性能基准评估。

（4）大型分布式应用：磁盘 I/O、CPU 负载、网络性能的基准评估。

通过基准性能的评估后，可以搭建一个测试系统进行 IaaS 上应用的性能测试，然后比较测试结果，就可以清楚地了解到可以有多少应用系统迁移到 IaaS 平台上。

其次，企业在规划实施部署 IaaS 时，不能盲目行事，前期必须进行相应的规划。因为 IaaS 项目与传统的信息技术项目不同，在资源投入、运营、维护方面均有差别，IaaS 的提供者实际上是服务运营商的角色，必须从信息技术、标准、财务、服务运营等各方面统筹规划，并且在整个运营周期中不断改进、不断完善。

一般来说，规划应考虑未来 3 年以上的时间，注重系统扩展与投资保护。在规划中，对企业的现状进行梳理比较烦琐，会耗费大量的精力，但这却是基础。特别是对大量采用竖井式建设的情况。可以借助各种工具，以求得到比较准确的资料。

建立系统的运营模型，主要应基于以下几点来考虑。

（1）明确需求。

①哪些业务和应用具有引入 IaaS 的需求。

②业务和应用对 IaaS 的具体需求。

③业务和应用迁移至 IaaS 环境的原则和策略。

（2）明确技术体系。

①与业务需求相匹配的技术架构。

②适用于虚拟化的 x86 服务器的评估和选型。

③虚拟化技术的评估和选型。

④异构虚拟化技术的共存管理。

⑤服务器虚拟化对存储的需求和影响。

⑥服务器虚拟化对网络的需求和影响。

⑦运营管理平台的功能架构和性能要求。

⑧高可靠性。

⑨可扩展性。

⑩安全性。

（3）现有设备的利旧原则和策略。

（4）业务保障。

①业务和应用的加载与部署策略。

②业务和应用的 SLA 规范。

（5）配套的体制。

①IaaS 的运营体制。

②IaaS 的商业模式和合作模式。

③IaaS 的运维体制和维护应急流程。

3.4.1　规划相关的准备工作

基础设施云服务平台的建设不是完全的从无到有的工作，也不是完全的技术平台搭建工作，在进行云平台的整体规划之前，需要进行一系列的准备工作，为制订合适的云平台方案奠定基础。这些准备工作主要包括以下几项。

1）组织的准备

自动化部署涉及很多复杂的步骤，包括物理基础架构、操作系统、网络基础架构、应用程序部署、监控、项目管理以及和其他部门的协调。一般日常的服务器部署不需要和其他部门协调就可以完成，除非存在组织上的、安全上的或其他方面的原因。在很多组织中，架构中很多部分被认为对业务是非常关键的。例如，网络架构部门需要满足网络可用性以及变更管理和安全性问题的服务级别协议。而云计算平台通常需要改变信息技术文化，要更好地使用这个平台，就需要将组织中的每个部门都融入其中。因此在进行云平台规划的时候，首先需要明确云平台涉的不同层面的业务系统人员以及主要的使用人员、管理人员，并明确相关人员的角色及职责，做到集中管理、统筹规划。

2）信息技术资产信息的准备

数据中心中包括大量的服务器和设备，在进行系统规划时，需要对当前数据中心资源、运行维护管理流程来进行系统变更及配置管理数据库，详细描述数据中心现有软、硬件设备，业务系统之间的容量及依存关系，并充分考虑到未来的新设备、新技术的应用和部署，因此在进行云平台的规划之前，首先需要收集这些硬件资产的信息，以及这些资产之间的关系。

3）标准化策略的确定

很多组织的信息技术环境都是异构的，这使云计算平台的实施变得更加复杂。因此最好的方法就是数据中心的设备都使用标准的硬件配置，使硬件类型最少化。例如，针对应用程序服务器层，使用统一的硬件平台可以减少对每台服务器的手动配置的工作量。

4）管理流程文档化

将数据中心设备当前的结构和使用情况文档化后，还要将管理数据中心的流程文档化。这样就可以将设备从抵达到进入数据中心需要做的工作整理为一个步骤列表。这个列表包括上架和接电等手工步骤以及可以融入自动化管理平台的自动化步骤。部署流程通常是跨组织角色的，并且应该和现有的自动化技术结合组成完整的解决方案。

通过这种文档化之后，就可以理解一个数据中心的哪些部分可以使用自动化管理。每个组织在实施自动化管理时有一套独特的步骤，并且每个步骤都有不同的需求，因此这样的自动化管理平台并不是一成不变就可以解决所有问题的。针对每个用户不同的环境、不同的流程，都需要对这个云计算平台进行定制化。这样才能满足不同用户的需求。

在将设备逻辑关系文档化后，为了确定可以实现自动化部署的部分，正确理解配置这些设备的流程非常重要。另外，了解设备在业务功能上的用途也很重要。根据这些信息，基本可以确定数据中心的基础架构，例如，路由器、交换机、数据库服务器和负载均衡器这些设备的变动比较少，而且配置方式比较特殊，因此不适合使用自动化部署。而应用服务器通常使用相同的硬件并且经常发生变动，根据收集的信息分析来看，相对比较适合使用自动化部署。

5）自动化流程管理工具的引入

很多组织都已经在信息技术基础架构的不同层次使用了自动化部署，例如，启动服务器、软件分发包、系统管理软件和用来运行日常任务的定制化脚本等技术。但是这些自动化技术都是针对某一个子系统或者局部的，在部署整个系统的过程中还需要很多的人工介入来完成。云计算平台并不会完全替代现有的这些技术，而是依赖于这些自动化技术和流程来实现更高层次的、全局性的自动化管理。

3.4.2　规划要点

基础设施云服务平台不仅仅是规划所需要的资源平台，为了能够提供平稳、高效的基础架构服务，信息技术资源和服务管理体系建设及流程自动化平台建设是在整个平台中需要重点考虑的内容。

（1）资源管理是 IaaS 的核心。

（2）信息技术流程自动化是资源管理的核心。

除此之外，建立相关的子服务平台也是在云平台规划时需要考虑的重点工作，以下将对主要内容加以介绍。

1）资源管理体系规划

完整的资源管理体系应实现以下功能。

（1）系统总体运行状态统一展现，包括信息技术健康绩效表、SLA、基于业务逻辑关系的应用系统总体监控。

（2）能根据应用系统的逻辑关系将相应的组件添加到监视中。能够自动提供基于分布式应用的状态、警报和图示视图，直观地了解业务应用系统各组件间的关联及实时运行状态。

（3）实现信息技术流程自动化管理。

（4）实现"端到端"的物理-虚拟环境监控管理，能够统一对虚拟化基础架构环境中的物理机、虚拟机宿主、虚拟机、虚拟机中的应用以及其他的设备进行统一监视；能提供面向应用的监视，针对特定的应用和系统将相关的数据进行组织汇总；能利用底层健康数据的汇总和处理，反映应用系统或者组件的综合健康状态；能够通过运行状况资源管理器快速定位问题，实现快速地排除故障。

（5）实现对数据中心辅助系统、设备的监控管理。

（6）可通过自服务门户网站形式将上述信息展现给订阅用户。

需要重点提及的是，云平台的资源管理过程，离不开资源和应用程序性能的有效监控，监控可以收集历史数据，以帮助规划未来数据中心的资源需求并优化虚拟化资源的部署。捕获实时数据，以便能快速应对意外的资源需求，衡量性能服务级别协议是否符合要求。主动生成警告和详细数据，以便能快速检测和解决应用程序问题。报告应用程序的资源使用情况数据，这对于相应的分配成本非常必要。由于云平台的结构相比常规的运行环境较为复杂，云平台的监控难度也相对较高，这一点需要在规划云平台的过程中充分考虑并选择合适的技术平台。

2）信息技术流程自动化平台规划

云技术平台的"动态资源"将会比以往提供更"灵活"的信息技术资源整合和复用，使之能够随着快速变化的业务需求而改变，更好地将信息技术资源转化为业务价值。在云计算平台上，信息技术系统的变更操作将从原来以年、月、日为单位改进到以小时、分钟甚至以秒为单位。同时，由此带来的巨大挑战将是更为频繁的信息技术系统变更管理。

不难设想，如果继续沿用传统的手动、半手动操作模式，云计算带来的优势将荡然无存，因此，将信息技术流程自动化管理确定为信息技术运维系统的核心，是整个 IaaS "核心"中的"核心"。

对信息技术流程自动化管理平台的规划，应遵循如下原则。

（1）必须支持数据总线、流程总线架构。

（2）具备直观、灵活的流程定制功能。

（3）平台本身提供的系统对接接口，直接支持微软 System Center、IBM Tivoli、HP OpenView、CA Unicenter、BMC BladeLogic、Veritas、VMware 等。

（4）留有充分的自定义开发接口，系统管理员可以通过命令行、各类 Script、SSH、Telnet 来实现对系统未来的扩展。

（5）作为系统的核心执行机构，必须提供流程执行日志管理，实现对每条流程、每个执行环节的细粒度审计。

3）IaaS 自服务平台的规划

云计算平台的服务层门户主要分为两大类，分别是自助服务门户和管理门户。前者提供给平台用户使用，可以让用户完成产品的订购、资源的调整、提交服务申请等功能；后者提供一个集成的系统管理员功能，用于完成对资源的分配、审核、服务开通和系统安全保障等。

自助服务功能是动态数据中心体现其服务特点的一个重要功能，也是体现从用户角度所看到的动态数据中心功能的唯一窗口。通过自助服务功能，用户可以 7×24h 远程管理和维护已使用的产品和服务。

在技术选型方面，建议采用 Web 方式进行管理与维护，使系统资源无论分布在哪个数据中心节点上，均可实现灵活订阅、统一管理。在自服务管理网页上应提供完善的账户管理信息，如账户描述、服务器资源信息、应用程序信息、系统报警信息。用户可以通过页面上的控制按钮方便地操作自己的计算资源，如服务器的启动、停止、暂停、重置和快照等；也可以单击"续订"按钮来延长资源的租用时间并启动订购流程等。

同时，考虑到云计算的特性，"云服务"是有生命周期管理的，在系统规划时，要做好服务生命周期的管理，包括服务申请、审批、开通、使用以及最后的终止等各个服务阶段的管理过程。

服务生命周期管理涉及前后台多种操作，与用户相关的服务操作主要通过用户自服务门户进行，而与平台服务管理相关的操作由管理员通过管理门户来进行。动态数据中心的服务目录提供中心服务平台所支持申请的资源组合或套餐目录列表。服务目录管理提供管理员维护服务目录的操作，包括服务名称和属性的增、删和修改，以及服务目录的浏览、查询和统计等。由于计算环境已经从物理硬件中抽象出来了，因此用户不需要关心底层具体的硬件情况，而只需要从性能、安全性和成本等方面考虑计算要求。用户可以根据实际业务的需求选择不同的服务类型或套餐，如计算资源可以根据操作系统、处理器能力和内存大小等来选择。即使服务套餐中默认没有包含用户需要的服务，用户也可以自己通过自服务门户来定制计算资源。服务请求管理模块提供服务登记请求，接收到资源订单后生成一个资源服务项目，并标记为待审批状态，然后开始服务生命周期管理，提交到服务状态管理模块进行后续流程处理。每个资源服务项目都具有唯一的编号，经过管理员审批标记为待分配状态，等待资源分配、主机配置等操作完成。管理员会对待审批的资源服务项目进行审查，主要查看资源合理性和当前资源的满足度。计算资源配置生效后，资源服务项目标记为正常，可向用户交付服务。当资源分配出现异常的服务项目时，如资源不足、用户级别不够等，标记为异常状态，需要提请管理员处理。如果资源服务到期，服务状态就自动标记为停止，同时请求资源配置引擎模块取消相关资源的访问权限，原资源分配生成的虚机镜像保留一段时间。后台系统定时发出用户账单到用户申请时预留的邮箱。当账单过期未缴时，后台会提供完整的欠费清单到前台进行催缴工作。用户续费期已过或用户注销后，相关服务项目的状态将标记为注销，并释放全部资源。

🌀 3.5　IaaS 行业发展状况

3.5.1　IaaS 行业发展现状分析

近几年，中国的公共云 IaaS 市场处于高速发展阶段，2013～2016 年，中国公共云 IaaS 市场规模的增长率就保持在 50%以上，2017～2018 年增速虽然有所降低但仍超过了 30%。2018 年，中国公共云市场规模达到 344.4 亿元，较 2017 年增长了 30.06%，2020 年全球 IaaS 公共云服务市场规模增长超过 40%，达到 643 亿美元。互联网企业需求保持高速增长，传统企业上云进程加快，拉动了公共云市场规模快速增长。

我国公共云市场持续高速增长，企业去 IOE 带动国内 IaaS 行业增长，基础设施的发展也提供了 SaaS 成长的基础。从我国 IaaS 市场份额来看，阿里巴巴、腾讯、中国电信、AWS 和金山云依然占据前五，持续保持领先优势。对比 2018 年上半年的跟踪报告，可以发现 IaaS 市场波动不大，尽管有华为云、浪潮云、紫光云等一大批玩家相继发力，但短期内还未能撼动 IaaS 市场的原有格局。

在垄断格局下，二线 IaaS 服务商需独辟蹊径，通过差异化服务路线避开与 IaaS 巨头的竞争，如布局私有云市场或广泛进行产业链上下游布局。私有云可以按产品类型和客户群体进行垂直和水平细分，每个细分领域均有公司参与，以桌面云为主要软件产品且运营两年以上的公司超过 30 家，对于二线 IaaS 服务商来说，主攻私有云市场，避开与巨头的竞争为明智之举。也可以在布局 IaaS 业务的同时，将业务向云服务产业链中下游延伸，与产业链其他环节的企业进行广泛合作，深入了解市场，促进行业解决方案落地。

3.5.2　IaaS 行业需求情况分析

企业针对关键数据的管理突破早期的单中心模式，并且基于 IaaS 模式的服务，能够有效地规避建设独立数据中心造成的数据管理布局分散、无法统一、信息资源缺乏共享、严重影响企业工作效率的问题。IaaS 层产品/服务包括数据存储/灾备、资源托管系统、云虚拟主机、云服务器、环境配置服务，以及应用迁移服务等。调研数据显示，包括数据存储/灾备、资源托管服务在内的 IaaS 服务需求明显上升，分别由首次部署的 47%和 42%上升到 58%和 56%，成为企业用户在 IaaS 层的主要选择。这一结果表明，针对 IaaS 服务，企业还是希望寻求可靠的存储资源，疏解日益庞大的数据资源。

3.5.3　IaaS 行业发展趋势分析

从国内目前的发展趋势来看，有走平台路线的，也有走行业细分路线的。这里没有对和错，也没有输和赢。只要客户需求存在，而且数量足够大，云计算就有机会。关键还是要找到适合自己的发展策略，跟风和效仿都无法持久，云计算就像跑马拉松，目前才刚刚跑了 10km，还有很长的路要进行。机遇和挑战在于，移动互联网在国内的发展速度要远超海外地区，这会给我们提出更多、更大的挑战。如果能够很好地帮助我们的移动互联网业务客户解决实际问题，提升业务连续性和稳定性，那么云服务商的存在价值就会被越来越多的客户认可。在云计算行业，虽然技术上国内各家厂商还没有太强的竞争力，但是借助移动互联网的迅猛发展，是有可能实现弯道超车的，比肩世界巨头也不是没有可能。

❀ 3.6　章末案例[2]

1. 企业简介

中国中化集团有限公司（简称中化集团）成立于 1950 年，前身为中国化工进出口总公司，是国有重要骨干企业中国中化控股有限责任公司的全资下属企业，总部设在中国北京。中化集团设立能源、化工、农业、地产和金融五大事业部，对境内外 300 多家经营机构进行专业化运营。2021 年 3 月 31 日，经国务院批准，中化集团与中国化工集团有限公司（简称中国化工）实施联合重组，新设由国务院国有资产监督管理委员会代表国务院履行出资人职责的中国中化控股有限责任公司（简称中国中化），中化集团和中国化工整体划入中国中化。5 月 8 日，中国中化正式揭牌成立。

2. 建设概况

1999 年，中化集团开始实施 ERP 系统，历经多年，硕果累累。目前，中化集团 ERP 系统的覆盖面已经高达 93%，涉及 200 多家法人单位。如果说 93%只意味着一个表层的数字，中化集团信息化建设的"精髓"就在于它已经建立起一个全球集中统一的运行管理体系。

在中化集团，全球集中统一的原则被归纳为"五统一"，即统一规划、统一实施、统一标准、统一管理和统一监测。在全球集中统一的原则下，中化集团遍布全球的基础设施全部通过企业网连接到了北京的集团总部。基于这样的基础设施环境，不仅仅是企业内部应用，还包括与外界的沟通，如中化集团与证券公司和银行等沟通需要的很多配套应用，也全部采用集中统一的管理。

同时，中化集团的另一个特色在于敢于尝试新技术、新理念来满足业务需求。例如，2005 年，中化集团基于 IBM 的动态逻辑分区技术，用一台 IBM 的机器装了多个计算环境来支撑 ERP 系统，这在国内是第一家。同样，中化集团也是国内最早建设和应用 SOA 的企业。

实际上，中化集团云计算应用的成功实施，绝不是一朝一夕就可以做到的。它需要一个坚实的基础，需要按照符合科学发展规律的步骤才能够实现。集中的思路、虚拟化的尝试极大地锻炼了中化集团的团队，而 SOA 的尝试使他们对云计算应用的思维方式、工作模式都有了很好的理解。

2008 年，一个难题摆在了中化集团面前，并由此引出了第一朵企业私有"云"的落地。在中化集团，ERP 系统对集团的财务管控、风险管理、流程优化等方面起到了重要的支撑作用，而随着集团业务的发展，中化集团既有的 SAP R3 系统需进行大规模的升级。集团决定由 4.7 版本跨越式升级到 6.0 版本，但是这个建设了 10 年的 ERP 系统，正支撑着整个集团 93%的业务运营，一旦停下来，损失不可估量。

要解决这一难题，就需要另外再构建一个系统环境，并准备大量的计算资源，以此保证同时运行两大系统。按照旧有的"紧耦合"思路，此时的中化集团需要投入大量的人力、财力与时间，采购新的设备来应对此次升级。

此时，中化集团开始留意云计算应用的理念，这也许是解决大规模升级难题的另一扇门。中化集团进行了大量的论证工作，并与 IBM 一起进行了长达半年的摸索，从技术、成本、安全以及商业价值等多个角度来考虑。

从技术角度而言，中化集团位于北京的三大数据中心是整个集团信息系统的中枢要地，按照国际标准，每台服务器均需要预留 20%～30%的计算资源，以应对突发事件，而云计算可以突破物理资源的限制，将这些动态的、分散的计算资源串联起来，作为实施 ERP 系统升级的重要依托。

从成本的角度，如果不采用云计算平台，中化集团需要专门采购设备用于 ERP 系统的升级，不仅花销大，而且在升级完成后，这些设备将无用武之地，这等于一笔额外的支出。

最大的顾虑实际上来自安全方面，毕竟中化集团是第一个吃螃蟹者，没有其他的实践可以证明实施云计算应用是安全的。因此，中化集团将安全问题作为一个专项列入项目组考虑的重点因素中，经过几轮的研究论证得出结论：实施云计算的安全问题不会削弱整个体系的安全机制和安全水平，在一定程度上反而将提高整个系统的安全水平。

一个更具前景的优势还在于云计算应用可以极大地提高信息技术系统的商业价值。实施之前，中化集团专门做了测试，发现要部署一个测试环境，使用云计算只需要半小时，而使用一台服务器部署 ERP 至少需要三天，这意味着使用云计算应用将可以极大地提高信息技术系统的响应速度。

一切论证都归结到了一点：建立企业"云"，更符合中化集团的利益。

中化集团对云计算的理解为：所有的计算资源都可被视为云中的水分子，哪里需要水，就把云变成水，下到需要水的地方。当不需要水的时候，可以将其回收到云里面，以备其他地方使用。

中化集团首先要达到的目标就是构建云环境，在降低成本的同时，最大限度地利用先前信息技术投资的价值。在中化集团搭建的企业云计算环境中，虚拟化技术实现了更高级别的硬件虚拟化。在这个环境中，由于云计算技术的高度开放性，IBM 云平台可以管理所有系统，使服务器的虚拟化从 10%～15%增至 50%～60%。云计算应用环境配备了 IBM Tivoli 自动化软件，从而使中化集团的开发团队能够自主访问所需的软件环境，以管理整个流程。

为了解决安全问题，中化集团把云的所有网络通信单独做了一个专网，所有的资源调配都在这个网络层面上来做，并与其他系统设备做了隔离，以此保证云本身不被外部入侵。

中化集团希望达到的效果是中化集团的员工不需要知道"云"在哪里，却可以通过"云"定制所需要的计算资源，实现自己的应用。

实现 ERP 的顺利升级只是云计算应用的开始，中化集团正着手准备建立企业信息门户，对既有系统进行有效集成，形成整个企业信息系统的入口，从而获取信息、运行所需应用。由于登录的人数、所需的应用均是动态变化的，这一切都将依赖"云"来实现。

3. 价值意义

中化集团基于云的数据中心带来的价值意义如下。

（1）实现 SAP 系统的自动化、灵活化管理。

（2）提高信息技术资源利用率，实现绿色计算。

（3）实现资源灵活调用与扩展，提高业务的响应速度。

（4）降低信息技术管理的复杂度，减少信息技术运营成本。

（5）业务与信息技术密切配合，满足业务发展需求。

中化集团云计算平台是中国首个企业云成功案例，在全球也是领先的云计算实施案例。首先，这次成功部署为中化集团解决了一个巨大的难题，将运行了将近 10 年的 ERP 系统进行了大规模的升级。

在云计算平台的协助下，中化集团在不停机、没有购买新硬件的情况下完成了整个 ERP 系统的升级，免除了由升级系统带来的资源浪费。其次，中化集团云计算平台的构建为今后企业的安全升级提供了一个良好的范例。在服务提供商的选择方面，中化集团之所以在广泛考察评估后选择了 IBM，一是因为 IBM 自身已有 5 年的企业云计算平台实践经验；二是因为 IBM 大中华区云计算中心不仅能提供"落地"的服务支持，而且可以充分调动 IBM 全球的资源。在操作系统层次的安全上，中化集团和 IBM 协作，将操作系统全部升级到安全版本，并对关键问题进行专项讨论和实施，充分发挥了客户和服务提供商的互动机制。为了使中化集团的"云"自成一体，云计算平台采用相对隔离的专用网络，在 Power 主机上运用高可靠性的硬件虚拟化技术，并配备了 IBM Tivoli 自动化软件来管理整个流程，虽然增加了成本，但也极大地增强了安全性。

第 4 章

PaaS

❀ 4.1 PaaS 概述

4.1.1 PaaS 的内涵

PaaS 是云计算三大服务类型之一，也是一种云计算产品，它面向广大互联网应用开发者，把端到端的分布式软件开发、测试、部署、运行环境以及复杂的应用程序托管当作服务，通过互联网提供给用户。PaaS 依托基础设施云平台，通过开放的架构，为互联网应用开发者提供了一个共享云计算、超大规模计算能力的有效机制。它覆盖应用程序完整的开发生命周期，为开发者提供了包括统一开发环境（integrated development environment，IDE）在内的一站式软件开发服务，使开发者可以从复杂低效的环境搭建、配置和维护工作中解放出来，将精力集中在软件编写工作上，从而大大提高软件开发的效率。由于是基于云的服务，所以没有安装和维护服务器、修补、升级、身份验证等烦恼。用户只需考虑如何创建最佳用户体验。PaaS 还会提供更多丰富的服务，如工作流和设计工具以及多个 API，帮助企业用户和开发人员打造让用户满意的应用程序。

假设一个餐饮业者打算做比萨生意，可以从头到尾自己生产比萨，但是这样比较麻烦，需要准备的东西多，因此决定外包一部分工作，采用他人的服务。这有几种方案，一种方案就是他人提供厨房、炉子、煤气，他使用这些基础设施来烤比萨。这就是前面章节中介绍的 IaaS 方案；还有一种方案就是除了基础设施，他人还提供比萨饼皮，只要把自己的配料撒在饼皮上，让他帮忙烤出来即可。也就是说，用户要做的就是设计比萨的味道（海鲜比萨或者鸡肉比萨），他人提供平台服务，让其把自己的设计实现，这就是 PaaS。

以国内的开放平台百度应用引擎（Baidu App Engine，BAE）和腾讯开放平台为例，BAE 开发人员只需上传程序应用代码，BAE 会自动完成环境配置、应用部署、负载均衡、资源监控、日志收集等各项工作，还可以进行扩容升级，无须重新部署代码，开发人员只需要关注应用程序的实现即可。腾讯开放平台则可以让开发人员高效和简单地使用不同种类的集成组件来快速开发自己的组件,可以让开发者的应用数据接入腾讯平台,从而安全、高效地服务腾讯海量用户。

PaaS 架构使开发人员和其他用户看不到基础架构,因此该模型类似于无服务器计算和功能即服务(function as a service,FaaS)的概念,其中云服务提供商配置并运行服务器,管理资源分配。

FaaS 是一种无服务器产品,允许公司开发和运行离散的、事件驱动的功能,而无须构建和维护开发与启动应用程序通常所需的基础结构。

PaaS 和无服务器计算服务通常仅对消耗的计算、存储和网络资源收费。FaaS 将这种方法发挥到极致,仅在执行功能时才收费,这使 FaaS 成为间歇性任务的自然选择。

与其他云服务(如 IaaS 和 SaaS)一样,PaaS 是通过云服务提供商的托管基础架构提供的。用户通常通过网络浏览器访问 PaaS 产品。

PaaS 可以通过公共云、私有云或混合云交付。使用公共云 PaaS,客户可以控制软件的部署,而云服务提供商则可以提供托管应用程序所需的所有主要信息技术组件,包括服务器、存储系统、网络、操作系统和数据库。

借助私有云产品,PaaS 可以作为软件或设备(通常在其本地数据中心内)部署在客户防火墙内。混合云 PaaS 提供两种类型的云服务的混合。

PaaS 并没有取代组织的整个信息技术基础架构来进行软件开发,而是提供了关键服务,如应用程序托管或 Java 开发。一些 PaaS 产品包括应用程序设计、开发、测试和部署。PaaS 服务还可以包括 Web 服务集成、开发团队协作、数据库集成和信息安全性。

4.1.2 PaaS 的特点

PaaS 能将现有各种业务能力进行整合,具体可以归类为应用服务器、业务能力接入、业务引擎、业务开放平台,向下根据业务能力需要测算基础服务能力,通过 IaaS 提供的 API 调用硬件资源,向上提供业务调度中心服务,实时监控平台的各种资源,并将这些资源通过 API 开放给 SaaS 用户。PaaS 主要具备以下三个特点。

(1)平台即服务:PaaS 所提供的服务与其他的服务最根本的区别是 PaaS 提供的是一个基础平台,而不是某种应用。在传统的观念中,平台是向外提供服务的基础。一般来说,平台作为应用系统部署的基础,是由应用服务提供商搭建和维护的,而 PaaS 颠覆了这种概念,由专门的平台服务提供商搭建和运营该基础平台,并将该平台以服务的方式提供给应用系统运营商。

(2)平台及服务:PaaS 运营商所需提供的服务,不仅仅是单纯的基础平台,而且包括针对该平台的技术支持服务,甚至针对该平台进行的应用系统开发、优化等服务。PaaS 的运营商最了解自己所运营的基础平台,所以由 PaaS 运营商所提出的对应用系统优化和改进的建议也非常重要。而在新应用系统的开发过程中,PaaS 运营商的技术咨询和支持团队的介入,也是保证应用系统在以后的运营中得以长期、稳定运行的重要因素。

(3)平台级服务:PaaS 运营商对外提供的服务不同于其他的服务,这种服务的背后是强大而稳定的基础运营平台，以及专业的技术支持队伍。这种"平台级"服务能够保证支撑 SaaS 或其他软件服务提供商各种应用系统长时间、稳定地运行。PaaS 的实质是将互联网的资源服务化为可编程接口，为第三方开发者提供有商业价值的资源和服务平台。有了 PaaS 平台的支撑，云计算的开发者就获得了大量的可编程元素，这些可编程元素有具体的业务逻辑，这就为开发带来了极大的方便，不但提高了开发效率，还节约了开发成本。有了 PaaS 平台的支持，Web 应用的开发变得更加敏捷，能够快速响应用户的需求，也为最终用户带来了实实在在的利益。

PaaS 的本质是要解决的问题是：简化开发，打通开发与运维，实现业务应用的敏捷与弹性。它解决了 SaaS 软件的信息孤岛问题，避免了 SaaS 的应用"各自为政"，像信息孤岛一样，适配性差。

4.1.3　PaaS 的风险

鉴于 PaaS 是一项基于云的服务，它具有与其他云产品一样的许多固有风险，如信息安全威胁。PaaS 基于使用共享资源（如网络和服务器）的概念，因此安全风险包括将关键数据放入此环境中，以及未经授权的访问或黑客或其他不良行为者的攻击使关键数据被盗。

借助 PaaS，服务提供商会在其基础架构和运营中构建适当的访问控制以及其他安全性规定和策略。但是企业还需要负责为自己的应用程序提供自己的安全保护。

另外，由于组织依赖特定服务提供商的基础结构和软件，存在潜在的供应商与 PaaS 环境锁定的问题。因此，选择 PaaS 平台时要考虑，选择的 PaaS 是否可以与其当前和将来的 IaaS 和 SaaS 部署进行互操作。

PaaS 的另一个风险是，服务提供商的基础架构无论出于何种原因经历停机时间，都可能对服务造成影响。此外，如果提供商在其开发策略、编程语言或其他方面进行了更改，也会对用户的应用产生影响。

❀ 4.2　PaaS 提供的服务及应用

4.2.1　PaaS 提供的服务

PaaS 面向应用程序开发人员，把软件开发、测试、部署、运行环境通过互联网提供给用户，从而简化应用程序开发和部署工作。PaaS 没有标准的服务列表，不同服务提供商有不同的实现策略，例如，谷歌在其 Google App Engine 上，为用户提供了包括开发环境 IDE Account、Mail 等服务在内的互联网应用程序开发平台，亚马逊则在其 Web Service 平台上，提供 Hadoop SimpleDB、消息队列服务（simple queue service，SQS）等服务供开发者开发基于其内部云平台的分布式应用。

最好的 PaaS 服务由全套工具和服务组成，可以最大限度地简化开发人员的工作。下面是 PaaS 提供的 7 项核心服务。

（1）移动软件开发套件（software development kit，SDK）。越来越多的业务借助移动设备来完成，数目惊人的手机制造商和产品型号让移动业务的发展已经成为大势所趋，企业必须抓住所有机会，确保所构建的应用程序在相关设备上充分发挥成效。而优秀的 PaaS 系统将会助企业一臂之力。例如，Salesforce 移动 SDK 是由众所周知的 REST API 和 OAuth 2.0 等技术构成的开放源套件，可帮助企业轻松生成移动应用程序。它支持不同的移动应用程序开发方式：本机、HTML 5。

（2）社交媒体与移动设备内置混合功能。社交媒体不再只有个人使用，越来越多的企业将它集成到企业环境中，以提高员工的工作效率并提高客户的参与度。如果您也在考虑使用 PaaS 解决方案，一定要确保它能够为您提供社交媒体和移动应用程序。许多信息技术部门一直在努力满足企业对移动设备和社交媒体的新兴需求，但是它们缺乏足够的技能来完成此类项目。而 PaaS 环境可以让它们在利用现有技能的基础上，轻松迅捷地更新企业环境。

（3）多样的开发环境。高品质的 PaaS 解决方案可以帮助开发人员开发面向客户的互动型应用程序，提供他们更新换代所需要的一切，帮助他们完成测试和调试工作。在多样的开发环境中，开发人员可以迅速进行变更和部署，轻松扩展系统，全权控制应用程序的各个组件并对它们进行扩容和单独扩展。PaaS 系统还会提供许多捷径，以及全面的开放式 API 和数据库，包括详细的企业内部或外部创建的代码，更好地为企业服务。还有的提供 IDE 和应用程序生命周期管理（application lifecycle management，ALM）等应用程序管理工具。

（4）完全托管式云数据库。优秀的 PaaS 解决方案将为企业提供完全托管式基础架构，可提供超越企业目前需求的扩展服务。完全托管也意味着，企业不必担心安全问题，并且满足企业对关键数据隐私及监管合规性的要求。

（5）点击式应用程序构建。一种高级 PaaS 解决方案，不仅仅适用于开发人员，有了 PaaS，没有编码技能的企业用户也能轻松开发自己的解决方案，其所支持的企业级服务包括拖放式页面布局、点击式字段创建以及报告仪表板。PaaS 还可以帮助企业用户迅速创建应用程序，既减轻了信息技术部门的工作量，又不违背其他应用程序的开发要求。

（6）支持多语言开发。支持多语言开发意味着，开发人员可以利用现有技能，使用符合其开发目标和企业目标的语言编写应用程序。PaaS 平台可处理多种语言，如 Python、Ruby on Rails、Node.js、Scala、Java 及所有的 JVM 语言等。与现有的 Git、Continuous Integration 及 DevOps 工作流策略集成，所以不再需要增加更多流程。

（7）云应用程序市场。云应用程序市场指的是能够为企业提供数千种重要应用的捷径的平台，用户可以从中找到有助于定制和扩展 PaaS 服务的工具。用户只需要借助市场中的数千条评论，就能找到所需的可信应用程序，而无须亲自开发。而且，它们来自 PaaS 服务提供商的常用平台，所以可轻松集成到企业环境中，提供统一的用户体验。

4.2.2 PaaS 的应用

为应用程序开发、测试和部署提供托管环境是 PaaS 的常见用途之一，但这并不是企业使用 PaaS 的唯一原因。研究公司 Gartner 引用了 PaaS 的各种用例，包括以下几种。

（1）API 开发和管理。公司可以使用 PaaS 来开发、运行、管理和保护应用程序编程接口和微服务。这包括创建新的 API 和用于现有 API 的新接口，以及端到端 API 管理。

（2）业务分析/智能。通过 PaaS 提供的工具，企业可以分析数据以发现业务见解和行为模式，以便做出更好的决策并更准确地预测未来事件，如产品的市场需求。

（3）业务流程管理（business process management，BPM）。组织可以使用 PaaS 访问与其他云产品一样作为服务交付的 BPM 平台。BPM 套件集成了流程管理所需的信息技术组件，包括数据、业务规则和服务级别协议。

（4）通信。PaaS 还可以用作通信平台的传递机制，这使开发人员可以向应用程序添加通信功能，如语音、视频和消息传递。

（5）数据库。PaaS 提供商可以提供建立和维护组织的数据库之类的服务。弗雷斯特研究公司将数据库 PaaS 定义为"一个按需、安全且可扩展的自助数据库平台，该平台可以自动进行数据库的配置和管理，并且可供开发人员和非技术人员使用"。

（6）物联网。物联网预计将在未来几年中成为 PaaS 使用的主要部分，它将支持各种物联网部署使用的广泛的应用程序环境以及编程语言和工具。

（7）主数据管理（master data management，MDM）。它涵盖了管理企业拥有的关键业务数据的流程、治理、策略、标准和工具，为数据提供了单一参考点。此类数据可能包括参考数据，如有关客户交易的信息，以及支持决策的分析数据。

❀ 4.3 PaaS 产品的分类

4.3.1 基于用例的 PaaS 分类

现在 PaaS 供应商通过提供专门为特定服务构建的各种工具，为应用程序开发和在云中托管提供了创新的方法。考虑到 PaaS 解决方案中托管的用例，我们可以将 PaaS 产品分为三大类：通用、新兴和专用。

通用平台被广泛选择用于传统的有状态 Web 和 N 层应用程序，因此提供了方法来迁移现有工作负载。此外，这种 PaaS 类型会随着现代技术及时扩展，以满足无状态云原生应用程序和微服务的需求，并有助于开发新的可扩展和容错服务。

新兴的 PaaS 为市场带来了新的方法，它们通常基于新兴技术，如无服务器、分布式事件处理、机器学习框架等。

专用平台专注于某个方向的应用用例，但市场需求很高。事实证明，这类服务在包括电子商务、大数据处理和商业应用在内的不同方向均有效。通常，这些平台会提供不同类别的服务，如内容管理系统即服务（content management system as a service，CMSaaS）、电子商务即服务、数据库即服务（database as a service，DBaaS）、业务流程即服务（business process as a service，BPaaS）等。

4.3.2　基于 PaaS 的抽象分类

PaaS 解决方案越来越关注于应用程序部署和交付过程的全周期自动化。这有助于开发者和程序员将更多的精力集中在应用程序设计及其实现上，而不是耗时的例行或复杂任务，例如，服务器和存储配置、应用程序和基础结构安全性、自动扩展、负载均衡等。

PaaS 抽象的三个级别为低、中和高。

（1）低抽象级别：主要是 CaaS 解决方案，为 DevOps 团队提供了对基础架构配置的深入访问，以及对容器和各种平台服务，如服务发现、日志记录、安全性和负载均衡的精细控制。

（2）中抽象级别：这类解决方案是让开发者无须担心基础架构配置和管理就可以进行编程。这些平台使开发者可以访问广泛的集成和优化的开发框架、中间件软件堆栈、API 以及完全从 CaaS 和 IaaS 部署属性中抽象出来的服务。此类 PaaS 解决方案通常提供开箱即用的自动扩展、负载均衡、高可用性、备份、灾难恢复、持续集成与持续交付（continuous integration/continuous delivery，CI/CD）和其他应用程序生命周期管理功能。

（3）高抽象级别：是对编程过程进行抽象，以提高应用程序的交付速度，并降低创新成本。在这种情况下，开发者可以获得整个技术堆栈，但具有应用程序、平台和基础结构级别的完全抽象。它有助于提高团队成员的绩效，并降低其技术技能的要求。

4.3.3　基于平台应用分类

咨询公司 Gartner 将 PaaS 平台分为两类：一类是应用部署和运行平台；另一类是集成平台。按部署的角度，PaaS 又可细分为数据库服务、应用开发、应用基础架构、中间件服务等。

从应用部署和运行平台来看，国内已经有一些提供细分领域服务的 PaaS 平台，主要集中在通信、支付、位置服务、智能识别等几个领域。

整体来看，国内市场对应用部署和运行平台的需求还远没有被完全满足，未来将有更多的应用部署和运行平台为 SaaS 开发者提供部署和运行服务，它们之中一定会出现以细分领域为切口，逐步发展为跨领域 PaaS 的企业给行业树立标杆。

接下来介绍集成平台。目前，许多企业级 SaaS 厂商都在产品体系中设置了"开放平台"。主要原因在于，国内 SaaS 应用开放的 API 普遍不够多，导致企业用户在租用多个 SaaS 服务后很难集成，多个 SaaS 产品也很难做到完全打通，在企业内部仍形成一个个信息孤岛，这直接导致企业选择 SaaS 产品的决策成本非常之高。

❧ 4.4 PaaS 的价值

由于 PaaS 是基于云的服务,所以没有安装和维护服务器、修补、升级、身份验证等烦恼。用户只需考虑如何创建最佳的用户体验。PaaS 还会提供更多丰富的服务,如工作流和设计工具以及多个 API,帮助企业用户和开发人员在平台上打造出让用户满意的应用程序。

在当今的商业环境下,许多成功的企业始终把客户作为服务的核心。如何让产品与服务令客户满意,最简单的一种方法就是为客户提供友好的网络应用程序和服务,进而提供高品质的服务和支持。那么,为什么企业会选择 PaaS 来开发应用程序而不是在本地部署解决方案呢?

过去,许多企业从一开始就会构建和开发自己的应用程序,而这需要服务器具有大量空间,需要软件来创造编程环境,还要有足够的安全性来确保相关信息安全无忧。这也意味着系统中拥有复杂的软件堆栈、频繁的更新、硬件维护,以及投入大量资金开发本地部署环境,但结果往往是开发的应用程序很快就过时了。从时间和金钱的角度衡量,这种方法开发的解决方案代价高昂。

开发工具更新换代的速度极快,很可能一朝一夕之间,使用的界面和技术已经成了明日黄花。所以企业开始寻找一些新的解决方案,让它们在开发应用程序时能够省时、省力还省钱。许多企业首先寻找的是一些更高效的替代选择,它们把其他领域的计算服务外包出去,如基于云服务平台的招聘、市场营销或差旅及费用报销管理等软件服务。它们希望借助外部力量来解决内部问题。

PaaS 将帮助开发人员和企业用户把目光放到开发出色的应用程序上,只需点击几下鼠标、输入一些代码,不必再为基础架构和操作系统而烦恼。通过云,可以轻松得到需要的开发工具、服务器以及编程环境,无须繁复的内部创建过程和高昂的费用支出,而且应用程序的开发和托管速度更甚以往,安装费用也极其低廉,不用担心基础架构造成的延迟或效率低等问题。总而言之,PaaS 可以让开发人员做他们最擅长的事,并且迅速收获成效。

4.4.1 PaaS 的技术价值

在将业务迁移到托管式平台后,企业的技术团队可以把精力放到开发增值型应用程序和服务上。具体来说,PaaS 的技术价值包括专业知识、速度、成本、规模。

(1)PaaS 的专业知识。企业通过 PaaS 可访问代码库、应用程序组件等。也可从出色的界面设计中获取灵感,让企业的应用程序不但实用,而且美观。

(2)使用 PaaS 节省时间。信息技术人员和开发人员不必再费心处理构建、维护和保护应用程序开发平台所需要的软、硬件,所以使用 PaaS 能够使应用程序开发速度显著提升。操作简便，使用平台的上手速度也极快。只要登录到 PaaS，就可以即刻开始使用系统，无须进行烦冗的设置。对开发人员来说，PaaS 能够访问各种工具、模板、代码库及构建包，可以有效缩短应用程序的发布时间。例如，可以使用拖放式组件（包括标准字段、报告和图表）创建功能强大的应用程序。

（3）启用 PaaS 的成本。由于在开发前无须其他先期工作，因此 PaaS 的使用可大大减少前期成本。不仅如此，有些平台还能对资源和应用程序组件进行标准化及整合处理。所以不必在每次开发新应用程序时从头开始创建每个部分，显著地削减了开发成本。同时，与成本高昂、快速贬值的信息技术资产有关的资本成本业已消除，这对与公司投资回报率（return of investment，ROI）相抵消的运营费用来说，又是一大好处。

（4）PaaS 打破规模限制。在为数百万的联网设备设计应用程序时，不可避免地会遇到可扩展性和安全性方面的挑战。一些颇受欢迎的消费者应用程序很容易就能把数据中心击垮，一旦最终用户的体验受到损害，企业品牌就会遭受重创。像 Instagram 和推特等服务每分钟都要处理数百万的发帖。虽然企业应用程序极少能够达到这种程度，但是一旦具有出人意料的优异表现，基于云的 PaaS 解决方案就能助您乘势而上。

4.4.2　PaaS 的业务价值

如果一家企业承受着把应用程序软件迁移至网络或移动设备的压力，那么 PaaS 则具有明显的优势。企业业务进入市场的时间更短，这样也就避免了开发时间冗长、上市时间过长的产品开发过程。这样的产品必定是高质量的，同时也必须能够被快速提供。PaaS 可让企业更专注于所开发和交付的应用程序，而不是管理和维护完整的平台系统。

对于小型企业和初创型企业来说，PaaS 也是比较有用的，因为这些企业并没有广泛的、具有较高依赖性的旧应用程序需要迁移。PaaS 的多租户特性可实现应用程序和数据资源的最大数量共享，同时让开发资源继续专注于应用程序的交付和连接，而不是开发和支持数据库资源。PaaS 的未来发展空间似乎在小型企业和初创型企业上，这类企业由于不依赖旧应用程序的集成而更适于在云计算中进行应用程序开发。

没有一家企业会希望将管理服务器和修补操作系统等日常事务凌驾于交付核心产品和服务之上。而基于云计算平台就能够帮助企业彻底解决这方面的顾虑。而且，使用企业数据集成式平台还有助于改进工作流、报告和社交推送等业务流程，帮助企业显著节约时间、成本和人力，原因在于以下几点。

（1）与旧系统轻松集成。可以将现有系统中的数据整合到应用程序中。此外，简单至极的点击式流程也有助于发挥企业后台系统的优势，与现代先进技术接轨。

（2）提供实时信息。企业可开发一些能够为员工和管理人员提供实时数据和更新的应用程序，帮助他们制定更明智的业务决策，也可开发一些对工作流程和审批流程有帮助的应用程序。

（3）简化信息技术维护工作。PaaS 的平台由服务提供商负责，所以企业无须自行负责维护应用程序，降低了信息技术管理费用。

（4）互联互通。如果数千家企业共用一个平台，那么大型 PaaS 服务提供商可以迅速响应用户的需求，即时解决常见问题。而这就意味着，企业可以立竿见影地从历久弥坚的解决方案中受益。

（5）专注业务。利用 PaaS，企业可以将一大部分预算从"保持运行"转移到能够提供真正商业价值的应用程序上。

企业在选择 PaaS 平台之前，应首先分析所选的 PaaS 平台是否支持当今开发团队使用或分析计划在将来使用的技术、中间件堆栈和编程语言。

其次，要考虑供应商和数据锁定，尽管有一些 PaaS 平台提供了好处，但是由于工具和服务的专有设计，对应用程序本身和使用的中间件堆栈的访问可能非常有限，这方面会影响应用程序的可移植性。因此，迁移到任何其他云或实现多云互操作性的方法会成为一个挑战。同样的问题也适用于存储的数据，确保 PaaS 提供的程序允许轻松导入/导出数据而没有任何限制。

4.5　PaaS 提供商分析

1. 阿里云 EDAS

阿里云企业级分布式应用服务（enterprise distributed application service，EDAS）是一个围绕应用和微服务的 PaaS 平台，提供多样的应用发布和轻量级微服务解决方案，帮助用户解决在应用和服务管理过程中监控、诊断和高可用运维问题；提供 Spring Cloud 和 Dubbo 的运行环境。

阿里云 EDAS 以阿里巴巴中间件团队多款久经沙场的分布式产品作为核心基础组件，面向企业级云计算市场提供高可用的分布式解决方案，是阿里巴巴企业级互联网架构解决方案的核心产品。EDAS 充分利用阿里云的资源管理和服务体系，引入阿里巴巴中间件整套成熟的分布式产品，帮助企业级客户轻松构建大型分布式应用服务系统。

2. AWS 公司

AWS EC2 是 AWS 公司的基本 IaaS 服务，可快速启动虚拟实例。对于 PaaS 环境，企业需要采用 AWS Elastic Beanstalk，这是一种易于使用的服务，用于部署和扩展以各种 Web 语言开发的 Web 应用程序和服务，其中包括 Java、.NET、PHP、Node.js、Python、Ruby、Go 和 Docker。AWS 公司还提供 Lambda 用于无服务器计算，企业不需要设置专用服务器，其代码仅在触发条件下执行，并且企业只需为运行代码支付费用。

3. Microsoft Azure

Microsoft Azure 基于微软的本地传统软件构建，允许 Windows 开发人员相对快速、轻松地迁移到云端，并通过大量 PaaS 服务实现。Azure Functions 是一种类似于 AWS

Lambda 的事件驱动的按需计算体验。其代码由 Azure、第三方服务或本地系统的触发器运行。AZStudio 是一个将传统.NET 应用程序迁移到云端的平台。

Azure App Service（Azure 应用服务）是一项基于 HTTP 的服务，用于托管 Web 应用程序、REST API 和移动后端。可以使用.NET、NET Core、Java、Ruby、Node.js、PHP 或 Python 等偏好的语言进行开发。在基于 Windows 和 Linux 的环境中，应用程序都可以轻松地运行和缩放。应用服务不仅可将 Microsoft Azure 的强大功能（如安全性、负载均衡、自动缩放和自动管理）添加到应用程序，还可以利用其 DevOps 功能。

4. Salesforce 平台

Salesforce 是一个功能全面的云平台，它是践行 SaaS 概念的先驱之一。Salesforce 的核心功能是 CRM 系统。系统默认提供大多数 CRM 需要的功能。Salesforce 也具有很强的可扩展性。管理员可以通过设置界面进行自定义配置，开发者可以基于 Apex 语言、Visualforce 框架、Lightning 框架等进行二次开发。

5. Red Hat OpenShift

OpenShift 是 Red Hat 完全开源的基于容器的 PaaS 平台，为开发人员提供了一个集成开发环境，用于构建和部署 Docker 格式的容器并管理它们的 Kubernetes。其整体服务由四种不同的服务组成，所有服务都基于相同的技术。

OpenShift Container Platform 是其原始服务和主要服务，而 OpenShift Online 适用于将 OpenShift 作为公共云服务访问的个人开发人员或团队。对于需要单租户环境性能的客户，OpenShift Dedicated 在单租户而非虚拟化环境中运行，OpenShift 为构建云原生应用程序提供免费的端到端服务。

6. Mendix

Mendix 公司提供所谓的应用部署和运行平台或快速应用平台即服务。它为整个应用程序生命周期提供了一套全面的集成工具和平台服务，通过减少代码来加快从初始设计到部署的过程。该公司声称其应用程序的创建速度提高了 10 倍，可以减少 70%的资源。

7. Google App Engine

Google App Engine 使企业能够在使用 Python、Java、PHP 和 Go 为谷歌应用程序提供支持的相同系统上构建和托管应用程序。谷歌公司提供 SQL 和 NoSQL 数据库、安全身份验证、扩展和应用程序、流量和物联网的 A/B 拆分。谷歌公司还提供 Google Kubernetes 引擎，允许客户在完全托管的 Kubernetes 环境和 Google Cloud 功能中轻松运行 Docker 容器，类似于 Lambda，因为企业可以创建小型、单用途无服务器应用程序或响应云计算事件的功能，无须服务器或运行时环境。

8. Dokku

Dokku 公司的销售宣传是"最小规模的 PaaS 实现"。它是一个可扩展的开源平台，可以在企业选择的单个服务器上运行，只要企业选择的是 Ubuntu、Debian 或 CentOS，就可以使用一个 git wget 命令进行部署。它支持 Ruby、Rails、Node.js、Java、Play！、Python、PHP、Clojure、Go 和 Dart，并提供简单的生产部署。Dokku 并不是一个可扩展的环境，因为它只在企业部署的服务器上运行。因此它适用于小型、低流量和受限制的环境。

9. Zoho Creator

大多数 PaaS 环境提供各种应用程序语言，但 Zoho Creator 允许客户构建完全没有代码的 Web 应用程序。客户利用各种预制组件就可以构建应用程序，Zoho Creator 将它们联系在一起，创建可在移动设备、平板电脑和 Web 上运行的企业级应用程序。客户可以创建自定义表单、配置工作流程和构建信息页面。然后，这些应用程序将部署到桌面和移动用户中。

10. SAP HANA 云平台

SAP HANA 云平台专为 SAP HANA 用户设计，用于构建和部署基于 HANA 的云应用程序，以及扩展运行 SAP 的云计算和本地软件。它不应与 SAP 公司的 HANA 企业云 IaaS 服务相混淆，后者旨在让 SAP 客户将其内部部署到 SAP 的云平台中。

SAP 公司允许客户和合作伙伴扩展现有的云或内部部署应用程序，并创建提供新功能的应用程序。它连接到各种商业应用程序，允许客户向现有应用程序添加新功能，例如，SAP SuccessFactors Mobile 可以支持集成内部部署的 CRM 应用程序。

11. Platform.sh

Platform.sh 是一个持续部署的云计算托管服务，用于构建从低流量站点的小团队项目到处理数百万访问者的应用程序。它可以快速复制开发部分中的生产群集，以便快速构建和测试应用程序，并将其推送到部署中。该公司声称它可以将开发过程加速 20%～40%，并使用基于 Git 的分支合并工作流程，因此每个分支都在生产中进行测试，每个 Git 分支都有一个唯一的测试统一资源定位器（uniform resource locator，URL）。它支持 PHP、Drupal、Symfony、WordPress、Magento、Laravel、Ruby、Python、Node.js、Java 环境和生产应用程序托管在 AWS、Azure 和 Orange Business Services 上。

12. Cloud Foundry

Cloud Foundry 最初由 VMware 公司开发，然后转移到 Dell EMC 公司的关键软件上。Cloud Foundry 支持 Java、Node.js、Go、PHP、Python、Ruby、.NET Core 和 Staticfile，并且是完全开源的，允许开发人员使用多种语言和框架进行编码。Cloud Foundry 平台由七个核心组件组成：路由、身份验证、应用程序生命周期、应用程序存储和执行、服务代理、消息传递以及度量和日志记录。

13. IBM Cloud

最近，IBM 将其在不同品牌（Bluemix、SoftLayer）销售的所有云计算服务合并为一个名为 IBM Cloud 的统一系统，拥有超过 175 项服务。Bluemix 是主要的 PaaS 平台，具有用于企业应用程序开发、测试和部署的端到端解决方案。Bluemix 基于 Cloud Foundry 在 SoftLayer 基础设施上运行。其语言包括 Java、Node.js、Go、PHP、Swift、Python、Ruby Sinatra、Ruby on Rails。它还可以与其他 IBM 云服务一起使用，包括 IBM Watson、区块链、物联网等。

14. Engine Yard

Engine Yard 成立于 2006 年，总部位于旧金山。其平台可支持 Ruby、Python、Go、PHP、Node.js、Java、Clojure 以及 Scala 等开发环境，是第一代的云编配及部署自动化解决方案提供商之一。

第 5 章

SaaS

❀ 5.1 SaaS 概述

5.1.1 SaaS 的定义

SaaS 是随着互联网技术的发展和应用软件的成熟，在 21 世纪开始兴起的一种完全创新的软件应用模式。2000 年，在 Bennett 等发表的面向服务软件的相关论文中，最早提出了 SaaS 的概念[3]。2006 年，Chong 等提出 SaaS 具有"软件可部署为托管服务，并通过互联网存取"的特性，并首次提出了 SaaS 的四级成熟度模型，为 SaaS 概念的进一步明确、SaaS 的设计原理和方法提供了理论依据[4]。近年来，SaaS 的兴起已经给传统套装软件厂商和平台软件厂商带来真实的压力，同时，社会化软件大开发就是以 SaaS 为基础的，它是时代发展的必然产物。

在这种模式下，企业不再像传统模式那样花费大量投资用于硬件、软件、人员，而只需要支出一定的租赁服务费用，通过互联网便可以享受到相应的硬件、软件和维护服务，享有软件使用权并不断升级，这是网络应用最具效益的营运模式。企业采用 SaaS 服务模式在效果上与企业自建信息系统基本没有区别，但节省了大量用于购买信息技术产品、技术和维护运行的资金，且像打开自来水龙头就能用水一样，方便地利用信息化系统，从而大幅度降低了中小型企业信息化的门槛与风险。

同时，服务提供商通过对大规模的客户收取一定的服务费用，一方面来达到软件的最大利用率，另一方面降低频繁的客户现场实施和维护费用，将更多的精力投入技术及服务质量中，更好地通过有效的技术措施保证每家企业数据的安全性和保密性。

一段时间以来，尽管业界和研究者对云计算以及 SaaS 的定义有不同看法，但 NIST 于 2009 年 7 月提出并发布的定义已经被广泛接受。标准中 SaaS 的定义是：供客户使用并由服务商提供的软件运行在云基础设施上，这些软件可通过各种客户端访问，并通过 Web 浏览器、Web 电子邮件等客户端界面来实现应用。在这种模式中，客户可以在服务提供商的限制下根据需要配置应用软件的功能,但不需要管理或者控制底层的基础设施,包括网络、服务器、操作系统、存储设备等。

从定义可以看出,SaaS 是指将软件的功能作为服务向外发布的一种模式。在这种模式下,人们不再需要购买软件许可,而是购买软件提供给用户的服务,以满足企业生产管理的需要。在这种应用模式下,人们逐步认识到软件不仅仅是一种实体意义下的产品,还可能以服务的形式为企业增值。人们对软件可以作为服务提供的认识和接受程度被进一步强化。

5.1.2 SaaS 的特性

与传统软件相比,SaaS 软件更依赖于基础设施。不论从技术角度还是商务角度都拥有与传统软件不同的特性,具体表现在以下几方面。

(1)可重复使用的特性。SaaS 是根据客户的需要灵活提供(或定制)软件服务,服务使用过程中可对服务使用量进行度量和计费。这些服务是可重复使用的,在不考虑硬件等其他资源的情况下,可无限制地为用户提供服务。

(2)可快速伸缩的特性。SaaS 具有快速为不同需求的用户提供服务的能力。在某些应用场景中,SaaS 提供的服务可以快速地横向扩展,为客户提供大规模的功能定制服务。对于客户来讲,SaaS 的服务能力看起来好像可无限地使用,并可在任何时间、购买任何数量。

(3)互联网特性。传统软件在使用方式上受空间和地点的限制,必须在固定的设备上使用,而 SaaS 模式的软件项目可以在任何可接入互联网的地方、任何时间使用。相对于传统软件而言,SaaS 模式在软件的升级、服务、数据安全传输等各个方面都有很大的优势。SaaS 是通过互联网为用户提供服务的,通过浏览器、客户端等形式来实现,这使 SaaS 具有了互联网技术的特点。此外,SaaS 大大缩短了用户与服务提供商间的时间和空间距离,从而使 SaaS 的营销和交付模式不同于传统软件。

(4)多租户特性。SaaS 通常基于一套标准的、功能强大的软件为不同的租户提供服务。这要求 SaaS 必须支持多个租户之间的数据隔离和配置的隔离保存,由此保证每一个租户的数据都是安全且保密的,以及用户对软件界面、业务流程、数据结构等的个性化需求,由于 SaaS 具有同时支持多个租户的需求,这对支撑软件的基础设施提出了很高的要求。

(5)按需服务特性。SaaS 是一种以互联网为载体的服务提供模式,可根据不同用户的需求提供服务,前提是软件中已经预设了这些服务和功能,否则必须通过演化才能实现。同时必须充分考虑服务使用计量、服务质量等问题。

SaaS 是通过互联网以服务的形式交付客户使用的软件模式。在这种模式下,软件使用者(客户)无须购置部署软件的硬件设备、该软件的许可证,也不需要考虑软件的安装和维护等问题,只要通过互联网浏览器就可以在任何时间、任何地点使用这些服务。

5.1.3　SaaS 的优点

现在越来越多的企业理解并运用了 SaaS，SaaS 模式不仅使企业免去了建立、维护、管理各自信息系统之苦，还可以使用户随时随地使用各种应用。对于信息化程度较低的中小型企业而言，SaaS 模式有着诸多好处，这是毋庸置疑的。

（1）可重复使用。SaaS 的优点之一就是可重复使用，这其实是 SaaS 其他所有优点的基础，该解决方案实施起来速度更快、成本更低，虽然算不上最好，但也足够好。

（2）成本较低。企业如果采用 SaaS 解决方案，其成本很大程度上只是自行实施、部署、运行、管理及支持这类解决方案所需成本的一小部分。SaaS 解决方案在价格方面的优势得益于非常显著的规模经济，通常可以将这种可重复使用的优点惠及客户，同时可以大大节省成本。

（3）可以更快地提供解决方案。SaaS 的提供商早已对企业即将采用的针对特定领域的解决方案进行了规划、设计、实施、部署及测试。这意味着企业可以使用已有的解决方案，而企业要自行实施这样的解决方案需要很长时间。例如，ERP 这样的企业应用软件，软件的部署和实施比软件本身的功能、性能更为重要，万一部署失败，那么所有的投入几乎全部白费，这样的风险是每个企业用户都希望避免的。通常的 ERP、CRM 项目的部署周期至少需要一两年甚至更久的时间，而 SaaS 模式的软件项目部署最多也不会超过 90 天，而且用户无须在软件许可证和硬件方面进行投资。以大多数 SaaS 解决方案为例，软件已经实时运行、随时可以使用，唯一的瓶颈就是支付服务费和如何把这个工具与自己的业务流程联系起来。

（4）灵活的定价模式，符合企业的发展模式。采用 SaaS 的解决方案时，企业通常会使用基于订购、可以确定的定价模式，这种模式让企业可以在需要时购买所需服务。这意味着企业可以根据发展模式购买相应软件。SaaS 提供商通常是按照客户所租用的软件模块来收费的，因此用户可以根据需求按需订购软件应用服务，而且 SaaS 提供商会负责系统的部署、升级和维护。而传统管理软件通常需要买家一次性支付一笔可观的费用才能正式启动。企业规模扩大时只要开启新的连接，不用购置新的基础设施和资源，而且企业规模缩小时只要关闭连接即可。这样，企业可以避免被过多的基础设施和资源所累。

（5）更好的服务支持。使用 SaaS 解决方案时，企业很可能使用由专家提供、管理及支持的解决方案，它们 7×24h 关注某一专门领域。从诸多方面来看，该提供商相当于企业的实时延伸部分。实际上，连接到 SaaS 提供商对使用者而言是一种成本非常低的方式，只要连接上，SaaS 提供的资源就始终在为企业服务，这相当于扩增了企业的资源。

（6）为企业减少所需的信息技术资源。SaaS 不但减少或取消了传统的软件授权费用，而且厂商将应用软件部署在统一的服务器上，免除了最终用户的服务器硬件、网络安全设备和软件升级维护的支出，客户不需要除了个人计算机和互联网连接之外的其他信息技术投资就可以通过互联网获得所需要的软件和服务。此外，大量的新技术，如 Web Service，提供了更简单、更灵活、更实用的 SaaS。对于用户来说，通常只要用浏览器就可以连接到 SaaS 提供商的托管平台，所以用户需要的全部基础设施就是用来运行浏览器的设备以及让该设备可以访问互联网的简易网络。企业将不必提供、运行、管理及支持自己的内部基础设施，对那些规模非常小、不想自行管理信息技术部门这项复杂工作的企业而言，SaaS 无疑是一种行之有效的方案，有助于加快实施企业的解决方案，同时尽量减少所需的信息技术资源。

5.1.4　SaaS 的缺点

SaaS 作为一种模式必然有其缺陷，以下这些问题是不可避免的。

（1）个性化的缺失。多租户模式能够实现规模效应最大化，但是追求个性化需求将导致系统复杂度的急剧上升。鉴于成本的问题，SaaS 模式对个性化流程的支持往往相当有限。

（2）无法应对高实时性的需求。时至今日，虽然互联网已经有了极大的进步，成为一种相当稳定的基础设施，但是其响应速度还是无法与工业现场总线和局域网相提并论。

（3）对安全性的忧虑。市场对 SaaS 的安全性存在普遍的忧虑：一方面是对数据传输过程中的安全性的担心；另一方面是对数据存储在不受企业自身控制的数据中心的担心。前者是个技术问题，后者是产业环境问题。

（4）整合的困难。一是企业内部的应用与 SaaS 系统的整合；二是 SaaS 提供商之间的流程整合。在面向服务和架构的大环境下，跨组织边界的流程整合已经成为一种趋势，但是很遗憾，SaaS 提供商这方面做得还远远不够，封闭的、孤立的系统充斥着整个市场。

❀ 5.2　SaaS 模式与传统软件

5.2.1　SaaS 模式与传统软件的区别

1. 开发模式与交互模式的区别

传统管理软件的开发模式，是以软件产品为中心，通过市场推广不断寻找更多的客户购买产品来实现业务增长。传统软件一般通过光盘等磁盘介质或者以软件下载方式与客户交互，然后由厂商技术人员完成服务器和客户端的安装以及一系列的配置等。在SaaS 模式中，客户端可以不需要安装任何类似传统模式的客户端软件。而且基于云端的SaaS 产品客户端，只要有设备能够连接并浏览互联网，客户就可以"随时随地"通过手机、计算机、iPad 等多种方式接入软件系统，从而进行操作和管理。

2. 软件赢利模式的不同

传统管理软件的付费模式是客户需要一次性投入整个项目的项目资金，除管理软件产品本身外，还有整个系统的服务器机群、网络平台、系统软件，如数据库系统等，软件提供商主要靠销售软件产品赢利。

SaaS 模式通过租赁方式，定期支付租用的在线软件服务，客户大大降低了项目投资风险和资金投入压力，而 SaaS 提供商主要依靠为大量客户提供软件租用服务获取企业利润。SaaS 运营模式以"服务"为核心，销售的内容从软件的许可证转变为服务，软件产品成为服务的载体。软件提供商与客户的关系从软件产品的买卖关系转变为服务关系。

3．部署时间的不同

SaaS 部署的时间很短，有的软件如针对报销审批这一特定功能的部署只需要一周多的时间。大型的 SaaS 软件部署最多也不会超过 90 天，用户无须在软件许可证和硬件方面进行投资。区别于必须在固定设备上使用的、有一定局限性的传统软件，SaaS 模式的软件项目可以在任何可接入互联网的地方使用。SaaS 模式改变了传统办公自动化（office automation，OA）、CRM、ERP 系统部署方式。

4．数据安全性的不同

传统的软件是安装在用户自己的服务器上的，相关的数据可控，而 SaaS 的数据是存放在软件提供商云服务器上的，数据不受自己控制，数据的隐私性以及安全性都将受到较大的考验。

SaaS 用户不能对运维的细节进行控制，如基础架构的备份、灾难恢复和安全策略。传统软件的数据基本都是架在项目运营方或企业自己的服务器上，稳定性和安全性都会有很大的保障。

5．集成性的不同

SaaS 用户对应用程序细节的控制非常少，甚至没有，如对版本、支持的特性和额外的插件的控制。这会对 SaaS 产品与现有的本地应用程序和数据源或者其他 SaaS 产品的集成带来一些困难。举个例子，很难将一个在线 CRM 系统和 SaaS 邮件以及协作系统进行关联。

传统软件的集成性就相对强很多，通常一个软件可以关联很多系统。例如，一个 APP 商城的商户录入或商品录入模块，输入文字、图片的那部分就可以直接用插件来实现。一个比较成熟的插件，稳定性和实用性往往高于程序员写出来的代码。

5.2.2　SaaS 模式对传统软件的影响

SaaS 已经为越来越多的企业所熟知，通过租赁的方式享受软件服务，对许多中小型企业来说是应用先进技术的最好途径。它不仅降低了企业的软件服务拥有成本，缩短了信息化建设周期，还大大减少了中小型企业的运维成本。SaaS 的出现颠覆了传统软件的运营模式。

1）SaaS 对传统软件带来价格冲击

SaaS 改传统软件的买许可为租用服务，让企业的拥有成本降到最低。拿中小型企业用得比较多的进销存软件来说，传统软件下，五个人使用的一套进销存软件需要一万元以上，而一些基于 SaaS 模式的在线进销存只需两千多元，大大降低了中小型企业信息化的实施门槛。又如，以在线租用 CRM 而声名鹊起的 XTools CRM 更是把 CRM 的价格一降到底，一年的 CRM 租用价格低于一千元，让业界惊呼"传统 CRM 何去何从"。

2）颠覆传统软件交付模式

在 SaaS 的领域中，客户已看不到软件的影子，变成了 100%的服务。软件提供商与客户的关系发生了彻底的转变：从售卖关系转变为服务关系，SaaS 彻底革了传统软件交付模式的命，改变了人们对买软件的认识。

3）"先试后买"降低了信息化实施风险

SaaS 让软件提供商与客户之间的沟通更加透明，在保证价格和功能公开公正的同时，为潜在用户提供"先试后买"的消费体验，在实施之前先使用，让用户提前评估使用后的效果，大大降低了企业信息化的实施风险。这在传统软件中简直难以想象。

4）促进软件与互联网融合

目前有越来越多的软件企业开始通过互联网提供软件服务，同时越来越多的互联网也加入 SaaS 服务中，加速了软件与互联网的融合。互联网给企业带来的不仅仅是发布和收集信息的窗口，更为企业的数据管理和信息应用提供了丰富的信息资源。SaaS 把这些信息管理起来，成就了互联网和软件的融合。

5）AJAX 把互联网技术引入软件

AJAX 结合了 Java、XML 以及 JavaScript 等编程技术，可以让开发人员构建基于 Java 技术的 Web 应用，并打破了使用页面重载的惯例。让用户享受 SaaS 应用服务的同时可以实现页面的局部刷新，使用基于浏览器的浏览器/服务器（browser/server，B/S）软件像使用传统的 C/S 软件一样习惯、流畅。像 AJAX 这样的应用正不断通过 SaaS 使用到软件行业中来。

6）普及软件思想，促进整个市场发展

在线租用模式可以使整个企业信息化的门槛降到最低，让那些高不可攀的信息化应用成为可能，SaaS 还可以让那些不知道什么是 CRM、不知道什么是 ERP 的企业能够试用并切实了解到信息化的好处和作用，使信息化的普及成为可能。很多实例证明，SaaS 服务商在推广 SaaS 应用的同时，也助力了传统软件的应用和推广。

❧ 5.3 多租户架构

5.3.1 多租户的概念

多租户定义：多租户技术或称多重租赁技术，是一种软件架构技术，实现在多用户环境下（此处的多用户一般是面向企业的用户）共用相同的系统或程序组件，并且可确保各用户间数据的隔离性。在一台服务器上运行单个应用实例，它为多个租户（客户）提供服务。从定义中我们可以理解：多租户是一种架构，目的是让多用户环境下使用同一套程序，且保证用户间数据隔离。那么多租户的重点就是同一套程序下实现多用户数据的隔离。以 Salesforce 的模式为例，每个用户起初都使用应用程序的同一版本。用户数据都存储在共享数据库中,但每个客户只可以访问自己的信息。整个应用程序由所谓的元数据来描述;元数据就是命令指示,描述了应用程序如何运行的各个方面。如果客户想定制具有个性化的应用程序,只需要创建及配置新的元数据,以描述新的屏幕、数据库字段或所需行为。多租户架构作为 SaaS 的核心技术之一,是 SaaS 区别于传统软件模式的关键。

在一个多租户的结构下,应用都是运行在同样的或者是一组服务器下,这种结构称为单实例架构。单实例多租户中,多个租户的数据保存在相同的位置,依靠对数据库分区来实现隔离操作。既然用户都在运行相同的应用实例,服务运行在服务提供商的服务器上,用户无法进行定制化的操作,所以对该产品有特殊需求而定制化的客户就无法使用,所以多租户适合通用类需求的客户。那么缺点就是,多租户下无法实现用户的定制化操作。

还有一个名词与多租户相对应,那就是单租户架构(也称作多实例架构),传统的软件多采用这种模式。单租户架构与多租户架构的区别在于,单租户是为每个客户单独创建各自的应用软件和支撑环境。单租户被广泛应用在客户需要支持定制化的应用场合,而这种定制或者是因为地域,抑或是他们需要更高的安全控制。通过单租户的模式,每个客户都有一份分别放在独立的服务器上的数据库和操作系统或者使用强安全措施进行隔离的虚拟网络环境中。

在当下的云计算时代,多租户技术在共用的数据中心以单一系统架构与服务提供多数客户端相同甚至可定制化的服务,并且仍可以保障客户的数据隔离。目前各种各样的云计算服务就属于这类技术范畴,如阿里云数据库服务[关系型数据库服务(relational database service,RDS)]、阿里云服务器等。

5.3.2　多租户架构的主要特点

相比于单租户架构,多租户架构主要有以下几方面的特点。

(1)基于 SaaS 的运营模式。基于多租户架构的软件(简称多租户软件)采用了 SaaS 的运营模式,多租户软件的所有权由客户转移到软件提供商。

(2)软件部署在软件托管方。多租户软件部署在多租户软件提供商购买的软、硬件平台之上,将技术基础设施和管理等方面(如硬件与专业服务)的责任从客户重新分配给供应商;软件的安装、维护、升级对用户是透明的。

(3)租户之间是相互透明的。多租户架构采用了先进的数据存储技术,保证了各租户之间的数据相互隔离,使各租户之间在保证自身数据安全的情况下能共享同一程序软件。

(4)软件提供商负责软件维护、升级等工作。由于租户购买的不是传统意义上的软件授权书而是提供商所提供的软件服务,租户只需要通过互联网使用这些服务,至于软、硬件平台的安装、维护、升级等工作都由软件提供商来完成。

5.3.3　多租户数据存储方案

实现多租户架构的关键是解决不同租户间的数据存储,保证不同租户之间数据和配置的隔离，以保证每个租户数据的安全性与隐私性。目前，在 SaaS 设计中多租户架构在数据存储上主要有三种解决方案。

1. 独立数据库

这是第一种方案，即一个租户一个数据库，这种方案的用户数据隔离级别最高、安全性最好，但成本较高。

优点：为不同的租户提供独立的数据库，有助于简化数据模型的扩展设计，满足不同租户的独特需求；如果出现故障，恢复数据比较简单。

缺点：增加了数据库的安装数量，随之而来的是维护成本和购置成本的增加。

这种方案与传统的一个客户一套数据和一套部署类似，差别只在于软件统一部署在运营商那里。如果面对的是银行、医院等需要非常高数据隔离级别的租户，可以选择这种模式，提高租用的定价。如果定价较低，产品走低价路线，这种方案一般对运营商来说是无法承受的。

2. 共享数据库独立模式

这是第二种方案，即多个或所有租户共享数据库，但是每个租户一个数据库对象（也可称为一个租户）。底层库如 DB2、Oracle 等，一个数据库下可以有多个数据库对象。

优点：为安全性要求较高的租户提供了一定程度的逻辑数据隔离，并不是完全隔离；每个数据库可支持更多的租户数量。

缺点：如果出现故障，恢复数据比较困难，因为恢复数据库将牵涉到其他租户的数据；如果需要跨租户统计数据，则存在一定困难。

3. 共享数据库，共享数据库对象，共享数据表

这是第三种方案，即租户共享同一个数据库、同一个数据库对象，但在表中增加客户 ID 多租户的数据字段。这是共享程度最高、隔离级别最低的模式。即每插入一条数据都需要有一个客户的标识，这样才能在同一张表中区分不同客户的数据。

优点：三种方案比较，第三种方案的维护和购置成本最低，允许每个数据库支持的租户数量最多。

缺点：隔离级别最低，安全性最低，需要在设计开发时加大对安全的开发量；数据备份和恢复最困难，需要逐表逐条备份和还原。

如果希望以最少的服务器为最多的租户提供服务，并且租户接受牺牲隔离级别换取成本的降低，这种方案最适合。

例如，我们用的底层数据库是 MySQL，且要保证数据的完全隔离，所以用的方案属于第一种：独立数据库。因为 MySQL 下数据库对象就是它的数据库名，所以每多服务一个用户，都需要新建一个数据库。如果是 DB2 或者是 Oracle，一个数据库下可以采用独立的数据库对象来进行数据隔离，这样会相对节省成本，且数据隔离的强度高。

5.3.4 多租户数据存储方案的选择

在 SaaS 实施过程中，需要重点考虑的问题之一就是如何对应用数据进行设计，

以支持多租户，而这种设计的思路是要在数据的成本、共享、安全隔离和性能间取得平衡。

从成本角度考虑：隔离性越好，设计和实现的难度与成本越高，初始成本越高。共享性越好，同一运营成本下支持的用户越多，运营成本越低。

从安全角度考虑：要考虑业务和客户安全方面的要求。安全性要求越高，越要倾向于隔离。

从租户数量角度，主要考虑下面一些因素：系统要支持多少租户？上百、上千还是上万？可能的租户越多，越倾向于共享；平均每个租户要存储数据需要的空间大小，存储的数据越多，越倾向于隔离；多租户同时访问系统的并发用户数量，需要支持的越多，越倾向于隔离；是否想针对每个租户提供附加的服务，如数据的备份和恢复等，这方面的需求越多，越倾向于隔离。

5.3.5　元数据开发模式

SaaS 主要用元数据的开发模式来实现软件的可配置性。元数据开发模式与多租户架构、Struts 技术相配合，能很好地解决软件扩展性、可配置性以及多用户效率问题。整个应用程序由元数据来描述，元数据就是命令指示，描述了应用程序如何运行的各个方面。如果客户想定制应用程序，可以创建及配置新的元数据，以描述新的屏幕、数据库字段或所需行为。

元数据以非特定语言的方式描述在代码中定义的每个类型和成员。它可能存储以下信息：程序集的说明，标识（名称、版本、区域性、公钥），导出的类型，依赖的其他程序集，运行所需的安全权限，类型的说明，名称、可见性、基类和实现的接口，成员（方法、字段、属性、事件、嵌套的类型），属性，修饰类型和成员的其他说明性元素等。使用元数据开发模式，可以提高应用程序开发人员的生产效率、提高程序的可靠性，具有良好的功能扩展性。

在 SaaS 模式的服务行业中，元数据被广泛应用，例如，Salesforce 通过采用元数据的开发模式，把应用程序的基本功能（选项卡、链接等）以元数据的形式存储在数据库中，这样当用户在 SaaS 平台上选择自己的配置时，SaaS 系统就会根据用户的设置，把相应的元数据组合并呈现在用户的界面上。

元数据是一种对信息资源进行有效组织、管理、利用的基础和工具。采用它作为开发模式，主要有以下几方面好处。

（1）高生产效率。在元数据的开发模型下，应用程序的基本功能（选项卡、窗体、链接）都是以元数据形式存储在数据库中的，而不是用编程语言硬编码。这样应用程序开发人员可以很容易地将基本应用程序组合到一起，从而提高生产效率。

（2）高可靠性。公共语言运行库模块和程序集是自描述的。模块的元数据包含与另一个模块进行交互所需的全部信息。运行库模块和程序集不需要向操作系统注册，这使运行库使用的说明始终反映编译文件中的实际代码，从而提高应用程序的可靠性。

（3）很强的功能扩展性。客户可以创建及配置新的元数据来描述新的屏幕、数据库字段或所需行为，可以不用修改核心语言就能在 Java 语言中添加新功能，还可以通过使用属性对元数据进行扩展。

❀ 5.4 SaaS 在企业中的应用

SaaS 无论对客户还是对厂商而言，都具有强大的吸引力，将会给客户和厂商带来双赢的局面。

我国有众多的中小企业，这是一个数量非常庞大的软件服务 SaaS 消费群体。我国的中小企业由于受到信息技术预算少、缺乏专业的技术支持人员、决策时间长等问题的困扰，企业的信息化普及率一直不高。另外，中小企业具有灵活多变、发展迅速等特点，又急需专业的信息技术系统和服务来帮助其提高工作效率、提升管理质量、降低运营成本，以增强其核心竞争能力。SaaS 正是解决这些矛盾的最佳途径，用户可以根据自己的应用需要从服务提供商那里订购相应的应用软件服务，并且可以根据企业发展的变化来调整所使用的服务内容，具有很强的伸缩性和扩展性，同时这些应用服务所需要的专业维护与技术支持也都是由服务商的专业人员来承担的。

在客户通过 SaaS 获得巨大收益的同时，SaaS 对于软件厂商而言就变成了巨大的潜在市场。以前那些因为无法承担软件许可费用或者是没有能力配置专业人员的用户，都变成了潜在的客户。同时，SaaS 模式还可以帮助厂商增强差异化的竞争优势，降低开发成本和维护成本，加快产品或服务进入市场的节奏，有效降低营销成本，改变自身的收入模式，改善与客户之间的关系。

从企业应用的角度来看，SaaS 本质上是在用互联网思维颠覆传统软件。SaaS 是互联网发展的大趋势，将逐步被用户所接受并取代传统软件，这个过程需要三个支撑条件：①云计算基础设施和技术发展；②通过互联网和移动互联网普及培养用户的思维和习惯；③企业的信息化效率和成本等约束倒逼企业逐步接受 SaaS 服务。当然，SaaS 服务与传统软件一样，都以解决业务需求为根本目的。

5.4.1 SaaS 企业应用的特点

1）SaaS 应用服务是一套系统

SaaS 应用是一个复杂的过程，企业中不同专业的组织需要不同的信息化支撑开展业务，注定了 SaaS 应用服务需要多个功能来支撑，支持按照企业发展阶段和时间要求、认识程度、轻重缓急应用不同的信息化功能，但肯定是一个系统而不是一个单一的功能。不同行业也有不同行业版本以适应个性化的需求，不同行业有不同信息化的重点。

2）支持多租户应用

一个 SaaS 应用要服务成千上万的企业，而这些企业都是随机动态加入的，没有规律，如何让这些企业透明地使用 SaaS 服务，而感觉不到其他企业的存在，也不受其他企业的影响，一个企业的数据其他企业无法看见，这就是 SaaS 平台支持多租户的隔离问题。

3）弹性动态的负载群集能力（云基础设施支撑）

作为提供企业服务的 SaaS 应用，用户进入是随机增加的，要长远地提供服务和发展壮大，需要弹性、动态可扩展的负载群集能力，保证高峰期用户的可用性，同时保证满足不断增长的用户需求。

4）应用定制能力

SaaS 应用要具备以下三个层次的定制能力：①要具备各租户自己在一定范围内的配置能力，如数据字典、界面布局、流程修改、组件化组装选择等；②对于复杂的需求，能够运用平台提供的基本配置工具完成较为复杂的已有功能的配置；③对于 SaaS 没有提供的功能，如果租户需要，要能在短时间内快速开发出所需要的功能组件，放入供租户使用。

5）自动升级和持续服务

在传统软件模式下，企业想获取新特性一般要做升级实施，甚至要全部重新实施，这个过程往往需要支付高昂的升级服务费（更坏的情况是，一旦其间企业对软件进行了二次开发，供应商可能再无法为其提供升级服务）。而使用 SaaS，企业却可以永久地随时获得服务商更新的最新特性，而无须支付任何额外费用。企业还可获得大数据挖掘所带来的价值和行业对标的服务。

6）数据安全保障

SaaS 有集中统一的存储、备份、恢复、加密、防火墙、运营监控管理等技术措施和专业、强大的运维团队，有严格运维的制度保障，企业的数据安全更有保障。

7）稳定和高效服务

软件为保证所有企业租户的稳定和高效应用，一般要采取双重集群部署、负载均衡，在性能监控和技术投入上往往要远高于企业自身的投入水平，因而服务能够得到更稳定的性能保障。

从应用角度来看，传统软件技术成熟、用户认知度高，但具有初期投入大、维护成本高、应用服务固定单一以及安装维护程序复杂等缺点，SaaS 服务作为新兴事物，具有投入成本少、安装操作和维护便捷、产品服务版本更新快、可以实现个性化定制以及付费方式灵活等优点，但同时存在数据安全、监管待完善、标准缺失等问题，随着行业逐步发展完善，这些问题有望逐步得到解决。

SaaS 与按需软件、动态服务器主页（active server pages，ASP）、托管软件具有相似的含义。它是一种通过互联网提供软件的模式，厂商将应用软件统一部署在自己的服务器上，客户可以根据自己的实际需求，通过互联网向厂商订购所需的应用软件服务，按订购的服务多少和时间长短向厂商支付费用，并通过互联网获得厂商提供的服务。用户不用再购买软件，而改为向提供商租用基于 Web 的软件，来管理企业经营活动，且无须对软件进行维护，服务提供商会全权管理和维护软件，软件厂商在向客户提供互联网应用的同时，也提供软件的离线操作和本地数据存储，让用户随时随地都可以使用其订购的软件和服务。对于许多小型企业来说，SaaS 是采用先进技术的最好途径，它消除了企业购买、构建和维护基础设施与应用程序的需要。

在这种模式下，客户不再像传统模式那样花费大量投资用于硬件、软件、人员，而只需要支出一定的租赁服务费用，通过互联网便可以享受到相应的硬件、软件和维护服务，享有软件使用权和软件的不断升级，这是网络应用最具效益的营运模式。

5.4.2　SaaS 对企业的价值

使用 SaaS 软件部署信息化系统对于企业特别是中小企业具有以下价值。

（1）使用 SaaS 软件不会新增硬件和人力成本。部署传统信息化系统需要购买服务器、备份磁带机、UPS 稳压电源、空调等设备，需要具有信息技术技能的人去维护，使用时还需额外一笔费用去支付电费。而 SaaS 软件多为云部署，以上开支全部省去，为中小企业节约了大量的成本。

（2）SaaS 具有免费试用期，免费试用期满后按月或按年收费。部署传统的信息化系统的第一步是大规模人员赴已实施企业参观，因为很多软件是否适用要亲自见过才知道。SaaS 软件具有免费试用期，企业可以长时间试用，确定合适后再汇报决策层续费，不合适可直接放弃使用。既避免了前期烦琐的可行性分析和汇报审批，又能给同事一个直接、客观的软件使用体验。

（3）SaaS 软件在前台使用效果上通常同时具有 B/S 和 C/S 结构。B/S 结构具有广泛使用、无须安装客户端等特点，C/S 结构具有安全、快速使用等特点，而很多 SaaS 软件能够前台浏览器打开和客户端打开同步且并行使用，取长补短，让客户根据需要选用。

（4）SaaS 软件能够跨操作系统并在移动互联网下使用。传统信息化系统通常在客户端只能使用微软 Windows 操作系统，而且 Windows 的版本只能向前兼容，不能向后兼容。SaaS 软件前台通常具有 Windows、MAC、iOS 和安卓系统等各种版本，并匹配其各自的浏览器。通过大量的手机和平板电脑应用场景，能够把移动互联的特点发挥到极致。

（5）SaaS 软件快速部署，快速撤销。部署传统的信息化系统实施期通常为 3～12 个月，耗费了大量的时间和上门顾问带来的人力成本，一旦实施失败，企业的前期投入将一无所获。而 SaaS 软件通常实施期为几天到 3 个月。能够快速部署，尽可能规避实施失败的风险。很多信息化系统在使用 1～2 年后发现不能解决所有问题，因而想更换软件，而传统信息化系统因为终身买断花费了大量成本，企业弃之可惜，不得不带病运行软件。SaaS 软件部署的信息化系统因为是按月或按年收费的，快速撤销十分方便，使企业能够有更加灵活的选择权。

（6）SaaS 软件自动免费升级到最新版本。传统信息化系统的软件有固定版本，并且有一个产品生命周期，很多企业不知道很多终身买断的软件生命周期只有 10 年，一旦超过这个生命周期，软件不再有售后服务，并且不保证 10 年后新购买的服务器和 PC 可以安装以前的版本。要解决这个问题就需要升级，并且支付一大笔费用。SaaS 软件自动升级前台无须任何费用，能够完全避免这种额外的风险。

（7）对于中小企业，SaaS 信息化系统数据安全更有保障。对于中小企业，机房的运维虽然有规定的标准可执行，但在使用中需要钱的地方经常能不用就不用，下班后机房也无人看管。而 SaaS 软件通常选用阿里云、腾讯云、华为云、AWS 等优质云服务提供商，具有专业的存储、备份、防火墙、机房环境等管理，通常具有多重集群部署，24 小时专业运维团队实时监控。其可靠程度要远远超过中小企业对于服务器运维的自身努力。

（8）公共云、私有云、混合云可以灵活选择。公共云成本低、覆盖面大、使用便捷，私有云成本高但安全性、个性化能力更高。虽然大部分的 SaaS 软件都为公共云，但优质 SaaS 软件提供商具有强大的开发能力，能够自由选用公共云、私有云或者混合云使用，让企业能够有多重选择。

（9）SaaS 软件对于大数据和人工智能的融合更好。大数据和人工智能都是最近的风口，大数据能够让企业知道和自己差不多的生产商在干什么以及客户对于产品喜好的反馈。移动互联是大数据的基础，公共云更擅长做合规的数据分析工作；而人工智能强大的算力要求需要一个强大的计算集群，超强的云计算提供商才能满足这一需求，同时公共云的模式可以使不同的客户共用某一模块的人工智能，大家均摊成本，使中小企业能够负担人工智能系统实施的成本并享受人工智能带来的生产效率提升。这些都是使用 SaaS 软件部署信息化系统所能实现的优势。

5.4.3　SaaS 模式应用的问题

SaaS 软件系统具备的低价格、快速实施和低维护成本等优势能够快速推进企业信息化，但相对于传统软件，也有新问题和阻碍。

（1）依赖提供商问题。传统信息化模式下，企业根据需要购买应用系统、自配技术人员、自建信息系统运行环境，信息系统实施后，对软件提供商有着较小的依赖。而 SaaS 应用模式中，企业的软件建设、维护、数据管理都依赖于应用软件提供商，软件提供商的专业水平、能力、服务态度、质量都对 SaaS 系统的应用效果起着重大的影响。一旦软件提供商不能及时提供后续的服务，就会对企业的正常运行产生影响，不利于企业长足、稳定地发展。

（2）企业后期财务成本问题。传统企业信息系统前期投入后，后期运维成本有较好的可预测性。而 SaaS 系统一旦在整个企业之中实施，便会形成对服务提供商的依赖，运营和维护成本也会随之增加。当前阶段 SaaS 服务的提供商开始时都是基于风险投资来实现早期运营的，并以免费或低收费模式来吸引用户，后期赢利主要依赖收费模式、用户的数量、模块以及相关的时间进行。倘若计价模式发生改变，就会使企业后期财务投入不确定，企业无法实现对财务工作的有效管理。

（3）企业的个性化需求问题。虽然 SaaS 有着广阔的应用空间，但是相关技术仍然处于起步阶段，市场的发展主要依靠应用提供商推动，还没进入用户的多样化需求拉动阶段。每个企业各有其特性，很难有一个产品满足不同行业、不同发展阶段、不同业务模式的个性需求。个性需求的定制开发所需的人力、财力也背离 SaaS 模式的优势。SaaS

应用提供商过度依赖市场，使软件服务呈现出扁平化，标准化的服务虽然能够实现利益最大化，但是难以适应不同企业的个性化需要。

（4）信息系统实施管理问题。传统的信息化实施非常注重项目管理，软件提供商会派专业人员到企业辅助项目实施，企业也会组成由高管带领的工作组，实时解决实施过程中碰到的各种问题。SaaS 模式下，应用系统提供商基于成本考虑，不能为每个客户安排专业人员上门服务，只能提供有限的技术支持，同时中小企业在缺乏自有信息技术人才的情况下，可免费试用部分 SaaS 模块，项目管理呈空白和无序状态，增加了信息化风险。

（5）数据安全问题。传统模式下，企业的数据存储在自有软、硬件系统中，企业比较不担心数据泄密问题。SaaS 软件云服务器控制权在软件提供商手中，数据的导出和备份企业自己不能控制，一旦软件服务企业倒闭或者因使用企业欠费造成了服务中断，前期已使用的数据很难找回，企业损失巨大。

在 SaaS 模式的应用中，数据的获取和存储都要通过互联网进行操作，存在数据被截取的安全风险，另外用户和软件提供商都有权限获取企业的数据，所以企业的数据存在泄露的安全风险。首先是来自外部的风险：在 SaaS 模式下用户在云技术的支持下通过互联网在虚拟的云空间中进行信息数据的传输或存储，这给一些图谋不轨的黑客盗取企业信息提供了可乘之机，一旦在实际应用中出现问题或遭受黑客攻击就会导致用户的信息出现泄露或丢失的情况。其次是来自内部的风险：一方面除了用户本身可以获取存放在云中的数据，SaaS 数据管理人员也有获取权限，若企业对管理人员的监管程度不够，就有数据泄露风险。最后是 SaaS 模式为多用户同时提供服务的风险，对工作人员来说很容易造成操作失误，一旦用户数据库与用户匹配失误，那么将造成数据泄露。在相关法律不健全、网络整体不安全、技术追踪难度大、社会信任体制不健全的情况下，说服企业将核心数据交给第三方平台将十分困难。由于近年来数据泄露事件频发，给企业带来巨大的损失，因此企业在选择 SaaS 时，首先考虑的是安全问题能否得到保证，这也是 SaaS 运营商面临的主要问题。

5.4.4　应用 SaaS 模式信息化的实施路线

前面分析了企业实施 SaaS 过程中的问题，接下来我们将依据企业实施过程中出现的问题，讨论企业如何更有效地实施 SaaS 进行信息化建设，实施路线及相应的调整策略如下。

1）从企业自身出发

企业的信息化建设需要从自身需求出发，对企业的经营情况和管理流程进行调查。需求调查可以分为初步调查和详细调查两个方面，初步调查阶段，应该对企业的客户需求、基础数据、运行状况和企业的经营管理开展调研。详细调查应该从产品、渠道、应用和服务四个方面进行。此外，决定中小企业信息化的因素中，内部的思维意识、内部条件以及外部的市场环境、竞争环境是必须考虑的因素。

内部的思维意识：企业对 SaaS 模式的使用意愿首先源自对其概念及实现方式的认

知，SaaS 的商业推广方式直接影响了中小企业对 SaaS 模式的了解程度。其次，企业领导人或管理者能否认识到企业信息化建设是影响中小企业未来发展的重要因素，同时企业管理者是否有意愿通过企业信息化促进企业的管理和竞争力的提高。并且，企业能够通过与传统软件模式的对比，充分认识到 SaaS 模式的优势及其能为企业带来的利益，才能使企业具有通过 SaaS 模式进行企业信息化的基本意识。

内部条件：企业内部条件是否合适。企业实施 SaaS 模式，不仅要在主观意识上肯定 SaaS 模式及产品，还应考虑企业当前的内部诸多条件是否适合实施 SaaS 模式和产品，如员工知识水平和使用习惯、企业管理水平、企业内部的信息技术环境、企业信息技术外包管理能力。人员是企业信息化的核心因素，企业管理者和员工通过管理信息系统的使用加强了对企业的整体管理和业务控制，所以企业管理者和员工要能够适应 SaaS 模式下的信息化理念和使用上的改变。企业实施管理软件的实质是选择了一种管理模式，所以企业需要考虑实际管理水平是否能够符合某些管理模式的要求。企业现有的信息技术软、硬件及网络环境能否支撑和融入 SaaS 模式与产品也是中小企业应该考虑的内容。SaaS 模式下企业的信息系统和数据均处于提供商一方，所以中小企业也需要具有基本的信息技术外包管理的能力，与 SaaS 提供商建立稳定的合作关系，企业应用 SaaS 的效果才会较为理想。

外部的市场环境、竞争环境：SaaS 是否符合企业发展。企业的信息化建设应该与企业业务发展紧密联系，所以，企业在实施 SaaS 模式之前要考虑选择的 SaaS 产品能否有效支持企业目前的运营，同时当企业由于生存和竞争环境的原因而改变运营业务或方向时，企业选择的 SaaS 产品能否应企业的变化而灵活调整。并且，考虑 SaaS 模式能否为企业未来发展提供支持，使企业可以在 SaaS 模式上持续投资。

2）谨慎选择 SaaS 服务提供商

云计算是新兴行业，其技术及商业模式需要较长时间来验证，部分 SaaS 服务提供商的发展基于风险投资，在后续发展中，如果其不能稳定地占据一定的市场，生存将受到严峻的考验，其继续服务将被限制甚至终止。SaaS 应用与企业已有的信息管理系统集成难以实现，不同的 SaaS 服务提供商提供的应用也难以集成，企业选择某个 SaaS 服务提供商后，将会逐渐形成依赖。因此企业对于提供商的运营历史、成功案例、服务、信誉度、资质以及数据管理等方面应该进行合理的思考，并且分析企业的实际发展需要，谨慎选择 SaaS 服务提供商。

另外就是个性化服务的问题。管理软件的标准功能是针对某些行业特点或某种管理模式的共同特征而设计的，标准功能只能解决一些行业或管理共性的问题，所以传统的管理软件实施过程同时也是将标准功能客户化的过程。SaaS 模式下提供商提供的是管理软件标准功能试用，它只能满足部分企业的需求，对于大部分企业而言，需要通过个性化服务调整软件，将软件标准功能转换成企业所需要的软件功能。SaaS 服务提供商个性化服务能力可以反映出其技术实力和运营经验的高低，企业可以由此判断和选择合适的提供商。

3）经营管理流程优化

流程优化是从企业业绩出发，对现有工作流程进行分析、梳理、改善，打破企业传统的部门壁垒，增强横向合作，提高企业运行效率、降低企业经营成本、提高企业竞争力。企业信息化的过程也是流程优化过程，企业以信息化为手段对流程进行优化，从而达到促进企业管理决策能力提升的目的。在开展信息化建设之前，应在调查的基础上，优化企业的运营流程。

4）风险控制

SaaS 系统的特点决定了企业在应用的过程中一定面临着信息化风险，企业依赖 SaaS 系统进行企业管理，企业的命运就掌握在 SaaS 服务提供商的手里。一旦网络中断或服务器崩溃，就会殃及使用其系统的用户。另外，如果 SaaS 服务提供商出现经营困难或者双方无法合作，也可能给用户带来意外的风险，如数据无法导出或无法移植到其他的平台，这一变故带来的损失可能会很大。还有数据安全方面，数据在网络环境中传播和存储，极易受到黑客攻击，造成数据被盗、被删除或被改写等严重后果。除了需要 SaaS 服务提供商有能力保障资料不会在传输过程中丢失或被入侵主机的黑客篡改、窃取外，企业也需要及时对数据进行本地备份，核心数据不应完全依赖于某个特定的 SaaS 服务提供商。

❀ 5.5 SaaS 的发展现状及前景

5.5.1 SaaS 行业发展现状

1. 云计算产业快速发展，带动 SaaS 行业迅速崛起

自亚马逊提出云计算概念以来，经过多年的发展，云计算产业在数字经济时代已经渗透进各行各业，形成了完整的生态系统，构建了从芯片到终端用户的全产业链条。

在国内，2009 年阿里云成立拉开了我国云计算市场的序幕，随着阿里云技术的逐步成熟和效益逐渐显现，各巨头纷纷入局，同时独立云厂商相继成立，国内云计算行业呈现蓬勃发展的良好局面。

2019 年中国企业级 SaaS 市场规模为 362.1 亿元，同比增长 48.7%。2020 年新冠肺炎疫情影响了宏观经济增速，但线下转线上、远程办公等需求反而成为 SaaS 发展的助推力，2020 年企业级 SaaS 市场仍保持可观的增速，到 2022 年市场规模将突破千亿元。

随着云计算产业的迅速发展，SaaS 已经成为新型的信息基础设施。行业领先公司的云服务收入和资本开支均进入了快速增长阶段。

2. 新基建加快中国 SaaS 行业发展

云计算是中国 SaaS 行业发展的重要基石，近年来中国云计算技术不断成熟，应用场景不断拓展，行业发展势头强劲。近年来虽然受技术迭代、需求不足等因素影响，增长率有所放缓，但仍保持较高的增长率。特别是 2020 年以来，随着新基建政策的大力推进，云计算将加快应用落地进程，成为企业数字化转型的必然选择。

3. 疫情成为加速器，厂商拓展业务线以匹配企业需求

疫情使许多企业的运作管理受到影响，企业开始寻求新的经营模式，一些厂商的快速响应，使其业务出现成倍增长。例如，餐饮 SaaS 厂商帮助线下餐饮门店开发小程序点餐系统，实现无接触点餐；电商零售领域的 ERP 厂商帮助企业建立会员管理系统；营销 SaaS 厂商通过流量平台帮助企业在线营销，远程触达客户。在"如何活下去"成为热门议题的背景下，快速响应能力成为核心竞争优势，SaaS 厂商需要及时匹配企业的新需求，这也是对厂商技术实力的挑战。

疫情为企业级 SaaS 带来流量，在 2020 年 2 月宣布延期复工后，钉钉软件搜索量激增数倍，无论中大型企业还是小微企业都纷纷加入了远程办公的行列，协同办公 SaaS 获得了大量的"试用客户"，加快了市场激活的进程，但接下来，流量转化和用户留存成为后疫情时代的核心关注点。除协同办公，财税、电子签名、教育、医疗等行业也都迎来了丰富的流量资源，相比于流程管理软件，工具型 SaaS 产品日常应用频率更高，产品逻辑相对简单，能够更快地让用户体会到使用价值，因此轻量的工具型产品更易将流量转化为付费用户，发展路径逐渐清晰。

5.5.2　行业未来发展趋势

未来 SaaS 行业将迎来更加清晰的发展路径，具体来说，未来的发展趋势包括以下几点。

1. SaaS 在传统软件中的渗透率不断增加，潜在市场规模较大

随着中国企业信息化水平的不断提升，企业对使用管理软件和效率工具的认知也将逐步深化。相比于传统软件，SaaS 软件具有部署灵活、迭代迅速、支持按需付费等优点，使其在软件市场中的份额进一步扩张。2019 年中国企业级 SaaS 的市场规模是 362.1 亿元，占应用软件的比例为 17.2%，相比于 2014 年的 6.0% 已有了成倍增长，此后随着 SaaS 市场的迅速扩张，这一占比将在 2023 年达到 38.7%，企业级 SaaS 具有广大的潜在市场空间。

2. SaaS 产品开始全面开放 API

最早的 SaaS 开放 API 由少数客户需求驱动，如 CRM 客户需要打通自己的营销工具和业务系统，接下来将由业务协同需求驱动。

除了极个别的头部厂商，大多数 SaaS 企业不可能无限制扩展自己的赛道，但是客户都不希望孤立使用自己的业务数据。解决这个问题的唯一办法是通过开放授权（open authentication）的 API 建立高效率的集成服务。这个集成服务可以由任何用户和厂商来完成。用户量较少的厂商可以主动集成其他主流服务，主流服务则可以进一步开放自己的接口，让更多人来建立与它的集成。甚至可能会出现专门的第三方集成服务 SaaS，又被称为集成平台。

大量厂商选择以上方式的原因，一方面是产品的开放度能够给客户信心；另一方面

能够促进更多的互利合作。由于开放授权的 RESTful API 本身就是一个公开和主流的技术标准，相信这个趋势会快速变成全行业的现实。

3. 细分行业产品大量新生

近年来，头部 SaaS 企业积累了大量的成熟行业人才与团队，上述人群可能因为正常的人才流动和创业机会将 SaaS 产品和运营能力带入更多的细分市场。如果细分市场明确，寻找到获客通道，涉及开发垂直的行业应用是比较容易成功的。因为产品只解决特定用户的特定场景问题，它的复杂度可以被限制，与此同时，开放性设计也可以让专业用户更愿意选择垂直度比较高的产品。例如，健身会所、美容业、医疗诊所、慈善机构、婚庆公司等都是合适规模的细分行业。以中国市场的体量，任何细分市场都可以发展一到两家垂直产品。一旦这种分工模式打开，每个细分市场都会有针对性的解决方案或者专业产品出现。

4. 构建并做大 SaaS 产品生态成为行业企业发展的未来趋势

1）头部互联网厂商构建 SaaS 生态，加强与外部 SaaS 厂商合作

随着 C（指个人消费者）端流量红利见底，国内互联网巨头逐渐有更大的动力探索 B（指企业）端增长，以阿里巴巴、腾讯为代表的头部互联网厂商从公共云切入 B 端，为进一步提升公共云的覆盖力，扩大其在 B 端的市场份额，厂商开始逐渐向上构建 SaaS 生态。如果说 C 端的竞争是流量的竞争，那么 B 端市场将会是生态的竞争。跨界而来的互联网厂商利用 IaaS 层技术沉淀，构建应用部署和运行平台应用市场，使 SaaS 产品具有更强的扩展性和定制能力，而后从自主研发、投资并购和生态合作三个层级围绕优势产品建立 SaaS 生态，一方面作为被集成方为创业型 SaaS 厂商提供技术支持，另一方面发挥流量和资金优势，现阶段以免费或低价的 SaaS 产品激活小微企业的使用意愿。

2）头部创业型 SaaS 厂商发起行业并购，集中做大产品体系

在历经技术驱动的洗礼和业务体系趋于完整后，市场端的规模扩张逐渐成为发展趋势，产业内并购加剧。对于头部创业型 SaaS 厂商而言，有两个主要的并购方向，第一是纵向并购，向产业链上游并购 PaaS 层厂商，加强 SaaS 厂商应用部署和运行平台的构建以及 IaaS 层技术能力，自建公共云；第二是横向并购，通过并购专注于创新业务、细分业务的厂商，保证自身的技术创新能力并增强垄断力，通过对企业已有业务体系的调整和补充，构建企业级 SaaS 产品生态，达到最佳经济规模。

❀ 5.6 章末案例①

2014 年，SaaS 还是 CRM 市场的一件新鲜事，它主要面向小企业市场。如今，SaaS 整体提供商已经能够为任何规模的企业提供所有基于服务的企业应用，而且这种服务提供模式还没有任何放慢脚步的迹象。

---

① 资料来源：http://cc.ctiforum.com/jishu/hujiao/hujiaozhongxinjishu/kehuguanxiguanli/yingyonganli/255688.html.

乔·贝克萨深感压力重重，作为 M 公司客户服务部的全球行政负责人，他要对公司的移动电话客户服务运营工作负责。他所在部门的 1200 名客服人员，通过电话、电子邮件、即时通信等方式，一年内要以 8 种语言回答 500 万次来自 28 个国家的服务咨询。

客户服务部是一个成本中心部门，这意味着资源相对缺乏，并且各项开支都需要仔细审查。为了节省成本，M 公司将呼叫中心外包给了本地服务承包商，由对方提供员工、设备和软件。每家承包商采用不同的软件收集来电资料、与客户产生互动，导致提供给 M 公司的客户服务数据格式五花八门：CRM 商业组件、自行开发的应用，以及 Excel 电子表单等不一而足。甚至不同地区采集数据的方式也不尽相同。因此，对于 M 公司的管理人员来说，难以全面了解客户对公司产品的看法，以及呼叫中心自身的情况。

幸运的是，M 公司正在改变这种现状。目前，公司正处于一个 3 年计划——XperienceCare 的中间阶段，这个项目完成以后，公司的呼叫中心将会迁移到 SaaS 供应商 RightNow 公司（以下简称 RightNow）的 CRM 平台上。这个单一平台将会收集、处理来自各承包商多种格式、多来源的数据，并纠正其中的错误情况，而且将创建一个知识库，使每位呼叫中心的客服人员都能访问。同时，它还使 M 公司在处理承包商的关系时具备更大的灵活性。RightNow 提供的所有应用，都能为呼叫中心代理商所用，因为这些软件在网络上就能运行，而 M 公司的承包商只需要提供人员、带浏览器的个人计算机和充足的带宽。如此一来，M 公司无须伤筋动骨，就能轻松拓展和迁移一个呼叫中心；而且更换承包商也变得更加容易，因为这些应用都不是定制的。"这个工具给了我们更多的选择"，乔·贝克萨表示。

M 公司移动服务部之前部署了 RightNow Service，这是呼叫中心代理商的一个基本的桌面应用程序。凭借 XperienceCare，M 公司正在为呼叫中心部署一些附加的模块，包括 RightNow Live，它能够让代理商通过实时聊天与客户互动，如 Feedback，它能够采集和分析客户的反馈，并且对客户情况进行追踪；还有语音工具，它是一种互动语音应答（interactive voice response，IVR）软件，能够为客户提供基于电话的自助服务选择。

实施这个项目的一个主要困难就是，将数据从现有的软件平台迁移到一个单一的 RightNow 数据库中。乔·贝克萨花了 4 个月的时间将数据段变成数据库易于使用的格式。多语言的客户信息也给乔·贝克萨带来了不少麻烦。乔·贝克萨表示，公司总共花了数百小时才把这些信息输入 RightNow 系统中。

另外，RightNow 的应用还必须与 M 公司内部的定制软件进行集成。为此，M 公司正在进行计算机和电话的整合项目，这样，一旦客户呼叫，代理商就能立刻看到客户记录。乔·贝克萨还想为代理商提供一些其他数据，包括手机序列号查询，这样代理商就能看到手机的历史数据，以及它是否还在质保期内。

所有这些功能，定制化软件也都能提供，那么 M 公司为什么要以 SaaS 的方式提供呢？乔·贝克萨说，这样的服务方式非常适合全球化运营。其中一个原因就是公司不用付出更多的代价就可以为代理商配置一些新的工具。"单单 11 月，我们就正在迁移两个不同的呼叫中心。"

因为这些应用都通过在线的方式提供，客户数据记录的存储也由提供者来进行。只要承包商的系统满足了 M 公司的需求，那么 M 公司就无须建立新的防火墙或去整合软件系统了。

很快，RightNow 还会提供一些新的服务和功能。例如，乔·贝克萨要求有一个控制台，能够让管理人员访问一些特殊的数据集，而无须通过一层层的菜单翻找。

这还可以使 M 公司不再受制于不同国家隐私条款的约束。欧洲在这方面的规定尤其严苛，欧盟法律禁止将欧盟公民的个人数据转移到欧盟之外的国家，除非它们符合《安全港协议》（*Safe Harbor*）。尽管 M 公司没有通过这个协议的认证，但是 RightNow 通过了认证，它能确保乔·贝克萨不会与欧盟隐私条款相违背。

当然，SaaS 也并非尽善尽美。例如，乔·贝克萨就必须时刻注意系统的正常运行时间。如果系统宕机，客户支持的请求就会被推迟。在系统中断的时候，代理商在接收语音应答时就要人工记录一些资料，等到服务恢复以后，再把这些数据重新输入 RightNow 系统中。"我为这样的事情要付出双倍代价。"乔·贝克萨说。

到目前为止，系统的正常运行情况还能够接受。"在过去 8 个月中，我们只出现过一次系统中断的情况，当时中断了两小时。"按照双方目前的合同，如果这家提供商不能满足 M 公司的服务水平要求，没有相关的罚金规定。"我们打算在下一个合同中把它写进去。"乔·贝克萨表示。

不过，乔·贝克萨在其他方面考虑得很周到。他在合同中规定，M 公司任何时候都有从 RightNow 的数据中心提取公司数据的权利。他们采用了一项特殊的工具连接到 RightNow 系统，以便提取数据。

第6章

云计算与其他技术

✿ 6.1   云计算与大数据

6.1.1   大数据的概念

大数据是一个不断发展的概念，可以指任何体量或复杂性超出常规数据处理方法的处理能力的数据。数据本身可以是结构化、半结构化甚至是非结构化的。

从狭义上讲，大数据主要是指处理海量数据的关键技术及其在各个领域中的应用，是指从各种组织形式和类型的数据中发掘有价值的信息的能力[5]。一方面，狭义的大数据反映的是数据规模之大，以至于无法在一定时间内用常规数据处理软件和方法对其内容进行有效的抓取、管理和处理；另一方面，狭义的大数据主要是指海量数据的获取、存储、管理、计算分析、挖掘与应用的全新技术体系。

从广义上讲，大数据包括大数据技术、大数据工程、大数据科学和大数据应用等与大数据相关的领域[6]。大数据工程是指大数据的规划、建设、运营、管理的系统工程。大数据科学主要关注大数据网络发展和运营过程中发现和验证大数据的规律及其与自然和社会活动之间的关系。

随着物联网技术与可穿戴设备的飞速发展，数据规模变得越来越大，内容越来越复杂，更新速度越来越快，大数据研究和应用已成为产业升级与新产业兴起的重要推动力量。

6.1.2   大数据的特点

学术界已经总结了大数据的许多特点，包括体量巨大、速度极快、模态多样、潜在价值大等。

IBM 使用 4V 来描述大数据的特点。

（1）体量（volume）：指通过各种设备产生的海量数据体量巨大，远大于目前互联网上的信息流量。

（2）多样（variety）：大数据类型繁多，在编码方式、数据格式、应用特征等多个方面存在差异，既包含传统的结构化数据，也包含类似于 XML、JavaScript 对象表示法（JavaScript object notation，JSON）等半结构化形式和更多的非结构化数据，既包含传统的文本数据，也包含更多的图片、音频和视频数据。

（3）速率（velocity）：数据以非常高的速率到达系统内部，这就要求处理数据段的速度必须非常快。

（4）价值（value）：即大数据的数据价值密度低，因此需要从海量原始数据中进行分析和挖掘，从形式各异的数据源中抽取富有价值的信息。

IDC 则更侧重于从技术角度考量：大数据处理技术代表了新一代的技术架构，这种架构能够高速获取和处理数据，并对其进行分析和深度挖掘，总结出价值高的数据。

大数据的"大"不仅指数据量的大小，也包含大数据源的其他特征，如不断增加的速度和多样性。这意味着大数据正以更加复杂的格式从不同的数据源高速向我们涌来。

大数据有一些区别于传统数据源的重要特征，不是所有的大数据源都具备这些特征，但是大多数大数据源都会具备其中的一些特征。

大数据通常是由机器自动生成的，并不涉及人工参与，如引擎中的传感器会自动生成关于周围环境的数据。

大数据源通常设计得并不友好，甚至根本没有被设计过，如社交网站上的文本信息流，我们不可能要求用户使用标准的语法、语序等。

因此很难从直观上看到大数据蕴藏的价值大小，所以创新的分析方法对于挖掘大数据中的价值尤为重要，更是迫在眉睫。

6.1.3 大数据的发展

大数据技术是一种新一代技术和架构，它成本较低，以快速的采集、处理和分析技术从各种超大规模的数据中提取价值。大数据技术不断涌现和发展，让我们处理海量数据更加容易、便宜和迅速，成为利用数据的好助手，甚至可以改变许多行业的商业模式。大数据技术的发展可以分为以下六大方向。

（1）大数据采集与预处理方向。这个方向最常见的问题是数据的多源和多样性，导致数据的质量存在差异，严重影响到数据的可用性。针对这些问题，目前很多公司已经推出了多种数据清洗和质量控制工具（如 IBM 的 DataStage）。

（2）大数据存储与管理方向。这个方向最常见的挑战是存储规模大，存储管理复杂，需要兼顾结构化、非结构化和半结构化的数据。分布式文件系统和分布式数据库相关技术的发展正在有效地解决这些方面的问题。在大数据存储和管理方向，尤其值得我们关注的是大数据索引和查询技术、实时及流式大数据存储与处理的发展。

（3）大数据计算模式方向。由于大数据处理多样性的需求，目前出现了多种典型的计算模式，包括大数据查询分析计算（如 Hive）、批处理计算（如 Hadoop MapReduce）、流式计算（如 Storm）、迭代计算（如 Hadoop）、图计算（如 Pregel）和内存计算（如 HANA），这些计算模式的混合计算方法将成为满足多样性大数据处理和应用需求的有效手段。

（4）大数据分析与挖掘方向。在数据量迅速增加的同时，还要进行深度的数据分析和挖掘，并且对自动化分析的要求越来越高。越来越多的大数据分析工具和产品应运而生，如用于大数据挖掘的 Hadoop 版、基于 MapReduce 开发的数据挖掘算法等。

（5）大数据可视化分析方向。通过可视化方式来帮助人们探索和解释复杂的数据，有利于决策者挖掘数据的商业价值，进而有助于大数据的发展。很多公司也在开展相应的研究，试图把可视化引入其不同的数据分析和展示的产品中，各种可能相关的商品将会不断出现。可视化工具 Tableau 的成功上市反映了大数据可视化的需求。

（6）大数据安全方向。当我们在用大数据分析和数据挖掘获取商业价值的时候，黑客很可能在攻击我们，收集有用的信息。因此，大数据的安全一直是企业和学术界非常关注的研究方向。文件访问控制列表（access control list，ACL）、基础设备加密、匿名化保护技术和加密保护等技术正在最大限度地保护数据安全。

6.1.4　云计算与大数据的联系

大数据与云计算二者间的联系也是十分突出的，主要体现在如下几点。

（1）二者均以数据的存储以及处理作为主要的工作内容，需要对大量的存储空间以及计算资源加以占用。基于此，二者在具体应用阶段，均要借助数据存储技术以及管理技术等实现自身功能，从而推动后续工作的顺利进行。

（2）假如大数据中包含了海量的价值信息，那么我们可以将云计算视作挖掘此类信息的工具，简而言之就是指后者为前者提供了使用工具以及相应的利用途径，正是因为大数据的存在，云计算的价值才可以被放大与挖掘。

（3）具体使用形式方面，大数据也是云计算的一种延伸内容。除此之外，正是因为有了云计算的支持，大数据的存储以及计算能力才能够被不断地优化与提升，进而有效地强化数据处理速度，为一系列工作的开展提供有力的支持。而当大数据被投入实际的应用过程中时，便会产生一系列业务需求，在此阶段内，云计算应用途径也被不断地丰富。

6.1.5　云计算在大数据中的作用

大数据正在引发全球范围内深刻的技术和商业变革。如同云计算的出现，大数据也不是一个突然而至的新概念。云计算和大数据是一枚硬币的两面，云计算是大数据的信息技术基础，而大数据是云计算的一个杀手级应用。云计算是大数据成长的驱动力，由于数据越来越多、越来越复杂、越来越实时，这就更加需要云计算去处理。

1990 年，存储 1TB 数据的成本大约是 16 亿美元，如今存储到云上只需不到 100 美元，但存储下来的数据，如果不以云计算的模式进行挖掘和分析，就只是僵死的数据，没有太大价值。

目前，云计算已经普及并成为信息技术行业的主流技术，其实质是在计算量越来越大，数据越来越多、越来越动态、越来越实时的需求背景下被催生出来的一种基础架构和商业模式。个人用户将文档、照片、视频、游戏存档记录上传至"云"中永久保存，企业客户根据自身需求，可以搭建自己的"私有云"或托管或租用"公共云"上的信息技术资源与服务。

大数据技术与云计算的发展密切相关，大数据技术是云计算技术的延伸。大数据技术涵盖了从数据的海量存储、处理到应用多方面的技术，包括海量分布式文件系统、并行计算框架、NoSQL 数据库、实时流数据处理以及智能分析技术（如模式识别、自然语言理解、应用知识库等）。云计算对大数据的作用可以根据服务类型说明。

（1）IaaS。在公共云中 IaaS 是一种经济高效的解决方案，利用此云服务，云计算为大数据提供了可以弹性扩展、相对便宜的存储空间和计算资源，大数据服务使人们能够访问无限的存储和计算能力。对于云服务提供商承担所有管理基础硬件费用的企业而言，这是一种非常经济高效的解决方案，使中小企业也可以像亚马逊公司一样通过云计算来完成大数据分析。

（2）PaaS。PaaS 供应商将大数据技术纳入其提供的服务。因此，它们消除了管理单个软件和硬件元素的复杂性，是异构系统较多的企业及时、准确地处理数据的有力方式，甚至是唯一方式，而这在处理 TB 级数据时是一个真正的问题。

（3）SaaS。针对大数据，SaaS 供应商可以提供进行数据分析的出色平台。例如，分析社交媒体数据已成为公司进行业务分析的基本参数，针对社交媒体数据的分析就可以利用 SaaS 平台。

从以上描述中我们可以看到，云计算通过可伸缩且灵活的自助服务应用程序抽象了挑战和复杂性，从而启用了"即服务"模式。而最终用户提取海量数据的分布式处理时，大数据需求是相同的。

云中的大数据分析有多个好处。

（1）改进分析：随着云技术的进步，大数据分析变得更加完善，从而带来了更好的结果。因此，公司倾向于在云中执行大数据分析。

（2）简化的基础架构：云计算有助于整合众多来源的数据。简化的基础架构是大数据分析中一项艰巨的工作，因为数据量大、数据产生的速度快，传统基础架构通常是无法满足性能要求的。由于云计算提供了灵活的基础架构，我们可以根据当时的需求进行扩展，因此管理工作负载很容易。

（3）降低成本：大数据和云技术都通过减少所有权来为组织创造价值。云的按用户付费模型将资本性支出（capital expenditure，CAPEX）转换为经营性支出（operating expenditure，OPEX）。另外，云计算降低了大数据的许可成本，云计算使客户不需要大规模的大数据资源即可进行大数据处理。因此，大数据和云技术都在降低企业成本并为企业带来价值。

6.1.6 大数据与云计算二者的区别

大数据与云计算的区别大体可概括为如下几点。

（1）二者的实施目的不同，前者主要是挖掘相应的数据与信息，以便能够有效地激发数据相应的价值；而后者则是基于互联网，扩展其功能，以达到为企业减小在存储以及成本方面需求的目的。

（2）二者的处理对象存在差异，前者主要就数据进行处理，而后者的处理对象包括信息技术资源、处理能力以及应用等方面。

（3）二者的推动力量表现出明显的差异，首先前者在实际的应用阶段，需要借助数据存储以及处理软件来完成，大部分情况下需要企业的有效配合。而后者则需要依托于信息技术设备厂商以及资源存储企业来实现其相应的功能。

（4）二者所产生的价值有一定的差异，前者能够挖掘多种类别数据中的价值，从而为用户提供更加便捷且高效的服务。而后者尽可能降低信息技术部署过程中的成本投入，对企业发展而言有着重要的影响。

6.2　云计算与人工智能

6.2.1　人工智能的概念

实际上，人工智能（artificial intelligence，AI）并非一个新词，早在 1956 年便开始出现并受到广泛关注，当时"人工智能之父"约翰·麦卡锡（John McCarthy）与马文·明斯基（Marvin Minsky）等四位科学家提交的提案《人工智能研究》中首次提出了人工智能的概念，随后人们心中的人工智能形象逐渐反馈到各类科幻作品中，并物化为超级机器人、超级计算机等具体角色。一直以来，专家学者都试图对人工智能做出更加精准的界定，但至今还没有形成一个约定俗成的、各方公认的定义。人们普遍接受的人工智能概念于 1956 年在达特茅斯会议上提出。当时将人工智能定义为："让一台机器以人类智能相似的方式做出反应。"在这次会议之后，美国斯坦福大学人工智能研究中心的尼尔森教授再次从学科角度定义人工智能："人工智能是关于知识的学科——怎样表示知识以及怎样获得知识并使用知识的学科。"此外，美国麻省理工学院的温斯顿教授又从功能角度来定义人工智能："人工智能就是研究如何使计算机去做过去只有人才能做的智能的工作。"

总体来说，人工智能的核心要义是人类基于某种特定需要而对计算机信息系统进行事先的设定，以一定智能行动实现特定目的的实体或程序。

6.2.2　人工智能的发展

和其他科学一样，人工智能在六十多年的发展中也经历过高潮和低谷，在不同时代、不同视角下被划分为不同的发展史。Cockburn 等[7]将人工智能的发展历程划分为以下三个分支领域：符号论、机器人、神经网络。20 世纪 60 年代是人工智能的初兴时期，在这个阶段，符号论最为流行；到了 20 世纪 80 年代左右，机器人领域则大肆兴起；在 20 世纪 80 年代后，神经网络以具备"学习"特征而备受人类青睐，得到更优的发展。

人工智能按照时间顺序可以分为五个关键的高速发展时期。分别是 20 世纪 50 年代、60 年代末至 70 年代、80 年代、80 年代后期、90 年代。这五个年代又分别以"人工智能的发现及命名、科学家的系统研究、第五代计算机发展、神经网络发展、互联网环境高速发展"的时代背景对人工智能的发展产生重要影响，形成研究的高潮阶段。

由多学科交叉结果和通用性技术合成的人工智能技术与上下游的相关技术和应用一同形成了错综复杂的技术体系网络。目前，这一体系网络初见雏形，不过仍处于快速更新、剧烈变化的动态发展中，所以人工智能近年来已经成为国际科技竞争的新焦点。

世界知识产权组织（World Intellectual Property Organization，WIPO）发布了《2019 年产权组织技术趋势——人工智能》（*WIPO Technology Trends* 2019—*Artificial Intelligence*）。报告显示，自 20 世纪 50 年代人工智能出现以来，到 2016 年，已有超过 34 万份的人工智能发明专利申请被科研人员提交，至于已发表的科学出版物更是数字惊人，达到 160 万篇（部）。在这些已提交的专利申请中，有半数以上是 2013 年以后公开的。在国别专利总申请量方面，排名前三位的国家分别是中国、美国、日本。

人工智能技术的实用性极强，涉及领域广泛，在人类日常生活的多个行业中均得到了实际应用。特别需要注意的是，近年来，人工智能专利增长最多的领域为交通运输领域。2006 年，交通运输领域专利申请仅占人工智能领域总专利申请量的 20%，到 2013 年，该领域已有 3738 件专利申请提交。在 2013～2016 年，交通运输领域已经占据了人工智能专利申请总量的三分之一，专利申请年增长率为 33%。在 2016 年一年时间内，这一数字则达到 8764 件。在这些提交的专利申请中，以日本丰田、德国博世和韩国现代为代表的汽车制造商或供应商的专利申请数量最大；在与交通运输领域相关的其他领域，美国谷歌公司和 IBM 也有惊人数量的专利储备。在该领域的细分技术领域中，航空航天/航空电子设备和自动驾驶汽车的专利增速惊人、迅速崛起。航空航天的专利 2016 年共提交 1813 件，年增长率为 67%；自动驾驶的专利申请则占据首位，成为申请量最大的细分领域，2016 年提交了 5569 件专利申请，年增长率稍逊于航空航天领域，为 42%。

由此我们可以推测，在未来几年后，细分垂直领域中的人工智能实际应用将会发挥出巨大的能量。以自动驾驶领域为例，自动驾驶属于交通运输领域，其技术类别涉及的种类繁多，其中包括整车制造、传感器、网络传输、数据分析、地图导航、人工智能等领域。目前人工智能技术的研究可覆盖汽车智能网联（车联网）方面的多屏互动、抬头显示、智能座驾等多个功能，并与其他平台无缝衔接。在自动驾驶领域的诸多应用场景中，大众汽车集团表明在汽车驾驶系统中将数千张图像加入了图像识别算法，帮助系统有效区分道路使用者；另一家从麻省理工学院衍生出的初创公司也正在研究人类究竟如何做出影响驾驶方式的决策，从而提出对应的解决方案。以上两例均为优秀的人工智能应用实例，该实例所在领域对应的专利申请数量也必然呈连续上升状态。

人工智能技术在中国的发展势头也十分让人惊喜，全球对中国人工智能技术研究的发展也持观望态度。据《中国人工智能发展报告 2018》（以下简称《报告》）的数据可知，在 2017 年中，中国人工智能市场规模已达到 237 亿元，同比增长 67%。与国际人工智能市场占比相对而言，中国人工智能发展可以说已进入国际领先集团位置。在人工智能专利申请方面，中国已占据全球首位，成为占据全球人工智能专利布局最多的国家，数量略微领先美国与日本。中、美、日共占全球专利公开数量的 74%。从人工智能专利的主要申请人来看，全球排名前三名的分别是 IBM、微软和三星。排名第四的是中国国家电网有限公司，近五年来该公司已将发展重点放到人工智能技术领域，也取得了非常不错的成绩。除此之外，科研院所、大学和企业分别在中国人工智能专利持有数量前三十名的机构中扮演了重要角色，分别占比 52% 和 48%。《报告》同时显示，我国企业，如阿里巴巴、腾讯、百度等互联网公司巨头在人工智能领域的专利和论文动力不足，落后于国内高校和科研院所。

我国企业在人工智能领域的专利和论文数量也均低于 IBM、微软、三星、谷歌等国外企业的专利、论文数量。但是，在数据处理系统、数字信息传输等领域，中国仍然展现了强国功力。中国在图像处理分析领域的相关专利技术创新发明数量较其他子领域更多，占总发明件数的 16%。

在人工智能企业规模方面，截至 2018 年 6 月，中国涉及人工智能企业已达到 1011 家，仅落后于美国的人工智能企业数量，居全球第二。同时，北京以 395 家人工智能企业成为全球人工智能企业最集中的城市。

随着中国人工智能技术的发展，中国人工智能市场规模也在不断扩大，迅速增长。据《报告》可知，2017 年中国人工智能市场规模达到 237 亿元（其中计算机视觉占比 34.9%），同比增长 67%，2018 年计算机视觉领域增速达到 75%。由此，计算机视觉所占人工智能市场规模的排名已达到首位。

和以上人工智能领域相比较，智能语音和视觉类产品的发展则最为成熟。阿里巴巴和小米研发的智能音箱在 2017 年即可在全球范围内分别排名第三、四位。2017 年全球共计 232 亿美元的机器人市场份额中，中国机器人在其中占比 27%。从以上几个人工智能领域中国的现状及未来发展方向，我们可得出结论，中国在人工智能技术以及实际场景的应用方面已达到国际前端水平，并有能力完成人工智能技术的下一步研究与技术推进。

资本投资也是人工智能技术发展的重要因素。中国资本方面投资的深化，也加快了人工智能产业融资速度的提升。2018 年中国人工智能企业融资规模达 157.54 亿美元，占亚洲人工智能企业融资 93.09%，占全球人工智能企业融资数额的 46.94%。中国人工智能企业融资 262 次，平均每笔融资 6013.08 万美元。可以说，资本的加持为人工智能技术的加速发展、相关产业的快速流通提供了极大的帮助和有力的支持。

6.2.3　人工智能的广泛应用

2016 年人工智能 AlphaGo 战胜世界围棋冠军李世石，打破了围棋是人工智能不可能攻克的领域这一"定论",也让人们形成了一个共识,人工智能的潜力和实力不容小觑,未来属于人工智能的时代。谷歌、百度、苹果等大公司纷纷布局人工智能领域,美国政府更是从国家战略层面发布多项人工智能发展规划,重点扶持互联网、芯片与操作系统等计算机软、硬件行业发展,支持各类技术研发机构和人工智能实验室创新发展。我国政府也抢抓机遇,2017 年国务院印发了《新一代人工智能发展规划》,将人工智能技术发展上升为国家战略和规划,随后逐步建立了百度的自动驾驶、腾讯的医疗影像、阿里云的城市大脑、科大讯飞的智能语音等国家人工智能开放创新平台。

人工智能的研发与应用越发广泛,其普及和发展已经在相当程度上改变着社会的面貌、人们的认知和行为习惯。目前在各个领域的专用人工智能如雨后春笋,智能家居、智能安防、智慧交通、智能翻译、智能客服、智慧医疗,以及下棋、计算、自动推理与定理证明等具体应用竞相涌现。可以预见,在广泛的通用领域出现打破行业壁垒的跨界通用人工智能是并不遥远的事。

6.2.4 云计算与人工智能的关系

IDC 预测,全球人工智能市场规模将在 2025 年底达到 2218.7 亿美元,并且是目前全球增长最快的市场之一。另外,云计算产业已经走过了从炒作到广泛采用的道路,并且日趋成熟。如今,人工智能与云计算正在开始结合,并将在业务可扩展性方面带来很大改变。因此,云计算行业发展必将推动人工智能市场的增长。

人工智能蓬勃发展,这在很大程度上归因于云计算。随着云计算 IaaS、PaaS、SaaS 业务的发展,这个过程中与人工智能的关系会越来越密切,主要体现在以下三个方面。

(1)IaaS 对人工智能的支撑。算法、数据、算力是人工智能底层的三要素。数据是人工智能训练的根基,就如同人类如果要获取一定的技能,就必须经过不断训练才能获得,而且有熟能生巧之说。人工智能也是如此,只有经过大量的训练,神经网络才能总结出规律,应用到新的样本上。如果现实中出现了训练集中从未有过的场景,则网络会基本处于瞎猜状态,正确率可想而知。例如,需要识别勺子,但训练集中勺子总和碗一起出现,网络很可能学到的是碗的特征,如果新的图片只有碗,没有勺子,依然很可能被分类为勺子。因此,对于人工智能而言,大量的数据太重要了,而且需要覆盖各种可能的场景,这样才能得到一个表现良好的模型,看起来更智能。有了数据之后,就需要算力进行训练,不断地训练。人工智能中有一个术语叫 epoch,意思是把训练集翻过来、调过去训练多少轮。只把训练集从头到尾训练一遍网络是学不好的。当然,除了训练,人工智能实际需要运行在硬件上,也需要推理,这些都需要算力的支撑。算法是以哲学、数学、生物学为基础的逻辑认知和系统认知的结晶。多层神经网络在 1969 年出现,但直到 2010 年随着算力和云计算的发展才商业化落地。由此可见,除了算法,人工智能还需要大量数据和超强的计算能力,因此具有近乎无限的数据存储能力和数据处理能力的公共云是构建这些应用程序的理想场所。

(2)PaaS 与人工智能结合来完成行业垂直发展。阻碍人工智能达到临界的最大因素之一是企业内部缺乏具有编程能力的人员。这意味着，虽然企业可能知道如何使用人工智能，但它们没有办法构建应用程序或算法来产生它们渴望的结果。

云计算与人工智能结合还有一个明显的好处，就是降低开发人员的工作难度，云计算平台的资源整合能力会在人工智能的支持下，越来越强大。

云计算改变了这一点，因为这意味着多年的研究和工具可供开发人员用于创建人工智能解决方案。这可以彻底改变企业的规模，因为这些创业公司正在构建令人兴奋的人工智能新的功能。

当前云计算平台正在全力打造自己的业务生态，业务生态其实也是云计算平台的壁垒，而要想在云计算领域形成一个庞大的壁垒，必然需要借助人工智能技术。目前云计算平台开放出来的一部分智能功能就可以直接结合到行业应用中，这会使云计算向更多的行业领域垂直发展。

（3）SaaS 与人工智能结合来拓展云计算的应用边界。当前终端应用的迭代速度越来越快，未来要想实现更快速且稳定的迭代，必然需要人工智能技术的参与。人工智能技术与云计算的结合能够让 SaaS 全面拓展自身的应用边界。

6.2.5　基于云平台的人工智能服务

人工智能的高速发展的目的就是更好地服务其他行业，基于云计算的人工智能即服务正是这一目的的最好呈现。为了在竞争中保持领先地位，越来越多的企业正在寻求将人工智能技术整合到其应用程序、产品、服务以及大数据分析方法中。而企业开始使用人工智能技术的最简单和最流行的方法之一是使用基于云计算的人工智能即服务的产品。

1）人工智能即服务的类型

人工智能的核心是可以采用机器完成人类所做的同样事情。例如，人工智能包含可以查看和识别图片中物体的计算机视觉技术；它还包括使系统能够进行正常对话的自然语言处理技术；以及允许计算机在没有明确编程的情况下开展学习的机器学习技术。人工智能即服务的产品可以将这些类型的人工智能技术作为云计算服务提供。目前市场上的人工智能即服务的产品一般分为以下几类。

（1）机器人和数字助理：这样的服务和产品的例子包括苹果的 Siri、微软的 Cortana 或亚马逊的 Alexa 等。这些工具使用自然语言处理技术与用户进行对话，许多工具还使用机器学习来提高它们的技能。许多企业希望为其产品和网站添加类似的功能。事实上，2017 年支出最多的人工智能用例是自动化的客户服务代理。但从头开始创建自己的机器人对于企业是一个艰巨的任务。作为替代方案，有一些厂商提供机器人平台即服务。而用户利用自己的数据对机器人进行培训，然后通过机器人回答简单的问题，而让工作人员从重复的工作中解脱出来，可以处理更加复杂的任务。

（2）认知计算 API：API 使开发人员可以轻松地将技术或服务集成到正在构建的应用程序或产品中。领先的云供应商都提供各种各样的 API。例如，想要制作照片共享应用程序的开发人员可能会使用面部识别 API 为应用程序提供识别照片中个人的功能。得益于 API，开发人员无须从头开始编写面部识别代码，甚至无须彻底了解它的工作原理。工作人员使用 API 来允许应用程序访问云中的这种功能。API 可用于各种不同的用途，包括计算机视觉、计算机语音、自然语言处理、搜索、知识映射、翻译和情感检测。

（3）机器学习框架：这些工具允许开发人员创建可随时间推移而改进的应用程序。一般来说，它们需要开发人员或数据科学家构建模型，然后使用现有数据来训练该模型。机器学习框架在与大数据分析相关的应用程序中尤其流行，但它们也可用于创建许多其他类型的应用程序。在云端访问这些框架比为自己的机器学习任务设置自己的硬件和软件更容易、成本也更低。

（4）完全托管的机器学习服务：有时候组织机构想要将机器学习功能添加到应用程序中，但是它们的开发人员或数据科学家缺乏一些必要的技能或经验。完全托管的机器学习服务使用模板、预建模型或拖放式开发工具来简化和加速使用机器学习框架的过程。

2）基于云平台的人工智能服务的好处

（1）高级基础设施：人工智能应用程序，特别是机器学习和深度学习应用程序，可以在具有多个并行运行工作负载的高速图形处理单元的服务器上执行最佳性能。但是，这些系统对于很多企业来说非常昂贵，无法为组织和用例提供更多的帮助。基于云计算的人工智能服务使企业能够以可承受的成本来应用这些超高速计算机。

（2）低成本：基于云计算的人工智能服务不仅不需要为昂贵的硬件支付费用，还可以让组织只为其所使用的硬件支付费用。在云计算中，大多数人工智能工作负载被认为是"突发"的，也就是说，它们需要在很短的时间内获得大量的计算能力。而基于云计算的人工智能服务只收取使用的服务费用，大大降低了成本。

（3）可扩展性：与其他类型的云服务一样，基于云计算的人工智能服务使其非常容易扩展。组织通常从一个试点项目开始，试点项目让组织看到人工智能的用处。基于云计算的人工智能服务可以快速将该试点项目转化为全面生产，并随着需求的增长而扩大规模。

（4）可用性：一些最好的人工智能工具可使用开源许可证，虽然价格低廉，但这些开源人工智能工具并不总是很容易使用。基于云计算的人工智能服务通常使开发人员更容易访问人工智能功能，而无须他们成为这方面的技术专家。

3）基于云计算的人工智能服务的缺点

基于云计算的人工智能服务的两个最大的缺点也是所有云计算服务都面临的两个问题：安全性和合规性。

许多人工智能应用程序（尤其是结合机器学习功能的应用程序）依赖于大量的数据。如果这些数据将驻留在云中或转移到云端，组织需要确保它们具有适当的安全措施，包括在空闲和传输时进行加密。

在某些情况下，法规可能会阻止某些行业的某些类型的敏感数据存储在云中。其他法律要求某些数据必须在其所在国家的境内。在这些情况下，可能无法将人工智能用作这些特定用例的服务。

　　另一个潜在的缺点是基于云计算的人工智能服务可能非常复杂，组织将不得不花费时间和精力来培训或聘用具有人工智能和云计算技能的员工。

🌀 6.3　云计算与商务智能

6.3.1　商务智能的概念

　　随着信息化时代的来临，现今企业的进一步发展离不开各种系统的支持，如 ERP、CRM、人力资源（human resource，HR）等业务系统，商务智能由此应运而生。商务智能系统通常是一个独立的系统，能够从传统业务系统中获取各类客户数据和业务数据，建立多层次的分析体系，并将其转化成有商业意义的信息。

　　商务智能最早由 Luhn[8]在 IBM 内部的一本杂志上面发表的一篇文章中提及，这篇文章中提到了"商务智能"这一名词，指的是一种用于生意处理的信息系统。1989 年 Gartner Group 的分析师霍华德·德雷斯纳（Howard Dressner）创造了商务智能这一术语。商务智能能够将企业中的数据整合，准确、快速地提取其中的有用信息，并析出对于决策有利的依据，能够帮助管理者做出决策。一些观点认为现代商务智能就是利用各种工具、技术和应用程序将数据转换为可操作的信息的过程[9]。

　　2013 年，人们对商务智能的认知还停留在商务智能是一个总称，指的是用于分析组织原始数据的各种软件应用程序的阶段。目前商务智能已经开始成为一种用于描述企业范围内使用数据、分析信息、制定决策和管理绩效原则的术语，而且应该用全面的绩效提升来衡量商务智能的成功与否。衡量商务智能的成功与否，不再是数据组织的有序，数据的抽取、转换、装载（extract-transform-load，ETL）过程的更完美化，不再是异构数据的集成能力，也不再是数据变换和数据归约的强大功能，而是商务智能有助于促进企业业绩的提升。此外，商务智能分析型系统应该强调它的效果，也就是说，商务智能必须要促进业务或某一方面业务的顺利展开，提升业绩。商务智能的核心在于应用。

　　商务智能的概念和商务智能系统的发展都不是一蹴而就的过程，商务智能系统的雏形可以看作事务处理系统。后来在事务处理系统的基础上出现了高级管理人员信息系统，它是商务智能发展的又一个层级，相对于初级的事务处理系统来说，它在分析和处理综合性与复杂性问题的能力上有了进一步的提高。在管理信息系统的基础上，又出现了决策支持系统，最终出现了商务智能系统。商务智能系统可以为决策者提供智能服务，而且越来越多地支持非结构性问题的处理，在决策的支持上也要比决策支持系统进步，更好地分析和处理综合性和复杂性较高的问题。

　　商务智能系统虽然可以提供智慧服务，但它所有功能的完成仍然依赖于原始的业务数据，这些海量的数据是智慧服务的基础，对这些数据的存储及加工处理仍然占有很重要的位置，可以说商务智能系统的核心就是数据仓库系统。商务智能系统首先要收集大量的数据并对其整理，形成可供使用的数据。然后把这些经过预处理的数据进行加工，转化成信息，形成的最终智慧产品用于指导商务实践。IBM 曾经提出过一个体系结构，主要有下面几个组成部分：外部数据源、数据仓库建模和构造工具、数据管理、访问工具、决策支持工具、商务智能应用、元数据管理。以上几个部分通过体系内的协作可以提供数据分析与管理、知识发现等功能。

6.3.2　商务智能的发展

相比于国内，商务智能在国外出现得较早，因此，在国外的学术研究领域相对发展得较为成熟。商务智能出现于 20 世纪末期，20 世纪 90 年代后期有了飞速发展，越来越多的企业需要商务智能。具体来说，商务智能的发展历经了事务处理系统、应用执行信息系统和决策支持系统等。随着网络的出现和普及，在决策支持系统的基础上演变为商务智能成为必然，原因是基于 Web 的信息系统在企业中广泛使用，使企业的数据近乎爆炸式地增长，而产生了对数据处理分析的新需求，就需要一种工具挖掘这些数据来创造更高的价值。通常将商务智能的发展分为三个阶段。

（1）商务智能系统是旨在完成有限范围的操作业务活动的商务信息系统，并且以相同的方式存储操作数据。在这个阶段几乎所有的决策都必须依赖于运营数据，有时甚至会发生冲突。

（2）历史数据从运营数据分离到数据仓库，这些数据仓库专门用于存储和提供对这类数据的快速访问。它还总结了各种长方体的数据，从而简化了决策过程。

（3）数据挖掘技术和人工智能发展了今天的商务智能系统，以便为决策提取知识。

6.3.3　商务智能的应用

商务智能自身能够从大量数据中提取有用信息，用以提供决策辅助信息给决策者的特点，使商务智能适用于企业、客户、产品线、市场、信息规模庞大的行业以及某些政府部门。商务智能主要应用于具有一定条件的行业，这些条件包括：用户数量达到一定规模、用户面临激烈的市场竞争、用户在信息技术方面的资金能够得到保障等。商务智能应用的行业领域主要集中在金融、电信、政府及消费市场等。技术不断发展，使商务智能有着更广泛的适用性。

商务智能在企业中主要应用于三个方面：运营分析、战略决策支持以及绩效管理。同时也指出其在运营分析中的使用，主要表现在财务方面。财务分析主要针对财务指标，如利润、费用等财务方面的指标进行分析。战略决策支持主要是指商务智能技术能够帮助管理者或者决策者获取企业生产经营的各种有价值的信息，帮助其挖掘更多反映生产经营状况的信息，分析一些看似不相关的信息的内在联系，帮助决策者更好地制定决策。绩效管理主要指的是商务智能的应用帮助企业进行全面质量管理、绩效考核等，能够将企业的各个方面结合在一起，共同辅助企业持续发展。

除此之外，商务智能在销售预测、异常行为检测、个性化推荐以及数据质量评估等方面有着广泛的应用。关于预测，如通过基于在线用户行为数据的销售预测数据挖掘框架来预测销售趋势，随之进一步地研究用户的购买量；利用天猫的真实行为数据进行分析，利用模型预测用户未来的购买量。关于异常行为检测，如基于风险评估的模型，用于社交网络中的异常行为检测，能够保证数据安全。关于推荐，如基于关联规则的方法对不同性别用户的网上购买行为进行分析，分别为用户进行商品推荐；基于用户的实际行为操作，基于分解机（factorization machine，FM）算法的良好用户行为预测模型，预测顾客行为，最终用于产品个性化推荐；关于数据质量评估，如通过衡量用户满意度间接衡量数据的质量。

6.3.4　云计算与商务智能的关系

商务智能与云计算相结合，把商务智能转移到云计算的平台上，将在很大程度上提高商务智能的运行速度、数据存储能力、数据分析能力、决策判断能力等。例如，IaaS上可以提供虚拟化服务器，而且云能够提供海量的数据存储空间，有助于企业存储越来越多的信息。商务智能的应用软件可移植到云计算平台上，由 SaaS 方式提供服务。在云的不同种类中，企业的商务智能可选择公共云、私有云、混合云几种。与云计算技术结合的商务智能自下而上可划分为三个部分：底层为基础层，负责商务智能的数据仓库、存储处理计算等；中间为平台层，提供编程接口、逻辑实现等功能；顶层为实现层，根据用户的个性化定制，将数据分析的结果呈现给用户。

商务智能与云计算都是未来的趋势。基于云计算模式的商务智能，其本质是商务智能，其平台是云计算，它结合了两者的优势。云计算的海量存储、运输、分析、挖掘能力为商务智能提供了良好的基础，同时其拥有的相比传统模式更为低廉的收费，使企业减少成本，有助于吸引中小企业的加入。将商务智能与云计算相结合，其强大的功能将为企业管理决策带来前所未有的助力。

1）IaaS 与商务智能

IaaS 将信息技术基础设施能力（如服务器、存储、计算能力等）通过互联网提供给用户使用，并根据用户对资源的实际使用量或占用量进行计费。IaaS 所提供的资源是富有弹性的，当用户需要的时候能够立即提供，而当用户不需要时能够自动收回。一台物理服务器上可以运行多台虚拟服务器。商务智能的核心技术之一是数据仓库。数据仓库的构建可以转移到云平台，在 IaaS 的虚拟服务器上实现。商务智能最后提供给管理者的决策建议，其准确度与数据仓库中的数据有很大的关系。数据越多、越有效，则其决策系统也将越精准。现有的物理服务器、存储器难以负荷过大的数据信息量。将数据仓库建立在云上，有利于更大信息量的存储与分析。

2）SaaS 与商务智能应用

SaaS 是一种基于互联网提供软件服务的软件应用模式。它能够以较低的成本为用户提供商业软件服务，免除了由与软件使用相关的安装、管理、支持、授权等导致的复杂问题，并使用户能够获得与在本地操作近似甚至更好的体验。

微软把 SaaS 的实现架构划分为 4 个成熟度等级。商务智能软件在 SaaS 的实现以

SaaS 服务架构的第 4 级成熟度为前提。第 4 级成熟度包括呈现层、调度层、业务层与数据层。商务智能实质上是一种应用，将它构建在云平台上，作为 SaaS 提供服务，它将从这四个层次显现出前所未有的极佳效果。呈现层提供 SaaS 的实现方式，它决定了应用能够实现的用户体验水平。商务智能并不是主要为信息技术人员服务，而是为管理者服务。商务智能的可视化水平将影响管理者对决策信息的接受程度。所谓的可视化技术是指通过计算机图形学和图像处理技术，将数据转换为图形或图像显示等。呈现层将商务智能分析得出的信息与结果用可视化形式表示出来。信息表达、解释和评估的可视化有助于理解所获得的信息并检验信息的实用性。调度层将客户端发出的请求调度到合适的业务处理服务器上，提高 SaaS 的交付性能与资源利用率。业务层和数据层为商务智能应用程序的高效运行提供支持。

在 SaaS 上，商务智能可提供不同的扩展包，分别为基础包、专业包、企业包。企业可根据自身需要购买不同层次的扩展包。这三个包处于递进的模式，给企业提供了更多的选择。

3）私有云、混合云与商务智能

私有云备受企业关注的重要原因之一，就是私有云拥有比公共云更私密的保护性。虽然其共享性因此受到影响，但是由于商务智能中所分析的数据都是企业内部数据，采用私有云可以对数据进行较好的保护。因此商务智能构架在私有云上，不仅使数据得到一定的保护，还可以享受云计算架构带来的好处。

混合云结合了公共云和私有云的特点，是在云中存在两种或两种以上云的类型。混合云有机整合了公共云和私有云，使用户的数据和应用能根据不同需要在不同的云中迁移。它使企业既有自己的云计算环境，同时也能使用外部公共云计算的服务。它兼顾了公共云的成本优势和私有云的安全性。

6.3.5 基于云计算的商务智能的优点

（1）提供更强大的数据存储和管理能力。面对海量的数据，传统的数据仓库模式已经难以满足当今的需求。基于云计算模式的商务智能则可以通过虚拟服务器、虚拟存储等服务，提供给企业更强大的数据存储和管理能力。

（2）提高商务智能的实时性。企业的现状，包括业务信息、客户信息等不断变化，要做出更为准确、有效的决策，就对商务智能的实时性提出了很高的要求。基于云计算模式的商务智能具有更快速、高效、稳健的运行性能，还具有传统商务智能所没有的扩展性。

（3）硬件冗余自动故障切换。云计算将商务智能所需的数据、应用进行分块，建立副本，保存在不同服务器中，避免了物理的硬件损坏。

（4）负载均衡。云计算商务智能可以将工作量均匀分配到不同服务器上，避免个别服务器工作负荷过大，让商务智能能够发挥最大效用。

（5）个性化定制。将商务智能构建在云上，SaaS 将从呈现层、业务层、数据层等层面，提供更人性化、更符合企业自身的可定制化配置和用户可自定义功能。

（6）低成本。基于云计算模式的商务智能符合企业追求低成本的理念，有助于增大商务智能在中小企业中的发展力度，吸引到更多的企业商家选择商务智能。

6.3.6　基于云计算的商务智能的安全问题

云计算的安全性一直是备受关注的问题。云安全主要包括两个方面，第一是系统安全，第二是数据安全。在云计算环境下，用户对云计算数据中心的强依赖性，以及云计算服务对网络条件的高要求，使系统安全备受重视。虚拟存储等服务，实际上是将企业的内部数据外包给服务提供商，这使数据的私密性保护成为云计算模式的一个困扰。但是，通过建立正确的安全模型、选择正确的安全方法，在云计算平台上也可以实现对数据、系统安全性的保障。

在融合云计算的商务智能中，针对安全问题，可在原模型中设置一层安全层。云模式商务智能的安全模型构建主要包括三个层面的安全性保障措施：基础设施层、底部架构层、数据信息层。

在基础设施层上，根据安全防护需求，将云计算划分成几个安全域，各安全域之间通过防火墙进行隔离。虚拟机接收到的包必须经过虚拟网卡，这个虚拟网卡可对经过它的包进行过滤选择。若某个包是发往不允许接收的端口，则虚拟网卡会丢弃这个包，以此避免虚拟端口受到攻击。通过防火墙的隔离，确保各安全域之间的数据传输的安全性和稳定性。由于云计算需要建立在互联网之上，因而对基础网络的安全性也有要求。云模式商务智能的平台应进行统一 IP 地址规划，对各部分再进行 IP 地址和数据链路层地址绑定。此外还应建立异常流量监控体系，以防网络受到攻击。

在底部架构层上，主要针对的是 IaaS。解决办法之一，就是将一系列虚拟机进行划分，在同一区域内的虚拟机拥有一致的安全水平，相互之间可以安全交换信息，并与非该区域的虚拟机隔离，通过特定的安全策略与可信虚拟域外的虚拟机进行通信。所有加入可信虚拟域内的虚拟机都需要事先通过安全认证。

在数据信息层上，可采取数据备份、身份认证、权限管理、加密传输等技术，实现对数据信息安全性和完整性的保护。为防止数据不慎被损坏，需要对数据信息进行备份与恢复。通过对用户身份进行认证，确保以身份进行操作的操作者就是这个数字身份的合法拥有者，也就是保证操作者的物理身份与数字身份相对应。

❀ 6.4　云计算与物联网

6.4.1　物联网的产生背景

物联网的实践最早可以追溯到 1990 年施乐公司的网络可乐贩售机——Networked Coke Machine。1995 年，比尔·盖茨在《未来之路》中提出物联网，但由于受限于当

时的无线网络、硬件及传感器的发展，并没有引起太多关注[10]。1999 年，麻省理工学院
Auto-ID 中心的阿什顿（Ashton）教授在研究射频识别（radio frequency identification，RFID）
时最早提出了物品编码、RFID 和互联网技术相结合的解决方案。当时基于互联网、RFID
技术、产品电子码（electronic product code，EPC）标准，在计算机互联网的基础上，
利用 RFID 技术、无线数据通信技术等，构造了一个实现全球物品信息实时共享的实物
互联网（简称物联网）。1999 年，在美国召开的移动计算和网络国际会议上提出了"传
感网是下个世纪人类面临的又一个发展机遇"，传感器的重要性得到了学术界的充分肯
定。2003 年，美国《技术评论》提出：传感网络技术将是未来改变人们生活的十大技
术之一。

2005 年 11 月 17 日，在突尼斯举行的信息社会世界峰会（World Summit on the
Information Society，WSIS）上，国际电信联盟（International Telecommunication Union，
ITU）发布《ITU 互联网报告 2005：物联网》，引出了"物联网"的概念，介绍了物联网
的特征、相关的技术、面临的挑战和未来的市场机遇。ITU 在报告中指出，我们正站在
一个新的通信时代的边缘，信息与通信技术的目标已经从满足人与人之间的沟通，发展
到实现人与物、物与物之间的连接，无所不在的物联网通信时代即将来临。物联网使我
们在信息与通信技术的世界里获得一个新的连接维度，如图 6-1 所示。

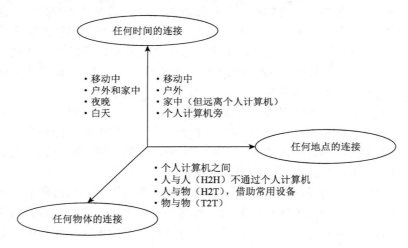

图 6-1　物联网中的连接维度

将任何时间、任何地点连接任何人，扩展到连接任何物品，就形成了物联网。2008 年
后，为了促进科技发展，寻找经济新的增长点，各国政府开始重视下一代的技术规划，
将目光放在了物联网上。奥巴马就任美国总统后，2009 年 1 月 28 日，与美国工商业领
袖举行了一次"圆桌会议"，作为仅有的两名代表之一，IBM 首席执行官彭明盛提出"智
慧地球"这一概念，建议政府投资新一代的智慧型基础设施，随后得到美国各界的高度
关注。当年，美国将新能源和物联网列为振兴经济的两大重点。IBM 认为，信息技术产
业下一阶段的任务是把新一代信息技术充分运用在各行各业之中，具体地说，就是把感
应器嵌入和装备到电网、铁路、桥梁、隧道、公路、建筑、供水系统、大坝、油气管道

等各种物体中，并且被普遍连接，形成物联网。在策略发布会上，IBM 还提出，如果在基础建设的执行中，植入"智慧"的理念，不仅能够在短期内有力地刺激经济、促进就业，而且能够打造一个成熟的智慧基础设施平台。IBM 希望"智慧地球"策略能够在"互联网"浪潮之后掀起又一次科技产业革命。欧洲智能系统集成技术平台在 *Internet of Things in 2020* 报告中分析预测，未来物联网的发展将经历四个阶段，2010 年之前 RFID 被广泛应用于物流、零售和制药领域，2010～2015 年物体互联，2015～2020 年物体进入半智能化，2020 年之后物体进入全智能化。因此，"物联网"被称为下一个万亿级的通信业务。在国家推动工业化与信息化两化融合的大背景下，物联网是工业乃至更多行业信息化过程中一个比较现实的突破口。

6.4.2　物联网的定义

物联网就是"物物相连的互联网"。这有两层意思：第一，物联网的核心和基础仍然是互联网，是在互联网基础上的延伸和扩展的网络；第二，其用户端延伸和扩展到了任何物品与物品之间，进行信息交换和通信[11]。

物联网中"物"要满足以下条件才能够被纳入"物联网"的范围。

（1）要有数据收发装置和传输通路。

（2）要有一定的存储和计算功能。

（3）要有专门的应用程序或操作系统。

（4）要遵循标准的网络通信协议。

（5）要有可被识别的唯一编码。

只有满足以上条件的"物"才能够提供或使用物联网相关服务，进行物体之间或者物体与人之间的信息交换。

严格来说，物联网的定义是通过 RFID、红外感应器、全球定位系统、光扫描器等信息传感设备，按约定的协议，把任何物品与互联网连接起来，进行信息交换和通信，以实现智能化识别、定位、跟踪、监控和管理的一种网络。目的是让所有的物品都与网络连接在一起，方便识别和管理，核心是将互联网扩展应用于我们所生活的各个领域。

国内对物联网的定义为：物联网指的是将无处不在的末端设备和设施，包括具备"内在智能"的传感器、移动终端、工业系统、楼控系统、家庭智能设施、视频监控系统等和"外在使能"的，如贴上 RFID 的各种资产、携带无线终端的个人与车辆等"智能化物件或动物"或"智能尘埃"，通过各种无线和/或有线的长距离和/或短距离通信网络实现设备与设备之间的互联互通、应用大集成，以及基于云计算的 SaaS 营运等模式，在内网、专网和/或互联网环境下，采用适当的信息安全保障机制，提供安全可控乃至个性化的实时在线监测、定位追溯、报警联动、调度指挥、预案管理、远程控制、安全防范、远程维保、在线升级、统计报表、决策支持、领导桌面（集中展示的仪表盘模块）等管理和服务功能，实现对"万物"的"高效、节能、安全、环保"的"管、控、营"一体化。

物联网是一个基于互联网、传统电信网等信息承载体，让所有能够被独立寻址的普通物理对象实现互联互通的网络。它具有普通对象设备化、自治终端互联化和普适服务智能化三个重要特征。2009 年 9 月，欧盟委员会信息和社会媒体司 RFID 部门负责人洛伦特·费德里克斯（Lorent Ferderix）给出了欧盟对物联网的定义：物联网是一个动态的全球网络基础设施，它具有基于标准和互操作通信协议的自组织能力，其中物理的和虚拟的"物"具有身份标识、物理属性、虚拟的特性和智能的接口，并与信息网络无缝整合。物联网将与媒体互联网、服务互联网和企业互联网一道，构成未来互联网。

基于 RFID 的物联网定义为：物联网是在计算机互联网的基础上，利用 RFID、无线数据通信等技术，构造一个覆盖世界上万事万物的物联网。在这个网络中，物品（商品）能够彼此进行"交流"，而无须人的干预。其实质是利用 RFID 等通信技术，通过计算机互联网实现物品（商品）的自动识别和信息的互联与共享。

由以上定义可以看出，物联网所涉及的技术众多，是一个新型的交叉学科，涉及计算机、网络信息安全、软件工程、电子通信、人工智能、信息管理、大数据等多项内容。当前，对于物联网的研究已经逐步走出实验室，面向大众化的物联网应用也开始渗透到人们的日常生活中，在各行各业发挥作用。

6.4.3　物联网的特征

物联网与传统的互联网相比具有鲜明的特征。

首先，物联网是各种感知技术的广泛应用。物联网底层部署了海量的多种类型的传感器，每个传感器都是一个信息源，不同类别的传感器所捕获的信息内容和信息格式不同。传感器获得的数据具有实时性，按一定的频率周期性地采集环境信息，不断更新数据。

其次，物联网是一种建立在互联网上的泛在网络。物联网技术的重要基础和核心仍旧是互联网，通过各种有线和无线网络与互联网融合，将物体的真实信息实时、准确地传递出去。在物联网上的传感器定时采集的信息需要通过网络传输，由于其数量极其庞大，形成了海量信息，在传输过程中，为了保障数据的正确性和及时性，必须适应各种异构网络和协议。

最后，物联网不仅提供了传感器的连接，其高层也具有一定的智能处理能力，能够对物体实施智能控制。物联网将传感器和智能处理相结合，利用云计算、模式识别等各种智能技术，扩充其应用领域。从传感器获得的海量信息中分析、加工和处理出有意义的数据，以适应不同用户的不同需求，发现新的应用领域和应用模式。

物联网的特征主要体现在以下四个方面。

1）连通性

连通性是物联网的本质特征之一。ITU 物联网的"连通性"有三个维度。

（1）任意时间的连通性。

（2）任意地点的连通性。

（3）任意物体的连通性。

2）技术性

物联网是技术发展的产物，代表着未来计算与通信技术的融合发展趋势，而其发展又依赖众多技术的支持，尤其是无线射频技术、传感技术、纳米技术、智能嵌入技术。

3）智能性

物联网使人们所处的物质世界得以极大程度的数字化、网络化，使世界中的物体不仅以传感方式也以智能化方式关联起来，网络服务也得以智能化。物联网具有智能化感知性，它可以感知人们所处的环境，最大限度地支持人们更好地观察、利用各种环境资源以便做出正确的决策与判断。

4）嵌入性

物联网的嵌入性表现在两个方面。

（1）各种各样的物体本身被嵌入人们所生活的环境中。

（2）由物联网提供的网络服务将被无缝地嵌入人们的日常工作与生活中。

根据以上分析可知，物联网有四大特性：全面感知、可靠传输、海量存储、智能处理。全面感知也就是利用 RFID、传感器、二维码，甚至其他各种机器，能够随时采集物体动态。感知的信息是需要传出的，通过网络将感知的各种信息进行实时传送，现在无处不在的无线网络已经覆盖了各个地方，在这种情况下，感知信息的可靠传输变得非常现实。海量存储是指把感知的信息通过文件系统、数据库和大数据等技术进行高效存储，提供给相关用户进行分析挖掘和进一步处理。智能处理是指利用云计算等技术及时对海量信息进行处理，挖掘数据的潜在价值，真正达到人与人的沟通、物与物的沟通、人与物的沟通。

6.4.4　物联网的发展状况

物联网被看作继计算机、互联网与移动通信网之后的又一次信息产业浪潮。各国政府和企业纷纷看好其产业前景，包括中国、美国在内的多国将其提升到国家战略层面。

1. 物联网在国外的发展状况

目前世界各国的物联网基本都处于技术研究与试验阶段：美、日、韩以及欧洲一些国家都正投入巨资深入研究探索物联网，并启动了以物联网为基础的"智慧地球"、"物联网行动计划"、U-Japan、U-Korea 等国家性区域战略规划。

美国政府高度重视物联网的发展。IBM 提出"智慧地球"理念后，迅速得到了奥巴马政府的响应，《2009 美国复苏与再投资法案》提出要在电网、教育、医疗卫生等领域加大政府投资力度，带动物联网技术的研发应用，发展物联网已经成为美国推动经济复苏和重塑其国家竞争力的重点。美国国家情报委员会发表的《2025 年对美国利益潜在影响的关键技术报告》中，把物联网列为六种关键技术之一。此间，美国国防部的"智能微尘"、美国国家科学基金会的"全球网络研究环境"等项目也都把物联网作为提升美国创新能力的重要举措。与此同时，以思科、德州仪器、英特尔、高通、IBM、微软公司等企业为代表的产业界也在强化核心技术，抢占标准建设制高点，纷纷加大投入用于物联网软、硬件技术的研发及产业化。

2009 年 6 月，欧盟委员会递交了《欧盟物联网行动计划通告》（以下简称《通告》），以确保欧洲在构建物联网的过程中起主导作用，《通告》提出了 14 项物联网行动计划，后又发布了《欧盟物联网战略研究路线图》，提出欧盟到 2010 年、2015 年、2020 年三个阶段物联网研发路线图，并提出物联网在航空航天、汽车、医药、能源等 18 个主要应用领域，以及识别、数据处理、物联网架构等 12 个方面需要突破的关键技术领域。目前，除了进行大规模的研发外，作为欧盟经济刺激计划的一部分，物联网技术已经在智能汽车、智能建筑等领域得到普遍应用。

欧盟委员会以政策文件的形式对外发布了物联网战略，提出要让欧洲在基于互联网的智能基础设施发展上领先全球，除了通过 ICT 研发计划投资 4 亿欧元，启动 90 多个研发项目提高网络智能化水平外，欧盟委员会还于 2011～2013 年间每年新增 2 亿欧元进一步加强研发力度，同时拿出 3 亿欧元专款，支持物联网相关公司合作短期项目建设。为了加强政府对物联网的管理、消除物联网发展的障碍，欧盟制定了一系列物联网的管理规则，并建立了一个有效的分布式管理架构，使全球管理机构可以公开、公平、尽责地履行管理职能。为了完善隐私和个人数据保护，欧盟提出持续监测隐私和个人数据保护问题，修订相关立法，加强相关方对话等；欧盟委员会将针对保证个人可以随时断开联网环境开展技术、法律层面的辩论。此外，为了提高物联网的可信度、接受度、安全性，欧盟积极推广标准化，欧盟委员会将评估现有物联网相关标准并推动制定新的标准，确保物联网标准的制定是在各相关方的积极参与下，以一种开放、透明、协商一致的方式达成的。

日本是世界上第一个提出"泛在网"战略的国家，2004 年日本政府在两期 E-Japan 战略目标均提前完成的基础上，提出了 U-Japan 战略，其战略目标是实现无论何时、何地、何物、何人都可受益于计算机通信技术的社会。物联网包含在泛在网的概念之中，并服务于 U-Japan 及后续的信息化战略。通过这些战略，日本开始推广物联网在电网、远程监测、智能家居、汽车联网和灾难应对等方面的应用。2009 年 3 月，日本总务省通过了面向未来三年的"数字日本创新计划"，物联网广泛应用于"泛在城镇""泛在绿色 ICT""不撞车的下一代智能交通系统"等项目中。2009 年 7 月，日本信息技术战略本部发表了《i-Japan 战略 2015》，作为 U-Japan 战略的后续战略，目标是"实现以国民为中心的数字安心、活力社会"，强化了物联网在交通、医疗、教育、环境监测等领域的应用。2012 年全日本总计发展物联网用户（放号量）超过了 317 万个，主要分布在交通、监控、远程支付（包括自动贩卖机）、物流辅助、抄表等九个领域。

2. 物联网在国内的发展状况

自 2009 年国家提出物联网计划以来，我国掀起了发展物联网战略产业的热潮。我国在这次信息化浪潮中与世界保持了同步发展，迅速将物联网提升到国家战略地位，国家五大战略性新兴产业中物联网排在第二位。物联网领域的发展重点已经从早期聚焦于网络末梢的传感器、传感网及其连接方式，逐步向系统化、产业化应用方向转移，智慧农业、智慧交通、智慧环保、智慧健康、智能家居等传统产业基于互联网的转型升级和智能服务已经成为社会关注的重点，并在此基础上提出了实现区域性综合服务和管理智慧化的概念，智慧城市由此成为众多城市的标签；云计算、大数据已经成为推动物联网智慧服务产业发展的创新驱动力，利用互联网为传统产业提供智慧化增值服务的物联网产业开始进入一个更高水平的发展阶段并且面临历史性转折。

现阶段，我国的物联网应用以重点行业内的先导性、示范性应用为主，随着政策推动以及行业的自发性需求增长，部分重点行业和领域的物联网应用得到快速发展，以点带面、以行业带动物联网产业发展的局面逐步呈现。由国家发展改革委、工业和信息化部等多部委联合印发的《物联网发展专项行动计划（2013—2015）》，制定了 10 个物联网发展专项行动计划，其中在应用推广专项行动方面提出到 2015 年在工农业、交通、城市管理、社会事业等方面开展物联网应用示范，部分领域实现规模化推广。专项行动的实施将极大地促进物联网与重点领域的应用接轨。

我国的物联网产业目前在整体上还处在初级向高级发展的阶段，面向物联网智慧服务的核心和关键技术有待突破与提高，物联网智慧服务标准有待建立，相关产业的规模化和国际化水平有待提升；在智慧城市的发展过程中，尽管通过云平台和大数据能够将不同应用集成到平台上，但尚未达到智能调度水平。从产业发展的角度来看，物联网与云计算是大规模信息服务和应用的两个重要支撑，制造业和服务业需要伴随着各类智能应用的发展进行深度融合，唯有两个车轮同时转动，才能承载产业升级、技术革命和社会进步不断前行。

6.4.5　物联网发展的挑战

当物联网技术在大展身手的同时，也面临着一系列待解的难题。在国内甚至全球，我们尚未看到物联网大规模建设的案例，此外，行业壁垒和地域壁垒也限制着物联网的规模发展。从总体来看，物联网技术的发展主要面临着以下一些挑战。

（1）工业基础。物联网的内容取决于现有产业的发展，国内行业信息基础设施不完善，许多企业与西方发达国家相比仍然落后，所以国内相关产业的信息基础设施发达程度和水平短期内很难有新的突破。在现实生活中已可见物联网的具体应用，如远程防盗、高速路不停车收费、智能图书馆、远程电力抄表等，只不过这些仅是物联网技术的雏形，还尚未形成一个庞大的网络。物联网固然给我们构建了一个十分美好的蓝图，在未来，我们可以想象通过物物相连的庞大网络实现智能交通、智能安防、智能监控、智能物流以及家庭电器的智能化控制。但从目前全球状况来看，物联网的发展仍有众多问题需要解决。

（2）技术水平。物联网的产业链很长，与正处于发展阶段的核心技术、产业化应用还有很大的距离，特别是在传感器网络没有工业化规模应用的条件下，传感器90%的核心技术主要在发达国家手中。作为物联网的发源地，西方确实拥有较大的技术优势。

（3）标准化工作。无论在国际还是国内，物联网的核心架构，每一层的技术接口、协议都不规范，与各行业的互联网应用和基本标准化工作相比，缺乏标准化应用所需的普及。

（4）安全性问题。在推进物联网产业发展的同时，要特别注意其可靠性、安全性和隐私保护。物联网社会活动、战略资源基础设施和居民居住的整个结构在全程相互联系的网络上，所有的活动和设施在理论上都是透明的，一旦遭到攻击，安全和隐私将面临巨大的威胁。

国内物联网发展环境也具有一定的挑战性，通过推广应用促进物联网技术的创新发展，物联网的发展是个庞大的系统工程，不是仅靠少数企业就可以完成的，更多的是建立一个产学研用产业联盟，共同突破，产业联盟不仅要对物联网技术和概念进行包装，而且要选择物联网的实际应用与服务为切点，通过物联网实现价值提升。

6.4.6　云计算与物联网的关系

云计算是一个利用虚拟技术构建的虚拟化数据中心。通过把分布在大量计算机和存储设备上的计算存储资源聚集成一个虚拟的资源集合中心，以实现超大规模、虚拟化、多用户、高可扩展性等特点，从而为互联网用户提供低成本、简便易行的服务。物联网需要每个物体都有一个唯一的标识，以便在数据库中检索各物体信息，其部署的大量传感设备，需要持续增长的存储资源和大规模的并行、分布式计算能力，以实现对海量信息的统计、汇总和备份等。云计算不仅可以满足物联网对大规模信息处理的要求，而且可以提供灵活、安全、协同的资源共享平台，以服务方式向物联网提供计算能力。

物联网将成万上亿计的网络传感器嵌入现实世界的各种设备中，如移动电话、智能电表、汽车和工业机器等，用来感知、创造并交换数据，无处不在的传感网络带来了大量的数据，这些数据正日益成为与实物资本和人力资源同等重要的生产要素。与此同时，云计算为物联网所产生的海量数据提供了很好的存储空间，并使实时在线处理成为可能。特别是云计算概念生出新的概念——云存储，可以通过集群应用、网格技术或分布式文件系统等功能，将网络中大量各种不同类型的存储设备通过应用软件集合起来协同工作，共同对外提供数据存储和业务访问功能。

物联网和云计算是目前信息技术产业的两大新秀，物联网将是云计算最大的用户，二者的融合展开了信息时代的无限遐想。云计算是物联网发展的基石，而物联网又促进着云计算的发展，在大数据时代，二者的融合发展必然能推动数据价值进一步显现。云计算是实现物联网的核心，云计算模式使物联网中各类物品的实时动态管理和智能分析变得可能。云计算为物联网提供了可用、便捷、按需的网络访问，如果没有这个工具，物联网产生的海量信息将无法传输、处理和应用。另外，云计算促进物联网和互联网的智能融合，有利于构建智慧城市。智慧城市的建设从技术发展视角来看，要求通过以移动技术为代表的物联网、云计算等新一代信息技术应用实现全面感知、互联以及融合应用。例如，医疗、交通、安保等产业均需要后台巨大的数据中心，需要云计算中心的支持，而云计算中心是一个智慧城市很重要的基础设施，数据的分析与处理等工作都将放到后台进行操作，都为打造智慧城市提供了良好的基础。

1. 云计算在物联网中的应用

云计算的服务模式主要是 SaaS、IaaS、PaaS 三种。那么，在物联网中应用的服务模式也将会是这三种模式的延伸。

（1）SaaS 在物联网中的应用。当 SaaS 和物联网结合后，物联网也将具备云计算的分享特性，其本质是将物联网所收集的信息进行存储、管理，并对其进行处理，将其作为软件服务的一部分提供给用户，使云计算在物理的感知层面得以延伸。例如，智能商场、智能图书馆、智能温度控制等。

（2）PaaS 在物联网中的应用。PaaS 在云服务中的应用则是由云服务提供商为用户提供一个通用的平台服务。在物联网中，将物联网所形成的通用资源网络平台提供给用户将是 PaaS 在物联网中的服务模式，将物联网的能力进行标准化和通用化，形成统一的接口和平台，通过云计算的方式提供给用户。

（3）IaaS 在物联网中的应用。IaaS 是将基础设施提供给用户，可以让用户自己搭建平台和设计应用的服务。在物联网中的应用是运用云计算的海量数据信息存储能力和强大的数据处理能力，处理物联网中的海量数据信息，实现物理资源的共享。IaaS 的基础设施是虚拟化的、底层无关的，对于物联网的应用来说，无须考虑内部的结构，为降低应用成本提供了支持，为智能化的物联网提供了支持。

2. 云计算与物联网结合方式

物联网与云计算各自具备很多优势，结合方式可以分为以下几种。

（1）一对多方式：即单一云计算中心，多个物联终端。此类模式中，多个物联网业务终端采用一个云计算中心作为数据处理中心。终端所获得的信息、数据统一由云计算中心处理及存储，云计算中心提供统一界面给使用者操作或者查看，常用于企业内部的私有云。

（2）多对一方式：即多个云计算中心，单一物联终端。此类模式中，单一物联网业务终端采用多个云计算中心或云服务平台，终端需要多个云计算中心的协同服务。例如，联网用户在通过车载定位终端使用导航服务、加油服务、保养服务时，需要使用多个不同的云计算及云服务类型。比较常用的是多个公共云为用户提供服务。

（3）多对多方式：即多个云计算中心，多个物联终端。对于很多区域跨度较大的企业、单位而言，多个云计算中心、大量终端的模式较为适合。例如，一个跨地区或者多国家的企业，因其分公司较多，要对其各公司或工厂的生产流程进行监控与质量跟踪等，需要使用多个不同类型的云计算及云服务，涉及众多类型的物联终端。比较常用的是多个公共云或混合云为多种类型的用户提供服务。

3. 云计算在物联网中应用的例子

（1）云计算技术在交通物联网中的应用。物联网的发展和应用为现代化交通体系的建设提供了巨大的支持，在当代，汽车数量不断增加，城市交通管理的环境变得日益复杂，依靠人力已经不能保证交通运行的安全性和顺畅性。借助物联网技术，可以利用分布于交通体系各节点的各类设施，与智能化管理调度系统网络连接，实现有效的交通疏导、监控、管理、自动化缴费、信息交互等功能。云计算技术在交通物联网中也体现出了重要的应用价值，如在交通监控与安全管理方面，交通监控系统与物联网对接，每天需要对大量的交通影像信息进行采集和存储，需要处理的数据量庞大，对系统运行的稳定性也有较高的要求。云计算技术本身在海量数据的处理和存储上具有优势，这样就能够有效应对交通监控系统庞大的数据量对物联网运行造成的压力，保证交通运行安全。

（2）云计算技术在电力物联网中的应用。电力物联网的发展为我国电网系统智能化管理提供了有力的支持，为电网系统节能降耗、可持续发展发挥了重要的作用。电力物联网的运行中，需要对各个节点的运行数据进行监控，同时还涉及大量的数据转换，能否保证数据监控与数据转换的有效性，直接关系到电力部门为用户提供服务的质量。云计算技术的应用，可以借助分布式并行编程和海量数据管理两项关键技术，对电力物联网中大量的监控数据、需转换数据进行并行处理，提高监控数据管理、数据转换工作的开展效率，帮助电力部门强化对电网运行状态的把握，强化其为用户高效服务的能力，更好地保证电力物联网功能价值的发挥，保障电力供应的可靠性。

（3）云计算技术在公安物联网中的应用。为保证公共安全，公安系统的物联网建设中包含了大量的监控设备、感应设备，同时建立了强大的信息管理中枢系统，对广泛分布的各类监控设备、感应设备获取的数据信息进行分析处理，从而及时发现公共安全隐患，并对相关违法违规行为进行追查。云计算技术在公安物联网中的应用，主要是利用云计算强大的数据处理和分布式存储等功能优势，实现对不断更新的海量数据的有效处理，保证系统整体稳定运行，以及相关数据的安全性，同时降低公安物联网运行对基础建设投入的需求，控制公安系统建设运行成本。此外，云计算高度虚拟化的系统运行模式，也能够减少物理条件对公安物联网运行的限制，面对公共安全环境的复杂多变的特征，云计算技术的应用能够较好地满足公安物联网不断扩展功能的需求，这也为公安物联网功能价值的长期发挥提供了支持。

❀ 6.5 云计算与智能制造

6.5.1 制造业变革与智能制造的提出

制造业每一次深刻变革之后，都会形成全新的制造模式。世界制造业的生产制造模式按照顺序发生了从手工作坊式的单件生产、流水线批量生产到目前的多品种小批量生产的历程，其一直处于动态发展中。制造业变革和工业革命密不可分，第一次工业革命之后，机器大工业逐渐替代了工厂手工业，工厂也替代了手工作坊成为工业时代最普遍的生产方式，同时生产生活开始向城市集中。不过这一时期的生产组织方式，仍以手工作坊式的单件小批量生产为主，基本上都由个人完成产品的设计、加工、装配与检验，这种制造模式具有很好的灵活性，但生产效率低，不足以完成大批量的生产。

　　第二次工业革命之后，机械化程度大为提高。企业开始趋于集中化生产并且规模越来越大，资本和生产向集中靠拢，开始慢慢出现大规模、垂直整合的企业。在这一时期，美国通用汽车公司的阿尔弗雷德·P. 斯隆（Alfred Pritchard Sloan）与美国工程专家亨利·福特（Henry Ford）合作，完成了"零件互换和简单化装配"的突破，将技艺性生产模式发展为以流水线为标志的大批量生产模式。这种制造模式将劳动组织分工协作，以此提升生产过程中标准化与专业化的水平，并把生产线、流水线的方式应用到生产中，使生产成本大为下降并且生产效率显著提高。泰勒的科学管理方式正是在此时提出的。

　　发生在 20 世纪后半叶的信息技术与远程通信技术革命，虽然作为"第三次工业革命"未能得到一致的最终确认，但其为制造模式带来了一定程度的变革。在这一时期，市场复杂性的提高带来了生产需求的多样性发展与竞争的加剧，导致多品种、变批量、短生产周期成为产品生产的发展方向，传统的大量生产正在被更先进的生产模式取代。这些制造模式的主要特点是：需求带动、注重企业合作和科技研发、柔性化生产、具有灵活的组织与信息化管理、注重环保。最近几年发达国家先后提出了计算机集成制造、精益生产和敏捷制造等先进生产模式。同时，工业制造企业开始以价值链、产业链为基础，在全球领域内建立起高效开发和分配资源的生产机制，发达国家制造企业凭借其强项，向产业链的高端区拓展，只将其高附加值与核心环节留在本国，并把基础制造能力向其他国家转移，制造业的全球分工体系在这一时期逐渐显现。

　　外部市场的复杂性不断提高，而产品的价格灵活性、耐用性及可靠性也加剧了复杂性。同时，在产品的数量方面已经不存在确定的预测了，生产者必须越来越灵活，将不同的产品变种，以及在极端情况下把个性化的产品推向市场。同时消费者越发想要迅速得到自己需要的产品，并且对环保与可持续发展提出了更高的要求，以上是整个制造业面临的问题。传统的制造与管理方法不能有效解决上述问题，迫使我们运用最新的科技研究成果和管理工具，通过 20 世纪后 30 年以来发展的 3D 打印技术、纳米技术、新能源技术、新材料技术、智能机器人以及人工智能、大数据等新一代信息技术，并集成发展传统制造技术，提出一种新型的制造模式。在这一背景下，智能制造的概念被提出来。

　　"智能制造"最早在 1988 年美国 P. K. 怀特（P. K. Wright）和 D. A. 布恩（D.A.Bourne）的《智能制造》（*Manufacturing Intelligence*）一书中出现，提出智能制造是集成知识工程、制造软件系统与机器人视觉等技术，在无人工干预下智能机器人独立实现小批量生产的过程。在这一概念提出后不久，欧、美、日等工业化发达国家和地区就开始围绕智能制造开展联合研究，它们指出："智能制造系统是一种融合智能机器与智能行为，在整个制造过程中，从订单、产品设计、生产到营销和销售，以及制造过程的各个方面都可以以柔性方式集成起来，以充分发挥先进生产系统的生产力。"21 世纪以来，智能制造的内涵在云计算、物联网、大数据、人工智能等新一代信息技术的发展下，有了动态的变化。2010 年美国提出，智能制造是智能系统的先进应用，致力于快速制造新产品，动态响应产品需求以及实时优化工业生产和供应链网络。从这一时期开始，包括《德国工业 4.0 战略》在内，世界各主要发达国家开始把智能制造在国家战略层面付诸实践与推广。

6.5.2　智能制造的内涵

关于智能制造现阶段内涵，国内目前一致认可两种表述，一种是中国机械工程学会在 2011 年提出的，智能制造是对制造过程中的信息感知和分析、知识表达和学习、智能决策和执行进行研究的一门全面交叉技术，智能制造技术涉及产品全生命周期中的设计、生产、管理和服务等内容。另一种是 2012 年在科技部印发的《智能制造科技发展"十二五"专项规划》中提出的：智能制造是面向产品全生命周期，实现泛在感知条件下的信息化制造。智能制造技术是在现代传感、网络、自动化、拟人化智能技术等先进技术的基础上，以智能化的感知、人机交互、决策和执行技术实现设计、制造与制造装备的智能化。

国外学者大多认可的智能制造内涵是，智能制造是一个广泛的制造类别，目标是优化概念生成、生产和产品交易。虽然制造可以定义为使用原材料创建产品的多阶段过程，但智能制造是采用计算机控制的，并拥有高级别的自适应性。智能制造意在利用先进的信息和制造技术，实现物理过程的灵活性，以应对动态和全球市场。美国智能制造领导联盟（Intelligent Manufacturing Leadership Cooperation，SMLC）对智能制造有一个简单明了的定义：智能制造就是在任何时间、任何地点按人们和机器所需要的形式使用实时数据和技术。

6.5.3　智能制造的特征

智能制造具有互联、以服务为导向、节能环保、高效自治、数据全面运用、人机一体等六个方面的特征。

互联：智能制造的互联，是运用物联网技术，消除生产、管理与服务过程中存在的一切媒介断层，从而实现泛在的生产设备之间、设备和产品之间以及虚拟与现实的互联。由智能单机设备及以其为基础单位互联组成的智能生产线、车间与工厂，可以动态、随意地组合，从而实现不断变化的制造需求，从而形成虚拟产业集群与不同地域、行业、企业间的跨界融合。

以服务为导向：在智能制造模式下，传统的制造业自动化金字塔的三个层级，即真正的自动化层面、制造执行系统层面和企业资源计划层面在未来都会是以服务为导向的，最终形成一个去等级化的云端的网络。软件服务将与应用程序结合在一起，应用程序将包含特定的功能范围或者功能元素，我们能够非常灵活地使用这些应用程序以支持价值创造过程。一切都以应用程序为基础，以"软件即服务"的形式提供。

节能环保：智能制造借助计算机建模仿真和数据分析技术，优化产品的设计和制造过程，并以客户需求为导向最大限度地减少物质资源和能源的消耗，实现循环再利用，减少排放，保护环境。与此同时，随着 3D 打印技术的推广和完善，以增材制造为特点的制造方式将进一步减少制造过程中资源的浪费。

高效自治：自治能力是智能制造的一个标志性特征，包括自组织、自学习、自维护等能力。自组织能力指各个智能单机设备可以依据工作任务的需要自行组织成一种超柔性的最佳结构，并按照最优的方式运行；自学习能力指智能单机设备通过与环境的动态交互并结合自身信息进行分析、判断和规划自身行为；自维护能力指在原有专家知识的基础上，智能单机设备通过实践不断学习与完善自身知识库，对系统故障进行自我诊断、排除和修复的自维护能力。

数据全面运用：在智能制造模式下，制造企业的所有智能单机设备以及生产者、消费者本身都在源源不断地产生数据，这些数据被记录、传输并被不同的方式处理和加工。生产所产生的数据能够用于对设备本身的监控，同时也能反馈到生产中优化管理与工业控制。价值链上各环节的数据经过深入分析和挖掘，有助于企业将更多环节提升为企业战略优势。同时对宏观经济与行业市场数据的分析，有助于提升企业管理决策和市场应变能力。

人机一体：智能制造系统是一种集成人工智能与专家智慧的混合智能系统。员工自己将会成为一个"扩充算子"，将成为价值创造的指挥者，也将越来越从执行者变为得到技术协助系统支持的评价决策者，逐渐趋于制造的核心地位。同时基于虚拟现实技术的发展与应用，将会出现人机结合的新一代智能交互界面。

6.5.4　智能制造面临的挑战

智能制造面临的挑战分为异构异质系统的融合、复杂大系统管理、高质量高容量网络基础设施建设以及系统安全四个方面的技术挑战，以及数据权属问题、法律监管问题两个方面的法律挑战。

异构异质系统的融合：传统的工业制造系统中存在着不同发展阶段的技术且它们之间相对割裂，同时工业的互联网络之间以及设备之间存在严重的异构异质问题需要解决。解决这一问题，需要一套新的国际技术标准，以实现广域嵌入式设备之间的互联以及与因特网之间的互联。

复杂大系统管理：在智能制造的时代背景下，使用信息技术模型模拟的方式对企业的制造工艺进行配置和优化是一项重大挑战。智能制造系统会由于功能增加、用户定制需求的增加、交付频率的快变化以及不同学科技术和组织的融合而变得越来越复杂。

高质量高容量网络基础设施建设：海量数据运行与计算的可靠性、服务质量的保障、通用带宽容量的提升，这些都会直接影响未来智能制造应用程序的性能。而目前工业领域宽带的基础架构并不是面向大数据、异构异质网络的信息交流，网络的复杂性和成本控制都将迎来挑战。

系统安全：这方面的挑战主要来自升级改造原有设备和陈旧基础设施并不可靠的网络连接功能以及为新的工厂和机器制订解决方案。

数据权属问题：智能制造时代产生的海量数据，需要从法律上解决和保障数据权属的问题，并构建起满足智能制造发展需求的法律框架。

法律监管问题：智能制造本身高效的自治系统所带来的伤害和损害问题的责任界定，会成为智能制造未来发展不可躲避的法律挑战。

6.5.5 国内外智能制造发展现状

面对智能制造模式给制造业带来的新机遇，很多国家紧密围绕智能制造的发展趋势，提出了相应的发展战略，这里主要介绍中国、美国和德国的发展战略。

1. 中国

我国对智能制造的研究开始于 20 世纪 80 年代末，并在近几年受到了越来越多的重视。我国于 2015 年出台的《中国制造 2025》是我国实施制造强国战略第一个十年的行动纲领，该规划从发展形势和环境、战略方针和目标、战略任务和重点、战略支撑与保障四个方面对我国制造业未来十年的发展做出了详细规划。在战略任务和重点中，提出了制造业创新中心建设工程、智能制造工程、工业强基工程、绿色制造工程、高端装备创新工程五项专栏，并于 2015 年底推出了《中国制造 2025》重点领域技术路线图。其中单独针对智能制造工程，我国于 2012 年首先发布了一项《智能制造科技发展"十二五"专项规划》（简称《规划》），该《规划》分为形势与需求，总体思路、基本原则及发展目标，重点任务，保障措施，技术路线图五部分。在此之后，我国又相继在 2015 年和 2016 年推出了智能制造试点示范专项行动，以推广实施其定义的五种智能制造新模式的试点示范工作，其中提到的五种新模式分别是离散型智能制造、流程型智能制造、网络协同制造、大规模个性化定制、远程运维服务。

2. 美国

美国为了保持其在全球制造业中的竞争优势，从 1992 年起就大力支持关键重大技术创新，期望借助智能制造新技术改造传统制造业。2008 年的金融危机之后，美国联邦政府先后推出了一系列制造业振兴计划，如 2009 年 12 月提出的《重振美国制造业框架》、2011 年 6 月提出的《先进制造合作伙伴计划》以及 2012 年 2 月提出的《国家先进制造业战略计划》等。这些计划旨在依靠新一代信息技术、新材料与新能源技术等，在美国快速发展以先进传感器、工业机器人、先进制造测试设备为代表的智能制造。

3. 德国

德国为了应对来自亚洲制造业的竞争威胁以及美国制造业振兴计划的发展，提出了"工业 4.0"计划，希望倚仗德国自身在制造业的传统现有优势，以保证德国制造业未来的发展。德国制造业在全球具备竞争力，是制造设备行业的全球领导者，这些基本上都归功于德国对新制造技术在创新方面的研究、开发和加工制造以及在复杂工业制造业进程管理方面的专业化。德国强悍的机械和设备制造业、在全球具有竞争优势的信息技术能力以及其在嵌入式系统和自动化工程方面的专业知识决定了它非常适合发展成为制造工程行业的领导者。德国因此提出了一种新型工业化模式：工业 4.0。为了从工业制造业的生产加工转变到工业 4.0，德国采取了两个层面的战略：一是德国的制造设备行业通过不断将信息和通信技术整合到其传统的高科技战略中，使其成为智能制造技术的领先供应商；二是通过创建和服务信息物理融合系统（cyber-physical-system，CPS）技术和产品以开拓新的主要的市场。德国通过落实三项集成即横向、纵向、端到端集成来实现上述战略目标，并在其认定的八个关键领域采取切实行动。

6.5.6　云计算对智能制造的作用

过去的几十年里，我国的制造业得到了迅速发展，产业基础越做越大，产业体系不断完备和健全，自主创新能力不断增强，为我国的经济社会发展做出了突出贡献。然而，随着我国经济由要素驱动向创新驱动的转变，先进制造技术也正在向信息化、网络化、智能化方向发展。与全球先进水平相比，我国制造业主要集中在中低端环节，产业附加值低。发展智能制造业成为实现我国制造业从低端制造向高端制造转变的重要途径。

云计算时代的智能制造已不是信息技术的单项应用，而是对整个企业运营生产的全面渗透。云计算将与制造企业生产的全生命周期实现深度融合，并向生产设备智能化、设计/制造协同化、产品个性化、制造过程服务化等方向发展，为提高中国制造业在全球产业链的附加值和规模提供了弹性支撑和服务创新空间。

1. 助推生产设备智能化

智能制造加速了云计算的普及，云计算不仅解决了传统信息技术成本高、部署周期长、使用及管理效率低下的难题，在数字时代云计算更大的价值在于，快速通过物联网、人工智能、大数据等新技术带动产业融合和升级。新一代信息技术与制造技术的融合创新，加快了机械、航空、船舶、汽车、轻工、纺织、食品、电子等行业生产设备的智能化改造，提高了精准制造、敏捷制造能力。未来，将会重点研发具有深度感知、智慧决策、自动执行功能的高档数控机床、工业机器人、增材制造装备等智能制造装备以及智能化生产线，突破新型传感器、智能测量仪表、工业控制系统、伺服电机及驱动器和减速器等智能核心装置，推进工程化和产业化发展。

2. 实现更好的协同化

传统制造业从研发、设计、制造、交付到运营和管理等，系统之间存在大量数据孤岛，这成为从规模型制造向柔性生产转型的技术瓶颈。同时，不同系统的数据无法共享，难以互联互通，无法通过全流程智能分析提高业务管理运营效率。在数字经济时代，个性化服务创新能力和市场迅捷响应速度直接决定着企业的竞争力。

设计与生产部门通过网络共享统一云平台，构建虚实结合、实时同步的"平行世界"，打造虚实结合的数字化工厂。云平台将汇集企业生产要素和资源，使整个供应链上的企业与其合作伙伴共享客户、设计、生产经营信息，并进行并行工作；设计制造过程将采用网络协同组织和众包等方式，以缩短生产周期，快速响应客户需求，提高设计、生产的柔性。

现在越来越多的制造企业通过托管云和混合云替代传统信息技术，以提高业务响应速度和企业内部运营效率。通过新技术提质增效（提高质量、提高效率）成为提高现有制造业运营效率的起点。相对于传统的信息技术和业务系统的分离，以云计算为代表的新一代信息技术与制造业的深度融合，不仅优化了制造业全流程资源使用效率、提高了企业生产效率和经济效益，同时，可以通过制造业产业协作和重塑，带动中国制造业的整体提质、增效、升级。

云计算深入渗透到制造企业的所有业务流程，能够根据用户的业务需求，经济、快捷地进行信息技术资源分配，实现实时、近实时信息技术交付和管理，快速响应不断变化的个性化服务需求。不仅有助于促进创造优质附加值和制造业生产效率的提升，还提升了制造企业的整体竞争力，灵活应对复杂的国际环境变化，为经济全球化环境下制造企业实现智能制造打下坚实的基础。

3. 营销云实现产品个性化

利用云计算技术，结合计算智能、柔性制造，创新设计生产模式，针对消费者个性化需求，可实现定制产品的批量生产，由规模化标准产品向个性化定制产品延展。例如，尚品宅配借助云计算和大数据技术预测市场和进行加盟商选址推荐，打造家装生态圈，打造柔性化和智能化生产线，在个性化的基础上实现批量化，有效控制成本。

4. 实现制造服务化

提高服务在制造业的占比，从传统制造业向服务型制造业转型，成为优化中国制造业格局的关键。《中国制造2025》中明确指出，要改造提升传统产业，促进生产型制造向服务型制造转变。同时制造业向服务化转型也是推动供给侧结构性改革，创造新供给、满足新需求的要求。

在新经济下，随着制造业产品复杂程度的不断提高，单纯的"以产品为中心"的制造业不仅产品开发周期长、产品附加值低、业务创新能力不足，同时整个产业链上下游企业相互隔离，导致协作创新能力低下，难以实现高效协同生产。在数字经济时代，提高制造业产品附加值和实现产业链协作创新，成为制造业向服务型转型的关键因素。

云计算作为制造业服务创新平台，以大数据为基础，通过软件服务、协同服务、数据服务，形成资源共享、供需对接的生态服务，实现跨行业和跨企业的协作创新；同时，云计算平台通过上下游产业链协作和全球协同，在延伸和提升价值链的同时，提高了全要素生产率、产品附加值和市场占有率，从而推动中国制造业向服务型转型。企业也可以利用云计算技术实现跨越时空的智能实时服务，将企业服务拓展到产品的全生命周期，由单纯产品制造向服务型制造转型。例如，三一重工网络服务平台对公司各类机型的数百种数据进行采集、存储，并及时分析用户操作典型行为，为客户提供优化解决方案及实时监控设备运营情况的综合服务。

5. 实现产业智能化升级

《中国制造2025》要实现的是整个制造产业的智能化升级。中国政府加大在大数据、人工智能、物联网的政策导向和资金投入，让《中国制造2025》在技术上具有高起点，为中国成为制造强国奠定基础。基于大数据云的产业协作平台，让数据智能成为制造业企业发展的新动能，人工智能、云计算、大数据、物联网与制造业的融合，成为制造业实现产业智能化升级的关键因素。

德国制造业领军企业如西门子，正在打造工业 4.0 平台以推动智能制造的进程。在《中国制造 2025》政策驱动下，中国制造业领先企业纷纷开发智能制造平台，让制造业能够快速、高效地利用智能云平台，将物联网、人工智能、虚拟现实等新技术转化为制造业企业发展的新动能，加速传统规模制造向个性化用户驱动的全智能生产转型。

云计算产业平台实现跨企业、跨行业、跨地域的协作创新，在保证各方数据权限管理的前提下，通过应用整合，提高资源利用率，优化用户体验，更迅捷地满足用户需求。在业务全球化过程中，云计算产业平台以整个制造产业为依托，并结合物联网和人工智能，通过产业智能化协作的平台化，加速制造产业的智能升级。

🌀 6.6　云计算在智慧城市中的应用

6.6.1　智慧城市的理念与分类

智慧城市是基于泛在化的信息网络、智能的感知技术和信息安全基础设施，透明、充分地获取城市管理、行业、公众用户海量数据，为公众提供共享信息，打造智能生活、智能产业、智能管理的城市信息化应用。智慧城市以互联网、物联网、通信网、移动网等网络组合为基础，以智慧技术高度集成、智慧产业高端发展、智慧服务高效便民为主要特征的城市发展新模式。

智慧城市的理念就是把城市本身看成一个生态系统，城市中的市民、交通、能源、商业、通信、水资源构成了一系列子系统。这些子系统形成一个普遍联系、相互促进、彼此影响的整体。借助新一代的物联网、云计算、智能决策优化等信息技术，通过感知化、物联化、智能化的方式，可以将城市中的物理基础设施、信息基础设施、社会基础设施和商业基础设施连接起来，成为新一代的智慧化基础设施，使城市中各领域、各子系统之间的关系显现出来，使之成为可以指挥决策、实时反应、协调运作的"系统之系统"，更合理地利用资源、做出最优的城市发展和管理策略、及时预测和应对突发事件与灾害。因此，智慧城市是物联网、云计算、移动网络、大数据等为代表的信息技术与城市化发展相结合的产物。如何有效实现智慧城市中海量、异构、多源数据的数据共享和融合是智慧城市必须要解决的核心问题。

随着智慧城市的建设在全球各地蓬勃发展，中国各大城市也都融入智慧城市的建设大潮中，都在努力借助智慧化理念和方法让自己的城市智慧化地向前发展。目前国内已经提出建设智慧城市的城市中，有的是创新推进智慧城市建设，提出了"智慧深圳""智慧南京""智慧佛山"等；更多的是围绕各自城市发展的战略需要，选择相应的突破重点，提出了"数字南昌""健康重庆""生态沈阳"等，从而实现智慧城市建设和城市既定发展战略目标的统一。

目前国内智慧城市建设主要分为以下几类。

1. 创新推进智慧城市建设

计划建设智慧城市的地区将建设智慧城市作为提高城市创新能力和综合竞争实力的重要途径。深圳将建设"智慧深圳"作为推进建设国家创新型城市的突破口,以建设智慧城市为契机,着力完善智慧基础设施、发展电子商务支撑体系、推进智能交通、培育智慧产业基地。

南京提出要以智慧基础设施建设、智慧产业建设、智慧政府建设、智慧人文建设为突破口建设"智慧南京"。将"智慧南京"建设作为转型发展的载体、创新发展的支柱、跨越发展的动力,以智慧城市建设驱动南京的科技创新,促进产业转型升级,加快发展创新型经济,从根本上提高南京整体城市的综合竞争实力。

2. 以发展智慧产业为核心

武汉城市圈着力完善软件与信息服务发展环境,加快信息服务业、服务外包、物联网、云计算等智慧产业的发展,推进信息化建设,促进城市圈的综合协调和一体化建设。昆山高新技术产业发达,生产了全球 1/2 的笔记本电脑和 1/8 的数码相机,并以此为基础提出了要大力发展物联网、电子信息、智能装备等智慧产业,支撑智慧城市建设。

3. 以发展智慧管理和智慧服务为重点

佛山市为了打造"智慧佛山",提出了建设智慧服务基础设施十大重点工程:信息化与工业化融合工程、战略性新兴产业发展工程、农村信息化工程、U-佛山建设工程、政务信息资源共享工程、信息化便民工程、城市数字管理工程、数字文化产业工程、电子商务工程、国际合作拓展工程。

4. 以发展智慧技术和智慧基础设施为路径

上海在推出的《上海推进云计算产业发展行动方案(2010—2012 年)》,即"云海计划"中将为"智慧城市"建设所需要的云计算提供非常优秀的基础条件,推出适合本土的云计算解决方案,在智慧技术基础上充分支持上海"智慧城市"建设。

5. 以发展智慧人文和智慧生活为目标

成都提出要提高城市居民素质,完善创新人才的培养、引进和使用机制,以智慧的人文为构建智慧城市提供坚实的智慧源泉。重庆提出要以生态环境、卫生服务、医疗保健、社会保障等为重点建设智慧城市,提高市民的健康水平和生活质量,打造"健康重庆"。

6.6.2 云计算与智慧城市的关系

要从根本上支撑智慧城市庞大信息系统的安全运行,需要考虑基于云计算的系统架构,建设智慧城市云计算数据中心。在满足智慧城市建设需求的同时,云计算数据中心具备传统数据中心无法比拟的优势:随需应变的动态伸缩能力(基于云计算基础架构平台动态添加应用系统）以及极高的性能投资比（相对传统的数据中心，硬件投资至少下降 30%）。

云计算应用于智慧城市的优势如下。

1. 平台层的统一和高效能

通过 PaaS 的构建模式，将传统数据中心不同架构、不同品牌、不同型号的服务器进行整合，通过云操作系统的调度，向应用系统提供一个统一的运行支撑平台。借助云计算平台的虚拟化基础架构，可以有效地进行资源切割、资源分配、资源调配和资源整合，按照应用需求来合理分配计算、存储资源，最优化效能比例。

2. 大规模基础软、硬件管理

基础软、硬件管理，主要负责大规模基础软件、硬件资源的监控和管理，为云计算中心操作系统的资源调度等高级应用提供决策信息，是云计算中心操作系统的资源管理的基础。基础软件资源，包括单机操作系统、中间件、数据库等。基础硬件资源，则包括网络环境下的三大主要设备，即计算（服务器）、存储（存储设备）和网络（交换机、路由器等设备）。

3. 业务/资源调度管理

云计算数据中心的突出特点，是具备大量的基础软、硬件资源，实现了基础资源的规模化，可以提高资源的利用率，降低单位资源的成本。业务/资源调度中心可以实现资源的多用户共享，有效提高资源的利用率，且可以根据业务的负载情况，自动将资源调度到需要的地方。

4. 安全控制管理

在云计算环境下，基础资源的集中规模化管理，使客户端的安全问题更多地转移到数据中心。从专业化角度，最终用户可以借助云数据中心的安全机制实现业务的安全性，而不用为此耗费自己过多的资源和精力。但同时，对云计算中心而言，需要直接对更多用户的安全负责。具体而言，云计算安全涉及以下几个主要方面：数据访问风险、数据存放地风险、信息管理风险、数据隔离风险、法律调查支持风险、持续发展和迁移风险等。云计算数据中心的安全控制，可以从基础软、硬件安全设计，云计算中心操作系统架构，策略，认证，加密等多方面进行综合防控，保证云计算数据中心的信息安全。

5. 节能降耗管理

建设节约型社会，是经济社会可持续发展的物质基础，是保障经济安全和国家安全的重要举措。对于云计算数据中心，面对规模巨大的基础软、硬件资源，实现这些基础资源的绿色、节能运维管理，是资源供应商业务的必然需求，也是云计算发展的初衷之一。

通常来讲，用户的业务可分为多个子系统，彼此之间会有数据共享、业务互访、数据访问控制与隔离的需求，根据业务相关性和流程需要，需要采用模块化设计，实现低耦合、高内聚，保证系统和数据的安全性、可靠性、灵活扩展性、易于管理。考虑基于 IaaS 架构进行设计，以云计算数据中心为核心，打造独立于多个应用系统的公共云，通过各类不同云，如市政云、交通云、教育云、安全云、社区云、旅游云为各类上层应用提供支持，其架构能后续扩展支持其他云。市政平台能提供移动办公、移动执法、视频监控、公众服务等业务的移动通信网络的接入通道服务，集成包括 5G 移动宽带、短信、彩信、位置服务等移动通信资源，对各局委办的应用接入进行统一管理，并负责移动智能政务的网络安全、身份认证、运行监控，负责城市综合多媒体信息的发布。

第 7 章

云计算的商业模式

❀ 7.1　商业模式概述

7.1.1　商业模式的概念

云计算的核心是将计算资源、存储资源、网络资源以虚拟化和自动化的方式通过网络来提交。然而，云计算带来的不仅仅是一场技术的变革，也是商业模式的变革。云计算将改变传统的商业模式，带来巨大的商业价值。

"商业模式"，又称为"商务模式"，是近年来出现频率比较高的商业术语之一。现代企业将商业模式视为获得竞争优势的核心。商业模式的历史最早可追到 20 世纪 70 年代。Koncz 和 Dottore 在数据和流程建模的过程中，最先使用了商业模式的概念[13]。

20 世纪 80 年代，商业模式的概念逐步出现在信息技术领域，以反映行业动态。20 世纪 90 年代中期，互联网应用开始以构建企业电子商务平台为主流，商业模式这才开始作为业界主流词汇成为理论界和实业界的关注焦点。

然而，目前来看，尽管商业模式在国内外已经受到企业界和学术界的广泛关注，但由于研究背景、研究角度、研究对象等因素的不同，研究者对于商业模式至今仍没有形成较为统一的认识。

根据 Morris 等[14]对众多商业模式定义的归类，目前国内外商业模式的定义总体上分为四大类：赢利模式类、价值创造模式类、战略类和整合类。

1. 赢利模式类

赢利模式类认为商业模式就是企业的赢利模式，最根本的是要分析企业如何获得更多的收入。与此相关的变量包括收入来源、定价方法、成本结构、最优产量等。许多研究者都从这个角度对商业模式进行了概念界定和本质阐述。

Stewart 和 Zhao[15]认为商业模式是企业能够获得并且保持其收益流的逻辑陈述。

Rappa[16]则认为商业模式的最根本内涵是企业为了自我维持，也就是赚取利润经营商业的方法，并清楚地说明企业如何在价值链（价值系统）上进行定位，从而获取利润。

Hamel[17]则将商业模式分为四大要素，在四大要素间产生了三种不同的连接，这些连接重点就是公司如何赚得应有的利润。

Rappa[16]认为商业模式就其最基本的意义而言，是一种能够为企业带来收益的运营模式，是一个公司赖以生存的模式。

Hawkins[18]把商业模式看作企业与其产品/服务之间的商务关系，一种构造各种成本和收入流的方式，通过创造收入来使企业得以生存。

Afuah 和 Tucci[19]把商业模式定义为企业获取并使用资源，为顾客创造比竞争对手更多的价值以赚取利润的方法，并认为商业模式详细地说明了企业目前的利润获取方式、未来的长期获利规划，以及能够持续优于竞争对手和获得竞争优势的途径。

2. 价值创造模式类

价值创造模式类将商业模式表述为企业创造价值的模式，重点在于说明企业通过何种内部流程和基本构造设计来创造价值。与此相关的变量包括产品/服务的交付方式、管理流程、资源流、知识管理和后勤流等。也有许多研究者从这个角度对商业模式进行了概念界定和本质阐述。

Afuah 和 Tucci 以及 Amit 和 Zott[20]都认为，商业模式是企业为自己、供应商、合作伙伴及客户创造价值的根本性来源。

Amit 和 Zott[20]把商业模式看作一种为了利用商业机会创造价值而设计的交易内容、交易结构和交易治理机制。他们还描述了由公司、供应商、候补者和客户组成的网络运作方式。

Chesbrough 和 Rosenbloom[21]认为商业模式是反映企业商业活动的价值创造、价值提供和价值分配等活动的一种架构。

Afuall 和 Tucci[19]的观点是，商业模式的目的是创造卓越的客户价值并确立企业获取市场价值的有利地位的各种活动的集合，商业模式创新的本质是获取更大的价值。

Yoon[22]将商业模式看作一种价值产生和传递的过程，这种传递可以是金钱的传递，也可以是价值的最终实现。

3. 战略类

战略类将商业模式描述为不同企业战略方向的总体考察，涉及市场主张、组织行为、增长机会、竞争优势和可持续性等。与此相关的变量包括利益相关者识别、价值创造、差异化、愿景、价值、网络和联盟等。目前，国内外对商业模式的定义大部分属于这个范畴。

KMLab 顾问公司将商业模式定义为关于企业如何在市场上创造价值和财富的描述，主要包括对企业的产品、服务、形象与销售等一系列组合的描述[23]。

Linder 和 Cantrell[24]认为商业模式是组织或者商业系统创造价值的逻辑。

Weill 和 Vitale[25]把商业模式定义为对企业的顾客、合作伙伴与供货商间关系与角色的描述，目的在于辨认主要产品、信息和资金的流向以及参与主体能获得的主要利益。

Dubosson-Torbay 等[26]认为商业模式是对企业及其伙伴网络为获得可持续的收入流，创造目标顾客群体架构、营销、传递价值和关系资本的描述。

埃森哲公司的王波和彭亚利[27]认为商业模式可以包含两个层面的内容：一是经营性的商业模式，指企业的运营机制；二是战略性的商业模式，指的是一个企业在动态的环境中如何改变自身以实现持续赢利的目标。

4. 整合类

整合类认为，商业模式是对企业商业系统如何很好地运行的本质描述，是对企业经济模式、运营结构和战略方向的整合和提升。采取整合类定义的研究者认为，一种成功的商业模式必须是独一无二和无法模仿的。要做到这一点，就必须超越过去那种对商业模式的简单认识。商业模式不应当仅仅是对企业经济模式和运营结构的简单描述，也不应该是企业不同战略的简单加总，而是要超越这些孤立和片面的描述，从整体上和经济逻辑、运营结构与战略方向三者之间的协同关系上说明企业商业系统运行的本质。近年来，国外研究者已经尝试从这个视角来探讨商业模式。

Morris 等[14]认为商业模式是一种集成性的表述，旨在说明企业如何对自身的战略发展、运营方式和市场营销等方面一系列具有内部关联性的内容进行定位和整合，以便在其特定的市场上获得竞争优势。

Osterwalder 等[28]则认为商业模式是一种包含了一系列个体组成及其竞合关系的分析工具，用于阐明某个个体或行业的商业发展模式，它描述了企业能够为其目标顾客提供的价值，并通过创新、营销和其他市场买卖行为实现公司赢利和未来可持续发展的方式和途径。

7.1.2　商业模式的组成要素

1. 定位

一个企业要想在市场中赢得胜利，首先必须明确自身的定位。定位就是企业应该做什么，它决定了企业应该提供什么特征的产品和服务以提升和实现客户的价值，主要包含核心竞争力、采购、生产、营销四个环节。定位是企业战略选择的结果，也是商业模式体系中其他有机部分的起点。

2. 业务系统

业务系统是指企业达成定位所需要的业务环节、各合作伙伴扮演的角色以及利益相关者合作与交易的方式和内容。高效运营的业务系统不仅仅是赢得企业竞争优势的必要条件，也有可能成为企业竞争优势本身。业务系统是商业模式的核心。

3. 关键资源能力

业务系统决定了企业所要进行的活动，而要完成这些活动，企业需要掌握和使用一整套复杂的有形和无形资产、技术和能力，这些被称为关键资源能力。关键资源能力是业务系统运转所需要的重要的资源和能力。任何一种商业模式构建的重点工作之一就是明确企业商业模式有效运作所需的资源和能力，以及如何才能获取和建立这些资源和能力。

4. 赢利模式

赢利模式指企业如何获得收入、分配成本、赚取利润。赢利模式是在给定业务系统中各价值链所有权和价值链结构已确定的前提下，企业利益相关者之间利益分配格局中企业利益的表现。良好的赢利模式不仅能够为企业带来利益，更能为企业编制一张稳定共赢的价值网。

5. 自由现金流结构

自由现金流结构是企业经营过程中产生的现金收入扣除现金投资后的状况，其贴现值反映了采用该商业模式的企业的投资价值。不同的现金流结构反映企业在定位、业务系统、关键资源能力以及赢利模式等方面的差异，体现企业商业模式的不同特征，并影响企业的成长速度，决定企业投资价值的高低、企业投资价值递增速度以及受资本市场青睐的程度。

6. 企业价值

企业价值，即企业的投资价值，是企业预期未来可以产生的自由现金流的贴现值。企业的投资价值由其成长空间、成长能力、成长效率和成长速度决定。好的商业模式可以做到事半功倍，即投入产出效率高、效果好，包括投资少、运营成本低、收入的持续成长能力强。

如果说定位是商业模式的起点，那么企业的投资价值就是商业模式的归宿，是评判商业模式优劣的标准。

商业模式的这六个要素是互相作用、互相决定的。相同的企业定位可以通过不一样的业务系统实现；同样的业务系统也可以有不同的关键资源能力、不同的赢利模式和不一样的现金流结构。商业模式的构成要素中只要有一个要素不同，就意味着不同的商业模式。一个能对企业各个利益相关者有贡献的商业模式需要企业反复推敲、实验、调整和实践，这六个方面才能产生。

7.1.3 商业模式的特征

商业模式是一个企业赖以成功的基础，成功的商业模式具有以下几方面特征。

1. 有效性

商业模式的有效性，一是指能够较好地识别并满足客户的需求，做到让客户满意，不断挖掘并提升客户价值；二是指通过模式运行能够提高自身和合作伙伴的价值，创造良好的经济效益；三是它也包含具有超越竞争者的、体现在竞争全过程的竞争优势，在关注客户、实现企业赢利的同时，要比竞争对手更好地满足市场需求。

2. 整体性

好的商业模式至少要满足两个必要条件：第一，商业模式需要是一个整体，具有一定的结构，并非单一元素组成的单一体；第二，商业模式的各个组成部分之间需要具有内在的联系，这个内在联系把各个组成部分有机地联系起来。

3. 差异性

商业模式的差异性是指既具有不同于原有的任何模式的特点，又不易被竞争对手模仿和复制，保持差异，取得竞争优势。这就要求商业模式本身需要具有相对于竞争者而言较为独特的价值取向，以及很难被其他竞争对手在短时间内复制和超过的创新特性。

4. 适应性

商业模式的适应性，是指企业在处理变化多端的客户需求、宏观环境变化以及市场竞争环境等方面的能力。商业模式作为一个动态的概念，有着不断变化的内涵。好的商业模式必须始终保持必要的灵活性和足够的应变能力，因而只有具有动态匹配商业模式的企业才能持续获得成功。

5. 可持续性

企业的商业模式不仅要难以被其他竞争对手在短时间内复制和超越，还应能够保持一定的持续性。商业模式的相对稳定对维持企业的竞争优势十分重要，频繁调整和更新企业的商业模式会增加企业成本，也造成了顾客和组织的混乱。这就要求商业模式的设计、规范和实施具备一定的前瞻性，并且在实际过程中进行反复矫正。

6. 生命周期特性

任何商业模式都有其适合的环境和生存土壤，都会有一个形成、成长、成熟和逐衰的过程。商业模式是动态的、周期的，不是适用于任何时间和任何情况的，其演进的过程体现出了一定的自然生态学特征。

7. 创新性

商业模式是在不断更新演化的，其创新实际上是企业对其整体经营和运行模式的更新和再次创造。不同于一般产品创新和企业流程创新所体现的持续性创新，商业模式的创新一般是破坏性的，它常常要求打破原有的组织障碍，发展新的能力、建立新的技术标准等，因而能为企业带来更多的发展机会。

7.2　云服务商业模式分析

7.2.1　IaaS 商业模式分析

IaaS 商业模式画布如图 7-1 所示。

合作伙伴： 电信运营商； 原始设计制造商； 原始设备制造商	关键活动： 管理大量的信息技术 基础设施 保证服务级别协议 核心资源： 数据中心和服务器组； 虚拟化； 通信网络	价值主张： 提供存储空间； 提供计算能力； 降低信息技术投入	客户关系： 客户服务； 呼叫中心； 网站 渠道通路： 直接或间接的销售力量； 网站	客户细分： 服务提供商； 平台提供商； 互联网用户； 商业用户
成本结构： 服务器及其搭建成本； 软件购买成本； 人工成本和管理费用； 基础设施成本； 通信费用			收入来源： 订阅式收费； 按使用量收费	

图 7-1　IaaS 商业模式画布

从图 7-1 中可以看出客户细分要素中包括服务提供商，即软件即服务供应商或服务集成商；平台提供商，即平台即服务供应商；互联网用户，即使用互联网的个人消费者；商业用户，包括企业、研究及教育机构和政府机构等。渠道通路要素包括网站、直接或间接的销售力量，即内部销售人员或服务的代理商。收入来源要素包括：订阅式收费，客户每个支付周期内支付一项固定的费用来获得使用产品或服务的权限，通常是一年为一个支付周期；按使用量收费，客户按照使用服务的时间比例或者使用量来支付费用。合作伙伴要素包括原始设计制造商，如广达电脑、维创集团；原始设备制造商，如思科、惠普、戴尔；电信运营商，如中国电信、中国移动、中国联通。成本结构要素包括服务器及其搭建成本；软件购买成本；人工成本和管理费用，包括直接和间接的人工成本；基础设施成本，包括供电系统、不间断电源、消防系统等成本；通信费用，即用于支付给电信运营商的费用。

IaaS 通常需要比较高的固定资产投资，IaaS 模式主要包括提供存储空间及计算能力等。

7.2.2　PaaS 商业模式分析

PaaS 商业模式画布如图 7-2 所示。

合作伙伴： 基础设施供应商； 软件供应商	关键活动： 平台维护； 工具开发； 培训及支持 核心资源： 数据中心和服务器组； 虚拟化； 通信网络	价值主张： 为在云端部署及管理 应用软件提供平台； 在云端开发、部署及 管理定制化的商业应 用软件	客户关系： 客户服务； 呼叫中心； 网站 渠道通路： 直接或间接的销售力量； 网站	客户细分： 开发者； 服务提供商/系统集成商； 商业用户
成本结构： 人工成本和管理费用； 基础设施成本； 平台维护费用； 软件授权费用； 工具开发人工成本			收入来源： 订阅式收费； 按使用量收费； 培训及支持收费	

图 7-2　PaaS 商业模式画布

从图 7-2 中可以看出，PaaS 商业模式中客户细分要素包括开发者，即在设计及实施应用软件过程中的开发、测试及部署人员；服务提供商/系统集成商，即提供软件即服务的供应商、服务集成商及系统集成商；商业用户，包括企业、研究及教育机构、政府机构等。渠道通路要素包括网站、直接或间接的销售力量，即内部销售人员和代理商。收入来源要素包括订阅式收费，客户每个支付周期内支付一项固定的费用来获得使用产品或服务的权限，通常是一年为一个支付周期；按使用量收费，客户按照使用服务的时间比例或者使用量来支付费用；培训及支持收费，通过向开发者提供支持收取费用。关键活动要素包括平台维护；工具开发，即为应用软件开发升级工具；培训及支持，即为开发者提供的培训及支持活动。成本结构要素包括人工成本和管理费用，即直接和间接的人工成本；基础设施成本，也就是向基础设施即服务的供应商购买基础设施所支付的费用；平台维护费用；软件授权费用；工具开发人工成本。

因为没有对基础设施固定资产的直接投入，PaaS 的固定成本是比较低的。PaaS 非常重要的方面是提供给客户开发应用软件的工具及相应的培训和支持。

7.2.3　SaaS 商业模式分析

SaaS 商业模式画布如图 7-3 所示。

合作伙伴： 硬件供应商； 应用软件设计者； 投资人	关键活动： 软件开发； 市场推广及营销	价值主张： 提供可以通过 APP 或网页浏览器在全球范围内使用的应用软件，保证数据安全，提高效率，便于管理	客户关系： 客户服务； 呼叫中心； 网站	客户细分： 互联网用户； 服务集成商； 广告商及营销商； 商业用户
	核心资源： 销售； 市场推广及营销； 应用软件开发者		渠道通路： 平台（商店）； 直接或间接的销售力量； 网站	
成本结构： 人工成本和管理费用； 市场宣传的费用； 研发成本； 平台成本			收入来源： 订阅式收费； 按使用量收费； 广告	

图 7-3　SaaS 商业模式画布

从图 7-3 中可以看出，SaaS 商业模式中客户细分要素包括互联网用户，即使用互联网的个人消费者；服务集成商，即能为客户提供系统集成产品与服务的专业机构；广告商及营销商，即使用应用软件作为其广告或营销渠道的公司；商业用户，包括企业、研究及教育机构、政府机构等。渠道通路要素包括网站；直接或间接的销售力量，即内部销售人员及代理商；平台（商店），如苹果应用软件商店和谷歌的应用软件商。收入来源要素包括订阅式收费，客户每个支付周期内支付一项固定的费用来获得使用产品或服务的权限，通常是一年为一个支付周期；按使用量收费，客户按照使用服务的时间比例或者使用量来支付费用；广告，即向广告商及营销商收取的广告费用。合作伙伴要素包括投资人、应用软件设计者、硬件供应商。成本结构要素有人工成本和管理费用，包括直接和间接的人工成本（不含研发成本）；市场宣传的费用；研发成本，如研发应用软件所支付的直接的人工成本：平台成本，即用于建立及运行应用软件的平台成本。

SaaS 更加注重了解市场的需求，并以此来开发应用软件及进行销售，这在 SaaS 的成本结构构造块中有所体现：市场营销的费用在此处更多的是固定成本，平台费用为可变成本，研发成本则介于固定成本和可变成本之间并且更倾向于可变成本。

❀ 7.3　云计算商业模式的特点

1. 改变了信息技术资源交付部署模式

信息技术资源交付部署模式发生重大改变，这表现在企业不必自己从头到尾地建设自己的数据中心和信息技术支撑资源系统，只需根据自己的需要向云计算平台运营商按需按时定制，企业的信息服务系统也不再需要重新开发或者单独购买，只需向 SaaS 或者 PaaS 提供商根据自己的需求定制。这意味着企业的信息技术资源部署从资金支出变为运营支出，这在金融上带给企业的利益是不言而喻的，另外，即买即用、按需定制能更准确地描述信息技术资源部署模式发生的重要改变。而这种改变无疑更符合科学发展观，那就是用户只需购买自己所需要时间内的定额的信息技术服务，而云计算运营商可以更好地利用其规模效益和边际成本控制。而这一切都依赖于云计算本身可以以细粒度按时段地添加资源和移除资源，例如，以虚拟服务器或者处理器以及存储空间为单位，并且时间的计算单位是分钟而不是周。

可见，云计算变革将信息产业变成绿色环保和资源节约型产业，将信息技术基础设施变成如水、电一样按需使用和付费的社会公用基础设施，将软件产业变成传统工业流水线一样高效的产业，极大地简化了企业的信息技术管理，有效地降低了企业的信息技术基础设施成本，全面提高了社会整体的信息化水平。

2. 互联网后向收费模式

谷歌是最典型的云计算技术的倡导者和使用者，同时谷歌也是最成功的互联网信息服务企业，其搜索服务、邮件服务、文本编辑服务，以及推出的移动定位及导航服务都基于其强大的云计算平台。谷歌的云计算技术实际上是针对谷歌特定的网络应用程序而定制的。针对内部网络数据规模超大的特点，谷歌提出了一整套基于分布式并行集群方式的基础架构，利用软件的能力来处理集群中经常发生的节点失效问题。

谷歌使用的云计算基础架构模式包括四个相互独立又紧密结合在一起的系统，包括谷歌建立在集群之上的文件系统 GFS、针对谷歌应用程序的特点提出的 MapReduce 编程模式、分布式的锁机制 Chubby 以及谷歌开发的模型简化的大规模分布式数据库 BigTable。

云计算特别适合支持典型的互联网应用，因为典型的互联网应用都具备如下特点：大容量的数据，如谷歌搜索爬虫爬过的大量网页；快速增长的大规模用户数量；高并发请求数，高度并发的访问对服务的存储与并发能力提出了很高的要求，当前主流的超标量和超流水线处理器能处理的并发请求数是有限的，因为随着并发数的上升，进程调度的开销会很快上升。

所以，正是基于对大容量数据的处理能力、对高速增长的大规模用户的支持，以及对高并发请求数目的可用性的支持，云计算受到了互联网服务企业的青睐。而在这种情形下，使用传统的 IDC 服务器来支撑，几乎是不可能的。

谷歌的云计算平台使用的是上百万台最廉价的计算机、最普通的 CPU，没有显卡，通过其云计算技术将这百万台计算机连接起来实现自动部署、自动管理。

对于互联网信息服务业来说，因为竞争的广泛存在，而后向收费的商业模式要求吸引大规模用户，所以前向收费的可能性微乎其微。因此，每推出一项新业务或者新服务，是否能带动人气赢得后向收费的商业成功，此过程极其艰难，除了在业务创新能力上的竞争之外，更在于低成本的竞争。而云计算技术使这一商业模式的成功成为可能。

基于云计算的特点，各个互联网服务提供商以及一些软件企业，纷纷开始着手云计算的研发和部署，试图尽快将其传统的基于数据中心的互联网应用和服务，向云计算平台移植，包括百度、新浪、腾讯等。可以预见的是，基于云计算技术的互联网后向收费商业模式将得到普及而且竞争将日趋激烈。

3. 人人使用及参与

Web 2.0 的成功取决于大众参与这一关键要素。如今，由于云计算技术，大众参与的软件开发模式在云计算的平台上成为可能。而这一趋势，将使基于云计算平台的服务和内容日益丰富，从而带给人们更高体验度的互联网内容服务和应用服务。例如，谷歌的云计算平台就开放了一些应用程序接口，如 Google Web Toolkit 以及 Google Map API 等。雅虎公开了其内部集群计算环境的一部分技术，使全球的技术开发人员能够根据这一部分文档构建开源的大规模数据处理云计算基础设施，其中最有名的项目即 Apache 旗下的 Hadoop。亚马逊的弹性计算云则是托管式的云计算平台，用户可以通过远端的操作界面直接使用。弹性计算云用户使用客户端通过调用 Web 服务来实现与亚马逊弹性计算云内部的实例进行交互。从使用模式上来说，弹性计算云平台为用户或者开发人员提供了一个虚拟的集群环境，使用户的应用具有充分的灵活性。

4. 大数据计算

相比于小型机、中型机，以及其中所用的专属数据挖掘软件，云计算方式以及并行化处理的数据挖掘软件工具在处理大数据量客户信息做经营分析或者系统优化的时候，具有更快的处理速度和更方便的计算调整性。例如，中国移动一个中等规模的省公司拥有大约 1000 万用户，所以每年产生的话单（call date record，CDR）数据量为 12～16TB。例如，一个非常简单的业务目标的数据挖掘，经过数据预处理即抽取、转换、加载（extract, transform，load，ETL）后，算法需要处理大约 10GB 的数据。而一个省公司的网管数据更是海量，可达到一天 1TB 量级。随着应用需求的越加复杂及变化多样，数据挖掘应用向其信息技术支撑平台提出了更高的计算要求及存储能力，且数据挖掘应用也逐步提出实时性要求，及时的商业策略才能快速占领市场。但是传统数据挖掘系统运行于 UNIX 小型机的集中平台上，这受到很多限制。目前，以一个聚类应用为例，现有的商用数据挖掘系统仅能支持 100 万用户一个月内数据的知识发现，这和我们实际的要求还相差甚远。传统方式处理 1TB 的数据挖掘需要 8h，而使用 16 个节点的云计算分布式处理系统则需要 40min，而成本仅为传统方式的四分之一。云计算使海量数据的准实时处理成为可能，从而带动了经营分析和决策优化，开启了精准营销和基于用户偏好与期望的服务模式的未来。

5. 硬件依赖转向软件依赖

确切地说，云计算是利用软件的系统工程使几十万或上百万并不可靠的硬件服务器组成一个非常可靠的系统来提供信息技术基础支撑服务的。该系统能够确保其上的数据存储的可靠性、计算的快速和准确性以及应用的高可用性。例如，在谷歌的云计算平台中有上百万台廉价服务器，在云中，数据都是被分散并多次备份在这一百多万台计算机中的，如果一台出现问题，它正在执行的任务会被其他计算机接替，用户在使用时，根本感觉不到任何迟滞，同时为了保证谷歌的系统永远不会老化，对于云网络中的部分机器会进行直接淘汰，如使用期超过 3 年的，用新款计算机取而代之。当然，云计算中涉及冗余部署和调度优化及数据安全的技术细节有很多，这些方面做到以后使信息技术信息服务基础设施从以硬件可靠性为主变为以软件系统可靠性为主。这可以说是软件工程的一次革命性飞跃。因为我们知道，人类每每在硬件上的技术革新，都经历涅槃一样的痛苦历程，从更严格的角度来说，那都是对物质常态的一次挑战，从而在成本上、能耗上都会有相当大的副作用。而依靠软件工程、依靠人类的智慧使不可靠的硬件群落成为较可靠的系统，这也正是云计算可能会带给人类的一大贡献。

❀ 7.4　云计算商业模式的演进

Gartner 的副总裁、研究员斯蒂芬·普伦蒂斯（Stephen Prentice）认为，云计算标志着商业模式的又一次演变，其影响力不亚于电子商务，但是有积极也有消极的方面。总的来说，目前非常真实的趋势便是云平台的应用和大规模可扩展的处理能力。虚拟化、面向服务和互联网相结合，为个人或商业应用提供了选择使用或提供信息技术服务的可能，而传统的购买软件或硬件许可的模式越来越不重要了。

Gartner 的资深分析师本·布林（Ben Pring）曾说过"云计算已经成为大家津津乐道的话题"，但出于各自的优势和利益，不同企业对云计算给出的定义并不一样。对应于不同的云计算的概念，每个公司对云计算商业模式也存在着不同的诠释。IBM 推出的"云存储"系统安全架构,将企业服务器资源架构在云计算基础上,强调"云存储"的数据安全性、负载均衡。谷歌认为未来几乎所有的软件都可以搬上网,以服务取代软件,云计算将使终端性能极度被削弱,因此强调"纯云"。而微软则提出了"云-端计算"的概念,即"云"和"端"都具备很强的计算能力。随着各家公司的不断加入,云计算的概念和商业模式都在不断发展和演化。云计算作为一种应用模式的提炼和创新,是多种技术的组合,更是一种业务模式的创新。

云计算的商业模式并不是固定的,企业需要根据自身特点推出合适的产品,建立适合自身的商业模式。

IBM 无锡云计算中心由 IBM 与无锡市政府部门合作建设,依靠政府的号召力吸收无锡(国家)软件园内的企业成为客户。政府合作是 IBM 的强项,2014 年 IBM 的云计算围绕 CMS 企业云、SoftLayer、Bluemix 等关键词在全球范围内展开了前所未有的大举投资和布局,使用 12 亿美元在全球建了 40 个数据中心。同时,1BM 和 Apple 联手,共同进攻企业级应用;IBM 和 SAP 联手,SoftLayer 和 CMS 成为 SAP 在全球首选的企业云平台提供商;IBM 和微软、英特尔等全球的领导企业展开了重要合作。

谷歌走的是终端用户路线。谷歌利用 Google App Engine 提供服务,允许开发者在谷歌的基础架构上运行网络应用程序。Google App Engine 应用程序易于构建和维护,并可根据访问量和数据存储需要的增长轻松扩展。使用 Google App Engine,将不再需要维护服务器,开发者只需上传应用程序,它便可立即为用户提供服务。目前,谷歌正努力以 Chrome OS 和在移动设备上以 Android 取代桌面 Windows,以寻求获得标准应用领域的控制权及丰富的软件收入来源。

微软和谷歌不同,Windows 操作系统、Office 软件等是它的重要收入来源,不可能立即放弃。因此,微软的云计算思路是"云 + 端",既强调云端的服务功能、将软件以服务方式提供给用户,又强调用户端的软件,声称用户端的功能不能太简陋,同时让云端与用户端无缝连接。Windows Azure 是微软的云计算平台,其主要目标是帮助开发者开发可运行在云服务器、数据中心、Web 和 PC 上的应用程序。目前,微软提出了"云 + 移动"的公司整体战略,并持续贯彻。在云服务相关业务的拓展上,微软同样也在与 Salesforce、Citrix 等加强合作,甚至不排斥与 IBM、甲骨文、SAP 等的合作。

瑞星则是启用"云安全"数据中心。对于云计算以及云安全而言,最重要的是新的技术和产品一定要走进人们的生活,让用户感受到它的魅力和益处。瑞星以"安全"为突破口,走"应用路线",从而为推动云计算走向实用进行了有益的探索。目前,瑞星提出虚拟化系统安全软件,以提供防病毒、防火墙、深度包检测、主动防御四大安全防护功能,配合瑞星"安全 +"服务,形成一套立体、全面的虚拟化信息安全解决方案,帮助企业抵御针对虚拟化系统的攻击,完美保护云计算、大数据的安全。

从 IBM、谷歌、微软、瑞星等推出的云计算模式看,每一种商业模式都不是凭空产生的,一般都是从自身特定起点出发进行的模式创新。云计算的商业模式必须根据目前的产品来制定。

国内大批企业对云计算也跃跃欲试,都希望在云计算这一浪潮中掘金创富。腾讯云展开了"连接计划",计划打造庞大的腾讯云生态环境,同时还和 IBM 联合,共同在"行业 SaaS 应用公有云"领域展开合作。众安保险在阿里云的支持下，用低成本、高灵活性的信息技术能力拓展互联网保险业务，创造了互联网金融发展的新形态。随着云计算相关新技术、新业态、新模式在重要行业领域的应用不断深化，海尔集团、创维集团等传统制造企业依托云服务创新推出消费者对企业的商业模式，向智能化、个性化、定制化迈进，实现了由硬件制造商向"制造＋服务"提供商的升级。事实上，云计算的商业模式受到政策法规、电信环境、付费习惯等各种因素的影响，所以并不是每一项创新的商业模式都能走向成功，只有真正实现云计算价值，并且能够为企业谋取长期赢利机会的模式才能获得成功。

❀ 7.5　章末案例[29]

云服务也是一种商品，也要进行流通，这说明其有特有的价值。那么作为一个提供云服务的企业，其商业模式决定着企业的发展，就显得至关重要。

提供云服务的企业不胜枚举，每一个生存下来并发展壮大的云服务企业都有其独特的商业模式或客户群体，下面介绍六种典型的云计算商业模式。

1. 基础通信资源云服务商业模式

（1）简介：基础通信服务商已经在 IDC 领域和终端软件领域具有得天独厚的优势，依托 IDC 云平台支撑，通过与平台提供商合作或独立建设 PaaS 云服务平台，为开发、测试提供应用环境。继续发挥现有服务终端软件的优势，提供 SaaS 云服务。通过 PaaS 带动 IaaS 和 SaaS 的整合，提供端到端的云计算服务。

（2）商业模式：均采取了"三朵云"的发展思路。第一，构建"信息技术支撑云"，满足自身在经营分析、资料备份等方面的巨大云计算需求，降低信息技术经营成本；第二，构建"业务云"，实现已有电信业务的云化，支撑自身的电信业务和多媒体业务发展；第三，开发基础设施资源，提供"公众服务云"，构建 IaaS、PaaS、SaaS 平台，为企业和个人客户提供云服务。

（3）赢利模式：通过一次付费、包月，按需求、按年等为用户提供云计算服务。例如，CRM、ERP、杀毒等应用服务以及即时通信（instant messaging，IM）、网游、搜索、地图等无线应用；通过测试环境、开发环境等平台云服务，减少云软件供应商的设备成本、维护成本、软件版权的费用，带动软件开发者开发应用，带动 SaaS 业务的发展；通过基础设备虚拟化资源租用，如存储、服务资源，减少终端用户信息技术投入和维护成本；提供孵化服务、安全服务、管理服务等按服务水平级别收费的人工服务，拓宽服务的范围。

（4）典型案例：中国电信"e 云"、鹏博士云服务。中国电信的"e 云"是以云计算为架构的个人移动增值服务，"e 云"是安全的在线备份服务。中国电信"e 云"是中国电信与 EMC 共同投资、联合经营、收入分成的模式。由 EMC 完成设备投资以及技术维护，中国电信提供网络能力和商业运营，运营收益五五分成。

鹏博士未来发展的云计算商业模式是依据其丰富的 IDC、内容分发网络资源，以骨干网络为支撑，同时保持原有核心电信增值服务、安防监控、广告传媒业务。其发展云服务分为四部分：提供云存储、云主机、数据处理业务的 IaaS 服务；以定制服务，支撑开发环境的 PaaS 服务；云安全、云加速等软件服务的 SaaS；互联网增值业务、安防监控业务、广告传媒业务。而前向聚人气，后向收费的依靠持续性服务和广告等收入以及客户根据自身按数据中心主机以及占用数据使用情况进行付费的模式则是其云服务的赢利模式。

2. 软件资源云服务商业模式

（1）简介：与软、硬件厂商以及云应用服务提供商合作提供面向企业的服务或企业个人的通用服务，使用户享受到相应的硬件、软件和维护服务，享用软件的使用权和升级服务。该合作可以是简单的集成模式，形成统一的渠道销售；也可以是多租户隔离的模式，通过孵化的模式让软件开发商的应用程序的一个实例可以处理多个客户的要求，数据存储在共享数据库中，但每个客户只能访问自己的信息。该业务模式主要是基于其他领域已经有很好的厂商提供服务的基础，从终端用户的角度布局云计算产业链。

（2）商业模式：以产品销售作为稳定的赢利来源向客户提供基于 IaaS、PaaS、SaaS 三个层面的云计算整体解决方案，尝试以业务对象（business object，BO）模式提供运营托管服务。

（3）赢利模式：向第三方开放环境、开发接口、SaaS 部署、运营服务和用户推广带来的收益；收取平台租用费、收入分成或者以入股的方式从第三方 SaaS 开发商获得收益；提供孵化服务，按照远程孵化、深度孵化进行收费；软件升级和维护提供的收益。

（4）典型案例：金蝶友商网在线管理服务、用友软件云服务。金蝶已开发国内首个专注于支撑行业"云服务"的"前端桌面平台"——金蝶桌面服务系统，它整合所有服务通道，帮助用户一站式获取金蝶云服务资源，为客户构建"随你所需、随时随地、触手可及"的云标准支持服务模式。包括金蝶 K/3 Cloud 云服务企业管理平台、金蝶 ERP 云服务解决方案等产品和服务，并以软件租赁、信息技术设备与运维服务，以及提供数据为赢利方式。

用友软件为了更大限度地满足客户的需求，开始向云服务转型，即从原来的卖软件包、提供技术实施和培训的商业模式向以客户为中心的云服务商业模式转型，推进"用友软件＋用友云服务"，同时构建"一个云平台"。用友软件云服务包括 SaaS 服务、托管服务、远程管理服务、云支持和云学习服务以及 PaaS 生态链和 IaaS 供应商合作服务。同时以收取平台租用费用、收入分成和从第三方 SaaS 开发商获得收益获得赢利。

3. 互联网资源云服务商业模式

（1）简介：互联网企业基于多元化的互联网业务，致力于创造便捷的沟通和交易渠道。互联网企业拥有大量服务器资源，确保数据安全。为了节能降耗、降低成本，互联网企业自身对云计算技术具有强烈的需求。因而互联网企业云业务的发展具有必然性，而引导用户习惯性行为的特点就要求互联网企业云服务要处于研发的最前沿。

（2）商业模式：基于互联网企业云计算平台，联合合作伙伴整合更多一站式服务，推动传统软件销售向软件服务业务转型，帮助合作伙伴从传统模式转向云计算模式。针对用户和客户的需求开发针对性的云服务产品。

（3）赢利模式：租赁服务，按租赁服务器计算资源的时间来收取费用；工具租用服务，开发一些平台衍生工具（定制服务），如远程管理、远程办公、协同科研等私有云的工具，也可以向客户提供工具的租用来收费；提供定制型服务，为各类用户提供各种定制型服务，按需收费。

（4）典型案例：亚马逊的 AWS 云平台、谷歌的 Google Apps。亚马逊以在线书店起家，成为全球领先的在线零售商。亚马逊也是云计算的领头羊，亚马逊在推出云计算之前收购了多家技术产品公司，之后推出了风格独特的云计算产品，也参与开创了云计算的商业模式。亚马逊的云计算产品总称为 Amazon Web Services，主要由 4 部分组成：简单的存储服务（simple storage service，S3）、EC2、简单信息队列服务（simple queuing service，SQS），以及 SimpleDB。亚马逊目前为开发者提供了存储、计算、中间件和数据库管理系统服务，开发者基于亚马逊的收费模式可以在亚马逊云中开发应用软件。同时为中小企业提供服务存储、弹性计算及网络存储等服务，并通过硬件即服务（hardware as a service，HaaS）的模式进行收费。

谷歌公司围绕其核心互联网搜索业务，收购了一批小型公司，并创建了一系列互联网服务，包括域名、电子邮件、在线日历、聊天和可收费的 Google Apps（谷歌应用软件套件）等。Google Apps 就是以网络为基础的 Office 软件。Google Apps 有免费版和收费版两种，收费版每年每个用户收费 50 美元。谷歌也与 Salesforce 结成联盟，提供 Google Apps 和 Salesforce 产品的集成技术。收费版 Google Apps 及广告收益成为其赢利模式。

4. 存储资源云服务商业模式

（1）简介：云存储将大量不同类型的存储设备通过软件集合起来协同工作，共同对外提供数据存储服务。云存储服务对传统存储技术在数据安全性、可靠性、易管理性等方面提出新的挑战。云存储不仅仅是一个硬件，而是一个网络设备、存储设备、服务器、应用软件、公用访问接口、接入网和客户端程序等多个部分组成的系统。

（2）商业模式：以免费模式、免费＋收费结合模式、附加服务模式为云存储商业模式的主流模式，通过这三种模式向用户提供云服务存储业务。而业务模式的趋同目前已成为云存储服务亟待解决的重要问题之一。

（3）赢利模式：对普通用户基础免费、增值收费（以国外居多数），也就是免费空间加扩容收费；提供文件恢复、文件备份、云端分享等服务进行收费；个人免费、企业收费（部分存储公司）。

（4）典型案例：Dropbox 云存储服务、金山云存储。Dropbox 成立于 2007 年，提供免费和收费服务，在不同操作系统下有客户端软件，并且有网页客户端，能够将存储在本地的文件自动同步到云端服务器保存。因为云端服务的特性，Dropbox 的存储成本将被无限摊薄。新注册用户可免费获得 2GB 空间，付费账号分为 50GB、100GB 以及 1TB 以上的团队账号等级别。2009 年开始，Dropbox 采取了邀请注册的方式，邀请和受邀的注册账号可以同时获得更多的存储空间，从而大大刺激了注册量。

金山云拥有云主机、海量云存储、负载均衡、云关系型数据库等多项核心业务。金山云以个人云存储——企业快盘个人版业务和企业用户存储业务——快盘商业版及云服务平台为云存储的两大基础业务，金山云存储更看中提供后端持久的服务，在个人云存储付费业务中，金山云以稳定为主，并且实现赢利还需长期投入。而针对企业用户市场的快盘商业版就是"只要有用户就会有收入"的收费服务模式，也是金山云现阶段的运行重点。

5. 即时通信云服务商业模式

（1）简介：即时通信软件发展至今，在互联网中发挥着重要的作用，它使人们的交流更加密切、方便。使用者可以通过安装即时通信的终端机进行两人或多人之间的实时沟通。交流内容包括文字、界面、语音、视频及文件互发等。目前，即时通信云服务提供商分为两种：一种通过提供简单的 API 调用就能零门槛获得成熟的运营级移动 IM 技术；另一种则提供成熟的即时通信工具，由服务企业来整合云功能。即时通信的云服务基于云端技术，保证系统弹性计算能力，可根据开发者的需求随时自动完成扩容。其具有独特的融合架构设计，提供快速开发能力，不需要 APP 改变原有的系统结构，不需要用户信息和好友关系，进一步降低接入门槛。直接提供面向场景的解决方案，如客服平台。拥有高度可定制的界面结构和扩展能力，如界面、各种入口、行为、消息内容、消息展现方式、表情体系均可自定义。

（2）商业模式：分为免费和收费两种模式，收费模式是目前即时通信云服务的主要方式，而免费则是大势所趋。

（3）赢利模式：按用户数量级别收费，超过既定数量级按阶梯收费；按日活用户数收费，超过既定数量级按阶梯收费；按用户离线存储空间收费；对于提供成熟即时通信工具的用户来说，则以即时通信为端口推送其他业务进行收费。

（4）典型案例：思科 BE6000 企业协同办公方案、环信即时通信云。思科 BE6000企业协同办公方案是思科提供的一种协作解决方案组合产品，其特点是可按照企业需求任意部署，可以以"混合且匹配"的方式集成现有和新的协作技术，同时消除"锁定"风险，提供部署选择：自有设备部署或云托管。

环信所有功能均以客户端 SDK 和 REST API 形式提供，并提供完善的接口文档，接口调用 SDK，接口调用示范代码。这极大地降低了集成商和第三方开发者接入环信平台做集成和二次开发的投入和开发成本。环信提供多种风格的用户界面（user interface，UI）模板及源码，完全开源。开发者既可直接使用，也可在源码基础上快速改出自己风格的聊天页面。

6. 云安全服务

（1）简介：云安全服务是网络时代信息安全的最新体现，它融合了并行处理、网络计算、未知病毒行为判断等新兴技术和概念，通过网状的大量客户端对网络中软件行为进行异常监测，获取互联网中木马、恶意程序的最新信息，传送到服务器端进行自动分析和处理，再把病毒和木马的解决方案分发到每一个客户端。病毒特征库来自云，只要把云安全集成到杀毒软件中，并充分利用云中的病毒特征库，就可以及时更新、及时杀毒，保障了每个用户使用计算设备的信息安全。

（2）商业模式：云安全防病毒模式中免费的网络应用和终端客户就是庞大的防病毒网络，通过"免费"的商业模式吸引用户，在提供个性化的服务、功能和诸多应用后实现公司的赢利；防病毒应用可与网络建设运营商、网络应用提供商等加强合作，建立可持续竞争优势联盟，可以最大限度地降低病毒、木马、流氓软件等网络威胁对信息安全造成的危害。

（3）赢利模式：强化安全概念，以免费杀毒扩展其他集成云软件获得收益；安全软件全套服务获得收益。

（4）典型案例：瑞星的云安全杀毒服务、奇虎 360 防病毒软件。瑞星云安全系统是由千千万万具有"云安全探针"的软件产品在互联网上组成的巨大反病毒软件体系。随着瑞星云安全的发展，除瑞星全功能安全软件、卡卡上网安全助手等瑞星产品集成了"云安全探针"的功能外，迅雷、网际快车、巨人、久游等一批重量级厂商也相继加入了瑞星云安全计划，这些软件的客户端也同时成为瑞星云安全系统中的"云安全探针"。每个"云安全探针"都会把可疑信息上传到云安全服务器进行分析，并从云安全服务器获得最新的云安全成果，防范病毒，保证计算机的安全。

奇虎 360 防病毒软件具备较强的防病毒软件的特质，可以确保计算机拥有完善的病毒防护体系。公司防病毒软件的免费商业模式，开始改变互联网在云安全时代的运行模式。免费的互联网精神建立起的服务器云和终端云将最终实现每一个用户在使用网络时无须考虑病毒、木马、网页威胁等问题，云安全服务使得网络就是防病毒软件。

第 8 章

云计算的经济分析

❀ 8.1 云计算对信息技术产品需求的影响

为了研究方便，我们将所有的信息技术软件、硬件和服务视为一大类产品，在没有云计算技术的情况下，这类产品有它的需求和供给两大曲线，并决定着这类产品的市场供应量和产品价格。那么在引入云计算技术的情形下，消费者（包括个人用户和企业及政府用户）和生产者行为会发生什么样的变化？本节首先介绍云计算对需求方的影响。

任何一个需求者，在市场上实现自身需求从而得到效用的方式都可以分为购买和租用两种。事实上，无论作为投资者的企业，还是作为消费者的个人或法人，在面对多种商品时都面临着购买和租用的选择问题。除非是一次性消耗的商品，如我们所吃的面包等食物，大部分耐用商品都是分次消费的。食物这个特例是只能购买的情况，另一个特例是劳动力，在非奴隶制社会只能租用而不能购买。大到飞机、房屋和汽车，小到家用电器和图书、音像，都是既可以购买也可以租用的。例如，航空公司，资金实力雄厚的人可以自己出钱购买昂贵的飞机来进行航空运营，也可以到融资租赁公司租用飞机来运营航线；消费者既可以选择买房买车，也可以选择租房租车，既可以选择买书，也可以选择去图书馆借书。

正如新制度经济学家所指出的，产权可以看作一束权利（a bundle of rights），而不仅仅是不可分割的单个权利。产权可以分割为使用权、收益权、控制权、转让权等一系列权利。事实上，购买和租用的产权差异就在于，购买是获得了这一束权利的整体转让，而租用则是购买了一次或几次的使用权而非所有权。用户对信息技术设施或软、硬件的需求同样如此，目的不是拥有全部的产权，更多只是为了获得使用权。只是因为在没有云计算技术的情况下，租用的可能性难以真正实现，而云计算的应用恰恰使用户能够只购买自己需要的使用权并因此付费，而不用花费更多的钱来购买并不重要的所有权。

影响购买和租用选择行为的因素很多，但是首要的就是价格。假设一个消费者 A 面对一件消费品进行选择，租用价格为 X，估计使用次数为 N，而商品购买价格为 Y，那么在不考虑交易成本、折旧等其他因素的前提下，如果满足条件 $X \cdot N < Y$，则消费者 A

会倾向于选择租用该商品。如果此时消费者 A 选择了购买，事实上此件商品的效用被浪费了一部分，存在帕累托改进的空间。如果消费者 A 选择租用，那么此件商品除了满足他的需求之外，还可能被消费者 B 或 C 等其他人租用，实现了帕累托改进，从而增加了社会福利。

　　云计算这种新技术的应用，无论其复杂性如何，从经济性的角度来分析，最大的好处就是降低了用户一次使用的成本，从而使本来不可租用的高价格信息技术产品变成了可以租用的产品，扩展了消费者的效用可能性边界。另外，云计算技术的应用大大拓展了信息技术产品和设施的可撤回与可变通性。正如 Dhar 所指出的，购买行为是一种消费者做出的近乎永久的、几乎不可撤回的决定，这种决定蕴含着一定的风险，这就是由于未来可能会有更好的选择而带来的机会成本[30]。消费行为实验的研究结果表明，消费者在购买一项商品的时候常常会预估由于购买不适合的商品而产生的懊悔感，因为这项决定是不可撤回的，相比之下租用产品由于其可撤回性而不会产生这样的懊悔感。云计算应用模式下，用户完全可以在云系统中自主地提出要求并会迅速得到回应，从而实现自己信息技术需求的快速部署。而且，在使用过程中，用户可以根据自身的情况随时便捷地撤回或变更自己的需求、调整自己的部署，从而使租用的便利大大超过了购买行为。

　　当然，在实际的商品选择行为中，价格绝不是决定购买还是租用的唯一因素。至少还包括交易成本、风险与不确定性、资源可得性、消费者偏好等一系列因素。交易成本决定了租用的方便性，如果租用一次会带来许多麻烦，那么消费者可能宁可选择购买而不是租用。例如，床和沙发等家具，如果选择租用，那么更换一次则会耗费较多的时间和精力，购买应该是较好的选择。对于云计算技术来说，最大的交易成本来自传递信息技术服务的互联网络。如果一个市场区域的网络带宽不足，那么严重依赖互联网交付渠道的云计算服务就会因此而变得非常不方便，从而使云计算技术带来的信息技术价格优势大打折扣，对云计算的发展将产生致命的影响。

　　另一个重要因素是风险与不确定性，如果用户在选择租用方式时会面临较多的风险或不确定性，那么用户将有可能倾向于购买。例如，消费者在面对租赁或购买房屋时考虑的一个重要因素就是，如果租房，将有可能面临房东单方面终止合同的情况，不但要重新寻找房源，还要耗费精力来搬家和重新布置。对云计算同样如此，用户除了考虑价格和交易成本之外，还必须考虑由于租用信息技术资源而带来的风险。与消费其他商品不同的是，租用云存储或计算能力，将会把用户的数据，尤其是不想为人所知的信息传递给云服务运营商，因此用户必然面临着信息被泄露的风险。如果不能解决云安全问题，租用模式就会因风险因素而抵消价格等优势，云计算的应用也将难以真正地推广。

❀ 8.2　云计算对供给的影响

　　云计算对需求方行为的影响，究其本质来自对供给曲线的冲击和改变。这种冲击至少来自两个方面：一是由于采用更高效率的云计算系统而带来的成本总量的降低；二是成本结构的变化，固定成本和边际成本都发生了较大的变化。云计算对供给和成本曲线的影响其实正是云计算经济属性的本质。

8.2.1　总成本降低效应

介绍云计算的成本节约效应，有必要从经济学的角度来区分成本节约的不同源头。事实上，无论规模效应还是所谓的范围经济，一般都是在假定技术条件不变的前提下来分析的，而云计算恰恰是一种明显的技术进步，这种技术本身即使没有规模或范围的变化，也会因其效率的提高而带来明显的成本节约效应。不过，云计算技术的应用使原有的规模经济边界发生了变化，在新的技术水平上实现了更大的规模经济。下面分三个方面来分别介绍。

1. 技术带来的成本下降

正如马克思所指出的，技术进步往往意味着资本有机构成的提高，即固定设备在投资中的比例上升，而人力成本则会显著下降。云计算技术的效果同样如此，这种新技术实现了多种复杂任务的自动化管理，大大节约了人力资本的投入，使维护同样规模数据中心的网管人员大大减少。另外，用户可以将信息基础设施部署在云计算系统中，因此自身不需要再雇用太多的信息管理人员。根据微软公司提供的数据，在传统的数据中心，一个系统管理员大约可管理 140 台服务器；而在引入云计算技术的数据中心中，同样水平的一个管理员可以管理多达数千台的服务器。

2. 显著的规模经济

云计算之所以能够带来成本总量的节约，关键是这种技术突破使大规模数据资源系统的自动化、高效率管理成为可能。从经济学角度来看，数据中心的规模与企业的规模同样是有最优边界的，决定这个边界的条件也同样是边际收益等于边际成本。如果在没有云计算技术应用的情况下，组建大规模数据中心是没有意义的，因为这将耗费大量的运行和维护成本，没有经济性可言。而云计算的诞生使数据中心的边际成本进一步下降，从而大大扩展了数据中心的最优边界。而在这个最优边界拓展的过程中，规模效应得到了进一步放大。具体而言，从规模经济的角度出发，成本节约的可能性至少包括以下几个方面。

首先是用电成本的下降。事实上，对于拥有大量服务器的数据中心而言，用电成本在总成本中占据着相当高的比例，是数据中心总拥有成本（total cost of ownership，TCO）中最大的一块，至少能占到总成本的 15%，甚至会达到 20%。没有云计算系统应用的小型数据中心，往往会因需求方和供给方的地理位置而分散建立，而这些地区往往是当地比较发达、用电成本较高的地区。在那些气温较高的城市，仅因冷却而产生的用电成本非常高。而云计算数据中心则一般会在全球范围内选择电价较低、气候有利于散热的区域来布局，其能源使用效率（power usage effectiveness，PUE）会比小型数据中心有非常显著的提高。而且，如果建在大型发电厂附近，并采用批量采购的方式来集中购电，就又节省了电网传输成本，从而使电费大大降低。从国外云计算数据中心的实际数据来看，其下降幅度可以达到原来平均水平的四分之一。

其次是集中购买能力带来的设备和软件价格折扣。一方面，大型数据中心容纳了相当多的服务器，对软、硬件的采购量大大增加，显然提高了购买方的讨价还价能力。另一方面，云计算中心的自动化管理是建立在标准化基础之上的，大量的软、硬件要采用同一种架构和标准，这种基础设施的同质化使每一种产品的购买都实现了规模化，从而带来了规模经济。国内外一些云计算实践的数据显示，大型云计算数据中心的运营商在购买硬件时，比那些普通客户的价格低得多，折扣甚至可以达到30%以上。

还有一点不可忽视的是，随着云计算数据中心的规模扩大，用户数量也在不断扩大，带来了规模经济效应。在传统产业经济学教科书中，这一点一般不包含在规模经济的范畴中，因为规模经济一般是针对作为供给方的厂商和产业而言的。但是，云计算应用的事实表明，由于用户本身不是同质化的，需求者的增加也会带来类似于规模经济的效果。例如，一个云计算中心可以同时服务于亚洲和北美洲、欧洲的用户，只要互联网的速度足够快。那么，当欧洲人进入梦乡的时候，亚洲人还在白天进行工作，反之亦然。这样服务器就可以保持24h的工作效率，大大降低了单台服务器的运营成本。

3. 运营多资源带来的范围经济

与规模经济不同，范围经济指由厂商的生产经营范围扩大而非仅仅拓展规模带来的成本降低。例如，假定一家企业单独经营产品 x、y 的总成本分别为 TC（Qx）、TC（Qy），同时经营两种产品的总成本为 TC（Qx，Qy），如果满足条件 TC（Qx，Qy）< TC（Qx）+ TC（Qy），那么就存在所谓的范围经济。换句话说，就是多种经营的效率优于单一经营。

云计算数据中心集合了大量的软、硬件，同时提供包括基础设施、计算能力、存储空间、软件平台、应用软件、互联网服务等多种形式的信息技术服务，其服务种类之多，远非传统互联网数据中心所能比拟。在这种情况下，数据中心各种资源的总利用效率会大大改善，每台服务器的运营成本则会明显降低。例如，如果只提供搜索服务，那么CPU的计算能力利用率较高，但是存储空间利用率则较低；反之，如果只提供电子邮件服务，那么存储空间利用率较高，计算能力的利用率则较低。当云计算中心同时提供这两种服务形式时，CPU和磁盘的利用率可以同时提高，从而实现范围经济。

上述几种作用形式叠加起来，使云计算技术确确实实显著降低了信息技术产品和服务供给的总成本，使云计算的商业应用大有发展空间。

8.2.2 成本结构与曲线变化

云计算对信息技术产品供给的影响，除了成本总量的降低之外，另一个显著效应就是改变了成本结构和成本曲线。为了方便介绍，本书将信息技术产品简略地划分为硬件和软件，而云计算应用对这两者的影响是不太一样的，下面分别进行分析。

1. 对软件产品成本曲线的影响

在所谓的网络经济时代，软件产品已经颠覆了传统产业的成本曲线。

如图 8-1 所示，软件产品的前期研发成本很高（主要是人力成本），但是一旦研发成功之后，复制的边际成本就非常低了。因此，软件产品的曲线是向下的，而不是传统的边际成本递增趋势。而按照市场竞争的一般原则，软件产品应该按照边际成本来定价，但是这很可能使软件的研发者血本无归。在现实中，软件产品的定价呈现出一些乱象，既有价格很高的应用软件，如微软公司的系统和办公软件；也有免费使用的软件，如 360 安全卫士软件。甚至对同一个软件，定价可以相差数十倍。例如，WPS 办公软件在市场上可

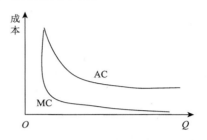

图 8-1　软件产品的成本曲线

AC 代表平均成本；MC 代表边际成本；
Q 代表产量

以达到几百元的价格，也可以在大用户的集中采购中给出几元钱的低价。这种成本曲线的另一个副作用是，由于复制成本较低，大量的盗版软件充斥在市场中。

在云计算应用的模式下，软件产品只需要按照使用次数来付费。对于作为供给方的云计算服务商而言，边际成本进一步降低了，甚至不用再复制一张光盘。而且，定价的问题得到了解决，完全可以按照接近于边际成本的价格来销售。由于云计算系统的用户量远远大于传统模式，因此软件的总销售额有可能弥补开发者付出的研发成本。而且，在云计算模式下，盗版的问题更容易得到解决。其原因在于，在传统销售模式下，购买一个光盘版软件不仅得到了使用权，事实上也得到了复制权，因此盗版成本非常低。而在云计算模式下，每次付费只得到一次使用权，没有复制权，因此不容易盗版。而且每次使用的付费很低，因此用户没必要再冒一定的风险去使用盗版软件。

2. 对硬件产品成本曲线的影响

在没有云计算应用的时代，即使网络经济已经广为拓展，但是似乎对硬件产品的成本曲线影响不大，硬件设备的成本曲线其实与传统产品比较类似。如果说网络经济的发展主要影响了以软件为代表的数字化产品，那么云计算技术的应用则进一步对硬件产品的成本曲线产生了重要影响。由于用户可以采取租用而不是购买的方式来使用包含计算能力和存储能力的硬件设备，并只需按照使用量和次数来付费，因此对于供给方而言，出售一次使用权的边际成本主要是因此带来的设备折旧，对于大量的云计算用户而言，每次使用带来的边际成本非常之小，只是在初始购买时一次性投入一大笔费用，固定成本较高。

如图 8-2 所示，在传统模式下硬件的边际成本曲线的趋势是上升的，穿过了平均成本的最低点。而在云计算模式下，由于在初始投资之后的边际成本非常低，因此在曲线上表现为急剧下降并贴近横轴，而平均成本曲线则位于边际成本曲线上方，但也呈下降趋势。

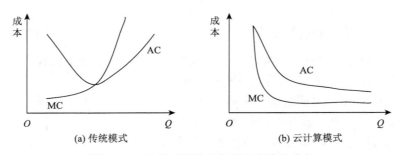

图 8-2   云计算对硬件产品成本曲线的改变

与成本曲线变化对应的是，硬件产品的定价模式也发生了根本性的变化，从按照每件硬件的边际成本定价改变为按照每次使用量的边际成本来定价，因此市场价格大大下降了。例如，谷歌公司对"每 CPU 内核使用 1h"只收费 10～12 美分，亚马逊公司对每 1GB 存储每月只收费 15～18 美分。

如果说网络经济只是改变以软件为代表的数字化产品的成本曲线和定价规则，那么云计算技术的应用则进一步影响了硬件设备的成本结构和成本曲线，同时也解决了软件产品的定价和盗版难题，使租用方式的需求实现成为可能，完全改变了信息技术产品和服务的供给和交付方式，进一步放大了信息经济的报酬递增性质，为信息技术产业的再次高速发展带来了机遇。

❀ 8.3   云计算对信息技术产业的影响

云计算影响了信息技术产品的供给和需求的形态，就必然会影响信息技术产业的规模和产业组织形态。这种影响至少存在于三个方面：一是信息技术产业受到新技术的刺激，很可能会迎来一轮新的增长；二是云计算技术的应用使信息技术产业链的形态发生了变化，社会分工更加深入；三是云计算的应用会使信息技术产业的组织形态发生显著的变化，需要重新审视垄断与竞争问题。本节主要介绍前两方面。

8.3.1   促进信息技术产业增长

云计算技术对信息技术产业的刺激首先来自由于成本降低造成的需求增长。假定我们不考虑类似于网络经济的正反馈特性，即不考虑由于云计算系统扩张带来的用户需求的进一步扩张，仅仅将云计算系统作为一种提供信息技术的产品，即软件和硬件的新的服务方式。那么，作为一种大大降低成本的供给方式，云计算的应用导致信息技术产品的单位计费价格显著下降。信息技术产品的需求具有一定的价格弹性，正如我国信息化过程中所经历过的情况，个人计算机价格的不断下降使计算机的普及率大大提高，手机话费以及手机终端价格的不断下降使移动通信的普及从城市蔓延到了农村。在这种前提下，价格的下降就会引起市场成交量的上升，也就是信息技术产业规模的增长。至于这种增长效应的大小，一方面要取决于云计算技术的应用使信息技术产品及服务的价格有了多大程度的下降；另一方面还要取决于信息技术产品的需求弹性有多大，需求弹性越大，对信息技术产业增长的刺激作用越明显，反之亦然。

上述分析的前提是假定不存在需求的正反馈效应。对需求正反馈的解释一般会用到梅特卡夫定律。梅特卡夫本人是以太网络的发明者，这一定律的含义是，一个网络的价值随着用户数量的增加而增加。例如，电信网络如果只有一个用户，那么这个网络是没有价值的，因为这个用户无法给别人打电话，如果增加一个用户，两者之间就可以通信，网络才有了价值，用户越多，网络的通信功能就越发达，价值就越大。该定律进一步指出，网络的价值不是与用户量成正比的，而是与用户量的平方成正比，这就意味着网络用户量可能会呈几何级数增长。梅特卡夫定律在一定程度上反映了新技术网络爆炸性增长的原因，但是也存在很大的局限性。因为一个正反馈系统是不稳定的，而全球的用户数是有上限的，因为总人口量不会像网络一样爆炸性增长，如果不考虑这一定律的适用范围，那么一定会遭遇增长极限。

梅特卡夫定律是针对以互联网为代表的网络经济而言的，并不是包括水、电力等传统网络型产业在内的普遍规律。那么，云计算是否也存在梅特卡夫定律？应该说存在这种效应，但是也并不完全是这样。梅特卡夫定律的实质是认为用户之间存在相互的正面影响和作用，这种相互作用越大，该定律的效力越明显。从云计算的应用来看，确实存在这样的实际现象。例如，谷歌公司的云搜索服务就是建立在用户互动的基础之上的，谷歌的云搜索网络可以根据全体用户的搜索频率和对象来为每一个用户提供搜索参考，也就是说每一个用户都在享受着其他用户的贡献，因此用户越多，就会吸引越多的用户。亚马逊的情况也类似，在它的图书销售云计算系统里，每一个用户可以根据销量的排行榜来较快地选择有价值的好书，而这个排行榜是根据其他用户的购买量实时变动的。用户越多，这个排行榜才越有价值，也就会吸引越多的用户。

但是，在云标准统一的前提下，一个典型的云计算系统更多地类似于水、电、网络一样的基础设施型产业。例如，我们从云计算系统里租用计算能力，与其他用户是否租用基本没有关系，仅仅是由于规模经济和范围经济带来了成本更低的好处。准确地说，梅特卡夫定律更多是针对纯粹的互联网应用而言的，而云计算的应用不仅在于以邮件、搜索等为代表的互联网服务，更多地体现为改变了硬件设备和软件产品的供给方式。对私有云而言，就完全不存在梅特卡夫定律了，因为一个单位的用户量本来就是一定的，不可能爆炸式增长。

总之，云计算技术的应用对信息技术产业的冲击更多地来自供给侧效率的提高导致的成本下降，由需求的正反馈效应导致的增长效应不是云计算技术的经济本质，但是也会在云计算和信息技术产业的发展中发挥部分作用。

8.3.2　导致信息技术产业分工细化

除了对信息技术产业规模的影响之外，云计算的应用还对原来的信息技术产业链条产生了重要影响。

在传统模式下，软、硬件厂商（如微软和联想等软、硬件生产销售商）直接面对用户，并将包含了服务的软、硬件出售给用户，这种模式只涉及供给方和需求方两个主体，中间没有其他环节。而在云计算模式下，软件和硬件产品都是由云系统服务商集中采购形成一个巨大的信息技术产品资源池，并通过互联网媒介，以按使用量计费的服务模式销售给广大用户。

相比传统模式，云计算产业的出现拓展了信息技术产业的传统分工形态，使产业链更加细化，而这种分工又提高了专业化效率。

分工提高效率，进而推动经济增长，这一思想发端于经济学的创始人亚当·斯密。他分析指出，市场交易与劳动的社会分工是互相促进的，市场交易本来就是劳动原始分工的产物，同时又会进一步促进更加深化的劳动分工，每一次劳动分工的深化都会提高劳动生产率。亚当·斯密总结了劳动分工刺激生产率提高的三大主要原因：一是劳动者因为分工而对自己的工作更加熟练，技巧更加专业；二是如果劳动者从事多种工作，在工作之间转换是有时间等损失的，分工以后就避免了转换损失；三是分工促进了替代人力劳动的机械设备的发明和应用，使人均生产率大大提高。Young[31]于 1928 年对亚当·斯密的这一发现进行了重新挖掘和进一步发展，引起了更多经济学家的重视。他指出，社会分工与市场规模的互动正是经济进步和增长的内在主要动力，这一发现和总结被称为"斯密-杨格定理"。

云计算技术与产业分工的互动充分说明了上述经济学家的远见。云计算技术的产生事实上就来自市场规模的不断扩大。谷歌和亚马逊两家公司是云计算技术的发起者和商业应用的先驱。谷歌对云计算技术的发掘完全是其自身需求引发的，随着互联网服务规模的不断扩大，谷歌公司的搜索服务涉及的数据量极大，为谷歌带来了非常大的计算负担。云计算技术恰恰是针对海量数据的处理应运而生的，利用云计算技术，谷歌公司才得以充分利用自己的服务器资源有效、快速地处理海量的互联网数据。而这一新技术的出现，又迅速被大量的互联网服务商所采用。由此可见，是市场需求的力量促生了云计算技术的发展及其商业应用。而云计算技术诞生之后，对产业分工又产生了重要的影响，在传统的软、硬件厂商和用户之间，出现了新兴的云计算系统服务商，使服务交付环节从生产销售环节中独立出来，成为一个蓬勃发展的云计算服务业。由于云计算服务的出现，传统数据中心里由大量系统管理员维护的系统变为更多的自动化维护，从而大量节省了人力成本，劳动生产率大幅提高，促进了信息技术产业的增长。由于云计算服务依赖互联网媒介作为传输渠道，为了更好地应用云计算，各国政府都支持互联网基础设施的投资，致力于所谓的"宽带战略"，这就进一步带动了互联网基础设施的增长。云计算技术发展与分工效率的互相作用为信息技术产业发展注入了新的动力。

事实上，除了信息技术产品提供方式的变化带来的生产与服务的分工，云计算还有另外一个分工效应，就是将本来被用户内部化的信息基础设施分离出来，然后再以云系统服务的方式提供给用户。

所有的信息技术用户，无论企业用户还是个人用户，都拥有自己享受信息化服务所必需的信息系统或终端设备。作为具备一定规模的企业，一般会有自己的数据中心，采购大量的服务器搭建自己的局域网,并常常专门设置一个部门加以管理和维护。政府部门也是如此,几乎每个单位都有一个小型的信息中心来承担信息化和电子政务、内部邮件、资料备份等职能。对于个人用户,信息化设备会相对简单一些,但是至少也会拥有一台个人计算机,而这台计算机往往是超配的,有着大量的冗余计算能力和多余的存储空间。在有了云计算技术应用的情况下,这些用户设施中存在的计算和存储能力冗余就有了进一步改进的余地,它们完全可以从用户端分离出来,转移到云系统数据中心中,然后再通过互联网以服务的形式提供给用户,从而使用户的信息化建设成本和维护成本转嫁给更有成本优势的云计算系统,实现分工效率。

从需求方角度来看,在传统信息化模式下,用户需要以自给自足的方式来建设自己的信息技术基础设施,这对于用户来说是最经济的方式,而云计算模式下租用成了用户的更佳选择。换句话说,用户在云计算模式下会选择将固定资产投资的初始建设任务转移给云计算服务商,原本被用户内部化的功能被进一步分离出来,实现了交换,转变为一个外包的市场。这就是云计算技术进步导致了分工,分工又扩大了市场规模的整个过程。

对于原本拥有大型信息技术系统的大型企业或政府用户来说,它们面临着如何引入云计算技术的部署模式选择:要么采取技术改造的方式,将自己的原有系统打造成一个私有云,但是会牺牲一部分规模经济;要么放弃现有的系统,在一个公共云系统中重新搭建自己的信息系统,但是现有资产处置中可能会有损失。从长期来看,如果不考虑安全因素的影响,在公共云中搭建信息系统可能是一个更好的方式。当然,另一个办法是选择"混合云"的部署方式,涉及安全的数据放在利用原来设备搭建的私有云中,其他部分放入公共云,不过管理难度将增大。

❀ 8.4 云计算对非信息技术产业的影响

前面的分析表明,云计算在信息技术产业的应用改进了该产业的分工和生产效率。作为一种通用目的技术(general-purpose technologies,GPT),云计算的影响当然不仅是信息技术产业,包括制造业和服务业在内的大部分产业都在使用信息技术来提高自身的劳动生产率,云计算影响了使用信息技术的方式和成本,那么就必然会影响这些使用信息技术的产业。当云计算沿着从信息技术产业向其他各个产业的路径渗透时,对整体经济的影响就会不断扩大,最终带来推动经济增长的明显效果。

8.4.1 增加非信息技术产业的信息化深度

对于非信息技术产业而言,使用信息技术的目的是提高生产效率,因此在非信息技术产业,信息技术产品、设备和基础设施是一种资本,购买和使用信息技术是一种投资行为,这种投资以提高效率的方式增加该产业的产出。

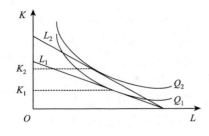

图 8-3 云计算增加非信息技术
产业信息化深度及产量示意图

如图 8-3 所示，假定非信息技术产业的企业使用资本 K 和劳动 L 两种生产要素进行生产，该企业会面临着一组等产量曲线 Q（O_1，Q_2，…）。在没有云计算影响的初始状态下，该企业的成本约束线为 L_1，此时 L_1 与等产量曲线 Q_1 相切，Q_1 就是该企业的最优产量，企业投入的资本量为 K_1。一旦应用云计算之后，资本 K 中包含的信息技术投资的价格会显著下降，使企业在同样的成本约束下可以适当增加对资本的投入，在劳动成本不变的情况下，成本约束线就会从 L_1 移至 L_2，而此时相切的等产量曲线就变为 Q_2，最佳资本投入变为 K_2。由于假定其他资本的价格不变，那么令 $\Delta K = K_2 - K_1$，可知 ΔK 这个增量都来自信息技术设备的投资增加，也就是这个产业的信息化深度的增加，信息化深度的增加也就带来了企业规模（$\Delta Q = Q_2 - Q_1$）的增加，其加总效应就是产业规模的增加。

事实上，增加工业和服务业的信息化深度之后，其效果可能不是仅仅增加了产业规模，还有可能激发更多的技术创新。非信息技术产业不但获得了更多的存储和计算能力，还在云系统中获得了更多的技术开发应用平台，使研发人员有了更多创造新技术和新应用的空间。利用这些平台，非信息技术产业的创新可能性更大，很可能带来制造业和服务业的整体技术进步，从而帮助一些传统产业实现技术改造和产业升级。

8.4.2 增加非信息技术产业的信息化广度

信息化是现代社会中企业提高生产率的重要途径之一，但是信息化对企业来说也是程度不一的。对于资金实力较为雄厚的大中型企业而言，信息化已经是一项基本需求；但是对于众多的小型和微型企业，信息化的普及程度还比较落后。以我国为例，根据工业和信息化部中小企业提供的调查数据，小企业和微型企业的信息化建设程度是比较低的。在小微型企业中，未雇用专业信息化管理人员的企业占比较高，只有少部分小型企业和微型企业有自己的信息化管理部门。

云计算的应用很可能为广大中小企业带来信息化的机会。中小企业难以建立专门信息化部门的主要原因在于资金实力不足，难以支付相对昂贵的信息化投资。由于信息化带有较强的规模效应，对中小企业而言，企业规模较小，投入信息化建设所得的收益不能弥补投资成本，因此最优选择很可能是不进行信息化建设投资。在云计算服务模式下，由于企业从一开始就可以以较低的成本来租用信息技术服务，在云计算系统中部署自己的信息化基础设施较为方便，降低了信息化的门槛，因此信息化的普及程度大大提高。

除了成本之外，云计算应用带来的另一个好处是降低了信息化的风险。相对于大中型企业，小微型企业承担风险的能力比较低。在传统的信息化模式下，企业购买服务器搭建自己的信息化应用系统，存在着较多的风险。例如，需要购买多少台服务器才够用？

如果购买过多，可能造成资源的浪费，而购买不足则影响应用程序的部署。而且，如果雇用的信息部门管理人员和技术维护人员水平不足，则有可能降低整体资源的利用效率。而在云计算模式下，企业可以把自己的系统部署在云数据中心，资源的更新、技术改造和扩展都由云计算服务商来进行操作，许多运行维护的任务也可以交给更加自动化的云系统来完成，云服务提供商甚至可以根据企业的业务量变化和工作负荷的波动，及时调整企业信息化基础设施的规模，大大降低了小微型企业投资信息化的经济风险。

云计算技术的应用给了更多非信息技术行业中小微型企业进行信息化的机会，大大拓展了各个产业的信息化广度，使信息技术带来的收益被更多的企业分享，从而使更多行业的生产最大可能性边界又向外推进了一步。

8.4.3 提高人力资本总量

除了对企业的影响之外，云计算的另一个波及效应就是会使信息技术的使用在社会人群中更加普及，从而可能提高人力资本。

人力资本是指劳动者在进行教育、培训、实践经验、保健等方面的投资之后，所获得的知识和技能的积累之和。关于人力资本的研究由来已久，第一次系统地提出人力资本理论的是美国经济学家 Schultz，他提出，人力资本是促进经济增长的关键因素，有助于提高生产效率和实现规模报酬递增[32]。Schultz 还深入研究了人力资本形成和提高的主要因素，并基于此进一步分析了教育对提高人力资本的作用和对经济增长的贡献率。

云计算对人力资本的贡献首先来自对远程教育的改善。在传统模式下，远程教育存在信息资源重复建设、共享性差、系统可扩展性与可配置性差、成本昂贵等一系列问题，许多区域性的远程教育中心都建立了独立的数据中心，形成了众多的信息孤岛。在云计算模式下，只要有互联网接入的地方都可以享受云计算带来的信息技术资源，而基于云计算技术的远程教育系统不但资源更加丰富，成本也因为按使用次数付费而更加低廉，使贫困地区的劳动者和学生能享受更多、更先进的教育机会，从而提高劳动者素质、增加人力资本。

此外，随着云计算应用的普及，个人可以使用更简单的设备介入云系统，不需要购买包含了冗余计算能力的计算机，用户设备更加简单、价格更低廉。同时，使用软、硬件的成本也因租用而降低，更多的人口有机会接触和使用信息技术产品和服务。在这个过程中，人们可以利用无限的网络知识资源，通过自学拓展自身的各种能力，从而提高人力资本总量。

⊛ 8.5 云计算的成本结构分析

随着云计算的蓬勃发展，运营商的目光渐渐地从如何吸引用户从传统模式转换为云计算模式，转移到如何以最低的成本获得最大的效益这样深层次的问题。为此，需要展开对云计算的成本效益分析。在云计算中，经济效益的实现过程被视为两步：第一步，只有当收益大于成本时，资源才被应用；第二步，当成本最低时，通过给定的资源实现最大效益。由此可见，成本分析是云计算经济效益分析的重要基础。

8.5.1 云计算的成本结构特点

目前，已经有一些方法和技术用于对传统数据中心进行成本分析，但是云计算的特点使它们很难被采用去进行云计算的成本分析。这是因为云计算服务作为新型的信息技术服务，与以往的信息技术服务不同，具有资源弹性利用和虚拟化的新特点。

1. 资源弹性利用

云计算是一个按需提供的资源服务。用户通过向云申请自己所需要的资源，然后从云上得到反馈，获得所需资源。云计算所采用的架构使其可以不断地自动适应用户变化的需求。动态可扩展技术支持云在资源池中实现多次配置，无须人工干预。这就意味着，服务器、软件、能耗以及设施，包括网络关键物理基础设施和电力系统，都可以根据用户需求的变化，在资源池中进行增减。这就使云计算的成本分析完全不同于传统的数据中心。目前的成本分析技术并没有考虑云计算的弹性特点，它们的计算主要取决于对每个成本项目和所有现金支出的汇总的统计，而忽略了弹性使用对成本计算的影响。且目前的技术无法从不断变化的云计算中得到每一个成本项目的确切数据用于计算。

云计算的成本分析应该以使用为导向，随着用户不断变化的需求，甚至是用户的规模而改变。

2. 虚拟化

在云计算中，一组通用的服务器承载着多个应用程序，这就允许应用程序工作量整合在较少的服务器上，从而保证其被更好地使用。因为不同的工作量可能有不同的资源利用足迹，且随着时间的变化可能会进一步有所不同。为此，虚拟化技术在云计算中被广泛采用。云计算服务提供商将任意用户的应用程序打包成一组虚拟机，并将虚拟机作为应用程序的资源。

在这种情况下，虚拟机成了云计算中资源的单位，这肯定会影响成本分析。例如，传统的成本计算主要以物理服务器为单位来计算服务器成本，且考虑更新情况。但采用虚拟化是在综合使用物理服务器。另一个例子是软件，在云计算服务中，软件以虚拟机的形式授权给用户使用，用户只需使用虚拟机进行计算即可得到所需的软件许可证，而不是物理服务器。云计算服务提供商在提供虚拟机应用的租赁时，将软件借给用户，这就使得在一段时期内，云中的软件被公共使用了，传统的软件成本基于单独价格直接计算的方式不再适用。

8.5.2　云计算的成本分析方法

目前，对云计算成本分析的方法并不多，下面介绍其中一种云计算成本分析方法，是由 IBM 研究所的 Li 于 2009 年提出的[33]。他分析云计算成本包含两部分：总拥有成本和使用成本。

1. 总拥有成本

总拥有成本通常用来作为商业实施和管理信息技术基础设施的实际成本。它不仅包含资本成本，而且考虑了经营整个信息技术基础设施的成本。综合考虑整个生命周期的消费使总拥有成本可以适当地作为决定云计算的经济价值的成本基础。因此，将云计算总拥有成本视为云计算成本分析的基础。

云计算的总拥有成本一般是指建立和运营一个云所花费的成本。构成云计算总拥有成本的元素可以分为八类：服务器、软件、网络、支持和维护、电力、冷却、设施以及场地。

（1）服务器成本。云计算中的服务器都被安放在机架中，共同构成一个资源池。用户通过资源池被分配到自己需要的应用和服务。计算总拥有成本时需要考虑资源池中所有的服务器。

（2）软件成本。这个成本主要是用于支付软件使用许可证的费用。根据许可方式的不同，软件分为三种类型，相应的成本计算方法也是截然不同的。

（3）网络成本。与网络相关的成本主要是由交换机、网卡和用来将物理服务器连接到网络的电缆产生的。其中，由于网卡、电缆一般是和服务器联合购买的，所以在计算总拥有成本时，网卡和电缆成本算在物理服务器的价格中。网络成本只需考虑网络交换机的成本。

（4）支持和维护成本。此项属于软成本，但是也包含了一些重要工作的费用，如软件开发和升级、资产管理、故障排除、流量管理、服务器配置、病毒防护、磁盘保护以及性能维护等。

（5）电力成本。云计算中的电力成本主要来自计算的基础设施（信息技术负载），如服务器、网络、交换机等，以及网络关键物理基础设施（非信息技术负载），如变压器、不间断电源设备、电源线、风扇、空调、水泵、加湿器、照明设备等。由于这些是被配置在机架内的，所以电力成本一般以机架为单位计算。

（6）冷却成本。因为数据中心的能耗被完全转化为热能，所以机架的额定功率与热输出是相等的。

（7）设施成本。设施不是设备，但是对设备的正常运行具有重要作用，它们都被包含在机架内，也是以机架为单位计算的。

（8）场地成本。由于冷却、电力等特殊基础设施的需求，云计算所需场地价格通常比标准的商用物业更贵。有数据显示，每平方英尺（$1\text{ft}^2 = 9.290\,304 \times 10^{-2}\text{m}^2$）额定功率为 40W 的数据中心的成本约为 400 美元。

以上八类成本的总和就是云计算的总拥有成本。当具体计算时，所需要的参数都是从运营商或行业统计数据处收集的。

2. 使用成本

对云计算来说，仅仅计算和分析总拥有成本是不够的。虽然总拥有成本对评估云计算整个生命周期的信息技术成本是有帮助的，但是它更容易被用来评估基础成本，而不是云上弹性资源的传递。总拥有成本包含资源池内所有服务器及所有支持这些服务器的设施等的成本。但是云只是使用了这些服务器和其他类别的部分资源以满足用户的要求。被使用的部分资源的成本很容易随着各种工作负载不断变化，于是需要计算由用户使用带来的成本，这被称为使用成本。使用成本的计算将考虑到云计算的虚拟化和弹性化特性。

完全不同于传统的成本核算方式，这里将虚拟主机作为使用成本输入，并采用一个三层结构的推导模型来计算使用成本，如图 8-4 所示。

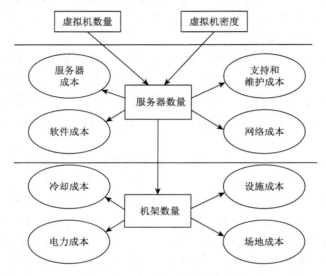

图 8-4　云计算的使用成本模型

和总拥有成本一样，使用成本也分为相同的八个衡量标准的类别，即服务器成本、软件成本、设施成本、支持和维护成本、网络成本、电力成本、冷却成本以及场地成本。在图 8-4 中可以看到，使用成本的整个计算过程为：首先，在第一层，获得作为输入的虚拟机数量和虚拟机密度；然后，在第二层，根据以上两个参数，计算服务器数量。在服务器数量和虚拟机数量的基础上，可以得到服务器成本、软件成本、支持和维护成本、网络成本；在第三层，计算包含服务器的机架数量。电力成本、冷却成本、设施成本以及场地成本都取决于机架数量。最后，将这八类成本相加就得到了云计算的使用成本。

☁ 8.6　云计算的效益分析

很多公司目前仍然是手动安装部署系统，效率低下，很多人力浪费在重复烦琐的系统管理和手动部署上。然而，在高度虚拟化的云计算环境中，虚拟化可以大力促进系统整合，从而减少硬件支出；自动化能够显著节省人力支出，同时提高效率，减少手动错误。在此基础上总体节省的数目将大大超过云计算项目在虚拟化和管理软件上的投入。因此，通过建立云计算平台，用户可以得到更大的效益。

对于云计算，其效益分析主要包括以下四个方面：硬件、软件、自动化部署、系统管理。本节将对以上这些方面进行效益分析，并阐明云计算如何达到节省支出、提高效率的目的。

8.6.1　硬件效益分析

谷歌前中国区总裁李开复在 2011 年表示，云计算可将硬件成本降为原来的 1/40。他还举例说，谷歌如果不采用云计算，每年购买设备的资金将高达 640 亿美元，而采用云计算后仅需要 16 亿美元的成本。

对于云计算能节省多少钱，因用户的不同而有所差别。但是云计算能节省用户硬件成本已经是个不争的事实。云计算可以使用户的硬件利用率达到最大化，给用户带来巨大的效益。

1. 效率效益

在传统硬件模式的架构下，如果需要更强的处理能力或更大的存储空间，通常会选用更高级、更强大的服务器来实现，如选择大型服务器或高端小型机。但随着应用规模越来越大，尤其是对许多互联网上的应用而言，这种方式给用户带来了诸多挑战。例如，系统的纵向扩展能力有限，无论何种服务器，所能扩展的处理器和内存都相对有限。另外，对于大规模应用来说，这种构建方式下的系统构建成本较高。由于传统的大型机和小型机不是采用标准化的构建方式，其成本始终居高不下。云计算的出现，使人们开始重新考虑硬件平台的构建方式。绝大部分云计算平台目前都是采用标准化、低成本的硬件，然后通过软件方式横向扩展来构建一个庞大且稳定的计算平台。

在云计算中，硬件的节省来自提高服务器利用率和减少服务器的数量。在一个典型的数据中心，服务器运行单一应用程序，计算能力利用率低于 20%。在云计算环境中，由于系统的整合和虚拟化，需要的服务器数量极大下降，每台服务器的利用率大幅提高，从而显著节省了硬件费用，也减少了将来的硬件投资。

2. 节能效益

当越来越多的企业开始转向云计算时，它们就不需要自己来维护服务器了。相应地，服务器数量减少了，就直接节省了电力、制冷及机房的开支。例如，2006 年英特尔信息技术部门采用虚拟化后，服务器整合比是 8∶1，用于设计计算的服务器资源利用率从 55% 提升至 66%，每年在直接成本、间接支持、网络折旧以及能耗和制冷成本方面就能节省 6024 美元，空间节省了 87%。

3. 市场效益

服务器整合是实施企业私有云的第一步。服务器整合可以提高信息技术效率,同时减少基础设施的支出,从而使企业可以放更多精力和资本去发展自身业务、开拓市场,同时也提升了企业信息技术快速响应市场变化的能力。

8.6.2　软件效益分析

SaaS 是云计算中的一个重要模式。在这种模式下,客户不再像传统模式那样花费大量投资用于硬件、软件、人员,而只需要支出一定的租赁服务费用,通过互联网便可以享受到相应的硬件、软件和维护服务,享有软件使用权和不断升级服务。这是软件应用最具效益的营运模式。

1. 经济效益

SaaS 不仅减少甚至取消了传统的软件授权费用,而且厂商将应用软件部署在统一的服务器上,免除了最终用户的服务器硬件、网络安全设备和软件升级维护的支出,客户不需要除了个人计算机和互联网连接之外的其他信息技术投资,就可以通过互联网获得所需要的软件和服务。另外,SaaS 软件运营商通常是按照客户所租用的软件模块来进行收费的,因此用户可以根据需求按需订购软件应用服务,而且 SaaS 的供应商会负责系统的部署、升级和维护。而传统管理软件通常是买家需要一次性支付一笔可观的费用才能正式启动。相比之下,使用云计算的用户可以节省一大笔开支。

2. 市场效益

客户通过 SaaS 模式获得巨大收益的同时,SaaS 对于软件厂商而言就变成了巨大的潜在市场。因为以前那些无法承担软件许可费用或者没有能力配置专业人员的用户,都变成了潜在的客户。SaaS 模式还可以帮助厂商增强差异化的竞争优势,降低开发成本和维护成本,加快产品或服务进入市场的节奏,有效降低营销成本,改变自身的收入模式,改善与客户之间的关系。

8.6.3　自动化部署效益分析

根据埃森哲公司的调查研究显示,企业在信息技术方面 70% 的花费用于维护现有的信息技术系统,而只有 30% 的花费用在新功能的添加上。另外,该公司统计发现企业 85% 的信息技术资源在大多数时间是空闲的,信息技术资源的浪费相当严重。

云计算其中一个功能就是通过自动化部署解决这些信息技术资源的维护和使用问题,帮助信息技术资源获得最大的使用率,最终降低信息技术资源的成本开销。

自动化部署是指通过自动安装和部署,将计算资源从原始状态变为可用状态。自动化部署是支撑云计算服务平台的重要功能之一。传统的手工应用部署是一个费时费力的过程,通常由多个复杂的步骤组成,包括软件的安装、配置,以及为软件分配硬件资源等。由于定制化的业务应用通常具有特殊的安装和配置步骤,应用软件的部署更是成了复杂的过程。这些因素都使自动化部署成为以云计算平台管理这些任务的关键。只有通过动态部署业务应用,才能够真正实现云计算平台的灵活性。

在云计算中,自动化部署体现为将虚拟资源池中的资源划分、安装和部署成可以为用户提供各种服务和应用的过程,其中包括硬件(服务器)、软件(用户需要的软件和配置)、网络和存储。系统资源的部署有多个步骤,自动化部署通过调用脚本,实现云上自动配置、应用软件的部署和配置,确保这些调用过程可以以默认的方式实现,免除了大量的人机交互,从而节省部署所需的大量时间和人力,提高部署的质量。

IDC 调研显示,自动化管理在为企业降低成本的同时,可以提供更好、更标准的交付服务,并且更灵活地响应变更。

根据 IBM 云计算中心的数据显示,中等规模和大型的云计算环境下,自动化安装部署工具的使用,使部署一套系统的时间从 40~70h 减少到了 30min。在安装环境复杂、影响因素众多的情况下,自动化安装部署带来的效益尤为突出。在大型环境下,支出节省达到了 90%。

8.6.4　系统管理效益分析

云计算一个重要的核心理念是通过一种系统配置机制来实现不同的功能,以满足不同的需求。一般来说,改变软件系统的运行和功能,通常是靠编程或配置,也可以是两者同时进行。编程需要专门的技术知识,包括底层的软件程序语言和算法逻辑;而配置则不需要任何具体的技术专长。配置的变化会直接影响系统的运行和用户显示及体验,并且该操作通常由系统管理员实施,他只需要访问配置维护界面,整个过程中,底层软件程序并没有改变。这种重要的理念让云计算的系统管理难度大大降低。

同时,云计算服务不可避免地对公司相关组织结构和工作职责产生影响,使公司管理扁平化。云计算是将资源集中起来,以整体服务的方式提供给使用者,无论公共云,还是私有云。所以,这种资源集中化必然带来公司组织结构、业务流程的调整,特别是对于一些大型企业。例如,中国联通已建立了一套"大 ERP 系统",以 ERP 核心系统为基础,同步建设包括采购、项目、资金、合同、预算、报账等十多个子系统,紧密集成,共同构成了一个超越传统 ERP 方法和理念的信息系统。这个一级平台带来的最大好处就是平面化管理:能够实现全集团业务处理过程的统一、全集团数据信息的集中,让所有单位的管理过程全部放在一个桌面上,实现业务过程、数据信息等全部置于一个平面上。相应地,很多管理职能得以上移,减少了层级,提高了管理的效率。而对于小企业来讲,选用云计算服务的结果,最直接的改变就是不再需要为此养人,而是靠服务商来保证品质,且系统的初始成本可以忽略不计。

第 9 章

云计算的商业影响及价值

🌀 9.1 云计算的商业影响

9.1.1 商业组织结构的演变

2000 年至今，传统金字塔形的企业组织结构逐渐失去了其魅力和生命力，一些曾经被认为永不会倒下的、多元化经营的巨人公司最终也走向了衰败、破产。这些失败的企业案例并不意味着企业不能成长为产生几十亿元利润的巨型公司，而是表明金字塔形的组织结构已经不再适合这些企业。因为在这种金字塔形的组织结构里，重要决策只能由金字塔顶部的少数核心权力人物做出，大多数人只是被动地接受上级的指令。

考虑到当前商业变化的速度，企业的一切商业行为都应该是反应快速、敏捷的。金字塔形组织结构不可避免地导致了企业高层的决策瓶颈：不管他们多么聪明、多么勤奋，或者使用多么高级的计算机系统，金字塔顶部的少数高级执行者不可能及时、准确地做出企业决策。如图 9-1 所示，各种信息和决策请求像潮水般涌向企业组织结构顶部，高层管理者完全淹没在这些信息和决策请求之中，完全远离了事件的发生地点和场景，根本没有时间和精力了解事件本身。这样一来，在组织结构顶部的高管真正做出决策并向下的过程中，事情本身可能已经变得面目全非了，迟到的决策已经没有任何意义和作用，或许还会带来一些副作用。

在 21 世纪初的几年间，一种网状结构的、敏捷的企业形式已经出现了。在这种组织形态下，整个企业运营由互联网协作技术（像博客、维基和社交媒体网络等）支撑着，不再是少数高层才能做企业决策、告诉所有人做什么；公司不同层级的管理者都能获得足够的授权并能决定一些商业行为。一般地，这种企业组织形式会设立一套完善的绩效考核奖励机制，这个机制激励所有的人相互协作，并奖励包括成功的管理者在内的所有人。这些企业内部的业务部门组织成网状而不是树状，很简单的原因就是网状结构允许更大的部门单元的自治。网状的企业商业模型给予它们的业务部门高度的自治，促进它们达到商业目标并鼓励它们不断探索新市场和寻找新的商业机会。这些企业通过使用一

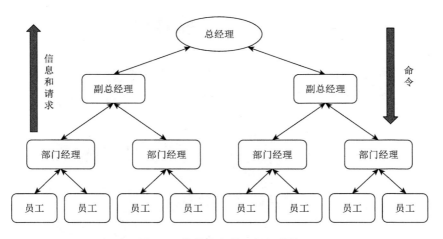

图 9-1　传统金字塔形组织结构

个共享的服务模型来支持自治的业务部门的网状组织结构，如图 9-2 所示，在这个模型中，一个企业中央协调单元设置企业目标和总体战略，并给其他的业务部门提供统一的行政财务和系统基础支持服务。基于这个统一的基础服务，一方面，这些企业能够充分利用规模效益来较经济地提供这些基础支持服务；另一方面，企业的业务部门能够免除这些任务和成本负担，能够专注于高利润的核心商业行为。

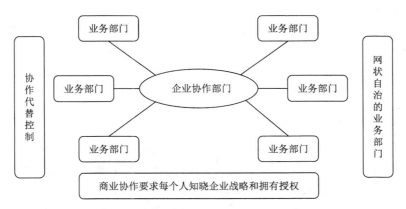

图 9-2　新的网状组织结构

随着企业的发展壮大，这些企业不断成立新的业务部门来负责新的产品和市场。为了避免网状结构逐渐演变成僵化的树状金字塔形，业务部门不能随着从事新业务和进入新市场就变得越来越臃肿和庞大。相反，原业务部门逐渐充当企业协调者的角色，新成立一些业务部门来处理新产品、新业务增长以及新市场拓展，如图 9-3 所示。

经济需求和技术大融合驱动着企业组织结构的进化，网状组织结构满足了客户对需求变化做出快速反应的要求，最接近交易场景的业务操作部门完全授予决策权，有权决定怎样做。计算机和通信等多种技术支撑着网状组织结构的高效运转和相互协作，只有

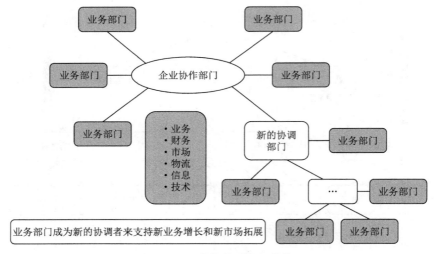

图 9-3 网状敏捷型组织结构

这样企业才能通过互联网随时随地交付它们的高质量服务。现在，这种技术和服务的整合被称为"云计算"或者"云服务"。

因此全球著名的信息技术、电信行业和消费科技市场咨询及活动服务专业提供商——IDC 定义云计算为："通过网络（包括互联网）实时获得面向用户与商业的产品、服务与解决方案的服务模式。"

《经济学家杂志》曾阐述云计算对商业组织结构的影响："商业越来越像技术本身，更有适应能力，更相互影响，更专业化。这些发展不可能是新的，但是云计算将加快这种发展。"

9.1.2 云计算时代的商业模式

商业模式已经成为挂在创业者和风险投资者嘴边的时髦词语。简单来说，商业模式就是赚钱的谋略。投资界一个有名的故事很好地诠释了这个概念："美国著名投资商罗伯森曾经告诉亚信公司创始人田溯宁，商业模式就是一块钱在你的公司里转了一圈，最后变成了一块一，这增加的部分就是商业模式所带来的增值部分。"商业模式是现代人的流行说法，中国的古人把这种赚钱的方法称为生意经，春秋末期的商人陶朱公和猗顿经商成为巨富，史称"陶猗之富"，他们的商业模式，仍然是很多商学院研究学习的典型案例，如运用权术、公关策略、自我炒作、奇货可居等。商业模式实际上是产品和服务的所有者设计的一种在社会总体价值体系里获得更高最终价值的策略，有一个好的商业模式，事情也就成功了一半。

作为一种存在的事实，商业模式和物理世界的其他事实一样，包含两个部分：一是组成要素；二是这些要素的组织连接形式。组成要素包括产品、服务等可以进行交易的商品、商品的提供者、商品的消费者、商品的中介连接者。商业模式的多样性是由组织形式的多样性决定的。

从目前的商业市场来看，企业生产的产品同质化日趋严重，也就是产品基本功能相差不大，企业的差距主要在于组织这些基本功能的能力。对于一个成功的信息技术巨头来说，并不是它拥有某些革命性的基本功能产品，而是它把大量的普通功能组织起来形成了一个新的产品，它成功的关键在于组织形式的创新。这种创新将导致商业模式的创新，如组织者不再需要自己开发基本功能产品，只需要提供连接基本功能产品的平台，当大量的开发者参与到这个平台的时候，组织者可以采用自然界的优选法则来获得最优（并非指单项功能最好，是指其功能可以使整体获得最优效果）的产品。

事实上，这种组织形式的方法就是云计算的核心思想，即云计算的核心竞争力——如何发挥组织的力量，而不是组成成员的个体力量，苹果公司 iCloud 的成功也是来源于这种思想，而下一个成功的企业极有可能也是采用这种商业组织形式的。

1. 云计算产品的生态形式

迄今为止，云计算虽然已经在全球范围内获得广泛的推崇和应用，但仍然还披着一层薄薄的神秘的面纱，一方面它的构成对象与传统的信息系统没有不同，另一方面它又是解决目前全球危机的方法。大多数人对于云计算还处于似懂非懂、似是而非的状态，人们对云计算的描述的确是"云里雾里"。出现这种情况，一方面原因是社会风气的浮躁，很少有人能够静下心来分析云计算的本质，如同北宋诗坛大家苏轼在《题西林壁》里所说："横看成岭侧成峰，远近高低各不同。不识庐山真面目，只缘身在此山中。"；另一方面可能是受东西方文化差异的影响。因为包括中国在内的全球理工科学生的教育基本沿用的是西方的教育体系，而西方文化只认同"可见"的有形对象。

神秘的东方文化同时强调"不可见"的无形应用，因为不可见，按照现代科学的标准判断，它就属于非科学的思想。如果了解了有形和无形的依存关系，就可以知道如何通过调节有形的对象来获得无形的需要和用途，这个思想其实就反映了云计算的思想，即通过最大限度地调节现有的传统信息技术对象（软件、硬件）来获得不同的应用服务。

云计算并不是现有产品的简单包装或者局部创新，也绝不可能完全摒弃现有的技术而开创出来一个全新的独有产品。物理世界的产品作为一个存在事实，包含两个部分：一是构成对象；二是组织连接形式。同样，云计算产品也包含这两部分。云计算的构成对象所采用的技术几乎被国际信息技术巨头所垄断，在现有的科学理论体系下，不管是CPU 等硬件、应用编程语言或架构体系等软件，还是通信网络等传输协议和标准，短时间内很难出现革命性的技术；云计算的技术和商业革命主要在于组织形式方面。可见，云计算产品实际上就是现有的传统产品功能在全球范围内的重新组织应用，这种应用必须很好地解决传统产品产生的数据孤岛问题、服务器和数据无限增长泛滥、绿色危机和软件危机等，形成一个稳定、关联的信息技术生态系统。

因为只有统一的平台才能建立稳定、相互关联的信息技术体系，信息技术生态系统的建立意味着云计算产品和服务具有全球统一的垄断特性。当然，这并不意味着应用功能系统是由一个或者几个公司来完成和控制的。统一的含义是指，在一个国际组织机构的主导下，全球范围内推行了一个统一的云计算标准，所有用户按照这个统一的国际标准在云计算平台上开发更多、更好的功能，创造增值商业服务。

2. 云计算时代的商业模式的特点

尽管在云计算时代，云计算产品将导致"按需分配"的共产主义社会特征出现，但是云计算并不能改变物理世界的自然规律，人们依然需要从外界获得维持身体存在所需要的物质和能量，仍然需要设计赚钱的策略，以便获得更多的财富。

云计算时代的商业模式从组成对象和设计流程来看，和当前的商业模式并没有多大的区别，仍然是商品、消费需求、信息传递、商品流通等组成的结构体系。

而在云计算时代，决定商业模式的主要因素是云计算产品的核心关键技术，由于云计算产品的特殊性，人们通过商业模式获得利益的方式也将发生改变。具体表现如下。

（1）不能利用消费者的无知而获得高额利润。由于云计算的技术力量，任何商品的特性将完全展现在消费者的面前，在购买之前，消费者已经清楚地了解了该商品的优缺点、库存数量、不同地区的分布数量、提供商的生产计划等大量的信息。

（2）不能再使用明星效应来诱导人们购买。同样，信息对称使消费者不会再被明星光环所蒙蔽，不能诱使消费者上当购买名人形象代理的产品。

（3）很难利用特权来获得利益。云计算将通过技术的组合来实现信息对称，这种技术组织形式将改变社会结构，在虚拟世界里建立一种公平正义的信息管理平台，这个平台进而促进物理世界实现公平正义。

在云计算时代，产品的竞争力决定了商业模式的形态，财富的分配形式是由云计算产品的生态形式决定的，商业模式本身不会改变这种分配形式。这和传统的商业模式有很大的差别，传统商业模式不仅可以改变产品价值的分配形式，同时也可以改变产品价值的数量，所以商业模式决定了传统企业的成败。

因此，在云计算商业模式里，创新产品的竞争能力是企业创造价值的核心基础。

3. 中国能成为云计算时代商业模式的主导者

自 1825 年英国第一次爆发普遍的经济危机以来，西方发达国家从未摆脱过经济危机的冲击，每隔 8～10 年，就会爆发周期性的经济危机。每次经济危机都严重地破坏了社会生产力，使生产倒退几年甚至几十年，为世界经济带来莫大的灾难，使社会财富遭到巨大的破坏。尽管欧美发达国家采取各种方式来解决这些问题，但是人性的贪婪只会不断加剧这些麻烦。或许，云计算的出现能够帮助解决这些麻烦，云计算通过革命性的技术重建以信息技术为载体的虚拟世界，使虚拟世界更加接近物理世界，从而建立信息对称的公平商业市场。

尽管目前以西方为主导的发达国家控制着信息技术的话语权，但是在云计算时代，这些传统的核心关键技术并不是云计算的核心关键技术，西方发达国家也就失去了长期拥有的绝对竞争优势。因此，在云计算初期，中国和西方发达国家处于相同的技术竞争起跑线上，能否抓住机会，关键在于能否制定出有效的竞争策略机制。

在云计算时代，商业模式是由产品的生态形式决定的，而产品是由技术决定的，脱离技术约束的商业模式是不存在的。由技术带来的信息对称控制了非理性的个体行为的发生，从而导致了经济运行模式的破坏性重建，这种变革将有可能使中国成为云计算时代全球商业模式的主导者。

✿ 9.2　云计算对企业组织的影响

如果我们回望技术的演化过程，从主机时代到个人计算机的诞生、互联网时代，然后是现在的云，在这些转变中恒定不变的是，它们都带来了巨大的改变。随着技术的变革而来的是商业运营方式的改变，每次转变都改变了企业的运营模式。在主机时代，软件主要用于支撑内部的业务功能，如工资单、会计、制造等。消费者并不与系统打交道，他们的接口人是银行出纳、收银员、保险代理、药剂师、旅行代办人等。那时的业务与信息技术对应关系要简单得多，因为信息技术的唯一目的就是构建在业务上使用的应用。

PC 时代产生了新的运营模式，软件供应商会把软件打包并发送给客户，然后由客户在自己的企业内部进行软件的安装和管理。这种新的运营模式需要进行组织变革，这样公司才能对运行在客户那里的软件提供支持。而为了处理运行在客户处的软件，又形成了新的支持机构，创建了新的销售流程，以及优先处理新的软件需求。定价模式变了，激励机制变了，合同和服务条款也变了，甚至客户类型都变了。业务和信息技术的对应开始出现分裂，因为现在信息技术有了许多客户，包括内部的、外部的。除此之外，信息技术现在还必须管理分布在企业内外的基础设施和软件，而过去这一切都集中在大型机上。

互联网时代再次给运营模式带来了巨大的改变，企业能够一天 24h 直接向客户出售产品和服务。现在企业能昼夜经营，并且不需要具体的办公地点。正如前一个时代，巨大的流程和战略变革影响了销售、法律、开发、支持等各项内容。消费者现在直接与系统进行交流。在此之上，内部系统现在要面对各种从互联网进入的外部威胁带来的损害风险。这就给信息技术和业务的对应关系造成了巨大的分歧，因为更没有附加价值的工作也被硬加给了信息技术部门。

现在，云计算来了，变革再次重复着自己的模式。云计算给企业运营模式带来了巨大的改变。这些改变远远超出信息技术部门的范围，公司需要做好准备来应对。现在，信息技术在构建能运行在云中的软件，而客户通过互联网进行访问。将软件发送给客户，并在专业服务和年维护费用上大赚一笔的日子已经结束了。伴随长期实施项目而来的大笔许可费及大型资本支出变成了遥远的回忆。现在的期望是，软件启用、永远工作、定期得到升级，而我们只为自己的使用量付费。可以说，变化无处不在。

9.2.1　对企业模式的影响

在云计算兴起之前，许多公司参与的是所谓的本地软件交付模式，也称为企业模式。在这种模式里，公司搭建和管理自己的数据中心和基础设施，构建软件，然后配送给客户或者由客户下载使用。在软件交付模式里，通常每年或每半年提交一次大的发布，修复严重的缺陷或者发布重要的功能。

软件在开发时就抱有这样的目的：客户或专业服务公司将会执行一次安装或对现有安装进行一次升级，但升级对客户的日常业务具有破坏性。客户有大量其他的优先事项，并不希望太频繁地升级供应商的解决方案。客户同样负责管理物理基础设施和软件，这里面就包括能力规划、备份/恢复和容量扩展。当系统逼近能力值时，客户负责购买更多的硬件混合许可协议。购买这种类型的软件需要进行硬件、软件和实施方案所需的人力资源资金投入，许多软件产品需要长期、复杂地实施，可能需要几周或几个月。其他的解决方案需要引入费用很高的专家来完成这些专有解决方案的安装。公司的收入模式依赖于专业服务和每年的重复发生的维护费用——平均为初始成本的20%。在这种模式里，考虑到进行升级的复杂性和成本问题，对软件的变更很少发生。

进入云时代和新的弹性云模式的运营模式，托管的软件与配送的软件相比有着根本性的转变。正如20世纪90年代互联网带来的影响，由弹性云模式带来的转变也给商业带来了破坏性的影响。在企业模式中，一旦供应商创建了软件版本并完成了发货，剩下的就是由客户来负责管理生产环境。在弹性模式下，云提供者交付的是一种时刻运行的服务，就像那些公用事业一样。云服务提高了企业服务质量水平、市场推进速度和客户导向程度，从而使组织能够保持竞争力。

我们可以打个比方来总结企业模式和弹性模式之间的差异。企业模式就像是将发电机卖给客户，而弹性模式等同于向客户提供每天24h不间断的电力。在完成制作并发货后，除非客户拨打支持电话，否则与客户的交互就结束了。而在提供电力时，工作会一直持续下去，因为要时刻保持电力的运行。如果发电机出现故障，则只有一个客户会不高兴；而如果断电，则会有很多客户不高兴。很明显，提供电力的公司需要一个完全不同于销售发电机公司的组织模式。

9.2.2 对企业信息化的影响

以下是在从本地企业模式迁移到弹性云模式时，信息技术范畴内会受到影响的重点领域。

（1）部署。与配送补丁或完整发布版本，并指望客户或现场技术服务人员来安装软件不同，在云中的部署会频繁进行，并且不会造成服务的中断。

（2）客户支持。云供应商负责所有的基础设施，自动伸缩，打补丁升级，以及安全漏洞、服务等级协议等。客户支持不仅限于应用支持，并且现在已经延伸至对高可靠、可扩展和可审计平台一年365天24h的实时支持。

（3）监管。基于云的软件比交货软件坚持的标准高得多。因为客户舍弃了对基础设施、数据、安全和SLA的控制，他们将大部分责任移嫁给了云供应商。伴随这些责任而来的就是类似《医疗电子交换法案》《萨班斯法案》《支付卡行业数据安全标准》等相关的监管要求。受这些法规约束的客户也会要求他们的提供商合规。

（4）监控。运行一个实时平台要求有严格的监控、日志和系统级指标的收集。好的平台应该采取一种非常积极主动的方式，发现自己数据的变化，从而在小问题变成大灾难之前进行阻止。例如，如果某个 API 平均每天会被调用 1000 次，但是突然只被调用 5 次或 5000 次，那么就应该有人查看日志并检查是否有哪里出现了问题。在弹性模式中，组织必须在监控方面表现得更主动。

（5）可用性。对于交货软件，由客户负责管理基础设施和完成适当的能力规划。在托管软件中，供应商必须达到或超出已公布的 SLA。为了做到这一点，供应商必须交付能无缝升级、不会造成服务中断的超高质量的软件。此外，软件必须能够自动伸缩来处理流量突增情况，并且在数据中心失效时自动进行故障转移。

（6）独立性。使用交货软件时，客户很容易实现独立。每个客户都收到配送给自己的软件，彼此之间相互排斥。在一个多租户环境中，很难做到这一点。绝大多数云供应商都会想要尽可能使用共享资源来降低成本，但是云供应商或许也需要将特定组件如数据、账单信息和性能进行隔离，这样用户就不能访问竞争对手的信息，并避免一个客户的性能损失影响其他人。

9.2.3 对商业的影响

云计算的影响远不限于信息技术领域，理解商业影响也很重要。下面我们将讨论其对企业财务和金融、法律、销售以及人力资源部门的影响。

1. 企业财务和金融

现金流是投资人和股东想要从财务报表中看到的最重要的财务信息之一。简单来说，现金流就是流入公司的货币量（收入）与流出公司的货币量（费用）之间的差额。云计算不仅改变了收入来源，也改变了现金支出的内容。在企业运营模式中，要先购买软件，然后才能安装和使用。通常会有一个占初始购买价格 18%～20% 的维护年费。有时还会有一个针对软件安装收取的专业服务费，时间为几周或几个月不等。从销售方的角度看，销售额的可预期性很强，因为价格已知并且很好预测。而购买方则必须要提前进行一大笔投资，这样会对现金流带来不利的影响。然后随着时间的推移，用产生的收入（如果这刚好是一个创收工具）来弥补预付的资本支出。

在弹性运营模式中，现金流的故事就完全不同了。绝大多数云服务以按使用付费的模式进行销售，买家没有提前支出的成本，只对自己使用的服务量进行付费。一些云服务每月收取一笔订阅费，对于启用云服务来说这无须大笔投资。作为一个买家，资本支出从成本等式中移除，服务成本被归类为一种运营支出。买家按照云服务为组织带来的收入或价值速度，成比例地支付云服务的费用。例如，使用 IaaS 的公司为服务第一个客户所需的计算能力付费。随着公司开始获得更多的客户，为了支撑不断增加的收入，就会提高在 IaaS 提供商方面的花费。如果管理适当，公司的成本会与收入同步缩放，成本就会作为运营支出考虑。这种方法就可以将营运资本空出来投入业务的其他领域。

按使用付费模式的一个问题是，对收入和成本的预测要比在企业模式中更不确定。

在企业模式中，客户支付的初始成本是一种一次性的固定成本。维护成本的可预测性非常强。如果客户需要购买更多硬件及软件，进入采购流程即可，非常容易跟踪记录。在弹性模式中，卖方基本上无法掌控客户的开支数额，因为客户按需进行服务的消费。客户在一个月的服务使用量可能会比下个月多 25%。正是因为收入和营业费用按使用量不断波动，所以现在很难进行靠谱的预测。

产品团队在工作上应该与财务团队进行更紧密的合作，来判断既能满足客户获取IT 资源的需求又能满足企业财务和金融需求的最理想的价格体系。

2. 法律

基于云的软件和服务的合约要比交货软件的合约更先进。这些新的合同在隐私、数据所有权和许多其他监管法规等方面有着特定的条款。由于供应商代替客户承担了更多责任，因此对基于云的软件和服务的买卖双方的尽职调查过程要稳健得多，也更耗费时间。同样，随着监管部门被迫更新政策来适应数字时代的需求，法律和法规也发生着变化。云服务的买家在审批程序上要求更高，也更严格，特别是在隐私、安全、SLA 和认证方面。完成一单基于云的企业对企业（business-to-business，B2B）服务所花费的时间，要远远超出向企业销售非基于云的软件的时间。法律部门应做好准备，在产品和服务方面会有更多的请求和更全面的评估。如果相关团队没有做好准备，那么很可能成为提高客户获得速度的瓶颈。在竞争非常激烈的极端案例中，法律方面的瓶颈会导致交易的丧失。最好的办法就是制作一份文档，讲清楚关于隐私、安全、监管、SLA、所有权等方面所有的政策和程序。有些公司会准备两份文档，一份是高水平的公开文档，不要求签署保密协议，可以发送给潜在客户甚至放到公司的官方网站上；另一份是更为详细的标准文档，整合了所有合同中会有的法律信息。卖方使客户放心的速度越快，业务成交的速度就越快。缺少这些文档，就可能会面临客户不断提出信息请求的风险。

3. 销售

销售基于云的软件和服务，对销售人员提升自己的技术能力提出了更多要求。销售人员在最低限度上必须理解云计算的基础知识，并且能够在一个较高水平上讨论类似隐私和 SLA 的东西。在公司认可云计算是一种规范之前，在接下来的几年内，销售人员在销售自己产品价值的同时，都将不得不花费更多的时间来推销云计算的价值。

弹性模式的销售与在企业模式中有着明显的不同。很明显，按使用付费的定价模式与大笔的预先获取模式有着很大的区别。在许多案例中，客户并没有受困于长期承诺，只是按月付费。同样，在绝大多数案例中，实施解决方案所花费的时间也得到了明显缩减。过去通常会有一个漫长的采购流程，包括硬件、软件、专业服务和项目实施计划。在弹性模式中，许多服务在客户同意条款时就会马上启动。整个销售过程中经常都没有卖方的任何介入。买方可以访问卖方的网站，单击几个按钮就开始消费服务。在这种情况下，销售过程更多地集中在通过媒体、大会、电子邮件宣传和许多其他的媒体来进行广告和提高知名度上。

只是通过单击按钮就能启用云软件，并不意味着企业会放弃评估过程。具体而言还是取决于所提供的服务，一个寻找协作工具的信息技术团队可能会在没有进行稳健评估的情况下做出决定并快速注册，开始使用工具。而一个想要在 IaaS 提供商之间做出选择的公司，则可能会进行非常全面的评估，包括与每家提供商进行若干次会谈，详细讨论财务和法律方面的问题。

4. 人力资源

许多公司没有云计算所需的技能，所以人力资源会被要求找到熟悉云的员工。并非每个城市都有大量的云人才，这就要求招聘人员同时着眼于国内和全球市场。许多云专家不想更换工作地点，所以网络办公将会是一个获得人才的办法。人力资源将不得不平衡全职员工与顾问的使用，来获得迎接云计算挑战所需的恰当的人才搭配。

9.2.4 对 CIO 的新要求

企业的首席信息官（chief information officer，CIO）作为企业信息化的推动者，有义务对企业的长期发展负责。那么，在当前的云时代中，企业 CIO 的使命又会是怎样的呢？

1. 创造云需要，而不仅是购买技术服务

当讨论虚拟化投资预算计划时，CIO 与他们的老板沟通，应该侧重于强调给企业带来的商业利益，在不要涉及太多技术概念的沟通中，他们应侧重于强调增加灵活性、敏捷性和节约成本。如果能够讲述一个适用于整个企业业务的故事，而不只是涉及数据中心，这样，CIO 就更容易获得决策者的大力支持。当计算部署时也是一样的，CIO 必须向他们的 CEO 和首席财务官（chief financial officer，CFO）强调的不仅是在基础设施方面的投资，更要在战略上占领主动地位，强调成本的降低、客户满意度和企业核心竞争优势的大幅提高。

部署私有云的第一件事便是相关人员、流程和技术方面的需求，进行流程的重新设计，使信息技术目标与企业目标相匹配，并确保在相关重要岗位的合适人员配备。随着企业信息技术专业人员和企业领导就云计算达成共识，企业领导对云计算的顾虑越来越小，来自数据中心的云计算请求也就意味着企业新的投资计划。

2. 预期投资回报的基础是研究知识和行业经验

CIO 应该寻求行业云计算分析师、媒体、产品和服务提供商以及解决方案商的意见，并获得数据证明支持业务的敏捷性。通过这些官方的分析数据证明、媒体的公正以及第三方提供商的支持，CIO 更容易得到商业合作伙伴。

3. 信息技术部门应审慎考虑企业的具体需要和资源

CIO 在与他们的 CEO 讨论云计算的部署之前，应该评估和分析他们的虚拟化数据中心、流程和人员配置，关键是要明白企业的现状以及未来的发展需要。如果流程的改进、敏捷性和运营效率是重要的，那么部署云计算最有可能带来如虎添翼的效果。考虑到这一点，CIO 必须研究他们需要哪种可操作性的云来满足企业的特定需求。然后，他们应该在首次与 CEO 和 CFO 讨论时就明确表达投资云计算的资源需求信息。

4. 在公司大范围部署云计算之前进行试验

如果能够针对一个特定的部门或工作任务（如开发或测试）来试验云计算的实施过程和效果，可能会在企业中获得更大的成功。这种方法还可以帮助 CIO 充分答复可能由 CEO 或其他重点业务管理者提出的有关可行性、稳定性等的质疑。

5. 信息技术部门需详细描述云计算实施的具体需求和投资需要

需求报告是项目总的指导性文件，是技术和业务部门交互的文件，必须详尽、全面而且双方都能理解，要详细指出现有系统的现状、业务需求的目标、老系统的移植需求等。需求报告的技术理解就是后续的架构设计和详细设计报告，它们是业务需求的技术表现形式，指导技术开发和实施团队完成该项目，满足业务的需求。

6. 具有短期效益，但迁移到云计算是一项长期的战略

CIO 应当留意 CEO 的兴趣，并迅速做出反应。基于这些因素，信息技术领导者应该在与他们的 CEO 和 CFO 沟通时，强调云计算解决方案能够提供超级计算能力，迅速、有效地提供实时的基础设施、高质量的客户服务。然而，更重要的是要简单明了地制定出部署时间表和投资回报的时间框架，以及关于自动化管理的现实长期需要。

7. 迁移到云环境不仅是信息技术部门的事情

CIO 可能需要负责启动一次所有业务部门的沟通会，但应该明确的是，部署云计算的举措将是为企业提供竞争优势的战略业务。CIO 应该定义现实的和可量化的服务级别协议和项目目标，并准备好各种衡量和量化指标。越来越多的企业对于什么是云计算及其对于商业意味着什么达成了共识。然而，还有相当一部分企业对云计算的理解仍然相对薄弱，CIO 需要继续引导和教育其他部门、同事和上司。

总之，信息技术主管人员尤其是企业的 CIO 要全面深度理解云计算的商业影响并及时跟踪云计算的最新动态，在战略层面、执行层面、变革层面，还有沟通层面做出符合时代大趋势的正确决策。

🌀 9.3 企业采用云计算的驱动力

在自由市场经济下，企业自然地采用更具有竞争优势的解决方案来达成自己的利润目标。在数十年的微观和宏观理论基础上，企业组织需要在市场上用最新的方法建立一个不断变化的平衡态来合法、可靠地赚取利润。云计算正在改变着当今企业数据中心赖

以生存的基础平衡状态。企业已经开始接受云计算，并且云计算也在发挥越来越大的作用。驱使企业采用云计算的最主要的驱动力包括以下几个方面。

9.3.1　经济性

1. 无须大量固定资本投入

毫无疑问，云计算给传统企业内部数据中心带来的最大威胁就是收费方式。云计算服务允许客户按照他们的需要支付费用。就像家庭使用的水、电、煤气等公共设施一样，云计算提供商也是按照客户所使用的信息技术资源（CPU、存储和带宽等）来收取费用的，而且单元费用也会比较低廉，就像一个家庭不需要投资固定成本来购买一个发电机来长期供应他们的家庭用电。云服务提供商具有竞争优势是因为其容量、安全和专业技能，由于规模效应，云服务提供商能按照需要来出售廉价的资源。

企业移植到云计算环境后，减少了内部依赖性，减少了对内部基础设施的依赖以及相关的资本花费。在大的企业环境内，也就是这个渴望促使越来越多的内部业务应用去寻找可以替代的云服务。新的经济形势和新的商业措施授予大企业更多权利来运营它们的信息技术环境，把信息技术作为操作成本就比不断要增加的固定资本具有更大的成本效益性。

同样，中小企业和初创企业在它们一开始产生应用或者企业扩展的时候，就可以直接使用云计算和云服务。对于信息技术预算相对紧张的小企业，云服务更具有吸引力，它使初创企业可以更快地发展主营业务，不必担心创业初期就需要大量的固定资本投入。因此，中小企业在考虑云计算的时候大多不讨论是否使用内部的基础设施，而是更多地选择更佳的云服务、云方案以及云服务提供商。

一个典型例子是一家处于快速发展期的社区网站，该网站每日的页面浏览量超过300万人次。这家网站已经从传统的数据中心托管转为使用华为提供的云服务，目前该网站每月支付的运营费用比传统方式下每月支付的机柜租赁和带宽费用还要低一些。从总量来看，以 3 年为期，用户的运营成本下降 50% 左右，而且运营效率会得到很大的提升。

下面是一个虚构的案例，著名的国产连锁快餐店 ABC 也决定效仿电子商务网站，在 2020 年"双十一"节推出大规模促销和"秒杀"活动，ABC 需要建立一个网站以方便客户查阅特价食品和寻找提供特价的快餐店地址。ABC 的技术负责人考虑到有特价促销的时候，网站访问量就会大幅增加，但是很难提前预测可能的访问量。因此，决定把这个促销网站部署在外部服务提供商的云计算数据中心。在这个案例中，企业能够在服务提供商的云平台之上快速部署促销网站，云数据中心能够动态扩展、按实际访问量需要提供足够的计算能力和存储容量，企业只需要按照实际使用情况来支付费用。在促销活动不成功的情况下客户访问量小，企业的成本也会下降。相反，若促销活动取得空前成功，客户访问量暴涨，也能保证系统负载容量和网站可访问性。不会因为访问量一大，就出现系统变慢、不能访问或者系统完全崩溃等客户不能接受的服务问题。

另一个例子是华为桌面云服务，也就是改变传统的个人计算机办公方式，用一个体积很小的智能终端盒来替代计算机主机，将所有工作人员的计算机办公系统放置到云计算系统中。华为桌面云具有传统方式无法比拟的总成本低、移动办公、高效维护、绿色节能等优势。从费用角度来看，使用桌面云的 TCO 相比传统桌面成本下降 30%~40%。

2. 保持信息技术资源需求、供给、成本一致

从图 9-4 可以看出，随着时间的推移，需求在不断变化，资源被过度供给以满足不断变化的需求。当需求高峰发生时，资源不足导致收入损失和客户不满意或者导致低生产率和客户满意度差，而且资源供给不及时。

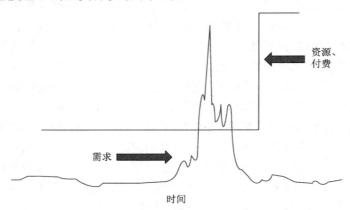

图 9-4　传统信息技术资源需求、供给、成本之间的关系

等到专门的团队集合起来、进行事后分析、订购额外容量时，应对高峰需求已经太晚，而且会形成新的资源过剩。在这种模型中，资源与需求并不一致，支出与资源也不一致。

这种过剩和不足都会产生巨大的成本。供应量过剩产生的主要成本包括租赁成本、借贷服务成本、所用资本的机会成本、资产管理成本以及由于供应过剩所需的各种附加成本，如电力及房屋面积等。假设我们购买了价值 200 万元的服务器，但我们实际只需要 100 万元的服务器。该决定的机会成本是使用另外 100 万元去做别的事情而可能赚取的收入。这 100 万元，我们可以把它放在一个活期存款账户来赚取利息。我们可以购回我们的股票，推动股价走高。我们可以投资新业务或新产品。在若干年后，我们可能已将原来的 100 万元变成了 200 万元或 500 万元或 5000 万元。即使我们什么都没做，只是将 100 万元放到公司的资产中，三五年后我们仍会有 100 万元。然而，服务器、存储设备和交换机存储会不断贬值。根据当前技术进步的速度，三年后，高科技设备的剩余价值可能只有其原始成本的 10%或 20%。保持高于满足需求的供应量是非常昂贵的。

然而，因供应量不足造成的代价可能更高。供应量不足会对收入造成多种负面影响，客户将转移到竞争对手那里；当某电子商务网站对订单的实时满足功能被取消时，购买人思考后就会随之取消相关的购买计划。这包括顾客流失、顾客负面评价的传播、公司因此丧失新增顾客的负面消息以及可能的诉讼等。

而云技术由于按需获取信息技术资源、支付费用，可以使需求、资源和支付相一致。按需提供资源可确保在正确的时间提供正确数量的资源。按需提供资源可以保证资源使

用曲线完全遵循需求曲线，以及按用量付费，也就是说按用量付费可以确保财务收益可以完全匹配资源利用水平。需要重申的是，按用量付费使用可以确保支付曲线完全遵循资源使用曲线，所以这三者完全同步。即收益与需求一致、需求与资源提供一致、资源提供与成本一致，从而确保赢利。

Zynga 是一个很好的例子，该公司使混合云的经济性成为自己的优势。Zynga 是推出如 FarmVille、Frontier Ville、黑手党战争（Mafia Wars）、Lyng 扑克和与朋友的话（Words with Friends）这些流行的在线游戏的公司。当它在市场上获得吸引力时，不得不面对成功和对计算资源的大量需求。转移到云计算的特折点是 FarmVille，它在六个星期内从很少的用户发展到 10 万用户，然后在 5 个月内达到了 25 万用户。随着需求的增加，Zynga 内部部署的基础设施明显无法支持不断增长的计算能力、存储资源和带宽的需求。Zynga 知道，挑剔的消费者无法接受服务中断和延迟，并会为竞争对手打开大门，后者会快速进入并抢占市场份额。因此，Zynga 决定把一些游戏放在公共云服务器上，仅 FarmVille 一款游戏，就需要超过 1000 台公共云服务器。这一举动使其能够根据需要动态请求额外的计算资源，通过自动化和管理工具，Zynga 能够根据需要，当其他预定义的参数满足条件时（如在预测的高峰游戏时间），增加其云实例的数量，当游戏逐渐普及时不再措手不及。

Zynga 对公共云服务器的使用可以无限期地继续下去，但是，当 Zynga 通过上市获得了大量资本注入时，它决定不再完全依赖其他公司的服务器，而是要构建私有云。该公司的私有云是为了让 Zynga 像使用公共云那样，保持灵活性和动态扩展性，与此同时，增加了公司对环境的运营及财务控制。

9.3.2　敏捷性

1. 敏捷的必要性

世界正变得越发动荡，在当今的商业世界里面，竞争对手无处不在，毫无征兆的市场情况随时都可能出现。不像之前的大公司花费多年时间打造品牌的岁月，新兴公司证明了互联网已经能够加快产品的认知度到一个光速的阶段。这也就暗示着，企业需要更快地发展（以分、小时和天计，而不是以周和月计）来把产品和服务推向市场，并且依据市场回馈不断地调整产品和服务，以更大限度地满足市场和客户的需要。因此，昨天的核心竞争力可能变成明天的"核心偏执"。因此对于今天的企业而言，商业的敏捷性是具有强制性的。

敏捷是一个相当热门的词条。从敏捷软件开发到企业敏捷战略，"敏捷"一词可以说是无所不在、比比皆是。而敏捷性的管理则推动了新产品和服务的研制和生产。

Zara 和 Coach、谷歌、苹果 iTunes、Facebook 等公司的业务或者服务通过整合一系列高效的业务投递技术来适应快速增长的客户数和不断变化的需求，这就是敏捷性最有力的体现。生活中，我们也常常喜欢尝试新鲜事物。举个例子，当我们走进一家熟悉的快餐店时，往往在点自己熟知的食品前，会先看看餐单上的新品。试想，如果一家快餐店永远都在卖几种食品或者推出的新品全都不对食客的胃口，在今天，恐怕就会沦落成只有少部分铁杆食客才会光顾的没落老店或者濒临倒闭而苦苦挣扎的街边小铺。

敏捷,不仅使企业充满活力,而且使它们的服务能够满足客户不断变化的需求和品位,如果无法做到这一点,它们的客户就会流失,最终走向灭亡。

敏捷性已被概率定律所支持,概率定律也叫"概率律",即指没有规律的过程在大体上却呈现出规律性。根据概率定律,企业只有跟上世界快速变化的节奏,它成功的概率才会越来越高。原因很简单,那就是如果你的业务需要走向另一个方向,但是你还没有准备好或者还没有完成准备工作,那么就彻底破坏了业务的敏捷性。

2. 云计算对于敏捷性的意义

麻省理工学院斯隆管理学院管理学教授安德鲁·迈克菲和埃里克·布林约夫森发现,世界的动荡不仅在过去的 10 年中越来越厉害,而且在高度信息技术化产业的表现也更加突出。

现在,越来越多的产业正变得更加信息技术化。越来越多的 CIO 认识到信息技术已经成为企业生产或服务的关键部分。根据《信息周刊》分析,超过 1/3 的 CIO 认为引入新的信息技术主导的产品和服务是其首要任务。相反,只有 17% 的 CIO 认为其对创新没有作用。

更广泛的业务敏捷性需能快速适应不断变化的客户喜好、采取应对竞争对手的行动、抓住新的或短暂的市场机会、具备充分利用或应对任何服务中断的能力。在一定程度上,产品、服务、流程、供应链和创新都与信息技术息息相关。企业需要保持敏捷性,基础设施以及应用程序也必须有良好的敏捷应对和运行能力。一家企业想要实现业务敏捷性,信息技术敏捷性是必须具备的。当企业想要抓住机遇或规避风险的时候,信息技术团队必须快速建立有效的系统。

尼可拉斯·卡尔所说的"信息技术无足轻重"的情况经常发生在那些 CIO 无法给CEO 一个满意的信息技术系统建设时间表的时候。企业经常比竞争对手慢一拍,可谓是真正输在了起跑线上。

当然,没有一个 CIO 希望企业业务单元以系统没有及时到位为借口来解释其业务的失败。怎样做才能最好地达到敏捷性,才真正是我们需要不断思考的问题。信息技术的研究人员,需要快速地对当前复杂的市场情况做出判断,企业由此对信息技术商务人才的需求大幅增加。这些商务人才要快速地找出最简单的方式,使企业必须在短时间内完成战略转变。

按西方管理理论,我们需要把复杂的问题分解成一步一步的简单问题,然后进行处理。无论分解速度还是解决速度都是越快越好。

云服务是在这个动荡的、高速的、扁平的世界里发展的必然。云在所有层面上——基础设施层、平台层以及应用软件层都能通过增强敏捷性来驱动价值,从而增加收入、减少成本并降低风险。麦肯锡公司的卡拉·斯普雷格引用最近一期的《麦肯锡季度报告》指出,企业高管从云中得到的不仅是削减成本,更是不断增强的业务灵活性或"敏捷性"所带来的好处。业务灵活性是指企业感知环境变化并做出快速响应的能力。环境变化可以是竞争对手退出市场或者发布了某款新产品，也可以是企业争得或失去了某位重要的客户，抑或是新的法规条例的出台等。业务灵活性在感知这些事件的过程中显得至关重要，而云计算则是能够对这些变革做出反馈和响应的关键所在。云计算能够帮助企业缩短开发周期、提升创新能力，并更快速地根据各种变化采取行动。采取这一举措的企业将变得更为灵动，更有可能在市场上赢得成功。因此有 70%的受访企业认为，这对部署云解决方案的企业来说是价值的真正源泉。

很多专家把云计算称作消费型信息技术。与传统的企业型信息技术相比，云计算平台能更加迅速地应对不断变化的需求，而且一直在不断增加新的功能。它的边界，无穷无尽；它的可能，不受束缚。企业不需要花费大量的资金，便能够持续地扩大企业的信息技术基础设施建设，提供基于云计算的服务。由此可见，云计算服务以其高效和自动的处理特性，可以使企业快速应对市场需求，这种具有杠杆作用的高效方式就称为云计算的杠杆，足以撬动地球。

积极推动云计算技术和应用的倡导者更愿意强调，云计算的扩展性和敏捷性对商业的重要性。不像传统企业数据中心或者开发环境里比较固定的基础设施一样，云计算资源能够依据需要使用的数量、流量和带宽来动态地伸缩扩展。在信息技术遍布业务流程以及客户体验的商业社会中，云计算的伸缩扩展性是商业效率和敏捷性的关键助推剂。《体验经济》一书的作者派恩和吉尔摩认为，商业价值遵循这样一个演进规律：从产品到商品再到服务直至体验的"转化"[34]。例如，咖啡豆是一种农产品，其价格要比有包装的咖啡低，而有包装的咖啡的售价又低于在咖啡馆享用的咖啡的价格，在咖啡馆享用咖啡的价格又低于在一个别致的咖啡馆用餐这样的体验。以上每一个步骤都会比前一个步骤产生更高的价值，从而带来更多的收益。泡一杯咖啡所需的咖啡豆只需几美分，商店货架上的包装咖啡需要几十美分，在咖啡店喝杯咖啡只需要几美元，而在巴黎香榭丽舍大街上消费一杯咖啡需要 10 美元或者更多。派恩和吉尔摩认为，农产品是提取出来的，产品是生产出来的，服务是提供出来的，而体验是营造出来的。在上面这种商业价值结构的最高层，就是能客观自我转化的定制化体验，即"客户就是产品"。这些体验不仅是短暂的享受和娱乐，更是用户自我的"转化"。

通常情况下购买者常被四项因素中的一项或两项所驱动。这四项因素可以概括为经济（便宜）、容易（方便）、自我（地位的需要）和体验（享受多维购物过程）。在线下，这解释了沃尔玛超市（经济）、7-Eleven 便利店（容易）、蔻驰包（自我）和诺德斯特龙百货公司（体验）都能获得成功的原因。

不断改善体验能让客户感觉获得了更多增值，从而更多地参与，更多地了解线下产品和服务，从而产生更高的客户忠诚度、更强的再购买意愿，进而更少地改变选择并支付更高的价格，以及不断提高购买量。

云通过提供更加丰富、更具互动性的感受，大大提升了客户的体验，既包括前端（购物、了解、方案设计）的客户体验，也包括后端（安装、维护、支持、回报）的客户体验。

因此我们会看到，不仅奈飞或星佳公司等典型的云例子如此，甚至连拥有百年历史的企业也将钱投入基于云的服务上，以改进其实体产品。宝马公司投资于能够提供可用停车场信息与实时路况信息的移动应用，从而由"汽车"发展模式进入"信息"发展模式。作为信息技术日益融入生产和服务中的结果，我们已进入不断加速的全球竞赛，产品中不断增多的软件组件加快了变化的速度。一辆新款轿车的设计可能需要一两年，而SaaS 提供商能够在数分钟内完成细节上的更新。类似数码相框或机顶盒等产品中的固件可以通过软件同时下载。应对这样的发展，需要有竞争力的敏捷性和满足业务需求的信息技术能力，无论在业务流程上，还是在产品、服务上。

9.3.3 专注性

一个企业坚定地专注于核心业务是最可能在市场上获得商业成功的。企业专注于它们的核心能力，持续不断地创新它们的业务技术先进性、产品差异化和服务专业化、客户基础以及商业使命，这样才能拥有超越市场竞争对手的明显优势。

今天，很多主营教育、制造、金融服务或其他业务的企业都在它们的业务流程中应用云计算技术和云服务，这些企业知道，技术现在天生伴随着它们的产品和服务。也就是说，技术已经贯穿于企业的市场、产品流通和内部的业务流程之中，就像资本、市场、品牌、销售一样，已经是商业业务的一部分。从这个观点来看，企业就想消除对技术的担忧（数据中心、网络、存储、电子商务等技术类型），以便它们把宝贵的资金和人力资源集中投入如何产生更多利润和更好的商业输出。因此，企业把云计算视为一种需要，这种创新的商业模式能够消除企业对信息技术的担忧，能让它们把精力都投入企业的核心能力上，专注于企业的效率和核心商业目标。简单来说，云计算对越来越多的企业具有吸引力是因为它允许企业聚焦到业务最核心的事情上：企业的客户、业务流程和有价值的员工。

例如，国家提倡大众创业、万众创新以来，许多规模不大的初创公司正如雨后春笋般不断涌现。这些初创企业拥有的是好的创意和点子，缺少的是资金、人员和马上可以投入使用又可以随企业业务的飞速发展轻松扩展的信息技术基础架构。这种初创企业其实最适合采用云计算。

（1）初创企业要把全部精力放在业务的设计和开拓上，几乎没有时间再关注信息技术基础架构和运维。企业采用外包的方式，把与信息技术相关的事情全部交给云服务商，可以将自己从烦琐的信息技术运维中解脱出来。

（2）初创企业通常规模不大，资金不太充裕，通常都是轻资产的企业，也不愿意将资金用于采购大量的信息技术设备或自建数据中心。企业如果选择云服务，信息技术资源全部是外包的、租赁的，可以减轻资金、管理的压力。

（3）云服务比较灵活，购买、使用和停用都比较方便，像云主机这样的比较基础的信息技术资源可以即开即用，能够全面满足初创企业的应用需求。

例如，很多游戏公司都倾向于采用云。游戏的开发、上线和运营都可以在云平台上进行，方便快捷。游戏刚上线时，可能要在很短的时间内应付大量玩家。游戏公司能否在流量骤升的时候为众多玩家带来流畅的游戏体验，至关重要。此外，游戏行业的特点决定了其对运营平台的灵活性和延展性有极高的要求。具备高度延展性且可实现即需即付的云，绝对是满足游戏行业需求，确保其运行流畅的绝佳选择。

初创型的公司适合采用云，那些与之需求类似的中小型企业也是云的拥趸者。有些中小型企业虽然从办公空间、专业技术、人才、资金等方面考量都不适宜自建数据中心，但是为了业务的发展，也不得不勉为其难，在有限的办公空间里"挤"出一块地方存放服务器机柜。这种所谓的数据中心既不专业化，很难全面满足企业的应用需求，又需要专门的人来维护和管理，给企业增加了负担。

随着云模式的逐步成熟，中小型企业可以考虑把自己的应用和数据迁移到云上。现在市场上大量的公共云服务商提供的服务基本可以满足中小型企业的业务需求，无论性能、容量、安全性还是价格，都可以给用户提供充足的保障。

对于中小型企业而言，云可以让它们专注于业务经营而不是信息技术事务。一个例子是，中国很多城市都有数字园区，这些采用"互联网＋园区"思路打造的园区可以为入驻的中小型企业提供所需的办公及信息技术基础设施资源，企业可以"拎包"入驻。这种被有些人称为社区云的模式，可以在园区的范围内以类似公共云的方式为入驻企业提供灵活的云资源。同时，园区对外又是一个大型的私有云，可以解除入驻企业对安全问题的担心。

9.4　云计算的商业应用

要决定什么商业应用比较适合云计算，最好的开始就是应用 SWOT 分析方法评估其优势、劣势、机会和威胁。如果是一个刚成立不久的新公司，因为不存在老系统的移植和历史遗留的难题，几乎大多数应用都可以使用云服务。如果是一个行业老公司并拥有内部的基础设施、应用和数据中心，在企业云化之前，就要依照实施方法论，做好前期的评估规划准备工作。云计算不是万灵丹，不能够解决信息技术的所有问题。适合云计算的商业应用场景有很多，下面从海量数据处理、高性能计算、访问量难以预期、产业价值链协作和信息共享、临时环境等几个方面加以论述。

1. 海量数据处理的应用

大数据应用，需要对海量数据进行周期性分析，这是云计算应用的一个最佳应用场景。能源公司需要通过地理数据分析来寻找新的油田，能够利用云计算技术来构建这种数据密集型的计算系统。大量的地理数据从各地勘探点实时传到云数据中心，能源公司利用云计算的高性能计算能力完成对大规模数据的比对、匹配和分析计算，最终分析结果很快返回给企业为高层管理者的决策提供支持。

2. 高性能计算的应用

高性能计算（high performance computing，HPC）通常指使用很多处理器（作为单个机器的一部分）或者某一集群中组织的几台计算机（作为单个计算资源操作）的计算系统和环境。因此，它成为一种分布式并行编程，需要按照并行编程技术来设计和开发一个能够分布到整个资源中的应用程序。

类似的计算密集型的应用包括科学计算、天气预报和气象研究、地球地理信息系统等。例如，Richardson 博士提出数值天气预报理论思想，用手工的计算工具，直接求解大气运动方程组，推算伦敦未来 6h 的气压变化[35]。这是世界上首次尝试"用数学计算的方法，计算未来天气的变化"。这次尝试并不成功，其中最大的困难之一就是难以解决大量的科学计算问题。当时，Richardson 博士用计算尺手工计算伦敦未来 6h 的气压变化，花了将近一个月的时间，从天气预报的角度来说，其计算结果已经毫无意义了。

航天工业是 HPC 应用开展最早、应用最广泛的工业领域，有大量的问题都需要大规模的计算和仿真，例如，高超音速飞行器外形空气动力学设计和分析、结构耦合分析、不同载荷条件下推进剂行为模拟、火箭电磁兼容性分析等。在汽车设计中，整车碰撞仿真、虚拟制造（三维虚拟装配、冲压仿真等）、整车空气动力学设计、虚拟试车场等也需要高性能计算做完支持条件。

随着信息化社会的飞速发展，人们对信息处理能力的要求越来越高，HPC 市场也在不断扩大和细分。HPC 应用的数量和类型在不断增加，除了传统 HPC 应用（如科学研究、航天、国防、石油勘探、气象预报等），边缘 HPC 应用（如金融、政府信息化、企业、网络游戏等）对 HPC 的需求也在迅猛增长，并且逐渐影响着人们的日常生活。

传统 HPC 模式面临诸多问题：如何为用户提供更为灵活的服务模式、更高级别的自主管理计算资源的能力？如何为用户提供按需定制 HPC 的环境，同时保持对遗留程序的支持？如何为用户提供按需的动态伸缩的计算资源？

随着系统虚拟化和云计算技术的发展，高性能计算云已逐渐成为一种新兴的高性能计算服务模式。高性能计算云是一种基于云计算的高性能计算资源管理和服务提供模式。它的主要特征包括：①使用虚拟化技术管理和组织计算资源，将虚拟机作为资源供应的基本单位；②通过 IaaS 或者 PaaS 方式为用户提供 HPC 服务。

因此以云计算的理念和技术构建高性能计算云，为解决传统高性能计算面临的挑战提供了一个很好的选择，尤其是面对类型多样、需求各异的中小规模 HPC 应用时。

例如，随着汽车制造相关参数指标（安全、能耗等）的要求越来越高，行业竞争的压力越来越大，国内外大型汽车企业都在寻求方法来更好、更快地进行车型开发。为了有效提升研发实力、缩短研发周期，计算机辅助工程（computer aided engineering，CAE）仿真技术在汽车研发中得到广泛应用，以解决不可能进行实验或者实验代价太大的问题。从简单的零部件耐久度、强度和刚度，到整车安全碰撞分析、行人保护分析，到车内外的流体分析、空调制冷制热分析和噪声振动分析等，CAE 仿真分析已经融入汽车研发的完整流程中。由于 CAE 软件不断升级换代，计算模型精度要求提升，高性能计算面临更大的挑战。

汽车企业在基于平台开发的基础上，力求以更短的周期推出更佳的产品，对 CAE 仿真的依赖程度越来越高。为了快速得出仿真分析的结果，以便在既定周期内进行多频次迭代开发，企业对 HPC 平台提出了更高的要求。而云计算作为 HPC 的一种解决方案，因其快速启用、扩展灵活和按时长计费等优点，能满足企业的高要求，作为一种性价比更高的 HPC 基础设施的方式，在国内外大型汽车研发企业中越来越受到重视。

3. 访问量难以预期（突变）的应用

这种难预期的、突变的商业应用也是云计算的典型应用。工作量波动大的商业应用事先很难预期系统的工作量负荷。尽管一般的数据中心都对可能的超额负荷预留了一些冗余系统，但是，对可能出现的最高峰值负荷提供冗余是不现实也是不经济的。如果不考虑系统冗余，一旦系统负载过大，就会导致系统宕机、提供的服务不能访问、客户的体验满意度大大降低等问题。

2012 年春节，中国铁道部售票系统提供网上和电话购票服务，但是由于春运的峰值负荷过高，系统根本不能访问，两种电子购票方式基本不能很好地提供服务。实际上，2012 年春节售票系统事故发生后，铁道部公布了新一代客票系统的规划和设计，已经启动引入云计算技术，以科学成熟的体系架构为基础，构建支撑超大规模并发交易、海量数据存储、灵活扩展、兼容性良好、安全、可靠、高效的综合信息系统。

4. 产业价值链协作和信息共享

企业能够快速应对市场变化，关键在于与产业价值链上的商业伙伴的协作和信息共享。在这种需要共享信息和敏捷反应的业务场景下，云计算也是具有特殊意义的。一个典型实例就是我国的"金卫工程"建设：社区医疗中心需要与医院和药店网络分享患者的病情和治疗结果数据，社区医疗中心可以使用匿名数据，注销患者的名字然后上传到云系统中。这样，所有的相关医疗机构都可以访问医疗数据，使用基于云计算的数据分析系统来分析和预测重要的疾病模式（如流感）和趋势。

5. 临时环境

云计算可以为企业提供低成本试验、实地测试新应用系统或建立测试和开发新应用系统的临时环境。实际上，很多企业已经不再投入大量的时间和资金来购买和部署新系统开发测试所需要的硬件和软件，而是开始采用云计算服务提供商提供的 IaaS 或 PaaS 云服务，快速地给内部的应用开发团队提供测试和开发环境。利用服务提供商的公共云计算服务，开发团队能够很快地搭建出所需要的开发和测试环境，并只需要支付开发测试过程中所使用资源的费用。

❀ 9.5　章末案例[36]

1. Animoto 的创业故事

2006 年 8 月，一家名为 Animoto 的小公司在美国纽约悄然成立，其创始人是一个刚从大学毕业不久的年轻人史蒂维，他热衷于拍照和进行照片处理，他看到人们都有把旅行中拍摄的照片编成 Flash 短片的需求，于是和几个年轻人一起在几台服务器上完成了一个基于网络的视频展示服务平台。通过这个平台，客户可以上传他们的图片和音乐并自动生成定制的视频，同时可以和他们的朋友分享这些视频。

公司创建之初，他们把这几台服务器放在办公室里，当时，每天约有 5000 个访客使用这项服务。这几台服务器，恰好能分担这些负载。他们的商业模式主要是广告收费，也有部分服务是向互联网用户进行收费，如有些用户想得到全尺寸的视频光盘，或者希望制作更长时间的视频，或者是获得相关的冲印照片和制作服务，这就需要用户在获得服务前支付一些费用。

2008 年 4 月中旬，Facebook 社区热门推荐了 Animoto 的这个应用给它的成员，这使得用户对这个应用产生的兴趣出现了一个小小的高潮，三天时间里有约 75 万人在 Animoto 网站上进行了注册。在高峰期，每小时约有 25 000 人使用 Animoto 的服务。如此快速的用户增长反而给 Animoto 带来了灾难，那几台服务器因不堪重负而纷纷宕机。由于并发用户数太多，该互联网应用的响应速度慢如蜗牛，于是 Facebook 社区成员对其的恶评不断。

创办公司的几个年轻的大学生这时真是一筹莫展。为了填补服务器的需求缺口、满足不断增长的用户需求，这家公司需要在现有基础上将服务器扩容 100 倍。但他们既没有资金进行如此规模的服务器扩容，也没有技术能力和兴趣来管理这些服务器。

刚好史蒂维的大学同学迈克尔·兰德尔雪中送炭，迈克尔·兰德尔看到了 Amazon EC2 的巨大潜力，在加利福尼亚圣巴巴拉创办了一家称为 Rightscale 的科技创新公司，专门为亚马逊的云计算设计应用软件。迈克尔·兰德尔告诉史蒂维："你压根儿就不需要自己买服务器和存储设备，也不需要自己管理，你可以租用亚马逊的弹性计算云或亚马逊的简单存储服务来实现你的应用需求，并且这些信息技术资源的租金相当便宜。我的公司可以帮助你把现有的互联网应用移植到你租用的亚马逊弹性计算云上面。"

通过这个合作，Animoto 只需为应付三天的流量激增付费，并且不需要购买或配置任何新的服务器。它把负载交给亚马逊承担，一台服务器 1h 的费用只有约 10 美分，包含了带宽、存储和相关服务带来的一些边际成本。当服务器需求下降时，Animoto 自动降低服务器租用量，也降低了成本。

2. 华盛顿邮报案例

美国国家档案馆解禁了一批档案，其中包括希拉里作为第一夫人在克林顿任总统的 8 年间每日生活的起居录。这份档案共 17 481 页，全部是可携带文档格式（portable document format，PDF）。《华盛顿邮报》得到这份档案后，指定一位工程师，让他把文件从 PDF 转换成便于搜索的格式。如果用一台服务器，这份工作需要超过 1400h。但是这位工程师租用了 200 台 Amazon EC2 服务器，做并行处理，前前后后只花了 9h。租用一台 EC2 服务器，运行超过 1400h，与租用 200 台服务器运行 7h，费用是一样的。显然以报社现有的信息技术资源是无法完成档案格式转换工作的。但是，报社也不可能为了这个任务而进行一次性投入，购买功能强大的计算机设备。而恰好是云计算提供的"按使用付费"的计价模型有效地降低了用户的信息技术成本，使不可能的任务成为可能。

云计算帮助用户降低信息技术成本体现在两个方面：第一，用户不再需要进行巨大的一次性信息技术投资，彻底省去了购置，安装，管理软、硬件的费用，因为他们可以从云计算提供商那里租用这些信息技术基础设施；第二，用户在使用这些信息技术资源时，可以按照自己的实际使用量付费。

第 10 章

企业云化的策略和方法

❀ 10.1 企业云化的关键成功因素

许多公司在实施新的变革性技术时都会失败，失败的原因很多：有的是因为公司没有完全理解或采用新技术；有的是因为公司跳过了必需的架构和设计步骤，直接奔向了部署模式；还有的是因为公司的预期太不切实际，如过于激进的交付日期、过于宏大的目标、错误的适用人群等，不一而足。

10.1.1 充分认识应用迁移至云端的难度

有关云计算的常见误解是认为将现有的应用程序迁移至云端是能够降低成本的简单、有效的方案，但事实完全相反。实际上，只有极少的应用程序适合以其当前的架构移植到云端。传统软件的架构设计就是为了运行在公司的企业防火墙内。如果软件开发是在数年以前完成的，那么软件对其运行所处的物理硬件甚至开发使用的技术堆栈非常可能有很高的依赖性。通常我们称其为"紧耦合"架构，因为如果从特定的物理环境中分离出来之后，软件将不能正常运行。云计算架构要求的是一种"松耦合"的架构。弹性是云计算的关键组成特性之一，而真正具有弹性，意味着软件能够按需进行扩展或缩减，而且必须不受运行所处物理环境的限制。

大多数遗留架构在进行构建时，从未考虑过系统随交易量上升自动扩展的问题。传统的扩展技术通常只意味着垂直扩展。垂直扩展通过增加现有硬件来完成，也就是说在现有的基础上增加更多的 CPU、内存或磁盘空间，抑或以更大或更强的硬件来替换现有的基础设施。垂直扩展也是人们所说的"纵向扩展"。垂直扩展对软件的要求不会太多，通常只限于进行配置更改，保证在基础设施条件类型不变的前提下能够使用新设备。

在这种扩展策略下，架构师在设计软件时通常不会考虑如何脱离基础设施限制的问题。举例来说，如果某个应用基于 IBM 的 iSeries 计算机构建，那么通常在开发软件时就会从尽量充分利用专有基础设施性能的角度进行，从而不可避免地出现软件与硬件紧耦合的情况。迁移这样的应用可能就必须进行较多的再造工程，移除软件对 iSeries 的依赖性，使其在云中能够变得具有弹性。而一个具有弹性的系统，则意味着能够处理不曾预料到的、突然爆发的工作负载。

如果公司将应用迁移至云端并非为了弹性，而是不想再管理和维护基础设施，那么它们最需要的是托管解决方案。托管与云计算不同，托管并不提供云计算的 5 个特征：宽带网络接入、弹性、可计量的服务、按需自服务以及资源池化。托管只是在托管服务提供商处租用或购买基础设施和地面空间。迁移至托管设施中，就好比用铲车将应用从 A 处搬到 B 处，而迁移至云中就比这个要复杂得多。

虽然云的伸缩性可以通过垂直扩展来体现，但是大多数情况下还是通过自动化的水平扩展来完成的。水平扩展的完成方式是在现有的基础设施之外增加其他共同运行的设备，通常也被称为"横向扩展"。水平扩展通常涉及系统架构的多个层级，一些常见的水平扩展方法是按照服务器农场类型、客户类型及应用领域类型等增加节点。

遗留应用程序面临的另一个挑战是系统的设计是"有状态"还是"无状态"。云服务是无状态的，一个无状态的服务是指服务不知道前一个请求或响应的任何信息，只知道服务正在处理的请求的信息。无状态的服务在客户端而非服务器端存储应用的状态，因此对基础设施没有依赖性。例如，如果某个贷款业务收到对申请贷款的客户的信用评级进行评估的请求，那么在收到输入的消息之前，服务并没有有关该客户信息的任何记录。而一旦完成文档处理、信用分数判定的流程，并且对请求程序做出响应之后，服务也不会存储会话期内的任何信息，不知道有关客户的任何情况。将底层架构从保持状态转变为无状态的工作通常都不太可行，对应用进行整体替换反而更为现实。如果公司想要充分利用云计算的各种优势，那么将遗留的有状态应用迁移至云端可能会收到令人失望的结果。

总之，除非本地应用在进行架构设计时，就是按照可被其他技术和无关基础设施的服务访问的一系列松耦合服务的理念进行的；否则，迁移至云端或者需要进行较多的工程再造工作，或者可能会从云服务中收益寥寥，抑或可能根本就不可行。

因此，首先要确定架构师真正理解了无状态和有状态设计模式之间的差异；其次，弄清楚应用程序是否适合迁移至云端，抑或托管、重新编写等才是更好的选择。

10.1.2　对云的期望要符合实际

企业云化的过程中，另一个常见的错误是：公司对于云计算方案的实施通常有太高的期望。我们经常会看到通过使用云计算取得成功的故事。例如，在 2012 年 4 月 9 日，Facebook CEO 马克·扎克伯格（Mark Zuckerberg）在 Facebook 上宣布，他的公司以 10 亿美元收购了提供创新型移动相片分享平台的创业公司 Instagram。而在当时 Instagram 的整体规模不过 13 人，但是却有 100 台服务器运行在亚马逊的云中，为 3000 万用户提供能力支撑。Instagram 在成立的第一年内就经历了从 0 发展至 1400 万用户的爆炸式增长，分享平台承载了超过 1.5 亿张照片和数以 TB 计算的流量，但公司的工程师只有 3 人。

另一个从云中受益的公司是 Netflix。2012 年底，Netflix 宣称北美地区几乎 29% 的互联网流量都是从其流媒体平台流向消费者的电视、计算机和其他设备的，这一数据超过了 YouTube 甚至整个 HTTP。在奉行冒险精神并从云中获得竞争优势这一创新文化上，Netflix 的团队成了众所周知的明星人物。

但 Instagram 和 Netflix 都只是个例，Instagram 白手起家，一开始就专门针对云进行架构设计。Netflix 做出了将所有资源置于云中的商业决定，招聘和培养了一支卓越的工程师团队，并仍在不断探索云计算发展的各种可能性。在使用云服务方面，它们都不能代表一家标准的财富 500 强企业或创立已久的中小型企业。许多组织的企业现状非常复杂，牵涉到从大型机技术到中型计算机、n 级架构，以及每一个曾在某个时期流行过的与架构模式有关的、数量众多的供应商和专有解决方案。在这种情况下，从零开始或者由 CEO 倡议以全新的基于云的架构对整个产品线的支撑平台进行重新设计，并不符合绝大多数公司的习惯。此外，有许多管理层甚至架构师都深深迷恋于 Netflix 和 Instagram 等公司的成功，期望类似的故事能发生在自己身上。但实际上，即便他们完成了很好的架构设计，这个目标也不太可能达到。对于一个云计算项目而言，对于结果的期望应取决于项目涉及的具体业务，而非其他公司达成了怎样的目标。云计算只是这些公司成功的部分原因而非全部原因，卓识的眼界、天才的团队以及高效的执行能力才是成功的更主要因素。

另外，有的企业领导者认为采用云将会极大降低经营的成本。这样的认识对于某些项目而言确实如此，但并非全部如此。毕竟成本不是选择云的唯一原因。即使某些公司在利用云降低成本方面有着成功的商业案例，它们为了实现成本降低所做的也不只云计算这么多。但不管怎样，公司在进行架构设计时就应当考虑到成本问题。在软件架构能对云服务的使用进行有效优化的情况下，公司无疑可以期望从云中获得成本效益。为此，架构必对云服务的使用进行监控，并跟踪记录成本的变化情况。

与传统的数据中心不同，云服务是一种可计量的服务，就像家用的水、电这些公共事业服务一样，成本以一种即付即用的模式进行计算。在遗留的本地数据中心里，所购买的基础设施就成了沉没成本，在接下来的几年内变成账面上的折旧费用。同时，为了应对将来可能会有的流量突增和业务增长，企业必须进行超量购买以便形成额外的能力储备，大多数情况下还会另外准备用于故障处理的设备冗余。这些费用需要预先支付，但大部分基础设施在绝大多数时间内都处于空闲状态。相反，在一个合理架构的基于云的同类解决方案中，系统将能够按照需要进行弹性伸缩，以即付即用模式使成本投入与收入增长相一致。这里的重点在于"合理"。如果架构有缺陷，并且所消费的云服务未能在不需要时适当关停，那么使用云可能就会变成一个代价高昂的坏主意；另外，如果软件架构不支持足够的扩展需求，或者在设计时未曾考虑到故障问题，那么可能会出现运行中断、性能不足等问题，最终导致客户流失和收入下降，并不是每一个问题都需要由云计算来解决。

举个例子，有一家企业在一台服务器上有一个代码仓库，想要将其迁移至云端。为了这套东西，企业已经在软、硬件外加每年的维护费上花费了大约 3000 元。如果以每小时 0.5 元的价格将服务器迁至云端，那么从完成这一刻起每小时都要按这个价格付费。每小时 0.5 元，一天就是 12 元，一年下来要在这个服务器上花费 4380 元，并且每年都要付出这么一笔费用。而本地沉没成本也不过是一次性支出 3000 元。既然企业的应用程序运行正常，不需要扩展或缩减，也已经支付了相关费用，之前也没有该应用迁移到云端的相关案例；而且很明显，使用云并不会带来费用的降低。因此，还不如保持现状或者使用 SaaS 同类解决方案来替代现有的本地应用使用方式。现在市场上有很多基于 SaaS 的软件仓库，每月只收取很少的费用，也不需要管理硬件和软件。

因此一定要设定合理的预期，将云计算方案分解成多个更小一些的可交付项，这样可以尽快交付产生商业价值，使团队在前进的途中不断成长；不要让团队脱离市场埋头几个月或一整年只为了一下交付一大堆新型的云服务，不要尝试这种"爆炸式"的成长方式。要了解各种云服务模式的优缺点，对云服务的消费进行优化、监控和审计，实施管制流程来坚持正确的消费模式，认真查看每个月云服务提供商寄来的账单，确保成本控制在期望范围之内。

10.1.3　正确认识云安全

人们对于云安全的认识主要体现在两个方面。第一是坚决认为云计算非常不安全，不管基于什么理由都不能把数据放在公共云中。持此观点的人拒绝考虑公共云，他们通常会选择搭建自己的私有云。但如果安全和基础设施都并非公司的核心竞争力，只是出于担心而建设私有云可能并不是一个有效使用公司资源的好选择。第二是认为云提供商会为他们考虑所有的安全问题，因此会放心地将带有各种安全漏洞的软件和服务部署在云中。

云计算虽然为企业提供了便利，但同样也使网络罪犯有了更多的可能性，这主要体现在两个方面。首先，云计算目前仍然不成熟，缺乏相关标准，在云应用安全上有多年实践经验的工程师也并不多。最终结果就是，当前许多企业部署的云服务并没有必要的安全和管控措施，在各类攻击和破坏面前显得非常脆弱。其次，鉴于云服务提供商为许多企业提供了计算资源和数据的托管服务，它们自然也成了一个网络罪犯眼中的大目标。云服务提供商通常会提供高水平的边界安全，但是最终起决定作用的还是在云上部署服务的公司能否构建适当的应用安全等级。例如，类似 AWS 这样的 IaaS 服务提供商具有世界级安全水平的数据中心，提供了如何在其平台上搭建高水平安全服务的白皮书，还提供了一套应用程序接口来使应用的安全设计更简单。但最终是否安全取决于在 AWS 上搭建软件的架构师是如何加密数据、管理密钥以及实现良好的密码策略的。安全与云计算的关系其实非常简单。如果有适当的安全架构，公共云会比绝大多数本地数据中心更安全。然而，只有很少的公司清楚在云中必需的安全要求，并为之进行架构设计，另外还有大多数企业内部缺乏足够的技能来构建适当的安全等级。安全不是买来的某种商品，而是必须在软件中计划和设计好的东西，大多数多年来应用在数据中心安全方面的最佳实践也应当在云中使用。

绝大多数非财富 500 强企业都没有专职人员、技术经验以及预算来构建和维护适当的安全等级，以应对不断增长的安全威胁。对于大多数云服务提供商而言，安全是它们的核心竞争力，它们投入了大量资金在人才上并花费高额预算来打造最好的安全方案。使用在安全方面有特长的云计算服务商提供的安全即服务能够使企业获得比过去在自己的数据中心中还要高的安全等级。但是要知道安全风险是什么，然后通过技术、流程和监管的组合来应对这些风险。

因此企业上云平台一开始就要确认架构师、产品团队和安全专家对于云安全、法规控制和审计要求有足够多的认识。如果有必要，可请独立的第三方来进行评估，对部署之前和部署之后进行审计对比。

10.1.4　谨慎选择云服务提供商

许多公司都不会对云服务提供商进行仔细评估和选择，它们只是简单选择自己熟悉的提供商。这种错误做法的明显例证是，随意一个.NET 项目，它选择使用微软 Azure 的可能性特别高。不是说 Azure 这项技术不好，而是说它不一定适合相关的工作。Azure提供的是 PaaS，一个公司使用了.NET 进行编码并不意味着一定要选择 Azure，最适合的云服务模式是 SaaS、PaaS 还是 IaaS，关键取决于具体的技术要求。实际上也确实有许多PaaS 解决方案都支持.NET 开发。

这里要强调的是，熟悉某个提供商不能成为影响架构师做出正确商业判断的理由。毕竟，专物有专用，即便施工人员最顺手的工具可能是锤子，但拧动螺丝钉还是要用螺丝刀最方便。

因此，企业要向云端迁移，就要理解 SaaS、PaaS、IaaS 三种云服务模式之间的差异。清楚每种服务模式最适合什么业务场景。不要只是因为开发者使用了某种软件包或者公司多年来向固定的提供商购买了硬件而选择云服务提供商，应该综合考虑。

10.1.5　为服务中断做好准备

在使用云服务时，企业应当做好这样的心理准备：一切都有可能发生故障。不管企业选择的是哪种云服务模式，一切都有可能在某个时间点上出现问题。这就像我们家里的用电一样，所有的房子都有可能突然遇到电力故障，甚至完全停电。云计算也是如此，对于企业来说最好的应对办法就是进行故障设计。

举例来说，PaaS 服务提供商 Coghead 是数据库即服务领域最早的市场推动者之一。数据库即服务产品通过自动执行数据库管理任务以及提供自动扩展能力，为企业带来了巨大的快速市场化优势。使用这些服务的企业可以在自己的应用上集中更多精力和资源，减少在数据库管理上的投入，从而具有更大的灵活性；但同时，企业在使用这类服务时必须清楚地意识到，它们选择这种服务的同时也选择了供应商锁定，放弃了某种程度的控制权。锁定在数据库领域相当常见。数十年来，企业一直在购买Oracle SQL Server 和 DB2 的使用许可，已经习惯了被锁定于某个供应商。如果要说差别，在本地计算中，如果供应商离开，企业仍然能按自己的意愿继续使用相关软件；而在云中，供应商的离开也意味着服务的消失。2009 年，SAP 收购了 Coghead，然后告诉客户因为要关闭服务，所以他们有 8 周的时间来将业务迁移出 Coghead。大多数客户从来没预想过这种场景的出现，于是在接下来的 8 周或更多时间内在摆脱数据库关停带来的不利影响上忙得焦头烂额。对于使用 SaaS 或 PaaS 数据库技术的企业而言，最好的举措就是要确保自己在服务提供商之外也有数据访问和操作能力，不管是对数据库备份进行快照、每日抽取，还是采用其他一些独立于服务和提供商的可恢复性数据的存储方法。很多人听说过类 AWS、Rackspace、微软和谷歌等主流 IaaS 和 PaaS供应商服务中断带来的问题。即便 Netflix 这样的公司开发了一套名为"混乱猴子"的服务来对服务进行破坏，以测试整个平台的实施恢复能力，也无法保证服务中断永远不会出现。

当类似 AWS 的提供商在其某个可访问区域出现服务中断时，许多客户的网站和服务都会出现断网状态，只能等待 AWS 解决问题再恢复上线。大多数服务中断本可轻易避免——只要客户对此有所预期并进行了故障设计。然而许多客户却只在某一个区域进行单一部署，而且没有应对区域受到影响时的恢复计划。如果云服务提供商提供的是每区域 99.5%的 SLA，99.5%的 SLA 意味着每个月 1209s 或者一年大约 4h 的停机时间。艾默生网络能源有限公司在 2011 年的一份报告中指出，服务中断对中型企业的影响相当于 5000 美元/min 或者 30 000 美元/h 的经济损失。将这个数字应用于 99.5%的 SLA，也就是中型企业一年遭受的业务损失将达到 120 万美元。问题总会发生，如果没有进行容灾设计而停止服务，损失将是巨大的。

因此企业选择云服务模式和云服务提供商时，应先理清楚可能有的故障点和带来的风险，并对此进行应对设计。了解云服务提供商的 SLA 和数据所有权政策，仔细检查所有具有法律约束力的文档和协议。每种云服务都会带来某种程度上的供应商锁定，应研究锁定的成因和影响，确定服务等级。云计算不是一个非此即彼的命题，不必非得全部迁入，也不必完全摒弃。应细心选择，更细心地进行架构设计。

10.1.6　重视上云对组织变革的影响

从零开始建设新系统的初创企业在使用云时面临的障碍很少。对于那些创立已久、已有基础设施和信息技术工作人员，但云经验却有限的组织而言，组织变革带来的影响绝对值得重视。要知道，变化远不止信息技术层面这么多，商业流程、审计政策、人力资源激励计划以及法律程序等事项之前从来不必与企业之外的数据和服务打交道。采购流程从购买物理资产和软件许可转变为向虚拟基础设施和按需供应的软件付款；能力规划从预测将来需要的学问转变为实时自动扩展的学问；当安全现在成为焦点时，如何确保公司防火墙以外的数据安全又成为新的挑战。诸如此类的问题还有很多。

对于某些公司而言，接触云计算的第一步可能是技术性验证测试、调研和开发试验，或者采用类似将某些非关键性数据存放在云存储提供商处的低风险方案。这种小方案不会带来太多的组织变革，相应地降低了失败的风险。而当公司实施较为大型或可能产生更多风险的项目时，应该意识到，云服务并不只是在云服务提供商处进行部署或支付软件那么简单。技术架构、业务流程和人员观点都在发生巨大的改变，就应该有计划地对组织转变进行管理。

以顶点拍卖在线这家企业为例。顶点拍卖在线之前建立了一个内部的 CRM 系统，来支撑自己本地基于网页的拍卖平台。一些开发相关应用的团队成员现在仍在顶点拍卖在线就职，并深深为自己的工作成就感到自豪。但随着时间的流逝，应用所需的管理和维护成本变得日益高昂，也不再能提供当前流行的 CRM 工具所具有的大多数功能特性，如移动端应用、与第三方工具的集成、社交网络等。因此，顶点拍卖在线决定选择一个基于 SaaS 的 CRM 解决方案。然而信息技术团队人员表示了不同的意见，他们引用了论文和博客来说明云中安全和正常运行时间方面所具有的问题。安全团队极力反对将客户数据置于云中的观点。SaaS 供应商或许能在一天内完成服务的开通运行和配置，但将数据从旧有系统中导出然后导入新 SaaS 系统的工作却阻碍了项目的进行。什么才是快捷有效的解决方案正在演变成业务部门和信息技术部门之间的一场争斗。

争执的起因并非技术问题，而是人的问题。无论人们拒绝从主机系统迁移至主机-客户端模式，还是反对企业使用互联网，又或者拒绝商业流程的改变，我们近年来已经多次看到这样的情形出现。原因就在于当人们获知要进行改变时，通常他们的第一反应就是拒绝改变。

因此，如果可能，在实施云计算项目时，先从较小的、低风险的方案做起。如果项目风险和规模都比较大，千万不要低估组织变革带来的影响。应营造出紧迫感，组建并赋权一个团队来掌控项目，创建未来状况的愿景并通过使用各种可能的沟通机制（全体大会、博客、简报、会议、海报等）一遍一遍地在整个组织内进行观点的传播。

10.1.7 业务需求是基础

有时，信息技术人员会忽视业务方面的需求，搭建出只是在信息技术方面最优的云解决方案。但问题是，服务模式的选择在某些方面却是基于消费者的需求而定的。例如，如果公司在开发一个处理信用卡信息的 SaaS 方案，那么其业务需求就与开发体育新闻网站的公司截然不同。如果公司处理患者的健康档案或者极度机密的政府信息，那么有关安全和隐私的业务需求就远高于处理流媒体视频产品的公司。

业务需求的细节应当决定采用何种云部署模式（公共、私有、混合）和何种服务模式（IaaS、PaaS、SaaS）来实现解决方案的架构。如果公司在建设面向消费者的网站，用户自愿交换个人数据以获得免费服务（Facebook、Twitter、Instagram 等），那么公司可以轻易确定将一切置于公共云中。而如果公司为类似零售商店、医院和政府部门这些企业或组织提供服务，则很有可能某些客户会要求至少把某些数据留在私有云中或其本地系统之内。所以，在安全、隐私、集成、法规限制等问题上，了解业务上的需求非常重要。

因此，在选择云服务模式和云类型之前，理解业务需求和客户对云计算的期望是基础，是需求驱动决策，而非决策驱动需求。明确产品定义和需求，对业务需求的安全和监管问题进行评估，把不足添加到整个产品的待办事项中；记下经常会被问到的问题，随时查阅，能够解答典型客户对于基于云的方案经常会有的疑惑或顾虑。

10.1.8　正确认识上云的成本

人们对云计算的期望之一，就是按需付费的模式会极大降低信息技术基础设施的使用成本。但实际上只有在架构和管理软件时对云服务的使用进行了优化的情况下，这种说法才切实有效。云计算的强大之处还表现在能够非常迅速地启用服务或计算资源，但是如果对消费计算资源的过程没有进行严格的控制管理，那么企业很容易就看到每月成本的快速增长。

每种云服务模式对控制成本都意味着不同的挑战。SaaS 公司通常按照服务等级或用户数来收费。例如，基于 SaaS 的代码仓库 GitHub 有不同的服务等级，包括免费的公用仓库、收取最低月费允许创建至多 5 个仓库的微型级别，以及以此类推直到每月 200 美元、支持超过 125 个仓库的白金计划。这些工具通常都缺乏有效的管理，一个应该使用每月 50 美元支持 20 个仓库的公司，可能正在为 200 美元的白金计划付费，并且还不知道都有哪些仓库、谁在管理它们，以及哪些仓库正在被使用中。有些 SaaS 解决方案按用户数收取月费，有些基于事务量收费。基于事务量的 SaaS 解决方案，如电子邮件活动管理工具会按照发送的件数收费。一些企业会将电子邮件工具的 API 集成在自己的产品之中，但是如果它们没有建立保障措施来预防类似无限循环或误算等错误的代码，那么结果很可能就是收到远高于预期的账单。因此，企业必须确保对这些风险进行排查，并且在系统中内置节流组件，来预防此类场景的出现。

在成本优化方面，PaaS 解决方案同样提出了挑战。PaaS 的最大优点之一，就是在流量高峰期平台能够自动完成扩展。PaaS 的魅力就在于开发人员专注于满足业务需求，而平台处理基础设施问题。由于部署一台虚拟计算资源的过程如此简单，因此必须有适当的控制措施来确保软件缺陷或不可预期的过量负载不会导致 PaaS 消耗大量的基础设施以及月底大笔账单的出现。严格管理对 PaaS 解决方案更为重要。因此真正的问题在于管理的缺失，而不在于公共云的费用本身。云计算最贵的部分通常与云没有丝毫关系。

因此，企业要了解每种云服务模式的成本，建立适当的公司治理和软件控制层级，对成本进行优化和监控。对于有着遗留方案的公司来说，不要低估与遗留架构集成可能要做的工作，以及培训现有员工或请有经验的工程师所需的成本投入。

❧ 10.2　企业架构与云架构

根据开放群组的业务领导层信息技术架构指引："有效的企业架构（enterprise architecture，EA）对企业的生存和成功具有决定性的作用，是企业通过信息技术获得竞争优势的不可缺少的手段。"解决企业规模化和信息化带来的重复建设、信息孤岛、效益低下等问题，企业架构和云计算是最佳答案。企业的发展和转型需要企业架构，云计算则成为其可选择的信息技术解决方案，从企业架构开始就正确地选择云计算解决方案，并考虑到相互之间的影响，是非常必要的。总之，对企业架构的深刻认识和有效利用，将使我们在云计算时代能够务实、有效地利用云计算，云计算能够给业务带来革命性的应用消费，大大降低企业创新发展的成本及提升效率，为业务运营、创新和发展创造更多的优势和机会。

10.2.1　企业架构及作用

企业架构作为将组织战略目标映射到信息技术总体目标的蓝图设计，是广泛使用的顶层设计方法。1996 年，美国国会通过《信息技术管理改革法案》，该法案指出政府部门缺乏展现、协调和管理整个信息系统建设、使用、维护的总体框架，授予管理和预算办公室很大权力来强制实行一些标准，以分析、跟踪和评估行政机构在信息系统方面进行的所有大规模投资的风险和成效。1999 年，美国联邦 CIO 委员会发布了联邦企业架构；2005 年 3 月，英国内阁办公室发布了英国电子政务互操作框架；欧盟则推出了泛欧电子政务服务互操作框架。至此，欧美政府纷纷将企业架构作为顶层设计方法。

完整的企业架构一般包括业务架构、数据架构、应用架构和技术架构这四类架构，目前，业界最有名的企业架构框架是开放组体系结构框架（the open group architecture framework，TOGAF），它支持所有这些架构的开发。TOGAF 从企业战略、业务规划着手，描述了企业内一套架构能力的结构和内容。其核心是由多种策略和相关技术指导的架构开发方法（architecture development method，ADM），如图 10-1 所示。ADM 对开发企业架构所需要执行的各个步骤以及它们之间的关系进行详细的定义，同时它也是 TOGAF 规范中最为核心的内容。一个组织中企业架构的发展过程可以看成其企业连续体从基础架

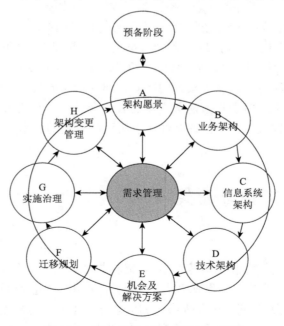

图 10-1　架构开发方法（ADM）周期

构开始，历经通用基础架构和行业架构阶段而最终达到组织特定架构的演进过程，而在此过程中用于对组织开发行为进行指导的正是 ADM。由此可见，ADM 是企业连续体得以顺利演进的保障，而作为企业连续体在现实中的实现形式或信息载体，企业架构资源库也与 ADM 有着千丝万缕的联系。企业架构资源库为 ADM 的执行过程提供了各种可重用的信息资源和参考资料，而企业架构开发方法中各步骤所产生的交付物和制品也会不停地填充和刷新企业架构资源库中的内容，因此在刚开始执行企业架构开发方法时，各个企业或组织常常会因为企业架构资源库中内容的缺乏和简略而举步维艰，但随着一个又一个架构开发循环的持续进行，企业架构资源库中的内容将日趋丰富和成熟，从而企业架构的开发也会越发明快。ADM 产生的内容被存放到存储库中，存储库最初填充的内容由 TOGAF 参考模型［技术参考模型（technical reference model，TRM）和综合信息基础设施模型（integrated information infrastructure model，III-RM）］组成。架构能力框架按照 ADM 进行操作以确保企业架构相关治理要求能够有效落地。

企业架构为企业信息化建设提供了一幅蓝图，从业务目标开始规划企业内部的业务架构，再由业务架构来定义支撑业务服务的信息技术系统和技术架构，把信息技术与业务有效地结合在一起。企业架构可以帮助企业执行业务战略规划及信息技术战略规划，确保业务驱动信息技术，信息技术支撑业务，信息技术战略与业务战略保持动态一致，信息技术战略保证业务战略实现的效率和效果。

自 2011 年以来，中国云计算试点工作在全国各地就开始如火如荼地开展，随之，各地机构、各行业也相继制定和发布云计算战略。随着企业信息化和电子政务的不断深入发展，企业和政府部门迫切需要解决信息化过程中的诸多问题：如何从单点应用的成功走向集成应用的成功？如何从一时的成功走向可持续的成功？如何建立信息技术项目与业务战略之间的清晰连接关系？如何建立业务、数据、应用和技术等不同层级之间的匹配关系？如何建立一套有效的机制保证信息技术与业务的真正融合？这些都是信息化总体架构需要解决的问题，而这一总体架构的方法论就是企业架构方法论。

10.2.2　企业架构对云计算的指导

企业架构在云计算发展中的重要地位可以理解为，整个云计算战略的落地过程，包括战略规划、组合管理、预算及资本规划、业务流程管理、信息技术管理及方案生命周期的管理、绩效管理都需要基于企业架构。只有基于企业架构，这样的云计算战略才不至于与经济发展战略目标南辕北辙，才能真正迈入云计算的康庄大道。

企业架构是企业自我认知的过程，作为企业架构过程中可选的信息技术解决方案，云计算与企业架构都能很好地为企业转型带来价值，企业架构的方法和工具又恰好吻合企业向云计算迁移的战略要求及架构设计和转型路线图的要求。

TOGAF 是最流行的开放企业架构框架，它可以帮助和指导云计算的实施，其作用具体体现在以下几个方面。

1. ADM 对云计算的指导作用

TOGAF 的架构开发方法可以帮助指引云计算开发落地，并指引相关云计算架构交付物的产生。如图 10-1 所示，ADM 由十个阶段组成，每个阶段对云计算的建设都有着指引作用。

预备阶段：识别云计算架构的影响范围，给出云计算的企业级定义，评估成熟度，评估云计算架构项目预算、治理和支持措施，提出云计算架构工作请求。

A 架构愿景：获得批准的云计算架构工作说明书，包括云计算的可行性评估、云计算的愿景和战略，识别利益相关者，同时确定云计算参考架构框架和裁剪目标。

B 业务架构：更新架构定义文档草稿，定义基线和目标云计算业务架构，明确云计算对业务模式和业务流程的影响，识别差距。

C 信息系统架构：更新架构定义文档草稿，定义基线和目标云计算数据架构及应用架构，识别差距。应用架构一般涉及底层的技术支撑和平台支撑，这两部分内容会统一纳入企业 PaaS 平台规划中，对于应用架构中的应用系统或应用模块内容，则涉及 SaaS 内容。数据架构如果仅仅涉及数据分类，数据的逻辑模型和物理模型基本不会和云计算发生任何关系，但涉及数据增长、数据存储、数据访问等问题的时候，可能就涉及了大数据、分布式文件系统、分布式数据分析、非关系数据库及数据库集群等内容，这些属于云计算的 PaaS 层。这个阶段需要考虑选择 PaaS 或 SaaS 参考架构、梳理基线应用架构、确定迁移到 PaaS 或 SaaS 上的应用构件和数据架构影响分析。

D 技术架构：更新架构定义文档草稿，定义基线和目标云计算技术架构，识别差距。技术架构的部署与云计算的 IaaS 相关，而虚拟资源池的使用、应用和虚拟资源的关系、中间件资源池等内容在技术架构层考虑，对应 PaaS 的内容。因此，这个阶段需要考虑选择 PaaS 与 IaaS 参考架构、梳理基线技术架构、确定迁移到 PaaS 与 IaaS 上的应用构件和应用/数据架构影响分析。

E 机会及解决方案：这个阶段主要是合并 B、C、D 阶段的差距分析结果，分析及验证依赖关系，最终确定云计算实施工作包。

F 迁移规划：完成云计算架构路线图和详细实施迁移计划，主要包括评估云计算工作包的业务价值、确定云计算工作包如何交付和决定云计算实施项目的优先顺序。

G 实施治理：保证云计算实施的项目与目标云计算架构的一致性，指导云计算解决方案开发和执行架构合规审查。

H 架构变更管理：云计算的架构变更管理分析和变更管理实施，确保云计算架构生命周期得以维持、企业的云计算架构能力满足当前需求，必要时提交架构工作的新请求，发起另一个云计算架构开发周期。

需求管理：云计算的需求分析和需求处理。

2. 架构内容框架对云计算的指导作用

架构内容框架是以一种一致的、结构化的方式来对照和展现 ADM 执行过程中产生的输出，如流程图、架构需求、项目计划、项目合规评估等。它提供了架构工作产品的详细模型，包括交付物、交付物中的制品及交付物代表的架构构建块。在云计算模式下，需要明确业务架构的内容和信息技术架构的内容及交付物、制品和架构构建块的变化情况。

3. 企业连续系列对云计算的指导作用

企业连续系列提供了一个将"虚拟的"存储库结构化的模型，该存储库可以填充架构资产和可能的解决方案。这些资产和解决方案可从企业内部或整个业界得到，用来构建架构。企业连续系列遵循两个基本的原则：一是尽可能重用；二是帮助沟通。根据架构的抽象层次或对特定组织的适用性，企业连续系列总体分为基础架构、通用系统架构、行业架构和特定组织架构。

企业连续系列告诉我们在云计算方式下，如何在更大的范围内共享公共资源。基础架构与 IaaS 云计算模式相对应，通用系统架构和行业架构与 PaaS 云计算模式相对应，行业架构和特定组织架构与 SaaS 云计算模式相对应。

4. TOGAF 参考模型对云计算的指导作用

TOGAF 有两种参考模型：TRM 和 III-RM，这两种模型都可纳入企业自身的企业连续系列。

TRM 关注 PaaS，III-RM 关注 SaaS，它们都是通过标准化来增强能力的，并在更大的范围内共享最佳实践，来指导云计算应用的实施。

5. 架构能力框架对云计算的指导作用

架构能力框架为建立架构能力提供了一套参考资料。云计算模式下新的能力要求包括人的技能、流程的成熟度和技术工具的支持。

10.2.3　云计算对企业架构的影响

云计算使政府部门和企业组织的信息化建设方式发生了根本的改变。传统的信息化需要企业整体规划战略、业务架构，然后规划企业的信息技术架构，并在业务架构和信息技术架构的基础上进行信息化项目的实施。这种模式类似于企业自建物业，需要进行建筑规划和设计。云计算的模式则类似于租赁物业，而且租用方式非常灵活。无论 SaaS、PaaS 还是 IaaS，都是由云服务提供者提供一系列的服务资源池，云服务使用者可以根据需要，随时使用资源池中的资源（服务），资源可以根据需要随时扩展，云服务使用者向云服务提供者按用量付费。

尽管云计算不同于所谓的"自建物业"，但是企业云服务不同于一次性的个人服务，企业活动是不同的服务交互的结果。如果完全采用即用即买的服务构建方式，很难真正实现云服务在节省成本、提升效率、驱动创新等方面的作用。因为云计算的服务模式本质上仍然是一种服务架构。

企业架构的设计方法对企业选择云计算作为信息技术解决方案具有指导作用，同时云计算对企业架构具有一定的影响，也提出了新的要求。

成本、敏捷性和资源优化是企业采用云计算的三个主要原因。而安全性、集成问题和治理则是企业最关注的三大问题，其他问题还包括应对变化的能力、厂商锁定、部署成本以及合规性。

1. 云计算对企业信息技术战略的影响

了解了云计算对企业的作用,企业管理者需要考虑企业从传统信息技术迁移到云计算的规划和路径。对于大型企业来讲,应当考虑内部信息技术基础设施资源的整合,逐步建立企业私有云,同时,还应与专业云应用开发商合作,开发和使用专业化、个性化的 SaaS 软件。中小型企业应结合企业核心业务,选择高质量的行业 IaaS/PaaS/SaaS 服务,确保云平台能够提供满足自身业务发展的信息技术资源。而作为企业的 CIO,则需要从两个方面理解云:一是宏观地把握云计算的理念和发展方向,不局限于具体的技术和应用;二是对企业的战略、业务、信息技术进行全面的认识,寻找适合业务发展的信息技术建设道路。

2. 云计算对信息技术运营业务的影响

云计算时代,企业信息技术运营需要进行重组,许多中小型企业的信息技术部门也许将不复存在,用户主要考虑业务架构的内容,信息技术架构将被屏蔽在云端。

企业信息技术团队将会拆分为专门负责建设、运行内部私有云和管理企业云服务使用(包括私有和公共)两个部分。其中,私有云团队将为内部私有云提供技术,深入研究虚拟化、服务标准化和自动化等技术,以满足企业的实际需求。而云服务管理团队的作用更多的是一个协调部门,这是企业在使用云时按自身条件做出的重要架构改进和改变,可以使企业避免由于外部云服务提供商变化而受到影响。协调部门的第二个好处是帮助策略落地,为企业解决云如何使用的问题、帮助企业确定风险和优化业务关系,这种洞察力是确定风险和优化业务关系的关键。最后,协调部门检验云服务提供商的服务水平协议,来验证它们的承诺是否真正对业务有价值。

3. 云计算对企业架构能力的影响

云计算模式下,对企业架构能力的要求包括人的技能、流程的成熟度和技术工具的支持,具体包含以下六个方面的内容。

(1)工作量分析与管理:分析与管理可以迁移到云服务中的应用和业务以及适于应用和业务的云服务。

(2)云服务提供商管理:对不同的云服务提供商进行有效管理和整合,节约成本。

(3)商业分析:云服务对应用和业务的影响,云服务是否可以满足业务的需求。

(4)风险管理:对实施云计算相关的风险进行识别、评估、排序,减少可能出现的问题。

(5)实施治理:云计算实施的成功与否在于信息技术是否满足公司当前和未来的业务需求。

(6)合规评估:定期的、一致性审查,确保云服务符合战略或架构目标。

4. 云计算对信息系统安全性的影响

云计算遇到的一个主要问题是安全性。云计算模式下,用户所有的数据全部保存在云服务提供商的数据中心里,云服务提供商可以轻松地访问企业的所有数据,并且有能力对这些数据进行监控。把自己的各种数据交给别人来管理,企业还是心存疑虑的。

应用迁移到云服务后，企业对控制基础设施安全精心设计的策略被打破，较低层次的安全交由云服务提供商负责，企业需要考虑更高层次的安全。为此，企业在进行数据架构设计时需要把重点放在数据层的安全上。

另外，因为所有的应用和数据都存放在云中，如果网络断开，用户将无法访问自己的数据，正常的业务将会中断。因此，在云计算尚未成熟的情况下，企业准备一个应急计划也是至关重要的。

✿ 10.3　企业云化的 5W1H

建造房子时，没人会在开始跳过采购材料和工具以及聘用工人的步骤，而直接开始下面的工作。但是在信息技术世界里，我们却经常看到团队在业务概念和客户需求还未明确时就直奔开发而去。就云计算而言，由于更多的控制权转移到了云服务提供商手中，风险变得更大，也就更需要采用务实、有效的方法。不论公司是否有正式的企业架构经验，能否在云中取得成功都取决于是否正确使用了那些进行合理架构的基本原则，以及是否自问了这 6 个题：原因（why）、何人（who）、什么（what）、何地（where）、何时（when）以及如何（how）[37]。

原因：我们在试着解决什么问题？业务目标和驱动力是什么？

何人：谁需要这些问题得以解决？内部/外部的参与者都有谁？

什么：业务和技术需求都是什么？有哪些法律和/或法规的约束？风险是什么？

何地：将在哪里提供这些服务？当地有没有一些特定需求（法规、税收、可用性问题、语言/现场问题等）？

何时：这些服务需要什么时间提供？预算是多少？与其他项目/方案有没有关联？

如何：组织如何交付这些服务？组织、体系架构和客户是否都做好了准备？

最后一个问题经常会被忽视，但它却非常重要，它关心的是组织当前的状态及其对云计算带来的变革的适应能力。

一旦理清这些问题的脉络，架构师就能更好地为公司挑选最适合的服务模式和部署模式。此外，项目是完全从零开始建设，还是进行遗留系统的迁移，抑或两种情况兼有，这些因素也会对云服务模式和部署模式的决定产生影响。云服务遗留系统可能会对某种云服务模式和部署模式的使用制造障碍；而如果要迁移至云端，面对市场上众多提供迁移服务的云服务提供商，企业还需要认真进行评估比较。用户和数据类型对云的架构也有影响。例如，消费者选择加入和同意分享数据的社交网站与获取和存储癌症患者医疗档案的健康应用有着完全不同的需求。后者面临着更多的约束、风险和监管要求，很大可能会导致与社交网络平台迥然不同的云架构。

10.3.1　识别问题（原因）

"要试着解决什么问题？"（原因）是最重要的问题。对于一个组织而言，使用云计算服务的商业驱动力是什么？每个公司、每种文化和每种架构都会有不同的答案。例如，对于初创企业，在云中搭建新系统是显而易见的事情。实际上，如果一个初创企业决定构建和管理自己的基础设施，最好能就为什么选择物理基础设施和数据中心而非云计算给出令人信服的答案，因为大多数风险投资人和天使投资人都会对管理团队的领导能力质疑。

与此形成鲜明对比的就是成立已久的大型企业，它们在资产负债表上有着大量的物理基础设施，在生产环境中使用了多种不同的技术堆栈并部署了多个遗留架构。对企业来说，为了能最好地利用云服务，相应的决策过程要复杂得多。如果缩减信息技术基础设施成本是其中一个商业驱动力，那么初创企业因为无须投资数据中心和基础设施，也不用有人对这些设备进行管理，只需要在云中构建自己的全新应用即可，所以可以轻松实现这样的目标；但一个运营已久的企业将不得不对企业现有的每一个组件分别进行评估，以判断能将哪些迁移至云中，每个组件更适合哪种部署模式（公共、私有、混合）。

大型组织可能会选择使用多种方式和不同的服务模式来缩减成本。例如，假设组织可能正在使用大量的商业软件产品来管理非核心竞争力的业务流程，如工资单、人力资源任务、审计等。组织或许会选择使用 SaaS 的方案来替换这些方案。但将遗留应用程序迁移至 PaaS 或 IaaS 并非那么简单，因为底层架构或许并不支持基于网页的或无状态的架构，重新进行架构设计的成本也降低了迁移方案实施的可行性。所以组织可能会采取另一种方式——选择使用云来解决特定的问题，如备份和恢复、按需配置测试和部署环境，或与外部 API 进行集成以处理特定的数据集（地图、邮政编码查找、信用核查等）。总而言之，我们应对整体架构的每一部分都进行单独评估，确保选择了最优的云服务和部署模式。除了一切从头做起的初创企业，选择单一的云服务模式和部署模式很少具有实际意义。

10.3.2 评估用户特征（何人）

"何人"问题确定了系统的内部和外部用户构成。用户可能是人，也可能是系统。识别出参与者有助于发现有哪些组织（内部的和外部的）与整体系统进行了交互。系统的每个参与者都或许有自己的需求，所以一种云服务模式可能并不能满足所有参与者的需求。

一旦明确了参与者，理解这些参与者的特征就具有重要意义。这些特征包括人口统计特征（年龄层、技术理解能力水平、所处国家等）、参与者类型（个人、企业或政府等）、业务类型（社交媒体、制造业等）等。"何人"问题可以发现功能性和非功能性需求。在云计算的场景下，参与者特征推动了在隐私、监管、易用性、风险等方面重要的设计考虑。

10.3.3 明确业务和技术需求（什么）

"什么"问题能使我们发现许多功能性和非功能性需求。功能性需求描述了系统、应用或服务应该如何运行；功能性需求包括系统必须处理什么数据；界面应如何操作；工作流如何运转；系统的输出是什么；系统的每一部分对应的访问权限设定是什么，必须遵守什么样的法规。

非功能性需求描述了架构是如何运行的。下面列举了一些为了更好地选择适当的云服务和部署模式，应进行评估的非功能性需求类别。

易用性：终端用户和系统使用平台的需求。

性能：响应用户和系统需求的能力。

灵活性：以最少的代码变更匹配业务变化速度的能力。

能力：在当前和未来完成业务功能的能力。

安全性：有关安全隐私和合规方面的需求。

溯源性：有关日志、审计、通知和事件处理的需求。

复用性：内部和外部所需要的重复使用的水平。

集成能力：与各种系统和技术整合的能力。

标准化：符合特定行业的标准。

可扩展性：扩展满足业务需求的能力。

可移植性：部署在不同硬件和软件平台上的能力。

可靠性：必需的运行事件、SLA 以及恢复机制。

10.3.4　将服务消费者的体验可视化（何地）

如果不知道房子将会建在哪儿、有多大、有无空间划分限制等类似于房子所在地有关的约束条件，一个好的建筑师是不会开始房子的建筑规划的。

就云计算而言，理解法律的影响至关重要，尤其是与云服务的消费地和数据的存储地有关的法律。在不同的国家、地区、州甚至县，法律、法规都有不同的限制。例如，在优惠券行业，某些地区对烟草、酒精甚至乳制品等产品的推广有着明确的法律限制，所以有关此类商品的市场活动在进行时就必须留意合规问题。

云服务的经营跨越了国界，它们的成功取决于区域和全球市场的准入情况。那些制造实际或潜在贸易壁垒的限制性政策将会减缓云计算的演变。有一些国家有着复杂的法律，区别对待外国科技公司，并对可以流入和流出国家的数据类型进行了限制。那些限制在国家之外进行数据传输的国家，对想要搭建云计算解决方案的科技公司提出了挑战。

架构师需要熟悉这些有关其业务和数据的法律、法规。这些法律带来的影响能够左右对于公共云或私有云、云或非云、本地供应商或国际供应商之类的选择。混合云方案通常会被用来解决这些困扰。企业通常会使用 IaaS 或 PaaS 服务模式来应对大多数业务处理需要，把受制于法律才能提取的数据放在私有云或内部非云数据中心内。

另一个"何地"问题是：这些云服务能通过哪些设备和接触点进行访问？现在的用户通过多种渠道消费数据。举例来说，我们在网页、移动设备和平板电脑上消费信息，通过扫描仪和医疗设备消费信息。甚至我们的汽车、冰箱、家庭安全系统和几乎每一个具有 IP 地址的东西，在这个时代都可以与终端用户进行交互。事先知晓这些接触点都有助于我们做出一些重要的决策。

SaaS 供应商提供了一些云服务，用于构建向第三方发布的 API。这些 SaaS 工具提供了安全、转换、路由、网页和移动分析，以及其他许多重要的服务，使开发人员能够专注于自己的业务要求。与移动 PaaS 工具一样，由于供应商会注意对新的技术、标准和模式的支持，这种开放 API 的 SaaS 工具明显会提高开发人员响应市场的速度，并减少维护的工作量。举例来说，如果一个新的设备开始流行或者按照开放权限标准进行变更，移动 PaaS 和 API SaaS 供应商会更新其产品，使开发人员能够专注于自己的业务需求。

10.3.5　明确项目约束条件（何时及什么要求）

弄清楚预算和预期的交付日期也很重要，在选择云服务模式时，时间可能是一个非常重要的因素。如果出于业务原因，要在下个月实施一套新的 CRM 方案，那么 SaaS 方案就可能是唯一能满足条件的方式。有时日期是人为指定的，如我们多次看到项目的截止日期被设定为 1 月 1 日。通常情况下，除非指定某人以某种目的或目标在年底之前交付项目，否则这种日期往往都没有什么商业驱动因素在内。但是在其他情况下，日期对于业务非常重要。例如，在新年假期之前获得绝大部分收益的企业，在流量高峰到来之前可能对提交新产品或服务来提高整体系统性能有着急迫的需求。但不论哪种情况，日期都会对企业的最终决定产生影响。不管时间限制是实际存在的还是人为指定的，在进行架构决策时这都是必须要考虑在内的约束条件。有时架构最优的方案未必业务最优。关键是，在制定架构决策时满足业务目标必须始终放在第一位。

还有其他的约束条件会影响云服务和部署模式的选择。管理层或消费者可能都会带来一些人为的限制。例如，在没有进行认真调研的情况下，他们会要求将所有的公共云选择排除在外。无论这种决定是否正确，这都是一种可以解释的限制条件，并且关注点可以转向私有云和 SaaS 解决方案。而如果一家公司表示它想要大幅降低其基础设施占地面积、减少其数据中心的数量，在这种情况下，架构师应该对公共云、SaaS、PaaS 保持同样多的关注。还有一种情况就是要求架构师使用某个特定供应商的服务。但不管是什么情况，重要的是应该在做出重要决定之前确定所有的约束条件。

10.3.6　了解当前的状况约束（如何）

"如何"的问题主要是组织的准备情况。公司内部是否有技术储备？会计与财务部门是否愿意并且能够从一种资本支出（提前购买）模式迁至运营支出（现收现付）模式？企业文化的思维方式是什么？是否拒绝转变？是否有能力进行转变？

在一个公司内，组织变革管理对于任何变革方案的成功都至关重要。不管公司是想实施一种新的业务策略、一种新的开发方法，还是采用新的技术，总会有一些必须解决的组织变革元素。在很多情况下，变革要比采用新技术或实施新策略还具有挑战性。

人们需要明白，为什么变革非进行不可、变革会带来哪些提升。在构建和部署本地系统上有长久经验的公司很可能会遇到来自内部的阻力。不管信息技术团队多么优秀，如果在构建软件时没有得到组织的整体认同，在云中交付服务都将会面临极大的挑战。所以，别忘了解决"如何"的问题。

❀ 10.4　云服务模式的选择

有一种错误观点，认为一种云服务模式可以解决所有的问题。这无异于在说能用一件工具建造一所房屋。很明显，我们需要使用各种工具来满足房屋不同的组成部分的建造需求。这包括混凝土的地基，管道、电气和污水的基础设施，墙壁、地板和窗户这样的内部设施，以及房顶、车道和排水沟这样的外部工程等，每个组成部分都有不同的施工需要，因此需要各类不同的工具套装。例如，铺设车道所需的工具和流程就与安装水管或给地板贴砖有着明显不同。建造房子需要许多不同的技能和许多不同的工具，在整个房子的体系架构中，房屋结构的每一个组成部分都有其不同的特点。

在云中构建企业级的软件同样如此。正如建筑工人使用多种不同的工具和技能来建造房子一样，企业也应该选择使用多种不同的云服务模式来满足自身的需求。某些公司选择某一个云服务提供商，如提供 IaaS 的 AWS 或者提供 PaaS 的 Azure，然后不管是否合适就把所有的方案强行推入该种云服务模式中，这么做是不对的。对于每种云服务模式而言，什么样的使用案例才更合理、有效？如何选择合适的云服务模式？本节重点介绍这方面的内容。

10.4.1　影响选择的关键因素

在选择合适的服务模式时，有许多因素需要考虑在内。决策者应该从以下五个方面判断每种云服务模式的可行性：技术、财务、战略、组织、风险。

1. 技术

技术指的是性能、扩展性、安全性、监管、业务可持续性、灾难恢复等。性能和扩展性的需求在选择是 PaaS 还是 IaaS 时会起到非常重要的作用。PaaS 最大的优点之一是平台使底层基础架构对开发者透明，使开发者可以专注于业务需求的实现，而平台负责资源的自动伸缩。由于 PaaS 供应商要负责满足所有租户的扩展需求，所以 PaaS 供应商会将单一租户能够请求的资源数量限定在一定范围内。由于这个限额设定得足够高，对于绝大多数应用而言，这种限制都不是一个问题。但是对于有着超多事务量的应用，PaaS 就不能满足性能和扩展性的需求了。正是由于不能指望一个"平台"来实现必须有的资源规模，因此某些访问量在世界上数一数二的网站，如 Facebook、Twitter、Pinterest 都会使用 IaaS 云服务模式。

2. 财务

财务主要指 TCO，这要求我们在计算每小时或每月的云服务费用之外考虑到更多的东西。如果项目侧重于新的应用构建，那么计算 TCO 的工作会相当容易。但是对于将方案迁至云端或者虽然是新项目但受制于现有遗留架构的项目来说，TCO 的计算工作就会复杂很多。对后者来说，决策者必须对变更或整合遗留架构所需的成本进行预估。在很多情况下，迁移至云端都需要对现有架构进行改造以便能够与新的云服务进行整合，相应地也会产生成本。除了在云中构建新服务所带来的成本之外，可能还会有其他成本，这包括对遗留架构进行再造、员工培训、招新员工或顾问、采购工具或服务来支持再造等。

3. 战略

战略需求也可能会开始起作用。一个方案越是需要加速上市，决策者选用 SaaS 或 PaaS 而非 IaaS 的可能性就越大，因为相对于 IaaS 方案还需要信息技术人员进行大量工作而言，前两者中绝大多数的信息技术工作已经由云服务提供商完成。而如果控制力是最重要的考虑因素，那么决策者更有可能倾向于 IaaS 解决方案，这样对底层基础设施会有更多的管控权。而在 SaaS 或 PaaS 中，基础设施相对于最终用户是一种抽象的概念。其他类似整合数据中心降低成本、率先推出产品、扩展性问题解决、7×24h 全球销售产品、与合作伙伴供应链集成的商业战略，也都会对云服务模式的选择造成影响。然而，公司在大多数情况下只是基于技术偏好选了某一个云服务提供商，驱动云方案实施的业务战略却被完全忽视。

4. 组织

对组织的评估可能也会影响云服务模式的选择。信息技术组织是否有能力在云中构建解决方案？如果公司在分布式计算、网页开发和面向服务架构领域没有足够丰富的信息技术技能，或许应该更倾向于 SaaS 和 PaaS 服务模式，或找一个能够在 IaaS 上搭建云服务的合作伙伴。越往云堆栈的底层走，企业员工所需的能力等级也就越高。

5. 风险

公司愿意承受多大的风险？方案多久能交工运行？安全漏洞会造成多大的损害？一旦说到风险，就会有数不清的问题要考虑。风险还在很大程度上决定了公司选择公共云、私有云还是混合云。通常，隐私、数据所有权和法规等问题，都会对使用何种云服务模式和部署模式有很大的影响。

每个公司，甚至公司内每一个云项目对这几个方面都有不同的考虑。例如，搭建社交媒体网站的公司在客户自愿发布其照片、视频等个人数据的情况下，可能会对实现大规模支撑和运行时间长的技术需求更为看重，风险问题就放在其次，毕竟社交媒体网站的倒闭不会对任何人的生命造成威胁。另外，负责处理医疗索赔的医疗公司很可能把风险这一类问题看得比什么都重要。

10.4.2　SaaS 模式的选择

SaaS 是三种云服务模式中最为成熟的一种类型。早期的实践者，如 Salesforce 已经完善了在云中交付完整的、消费者可以使用浏览器进行网络访问的应用的实现。在 SaaS

中，提供商完全掌控了基础设施、性能、安全、扩展性、隐私等各种事项。供应商通常会向其客户提供两种使用应用的方式。最常见的一种是通过任何联网设备就可访问的网页形式的用户界面；另一种是向其客户提供 API，这样消费者能够将功能集成到他们自己现有的应用或其他 SaaS 解决方案中。

如果能够满足需求并且在可负担范围内，企业应该通过使用 SaaS 将所有非核心竞争力的应用、功能和服务外包出去。也就是说，如果公司的业务不是编写客户关系管理软件和会计软件，则不应自己开发相关应用，如果有 SaaS 作为备选方案，则购买和在本地运行这些应用就不是一种性价比高的选择。不需要再购买软件和服务器、管理服务器、支付维护人员的工资、保障系统安全以及安排提供其他非增值的工作来保持这些服务的运行。

有很多种不同的 SaaS 解决方案，最常见的有 CRM、ERP、审计、人力资源和工资单等企业业务应用。还有一些信息技术基础设施相关的 SaaS 解决方案，处理安全、监控、日志记录、测试等工作。数据类包括商业智能数据库即服务、数据可视化、仪表板、数据挖掘等。效率类包括协作工具、开发工具、调研、电子邮件活动工具等。

由于 SaaS 提供商要满足许多消费者的需求，所以通常情况下它不会提供像公司自建的应用那样的灵活性。有时，公司选择构建自己的应用只是因为 SaaS 供应商无法提供自己想要的功能或配置。总之，在公司打算自建应用之前，应该想一想 SaaS 提供商能替客户完成哪些工作，并将其计入整体拥有成本中：提供商负责安全升级和打补丁；提供商管理所有的基础设施和数据中心；提供商通常会为绝大多数手机和平板电脑提供移动兼容性；提供商在所有主流浏览器和版本之间提供兼容性；提供商通常会升级功能，并且不会造成用户体验的中断；提供商管理数据库，包括容量规划、备份恢复等。

在公司决定自己编写应用程序之前，应该按照自行开发的 TCO 比较出 SaaS 工具所不能提供的功能特性的价值，然后再与"将资源转移至另一个项目"或"缩减资源数量以降低成本"这些方案可能造成的机会成本进行对比，进行综合考虑。一旦公司构建了应用程序，就必须持续投入来紧跟技术趋势和修正漏洞。但技术的发展日新月异，公司能够继续投入宝贵的信息技术资源来升级遗留应用程序，使之在下一代新的手机或平板电脑上正常工作吗？当出现了新的社交媒体平台，公司能快速做出反应与之进行整合吗？为了能跟上技术的发展趋势，公司必须投入大量资源来不断对应用进行升级。但在跟随技术变革上花费的时间每多 1h，公司在构建下一代新型产品或缩减成本的时间上就少了 1h。

10.4.3　PaaS 模式的选择

PaaS 是三种云服务模式中最不成熟的一种。第一代 PaaS 解决方案都要求买方使用某种特定的编程语言和在服务提供商的基础设施上运行。初创企业或小型公司或许还能接受这些约束条件，但是对于大型企业而言，情况就完全不同了。大型企业通常是有着多种不同的系统架构、技术堆栈和应用需求的复杂组织。编程语言和基础设施的灵活性不足，使许多大型企业失去了对 PaaS 的兴趣，并因此减缓了 PaaS 的采用进程。在过去的几年里，新一代 PaaS 服务提供商陆续出现，它们看到了解决大企业客户问题的机会。不少新 PaaS 提供商现在支持多种堆栈，还有一些允许将 PaaS 软件部署在服务消费者自已选择的基础设施之上。除了这些新型 PaaS 服务提供商之外,许多最初的 PaaS 服务提供商现在也开始支持更多的语言,如 Ruby、PHP、Python 和 Node.js 等。Cloud Foundry 和 OpenShift 是目前受到很大支持的两个开源项目,能部署在任意的基础设施之上。开源云解决方案的优势之一就是:相对于商业供应商停止业务运营之后,服务消费者只能尽快迁移至另一个平台的情况,服务消费者在开源方案下对软件有足够的控制权,可以随意使用相关的平台。公共的 PaaS 服务提供商管理底层的基础设施、网络、存储设备和操作系统。像每月的安全补丁、日志、监控、扩展、故障转移及其他系统管理相关的任务都由供应商负责,所以开发者可以专注于构建云端应用。

私有的 PaaS 服务提供商不像公共的 PaaS 服务提供商那样提供基础设施的抽象服务。私有的 PaaS 使用户能够在私有云和公共云(混合云)上都进行 PaaS 软件的部署,但也因此要求服务消费者来管理应用堆栈和基础设施。

PaaS 服务提供商的平台由多名客户共享。为了管理每名客户需要的性能、可靠性和可扩展性,并确保一名客户产生的高负载不会影响另一名客户的性能感受,PaaS 服务提供商会对开发者强行施加不同的限制条件。这些限制有时候也被称为节流,使平台免受单个客户导致的负载过重的影响,同时也对所有的客户起到保护作用。大多数服务提供商对单一用户的带宽进行节流来避免网络冲突和拥堵。某些 PaaS 服务提供商对 CPU 的使用进行节流来降低数据中心的热量并实现节能。其他基于固定消费数量(如存储块数)定价的 PaaS 服务提供商在客户使用完所有已付款资源时,会通过限制客户访问的方式进行节流。开发者必须清楚他们所选择的平台的限制,并做出对应的设计。

许多 PaaS 服务提供商通过对客户的数据库操作进行节流来保障平台的正常运行和其他客户的正常使用,开发者必须将此考虑在架构设计之内。一种方式是捕捉这种类型的错误并不断尝试直到成功。另一种方式是在调用数据库之前将工作单位分解成更小的块。这些技巧在应对带宽限制时也能派上用场。但对于一些应用来说,围绕节流进行设计会给处理时间带来不可预期的延迟,或者可能会影响应用的质量和可靠性。如果是这样,PaaS 可能就不是一种适当的服务模式,而应选择 IaaS 进行替代。也就是说,对于有着海量数据的网站或者处理大量数据的高度分布式应用而言,PaaS 通常不是一个好的选择。

但也不是每个应用或服务都有着类似流媒体视频公司 Netflix 或流行社交网站 Twitter 这样极端的处理需求。许多工作流驱动的 B2B 类型的应用都是 PaaS 主要的适用场景。在典型的工作流中,产品会从订单开始,在一个可重复的流程中步步推进,直至得以生产、销售、装运和验收。戴尔就曾使用 Salesforce 的一个称为 Force.com 的平台,与超过 100 000 名渠道合作伙伴实现了 10 亿美元的销售机会登记,所以说 PaaS 方案也能够很好地支撑扩展。

10.4.4 IaaS 模式的选择

如果一个应用或服务有着性能或扩展性的需求,要求开发者管理内存、配置数据库服务器和应用服务器,以最大化吞吐量、明确数据如何在磁盘锭之间分布和控制操作系统等,就应该选择 IaaS。如果无须考虑这些事务,或许 PaaS 更合适。

例如，如果业务的需求是每分钟需要从零售商的销售终端（point of sale，POS）系统向云端提交 100 万个事务，并在亚秒级的响应时间内得到反馈。为了完成这样的需求，肯定不能被云供应商限制节流，同时也必须对操作系统、应用服务器和数据库做出一些调整来达到预期的吞吐量。

还有一个因素是成本。PaaS 能够降低搭建和部署应用的工作量和资源数，从而大幅降低成本。但是，如果数据的规模过大，达到数十 TB 或者所需的带宽，CPU 也远远超过正常水平，那么 PaaS 的现付现用模式也会变得极为昂贵。近年来 IaaS 的价格在不断降低，随着时间的推移，IaaS 的成本可能会变得非常低，PaaS 提供者为了竞争可能会不得不跟进降价。另一个使用 IaaS 而非 PaaS 的原因与降低故障的风险有关。当 PaaS 提供者出现服务中断时，客户只能坐等提供者修正问题，重新恢复服务上线。SaaS 解决方案也是如此。但是在 IaaS 下，客户能够对故障进行架构设计，跨越多个物理或虚拟数据中心构建冗余服务。AWS 在近几年已经出现几次广为人知的服务中断，一些大型的网站如 Reddit、Foursquare 等也都出现了服务暂停。但是，许多其他网站却因为跨区冗余的存在而规避了相关影响。在 AWS 出现服务中断的大多数情况下，服务运行其上的 PaaS 提供商 Heroku 也受到了影响。Heroku 的客户只能在 AWS 和 Heroku 都恢复正常时才能正常运行。但确实有许多 AWS 客户能够并且已经规避了 AWS 服务中断带来的不利影响。

总之，朝着 SaaS 的方向沿堆栈向上，我们面向市场的速度将会提高，所需的人力资源和运营成本也会变少。而朝着 IaaS 的方向向下，我们就能对基础设施有更多的控制力，更有可能避免供应商的服务中断或快速从中恢复。

10.5　管理 SLA

SLA 是 CSP 和云服务消费者（cloud service consumer，CSC）之间的协议，设定了 CSP 承诺提供给 CSC 的服务等级的期望值。具体来说，SLA 是服务提供商向服务消费者做出的保证，如会达到的特定的性能指标、会支持一定程度上的安全和隐私，并且如果需要，已经得到的特定监管法规的认证等。所提供的服务的关键性越高，要求云服务提供商向云服务消费者交付的 SLA 就越多。SLA 对基于云进行的服务非常重要，因为 CSP 代替消费者承担了某些责任。消费者需要得到保证，CSP 将会提供可靠的、安全的、可扩展的和可用的服务。关于 SLA，有两方面的内容需要考虑。一方面，在 IaaS 或 PaaS 提供商之上搭建云服务的公司必须考虑其 CSP 的 SLA；另一方面，公司也需要建立能满足其目标客户需求的 SLA。

10.5.1　SLA 的影响因素

云的 SLA 可能会非常复杂，尤其在牵涉到多个 CSP 来组建云服务的情况下。一个公司使用多种云服务模式来搭建解决方案的情况并不少见。例如，使用 IaaS CSP 来提供基础设施层，PaaS 提供商提供应用堆栈层，以及一系列 SaaS 方案和第三方 API 来提供各种核心的公用功能。每一个参与整体平台搭建的 CSP 都有自己的 SLA。因此必须对这些 SLA 进行全盘考虑。

定义 SLA 的第一步就是明确客户的期望。影响客户期望的因素有客户的特征、提供服务的关键程度、提供商和消费者之间的交互类型等。有许多客户特征会影响对 SLA 的定义，如消费者和企业客户；付费用户和非付费用户；受监管行业和不受监管行业；匿名和身份认证。

许多直接向消费者提供的、针对非关键任务的服务，并不提供有关性能、运行时间和可靠性的 SLA。服务的条款强调对 CSP 的保护，并以"不予变更"的方式向消费者提供服务。消费者如果想要享受服务，就必须接受这些条款。CSP 最多允诺尽最大努力来确保消费者数据的安全并维护其隐私。

SLA 的要求越高，所需投入的管理和维护精力也就越多。所以，非付费用户能获得的 SLA 通常要比付费用户低。某些云服务提供商向客户提供免费试用的服务，可以在购买之前先试用。这些"免费增值"服务通常运行在最低成本的机器上，功能有限。CSP 的目标是以尽可能低的成本来让消费者试用服务。一旦消费者升级到了付费层级，就会启用更高的服务等级。

受监管行业的客户，会比不受监管行业的客户要求更高的 SLA。健康医疗、银行、保险、政府、零售和其他行业在性能、运行时间、安全、隐私、合规等方面需要更高的 SLA。使用类似照片分享、流式视频和社交媒体的客户通常只需要隐私方面的 SLA。

云服务要求的个人信息数量和信息类型同样也对 SLA 有着很大的影响。有些云服务向大众提供免费的功能，所以不提供 SLA。另一些云服务可能会收集个人身份信息（personally identifiable information，PII），如生物特征识别数据、身份证号码、信用卡信息和其他受到严格管理的属性等。如果要收集 PII 数据，就需要提供高等级的安全和隐私 SLA。

服务的重要程度也是一个定义 SLA 的关键因素。社交媒体服务不是关键业务，Twitter 停止服务 10min 不会造成任何人死亡。而交付基于云的 POS 系统的公司必须提供极高的 SLA，因为如果使用 POS 方案的零售商不能记录所卖货品的金额并实现收付，可能造成的损失会非常大。任何涉及金融交易的服务，如网络银行、移动支付和电子商务等，都要求非常高的 SLA。糟糕的服务等级对这类业务的影响将会非常大，关键业务的服务需要最高的 SLA。

有一点值得重视，就是 CSP 可以对其产品的不同部分提供不同的 SLA。例如，有一家搭建 PaaS 的企业，其平台在一个大型的经销商网络内部执行数字激励，包括 4 个独立的部分：交易处理、B2C 组件、B2B 组件和 API。平台的每个部分都有不同的需求。交易处理是平台最重要的部分，它将零售商的 POS 系统与云中的平台实时连接在一起。当消费者在某个杂货店购物时，交易从商店发送至平台的云兑付引擎，引擎会判断是否有任何数字优惠券可用于该笔订单；然后在亚秒级向 POS 返回其回应，POS 系统从订单中抵减数字优惠券，并产生收据。平台这部分的 SLA 要求非常高，因为任何延迟或中断都会给零售商在收入方面带来巨大的损失及造成客户的满意度出现问题。B2C 平台也必须在一天之内处理全球范围内上百万次交易。另外，B2B 站点一天只为低于 100 个客户提供服务，负责将内容装载到平台上。如果网站发生故障，并不会对 POS 系统造成影响。唯一的影响是不能再添加新的商品，现有的商品也不能进行变更。B2B 站点的影响和性能需求远不如交易处理重要，所以 SLA 也较低。

一旦客户特征得到识别，并且对架构各组件的关键程度进行了评估，下一步就是详细列出所有提供和消费云服务的参与者的名单；对与云方案搭建有关的每一家 CSP 的 SLA 进行审查和风险评估。例如，如果方案在阿里云之上搭建，公司应弄清楚阿里云的 SLA，以及就这些 SLA 履行状况的过往记录，并制定出当阿里云出现故障时的应对策略。如果云服务非常关键，类似前述数字激励平台的交易处理服务，架构就必须有一个 CSP 服务失效时的容错方案。在数字激励平台的案例中，采取的方式是投入大笔资金搭建横跨多个阿里云可用区域的架构，具有完全冗余。可以说，是 SLA 驱动了设计决策。如果客户要求有那种程度的服务等级，投入是理所当然的。

SLA 可以驱动云服务模式和云部署模式的决策。以刚刚例子里的数字激励平台的交易处理模块来说，运行时间的 SLA 要求非常高，单个交易的平均每月响应时间的指标又非常低，这两个方面的原因就决定了根本不可能使用 PaaS 方案。第一个原因是我们需要对数据库、应用服务器和操作系统进行控制，以使性能最大化，并且不能依赖一个 PaaS 来满足我们的性能 SLA。第二个原因是如果交易处理模块不能满足 SLA 所要求的长运行时间，零售商很可能就会终止合约。为了降低这种风险，我们就不能接受 PaaS 解决方案服务中断。某些公司在同样的约束下，可能会因为同样的原因选择私有云。我们发现即便依赖于一个公共的 IaaS 供应商，但如果使用了该供应商的多个可用区域，也能满足自己的 SLA 要求。最终结果是从来不会在任何的云服务中断时错过一次交易。而如果使用了某云服务提供商的公共 PaaS 服务，虽然也能够达到性能指标，但可能会在其平台发生几次服务中断时错过某些交易，并且在这些情况发生时，用户什么都做不了，只能等供应商自己解决问题。B2B 应用或许能接受这样的情况，但是对于交易处理而言这可能是致命的问题。

消费者的期望也对 SLA 的选择起决定作用。例如，社交媒体网站和企业级电子邮件解决方案在消费者的期望上有着巨大的不同。许多社交媒体网站甚至不会提供任何有关性能和可用性的 SLA，最多会定义一些服务条款，向用户保证它们会尽量保护消费者的个人数据。而这些社交媒体网站所用的服务条款里绝大多数的法律语言都是为了保护提供商而非消费者。对企业级电子邮件解决方案而言，情况就完全不同了。企业希望 CSP 提供高性能的 SLA，通常是至少 99%的可用性或更长的运行时间。

10.5.2　SLA 的界定

以下是在云服务提供商和企业云消费者之间签订的合同中常见的基于指标的 SLA 类型。
（1）应用服务的整体运行时间。
（2）页面加载时间。
（3）事务处理时间。

（4）API 响应时间。

（5）报告响应时间。

（6）事件解决时间。

（7）事件通报时间。

对基于指标的 SLA 的跟踪和汇报是通过日志和监控的结合来完成的。

从监管、安全和隐私的角度来看，以下是企业云服务消费者在与 SaaS 和 PaaS 方案提供商签订的合同中通常会提出的一些需求。

（1）安全和隐私保障。

（2）公开的突发事件响应计划（有时还要求有突发事件咨询服务）。

（3）网页漏洞扫描和报告。

（4）已发布的灾难恢复计划。

（5）《安全港协议》。

（6）数据所有权声明。

（7）备份和恢复处理文档。

（8）源代码托管。

企业客户希望能够每月得到指标性的 SLA 报告，并且经常要求有权自己执行年度审计来掌握安全和监管相关的 SLA 执行情况。最好的办法就是创建一个对所有已经落实的安全、隐私和监管控制进行简要说明的文档，当客户有要求时进行提供。文档会包含所有已通过审计的证书。同时还应准备审计报告、网页漏洞扫描报告、月度指标报告，以及其他任何能证明与客户所签合同中所含 SLA 相符的文件。

公司应根据自己的路线图，对所需的信息技术工作创建一个单独的工作流。

但是由于牵涉的工作太多，很难提前完成所有的规划，所以从最低可行性产品（minimum viable product，MVP）的角度而言，产品团队必须制订出相应的计划，哪些用户故事的优先级最高，以及随着项目推进如何逐步交付这些用户故事。例如，如果现在是 1 月，而预期产品在 11 月时将会通过一个特定的审计，这种情况下没有必要在最初就牺牲可能吸引到更多客户的核心业务功能，去实现所有的安全和监管故事。

信息技术用户故事是应用开发和系统管理任务的结合。在讨论安全、数据注意事项、日志、监控等话题的设计研讨会中会产生一些用户故事，应用开发人员就要完成这些故事的搭建。

运维团队在 SLA 和监管管理方面扮演着重要角色。集中化、标准化和自动化是确保系统安全和通过审计的关键。

10.5.3 管理供应商 SLA

顶级云服务提供商会提供各种各样的 SLA 承诺。对于大多数成熟的 IaaS 和 PaaS 供应商而言，云平台正常运行时间的 SLA 为 99.9%~100%。越往云堆栈的底层走，对 SLA 的要求就越高。公共 PaaS 解决方案很难说服企业使用其服务的一个原因，就是它们的服务水平协议不符合企业标准。这也是最近在企业内部对私有的 PaaS 解决方案的兴趣有了很大提升的原因。公司乐意承担基础设施和 PaaS 软件的管理工作，这样就能在自己管理 SLA 的同时，为开发团队提供 PaaS 能力，加快推向市场的速度。

即便供应商已经发布了 SLA，在发生重大服务中断的情况下，这些 SLA 所具有的价值对那些获得退款或积分的客户来说通常也非常有限。先不说退款额的多少，就服务中断可能会对业务和其客户造成的附带损害而言，这种服务等级协议也基本上于事无补。这也正说明了为什么有那么多的权威人士声称云的 SLA 毫无用处。例如，亚马逊、谷歌、微软都曾出现过服务中断的情况。有些消费者没有受到这些中断的影响，而有些则跟他们的供应商一起被迫关停了服务。当供应商出现服务中断并且对消费者的服务造成了破坏时，通常客户都受困于云服务中，除了等待获得补偿之外什么都不能做——有时还不一定能得到赔偿。所以在关键应用上，要确保供应商有着符合其 SLA 的良好的业务运行记录。对云服务提供商和其 SLA 的依赖会让许多公司感到不安，所以它们下意识的反应通常都是搭建自己的私有云。但是大多数云服务提供商能够提供的服务等级，与多数单独用户自己做到的相比，即便没有更好，但也绝对不会更差。

像阿里云、亚马逊、腾讯云等这样的公司的核心能力是运行数据中心，它们已经投入了大量资金，有着世界上最好的负责数据中心工作的员工。如果选择在自己的数据中心上搭建自己的私有云，来满足想要有更多控制力的愿望，消费者就要有比云提供商更高的 SLA。采用自己搭建私有云的方式，就放弃了云计算所具有的大多数好处，如快速弹性、快速市场化、资本费用的降低等。某些公司可能有商业案例或优先级的考虑来证明这样做的合理性，但有不少公司只是出于个人偏好而非是否适合公司的角度直接选择了私有云。

有关 SLA 必须要了解的很重要的一点是，这些服务等级只是代表了基础设施（对于 IaaS）或平台（对于 PaaS）的运行时间，具体还要取决于工程团队如何在它们之上构建高可用的应用。例如，在使用 AWS 的情况下，如果公司只使用一个可用区域，它能期待的最好结果就是 99.95% 的 SLA，因为这是 AWS 所能提供的极限。但是，公司如果能通过架构实现跨越多个区域或多个地区的冗余，就能在 AWS 上达到高得多的 SLA。

所有主要的云服务供应商，不管它们是 IaaS、PaaS 还是 SaaS，都把符合绝大多数主要监管法规以及其他适用于所提供服务的法规作为优先考虑的事情。大多数企业必须遵守这些法规，并做到它们选择的供应商方案也必须遵守同样的法规或可以不受这些法规的约束。

第 11 章

云计算的发展趋势

《中华人民共和国国民经济和社会发展第十四个五年规划和 2035 年远景目标纲要》（以下简称《纲要》）共十九篇、六十五章，"加快数字化发展，建设数字中国"被列为纲要里的第五篇，包含 4 个章节。具体到云计算产业，《纲要》指出："加快云操作系统迭代升级，推动超大规模分布式存储、弹性计算、数据虚拟隔离等技术创新，提高云安全水平。以混合云为重点培育行业解决方案、系统集成、运维管理等云服务产业。"这充分体现了国际前沿的最新脉动，也为中国云计算产业指明了发展方向。作为"新基建"技术支撑与数字化基础设施的云计算，也将肩负起全新使命，更为深入、更大规模地赋能行业，迎来推进产业智能化、现代化发展的新阶段。

❀ 11.1 云计算的应用趋势

云计算概念进入中国已经有十余年，2015 年云计算首次被写入政府工作报告，在此之后几乎每年两会的政府工作报告中都能看到与云计算相关的字眼，云计算成为推动传统产业升级和变革的重要力量。

在人们眼中，云计算是降本增效的工具，而云计算的未来，远远不止于此。未来，云计算不仅仅是成本效率工具，而是更多地表现为一种业务赋能的手段，云计算创造的价值会越来越大。

随着云计算应用越来越广泛，越来越多的企业直接在云上进行了创新，全方位盘活数据，加速了业务数字化和智能化。例如，全球最大的冷链设备及解决方案的供应商开利冷冻就利用云计算、物联网、大数据、机器学习等技术打造了全新的数字化平台，优化了冷链的整体运营，减少了冷链在运输过程中的浪费。

未来用户对云计算的认知会比之前更加深入，云与业务的结合与产出也会更加紧密。未来的云计算要更多地考虑如何解决企业在现实世界中面临的商业问题，并且随着云功能的增强，能够解决的商业问题的复杂度也越来越高。

🌀 11.2　去中心化云计算

云计算发展得如火如荼，但这个"云计算"却实际上被默认为"中心化"云计算，即集中化、统一归属的远程集群计算。然而，一种"去中心化"云计算正在快速兴起，成为不可忽视的力量。

随着数字经济走向全领域、全场景，很多过去被认为是云计算"禁区"的特殊数字场景，也不得不顺应时代需求进行变革升级，其中，金融场景最为典型。

出于监管的需要，过去在金融领域，数据必须放在本地，很难进行远程外部机房的连接访问工作，这影响了计算效率的发挥，让银行等核心金融机构在数字化这件事上似乎总是慢半步。

现在，去中心化云计算借助安全、保密、难以被攻破的区块链技术，能最大限度地保证金融数据安全，同时扩展更多存储与计算服务。类似的场景还有更多，这些最难的堡垒打下来后，数字经济才能真正实现落地。

区块链底层技术＋云计算模式形成的去中心化云计算在产业政策导向下，大量企业纷纷入局，以期在这个新领域占据先机，成为另一种形式的云计算巨头。这包括想要成为"永不宕机的阿里云"的多链并行计算区块链框架区块链项目，号称要对标谷歌云、微软云的民主化互联网的分散式架构区块链项目，以及自称"全球首家泛载雾计算平台"的博纳云。

而其中，有不少项目或企业已经进入实质性的应用阶段，取得了不错的市场成绩。例如，宣称要做去中心化云计算一站式服务领军者的安迈云，其产品和解决方案在很多企业中得到落地应用。

以去中心化技术重构信任与安全，重塑传统集中式云计算的业务模型和资源分配结构，去中心化云计算正在推动数字经济更好、更快速地实现。

一边是数字经济被列入未来宏观发展规划，另外一边，在数字经济推进过程中，很多挑战也逐渐显露出来，尤其是作为存储与计算发展主要力量的云计算，在应用到政企数字化转型的过程中，出现了很多亟待优化和解决的问题。

去中心化云计算的发展，首先通过帮助政企更好地实现数字化转型，契合了数字经济进一步发展的特征，从而实现了快速发展，这在某种程度上是需求倒逼的结果。

11.2.1　兼顾业务需求与扩展需要

政企数字化越是往深处走，中心化云计算在成本方面的挑战就越凸显：如果说云计算相对于本地部署在成本上有巨大的优势，那么当政企数字化走向深入后，复杂计算、大规模计算、海量数据存储等将同样给企业带来越来越沉重的负担。较为典型的，如工业互联网建设，企业不得不为此在云计算上投入巨大的存储和计算成本。

而去中心化云计算由于采用的是分布式，不需要大批量基础设施建设的存储和计算节点，在成本上有巨大的优势，那些存储和计算规模庞大、任务繁重的企业，采用去中心化云计算将直接节约成本。

更进一步来看，由于去中心化的技术特性（个体节点、充分细分），当企业想要将存储和计算规模扩大（这是常态）时，边际成本也将变得更低。如此，在门槛更低的情况下，政企组织接入云计算变得更容易，数字经济的规划落地也就扫除了参与度的障碍。

11.2.2 兼顾总体运行和个体数据的安全

云计算，或者说中心化云计算似乎生来就带有安全方面的挑战。

一方面，由于存储、计算的集中化，大量政企组织依赖一个平台，当中心化的平台出现运行问题时，就会殃及几乎所有被服务方——中心化云计算的规模做得越大，这种运行方面安全问题的隐忧就越大。那些大型云计算平台的宕机事件每每都能成为业界"大新闻"，把自己的身家性命压在第三方服务器上的企业很难承受这样的宕机事故，但事故又层出不穷，受限于中心化的机制，这是难以在根本上避免的。

这时候，去中心化云计算的优势显露出来，分散的节点使去中心化云计算理论上可以做到永不宕机，这是一种机制上的先天优势。

另一方面，在数据的归属上，客户与中心化云计算平台之间存在微妙的关系，上传的文件、处理业务沉淀下来的数据如何保证隐私性和安全性是政企客户常常考虑的问题，很多时候数据安全的保障甚至只能靠中心化平台的"自觉"，这显然不符合数字经济时代的需要。

数据隐私保护其实背后暗含另一层意义，即数据资产的归属与处置问题。隐私得到很好的保护，会使用户将数据的价值控制在自己手中，从而催生商业模式创新。在区块链技术的加持下，去中心化云计算中的数据，有机会完成中心化云计算难以完成的数据资产确权等工作，用户在链上可以便捷、安全地向第三方有偿分享数据信息，从而让自己的数据池变成某种数字资产，换取收益。在这种情况下，国家大力倡导的数字经济，在数据底层原料层面将变得更加有活力。

11.2.3 兼顾弹性服务和定制化服务

尽管传统中心化云计算一直在进行弹性存储和计算方面的技术更新，但这种弹性往往只是尽可能拟合现实需要，企业实际应用的过程中，以及在需求变动十分复杂时，还是会不可避免地出现配置资源不足或浪费的情况。

这是由于传统中心化云计算一般都是先有订单再有服务，资源的配置需要进行系统的划分，弹性调整需要极为复杂的技术来实现，往往无法做到真正的"要多少、给多少、收多少费用"。

而去中心化云计算由于节点被最大限度地分散，在低颗粒度的情况下，弹性服务的提供更有潜力。

　　此外，数字化转型走向深入后，很多政企组织对定制化服务的需求越来越显著，契合自身需要的产品和解决方案变得更重要，但在中心化情况下，这可能属于大客户才能享有的待遇。

　　在去中心化云计算这里，情况或许能够得到改善，例如，安迈云构建的去中心化云计算产品体系中，类似星际文件系统（interplanetary file system，IPFS）基础设施解决方案这种服务，能够很好地利用去中心化的高可用性、资源独享、部署灵活等特征，为客户定制优化的分布式存储的解决方案。

　　云计算的底层架构，除了传统的 x86 之外，近年来高级精简指全集计算机（advanced RISC machine，ARM）等架构的计算芯片崛起，且厂商众多。在分布式云计算中，由于参与成为节点的硬件各异，用户总能根据自身的需要，在链上找到对应的、能够最大限度发挥芯片架构优势来加速运行效率的计算硬件，使计算找到最好的硬件匹配。换言之，用户不但可以快速进行横向的计算能力扩展，也更容易找到效果更好、成本控制更优的多样化计算硬件。

　　对比来看，很多中心化云计算平台还在为了多样性计算的兼容而投入大量资源。

　　毫无疑问，与传统的云计算相比，去中心化云计算是一种模式上的颠覆，是区块链技术的重要落地应用，最大限度地契合了宏观政策对云计算推动数字经济发展的期盼。

　　但是，必须看到的是，同样在政策导向下，去中心化云计算却并不对传统中心化云计算形成替代，只是在补足后者无法很好地满足的领域，共同服务于数字经济时代。所以，中心化与去中心化云计算的并存将成为一种常态，二者将凭借各自的优势分享市场（例如，中心化云计算在社交、电商这类实时、复杂、高频应用中有天然优势），各占份额。甚至，去中心化云计算中的 IPFS 作为一个面向全球的、点对点的分布式版本文件系统，其有不少节点使用的是微软、谷歌、阿里云等公司的云服务器（这并不违背去中心化原则，中心化的平台所提供的存储和计算服务只作为一个节点存在），这种特殊的关系证明了二者的共存将是未来的常态。

　　当去中心化云计算平台逐步发展起来时，可以发现，它们非但不是搅局者，反而为云计算多走出一条路、创造"另一个未来"。

🌀 11.3　混合多云部署

　　混合云指的是同时部署公共云和私有云的云部署模式。多云指的是同时使用多个云供应商提供的云服务模式[38]。

　　随着以互联网、物联网、云计算、大数据、人工智能等为代表的新一代信息技术与传统行业应用的加速融合，全球新一轮科技革命与产业正蓬勃兴起，数字时代已经到来。云计算以其强大的弹性、灵活性和高扩展性，已经成为企业必备的新型数字基础设施。数字浪潮影响着传统企业，许多传统企业上云意愿强烈，在未来两年内将进行业务升级和优化,这也导致混合多云的部署需求持续增长。同时,云计算厂商依据混合多云策略,将推出更多加速数字化转型的混合多云产品和解决方案,混合多云的应用及服务市场在未来将会面对更加激烈的竞争。作为云计算发展的一大趋势,混合多云正成为市场关注的焦点。

11.3.1 混合云

尽管混合云自诞生以来遭到许多非议,人们认为混合云并非真正的云计算,唯一的"真正的"云是公共云,混合云只被认为是云计算发展过程中的过渡阶段。但无论如何,混合云如今正成为市场上更多企业的优先选择,并且也将成为未来的主流。更多的企业将会考虑采用混合云,混合云将进入快速发展期。

随着数字化转型的深入以及国家政策的推动,云计算与企业的数字化进程密不可分。目前,在数字化转型过程中,企业信息技术部门迫切需要解决的问题主要有以下四个方面:①提升效率,支持业务创新;②简化架构,统一管理;③降低基础设施成本;④提高架构和数据的安全性。下面具体分析这四大应用痛点。

(1)业务层面:对于互联网业务而言,企业必须做到快速响应业务需求,同时互联网业务需求是灵活多变的,传统 IDC 模式很难保证在短时间内上线一款新的应用。传统的信息技术架构没有弹性伸缩能力,无法应对频繁的业务活动和更新;对于引发流量突发增长的活动,传统信息技术架构更是捉襟见肘。

(2)运维层面:传统 IDC 要完成一次扩容,必须从服务器采购申请开始,再到服务器上架,以及安装操作系统,最后部署应用等,整个过程十分复杂。同时在扩容过程中,不仅流程烦琐,还有可能遇到一系列问题,如因为服务器环境差异导致系统故障等问题。这些问题不仅增加了运维的难度,还使整个系统的可用性大大降低。

(3)成本层面:传统架构整体的硬件、运维成本高,而且从传统的 IDC 迁移到公共云上的成本也很高,包括迁移过程中对系统进行改造和迁移时间的成本等。

(4)安全层面:从安全角度出发,传统架构易被攻击,核心数据安全无法保证。

因为允许用户享受私有云的安全和性能保证,同时获得公共云的经济、高效,混合云以其功能丰富、管理简便、性价比高的特点,成为企业心目中理想的新型信息技术基础架构,正逐渐成为业界最受欢迎的云模式。

调查显示:已经部署了混合云的企业认为,部署混合云的最大收益是更好地实现信息技术资源调配,满足不同业务的需求;其次是有效降低了信息技术基础设施的成本,简化了异构环境的管理;最后是有效保障了安全和隐私。

在信息技术资源调配方面,混合云利用私有云和公共云之间的迁移,满足业务需求。具体来说,部署混合云后,企业同时拥有私有云和公共云,二者同时部署在公司前端服务和后端系统,私有云和公共云同时提供服务,既可以保证私有云的利用率,又可以通过公共云的相关公网产品提供公网访问的总量,通过混合云强大的弹性伸缩和业务边防能力,快速扩展,满足业务发展的需求。

降低成本是云计算,更是混合云的最大优势之一,也是企业管理层选择云服务的重要因素。企业升级旧基础设施的成本很高，增加计算资源需要购置额外的服务器、存储、电力，甚至在某些极端情况下可能要新建数据中心。这些工作如果不借助云计算来完成，企业的负担会过大。混合云可以帮助企业降低成本，利用"即用即付"的云计算资源来减少购买本地资源的需求，高效满足企业的数字化需求。

在保证安全方面，混合云也具有优势。混合云利用私有云的安全性，将内部重要数据保存在本地数据中心，并将其他数据迁移到安全的云服务器上。这些服务器将采用必要的安全措施，保障企业数据的安全。同时，一些混合云提供商会联合业界领先的安全生态合作伙伴的产品和服务，在复杂异构的信息技术环境下铸就更加稳固的防御线，满足企业对于混合云边界、网络、运维，以及业务各层级的高标准安全需求。

经过过去十多年的快速发展，云计算顶级公司的发展已经相当成熟。对于混合云解决方案提供商或混合云服务提供商来说，企业在选择时更倾向于知名大厂。调查显示：AWS、华为云、阿里云和微软 Azure 几乎平分了现有的混合云市场，而紧随其后的是腾讯云、紫光云和青云。对于初创公司或者刚进入行业者，混合云市场发展空间较为狭小。

随着人工智能、5G 等新技术为混合云市场注入动力，混合云的市场格局将呈现新面貌，将出现更多可以纵深切入的混合云技术及服务的发展方向，这是未来企业投资的重点。对于非顶级的混合云厂商来说，挑战与机遇并存。中小混合云厂商可以借此机会向细分领域或特殊应用场景方向发力，如果把细分垂直领域做细做强，混合云市场的发展空间仍然相当巨大。

可以预测，5G 应用的落地以及物联网的普及加速，将进一步刺激用户对混合云的需求。基于市场上企业对于混合云的强劲需求，未来云计算领域可能更加需要混合云和多云解决方案。

混合云技术是一个持续演进的过程。未来，混合云将会从实现公共云和私有云之间数据的互联互通，逐步走向跨私有云和公共云，实现工作负载双向迁移。混合云并不是简单地把公共云和私有云叠加在一起，而是通过将公共云、私有云打通，使两者无缝衔接，让数据在云中按需流动，带来新的业务价值。更强大的网络接入能力是实现云迁移、数据流动与云网一体的重要保障。很多云服务商也在推出云网一体化的解决方案来解决网络接入问题，云网一体化将是混合云技术发展的一项重要内容。

总之，混合云因其自身的一系列优势吸引着广大企业用户，同样也吸引了众多云服务商的进入。越来越多的服务商相继推出混合云解决方案，以迎合市场需求，同时也促进了混合云市场的发展。

11.3.2　多云部署

Gartner 对公共云用户进行的一项调查显示：81%的受访者表示，他们与两个或两个以上的云计算供应商合作。随着组织的成熟度越来越高，信息技术领导者对云计算如何最好地满足其业务需求的信心也越来越强。有别于混合云，多云更强调"多"，即多个公共云或多个私有云（而非公共云加私有云）系统的统一管理。多云管理既需要很好地利用单个云的优势、某个云特有的云服务，又需要很好地避免厂商锁定，还要根据业务、技术和性能等需求，动态调整多云部署的策略。此外，各种行业云、区域云的多云使用也将满足更多细分市场的需求。

多云部署允许组织在不同的云中部署复杂的工作负载，同时仍然单独管理每个云环境。随着采用率和使用案例的增加，以及信息技术团队越来越复杂，多云场景也在不断变化。通过构建多云，企业可以实现统一管理公共云和私有云、跨国和跨区域的业务系统部署、对关键数据进行云灾备或者应对短时的云爆发业务需求，此外还能满足全局的高可用性和性能需求等。

第一是全局的高可用性和性能需求是多云的主要应用场景，企业自己的私有云无法覆盖所有地域，为客户提供高性能的服务，而利用公共云的内容分发网络、全局负载均衡等能力可以提供更好的可用性和性能；第二是关键数据的云灾备的场景，企业自己的私有云运营及运维管理能力与大型公共云有差距，考虑性价比的因素，将一部分系统或者数据定期备份到公共云上；第三是业务爆发的应用场景，对于某些企业，业务具有较强的波峰波谷特征，企业既需要考虑业务的支撑和快速的爆发场景，又要考虑企业的总体信息技术成本，所以多云是一个理想的选择；第四是跨国、跨地域部署业务的应用场景，大型企业构建全国乃至全球的信息技术支撑系统，私有云无法覆盖所有地域，且建设成本太高，所以需要借助多云能力，实现全局部署；第五是将多云应用于产品开发。

虽然许多组织已经采用了"多云"，但从某种意义上来说，在不同的公共云上运行不同的应用程序或工作负载，通常是由于不同的团队独立选择云计算提供商。但这并不意味着组织具有多云战略。许多企业都是在无意之中采用了多云，但多云策略需要成为一种更具意识的战略。这种情况正在发生改变，我们越来越多地看到多云正成为一种深思熟虑的策略。

❀ 11.4　云原生的发展

随着数字化转型的不断深入，云原生也面临新一步的发展迭代。为了让企业充分享受云计算带来的红利，将企业的数字化建设、业务智能升级带入新阶段，云原生越来越多地引起关注。

自 2006 年，美国亚马逊公司正式推出自家的弹性计算云服务算起，云计算已经走过了 16 年的光景。自此之后，云计算这一新型计算资源获取方式的发展突飞猛进，全球进入云计算时代。

如今，云计算已经成为热门的科技概念之一，也成为企业数字化转型的重要方式。与此同时，一个名为"云原生"的概念成为云计算领域的热词。

"云原生"，来自于 Cloud Native 的直译。拆开来看，Cloud 是指其应用软件是在云端而非传统的数据中心；Native 代表应用软件从一开始就是基于云环境、专门为云端特性而设计，可充分利用和发挥云平台的弹性 + 分布式优势，最大化释放云计算生产力。

对于企业而言，云原生已经成为企业数字化升级的全新生产力，在降本增效外还为企业创造了过去难以想象的业务承载量；对用户而言，基于云原生，在购物节的流量高峰时也很少出现延迟或者刷新不出来的情况，大型在线直播、游戏的体验也变得更加流畅。

众所周知，云计算是一种新型的计算资源获取方式。相比传统计算，云计算是在硬件资源之上通过一系列的云计算软件把物理资源变成虚拟资源，然后基于这些资源提供"出租"服务。因此，云计算存在资源池化、弹性伸缩、安全可靠三个特点。

2013 年，云原生在被 Pivotal 公司的马特·斯泰恩（Matt Stine）首次提出时，就被定义为一系列云计算技术和开发管理方法的合集，包括 DevOps、持续交付、微服务、敏捷基础设施和 12 要素等。通常来看，只要满足"上云"特征，或者说专门面向"云"设计的应用，就可以称为云原生应用。

传统的信息技术架构方式是将开发、信息技术运营和质量保障分别设置、各自独立，开发与运营之间存在着信息"鸿沟"。此后，为满足快速增加的用户需求和不断压缩的产品迭代周期，敏捷开发逐步得到认可。然而，敏捷开发仍然未能将开发与运维完全打通。

在此基础上，出于协调开发和运维的信息对称问题，开发者又推出了一套新的方法——DevOps，DevOps 可以看作开发、技术运营和质量保障三者的交集，促进它们之间的沟通、协作与整合，从而缩短开发周期和提高效率，最终实现持续交付，确保可以在短周期内完成软件产品产出过程的同时，还保证软件可以稳定、持续地保持在随时可以发布的状况。

在万物上云的当下，云原生虽然通过资源池云化的方式解决了 IDC 时代运维、部署、扩容的难题，但传统应用单体架构厚重、烟囱式架构等带来的一系列应用层面的问题并没有得到有效解决，云对业务的价值主要还停留在资源供给的阶段，无法充分发挥出云的价值。

因此，随着企业数字化转型的不断深入，企业除了要基于云原生的技术、架构和服务来构建企业应用，还要充分利用云的优势来助力企业应用和业务发展，将企业的数字化建设、业务智能升级带入新阶段，云原生也将迎来新的发展。

从为企业带来的价值来看，云原生 2.0 主要存在四大优势。

（1）资源高效。通过对多元算力的支持，云原生 2.0 可满足不同应用场景的个性化算力需求，并基于软、硬协同架构，为应用提供极致性能的云原生算力；基于多云治理和边云协同，打造高效、高可靠的分布式泛在计算平台，并构建包括容器、裸机、虚机、函数等多种形态的统一计算资源；以"应用"为中心打造高效的资源调度和管理平台，为企业提供一键式部署、可感知应用的智能化调度，以及全方位监控与运维能力。

（2）应用敏捷。通过最新的 DevSecOps 应用开发模式，实现了应用的敏捷开发，提升业务应用的迭代速度，高效响应用户需求，并保证全流程安全。对于服务的集成提供侵入和非侵入两种模式辅助企业应用架构升级，同时实现新老应用的有机协同，立而不破。

（3）业务智能。帮助企业管理好数据，快速构建数据运营能力，实现数据的资产化沉淀和价值挖掘，并借助一系列人工智能技术，再次赋能给企业应用，结合数据和人工智能的能力帮助企业实现业务的智能升级。

（4）安全可信。结合云平台全方位企业级安全服务和安全合规能力，保障企业应用在云上安全构建，使业务安全运行。

云原生正逐步向以应用为中心演进，使用户更加聚焦业务逻辑，使应用开发价值最大化。

毫无疑问，云计算已经成为数字化转型的重要基础设施，尤其是随着人工智能、5G、HPC、边缘计算等新业务的逐渐落地和普及，这对算力多样化也提出了更高的要求。

在云原生 2.0 时代，基础设施的特征之一就是向下统一管理和支持各种异构硬件，向上屏蔽底层多种硬件的差异性，真正做到以应用为中心。应用无须关心底层的硬件设备，无须针对特定硬件做任何特殊处理。

例如，传统高性能计算领域广泛采用支持多并发链接的"转换线缆"技术获得高吞吐和低时延的无损网络通信能力，但这一技术体系专用网络硬件成本高昂、组网规模不可扩展、技术演进缓慢，无法满足云原生时代的平民化可支付、高弹性大规模使用要求。未来，高性能网络通信协议在云原生领域的应用将不再局限于传统的高性能计算和存储领域，而会扩展至包括云视频、金融交易等更广泛的云原生技术和行业应用中。

同时，随着企业生产环境容器集群规模爆发式增长，越来越多的企业将核心业务切换到容器，容器技术需要应对的场景也越来越复杂。但在某些场景下，如容灾、跨云迁移等，单独的云厂商已经无法满足用户的需求。因此，跨云服务商的业务部署能力成为客户重点关注的对象，以满足业务连续性、降本增效等场景诉求。

除跨公共云或公共云与私有云之间等多云管理场景外，随着边缘技术的日趋成熟和广泛使用，越来越多的应用被大量部署在边缘侧设备上，以减少数据传输时延带来的业务损耗。据权威机构预测，未来，企业的数据存储和业务计算会更多地在边缘发生，边缘计算的各种创新也会逐渐增多。这也意味着泛在计算将成为云原生未来的主流。

另外，随着企业云原生应用数量的快速增加，其对应用服务的流量治理、运行监控、访问安全以及发布等能力的诉求也相应提升。在云原生 1.0 阶段，以 SDK 方式进行微服务治理框架的模式是行业潮流。但在云原生 2.0 阶段，这一方式将逐步被非侵入式的微服务治理解决方案取代。

在以应用为中心的云原生 2.0 阶段，Kubernetes + Operator 以其良好的可扩展性及较高的社区活跃度，已经成为各个企业的主流选择，将极大地降低云原生应用全生命周期管理的难度，加快企业业务的云原生化升级。

毫无疑问，以容器、微服务、Serverless、DevSecOps 等为代表的先进云原生技术和理念正在推动着云原生技术的蓬勃发展。与此同时，以数据库、数据仓库、大数据、人工智能、视频等为代表的传统技术领域也纷纷转变为云服务方式，成为新的云原生技术，并与其他云原生技术相互融合，呈现出更加强大的云原生能力，从而实现企业云原生应用的智能升级。

✿ 11.5　边云协同的发展

　　边云协同中的"边"指的是边缘计算。边缘计算是在靠近物或数据源头的网络的边缘侧，融合网络、计算、存储、应用核心能力的开放平台，就近提供边缘智能服务，满足行业数字化在敏捷连接、实时业务、数据优化、应用智能、安全与隐私保护等方面的关键需求[39]。

　　随着边缘计算产业的发展逐步从产业共识走向落地实践，边缘计算的主要落地形态，技术能力发展方向，软、硬件平台的关键能力等问题逐渐成为产业界的关注焦点。边缘计算的 CROSS［连接（connectivity）、实时（realtime）、数据优化（optimization）、智能（smart）、安全（security）］价值推动计算模型从集中式的云计算走向更加分布式的边缘计算，边缘计算正在快速兴起。

　　边缘计算与云计算各有所长，云计算擅长全局性、非实时、长周期的大数据处理与分析，能够在长周期维护、业务决策支撑等领域发挥优势；边缘计算更适用于局部性、实时、短周期数据的处理与分析，能更好地支撑本地业务的实时智能化决策与执行。因此，边缘计算与云计算之间不是替代关系，而是互补协同关系。边缘计算与云计算需要通过紧密协同才能更好地满足各种需求场景的匹配，从而放大边缘计算和云计算的应用价值。边缘计算既靠近执行单元，更是云端所需高价值数据的采集和初步处理单元，可以更好地支撑云端应用；反之，云计算通过大数据分析优化输出的业务规则或模型可以下发到边缘侧，边缘计算基于新的业务规则或模型运行。

　　边缘计算的发展是基于云计算的普及和微服务架构的广泛应用两个大背景展开的，随着云计算的成熟与普及，越来越多的企业开始将信息技术系统放在云端，另外基于信息技术系统应用解耦及需求的快速迭代需要，微服务架构在企业获得越来越广泛的使用，企业在云中心以微服务模式运行着数十个到数千个不等规模的微服务。

　　随着边缘侧计算能力越来越强，边缘侧计算能力具备更低的网络成本及网络延迟的特点，其同时解决了企业信息技术成本及用户体验两个问题，企业逐渐将信息技术系统中的微服务按照对 I/O、网络、计算能力、交互实时性等需求的不同进行层级划分，一些可以放到边缘侧的微服务越来越多地下沉到边缘，通过云端和边缘的协同解决成本和用户体验问题。

　　云计算公司通过在用户更近的边缘侧部署大量的节点计算资源，覆盖国内主要城市及运营商，为企业提供边缘计算服务，例如，面对直播场景，主播在将实时录制的视频流上传到边缘服务器时，即可在边缘侧完成视频的审核、转码、降噪、美颜等视频流相关处理，并根据预先制定的策略完成直播流的分发，极大地降低了客户运营成本并提升了网络体验；面对实时通信（real time communication，RTC）场景，用户在边缘侧就近接入服务，边缘侧通过智能路由、前向纠错（forward error correction，FEC）弱网对抗等技术实现网络端到端的传输优化；另外在智能家居场景，家庭网关设备承载着众多家庭智能硬件联网、控制等核心操作，通过智能网关边缘侧同云端使用域名系统（domain name system，DNS）、网络探测及云、端双端加速等技术，可很好地保障智能网关数据传输安全，并极大地提升在弱网情况下的数据网络传输速度。尤其在工业制造、自动驾驶等为代表的生产控制类应用场景中，大量数据需要在用户侧进行处理，来保证低时延、高并发、大流量等需求。同时，数据存储、模型训练、大数据挖掘等操作需要云端的强大计算能力支持。在实际应用中，云边协同已成为加速工业、农业、交通等行业数字化进程的主流模式。

面向行业数字化转型场景的边缘计算的兴起正在深深影响下一代的信息技术基础设施的体系架构。仅依靠现有的中心云架构的简单延伸是远远不够的，必须从架构角度引入新型跨域分布式的边云协同中间层。一方面兼容广泛且多样化的边缘硬件，另一方面将中心云所拥有的云服务和云生态能力适配后用于对边缘业务的赋能，以实现端、边、云之间能够紧密结合并互相协作，加速边缘原生的数字化转型解决方案的构建，并提供有效的资源配置和用户体验。

边缘计算主要包括云边缘、边缘云和边缘计算网关三类落地形态；以"边云协同"和"边缘智能"为核心能力发展方向。

云边缘：云边缘形态的边缘计算，是中心云服务在边缘侧的延伸，逻辑上仍是中心云服务的一部分，主要的能力提供及核心业务逻辑的处理依赖于中心云服务或需要与中心云服务紧密协同。例如，阿里巴巴、腾讯、华为等公司，依靠本身公共云的力量和现有产业合作伙伴，将公共云能力下沉至边缘数据中心、用户数据中心以及边缘设备，形成边缘基础设施服务、物联网服务、边缘数据存储/迁移服务等，实现云边协同。

边缘云：边缘云形态的边缘计算，是在边缘侧构建中小规模云服务或类云服务能力，主要的能力提供及核心业务逻辑的处理主要依赖于边缘云；中心云服务主要提供边缘云的管理调度能力。

边缘计算网关：是将云端功能扩展到本地的边缘设备，使边缘设备能够快速自主地响应本地事件，提供低时延、低成本、隐私安全、本地自治的本地计算服务。边缘计算网关可以通过标准容器在边缘计算网关设备上运行，实现多协议子设备的数据采集、解析、清洗、聚合、加工、存储和设备控制，以达到数据安全、设备实时控制、本地场景联动、云边协同甚至在较长的离线时间内可靠运行的目的。

参 考 文 献

[1] 刘鹏. 云计算[M]. 北京：电子工业出版社，2011.

[2] 雷万云. 云计算[M]. 北京：清华大学出版社，2011.

[3] Bennett K H，Layzell P J，Budgen D，et a1. Service-based software：The future for flexible software[C]. Proceedings of the 7th Asia-Pacific Software Engineering Conference，Singapore，2000.

[4] Chong F，Carraro G. Architecture strategies for catching the long tai[EB/OL]. [2007-12-21]. https://blog.csdn.net/colworld/article/details/83200615.

[5] 涂子沛. 大数据[M]. 桂林：广西师范大学出版社，2012.

[6] 申时凯，佘玉梅. 基于云计算的大数据处理技术发展与应用[M]. 成都：电子科技大学出版社，2019.

[7] Cockburn I M，Henderson R，Stern S. The impact of artificial intelligence on innovation[J]. NBER Chapters，2018.

[8] Luhn H P. A business intelligence system[J]. IBM Journal of Research & Development，2010，2（4）：314-319.

[9] 詹德隆 M. 商业智能与云计算[M]. 张瀚文，译. 北京：人民邮电出版社，2015.

[10] 比尔·盖茨. 未来之路[M]. 辜正坤，译. 北京：北京大学出版社，1996.

[11] 陈红松. 云计算与物联网信息融合[M]. 北京：清华大学出版社，2017.

[12] 志刚. 人工智能即服务：当人工智能遇到云计算[J]. 大众科学，2018（7）：44-45.

[13] 邱洁威. 国外商业模式理论研究综述（1929—1999）[J]. 福建论坛（社科教育版），2010，8：49-53.

[14] Morris M，Schindehutte M，Allen J. The entrepreneur's business model：Toward a unified perspective[J] Journal of Business Research，2003，58（1）：726-735.

[15] Stewart D W，Zhao Q. Internet marketing，business models，and public policy[J]. Journal of Public Policy & Marketing，2000，19（3）：287-296.

[16] Rappa M. Managing the digital enterprise：Business models on the web[EB/OL]. [2019-08-23]. http://digitalenterprise.org/models/models.html.

[17] Hamel G. Lead the Revolution[M]. Boston：Harvard Business School Press，2000：156-198.

[18] Hawkins R. e-Commerce Business Models[M]. Hoboken：Wiley，2015.

[19] Afuah A，Tucci C. Internet Business Models and Strategies：Text and Cases[M]. Boston：McGraw-Hill/Irwin，2001：32-33，196-201.

[20] Amit R，Zott C. Value creation in e-business[J]. Strategic Management Journal，2001，22（6/7）：493-520.

[21] Chesbrough H，Rosenbloom R S. The role of the business model in capturing value from innovation：Evidence from Xerox Corporation's technology spin-off companies[J]. Social Science Electronic Publishing，2002，11（3）：529-555.

[22] Yoon J L. Teleo 2.0：A new role and business model[J]. IEEE Communications Magazine，2010，45（1）：10-12.

[23] KMLab Inc. The role of the business model in capturing value from innovation：Evidence from Xerox corporation's technology spin-off companies[R]. Boston：Harvard Business School，2000.

[24] Linder J，Cantrell S. Changing business models：Surveying the lands cape[R]. Accenture Institute for Strategic Change，2000.

[25] Weill P，Vitale M R. Place to Space：Migrating to E-business Models[M]. Boston：Harvard Business School Press，2001：96-101.

[26] Dubosson-Torbay M，Osterwalder A，Pigneur Y. E-business model design, classification and measurements[J]. Thunderbird International Business Review，2002，44（1）：5-23.

[27] 王波，彭亚利. 再造商业模式[J]. IT 经理世界，2002（7）：2.

[28] Osterwalder A，Pigneur Y，Chirstopher L. Clarifying business models：Origins，present，and future of the concept[J]. Communications of the Information Systems，2005，15（5）：1-25.

[29] 雷万云. 云计算技术、平台及应用案例[M]. 北京：清华大学出版社，2011.

[30] 莱维·达尔. "危险"的包装[J]. 中欧商业评论，2012（8）：54-57.

[31] Young P T. Auditory localization with acoustical transposition of the ears[J]. Journal of Experimental Psychology，1928，11（6）：399-429.

[32] Schultz T W. The rate of return in allocating investment resources to education[J]. Journal of Human Resources，1967，2（3）：293-309.

[33] Li W S. New frontiers in information and software as services：Service and application design challenges in the cloud[J]. Lecture Notes in Business Information Processing，2009，74：1761-1768.

[34] 派恩 B J，吉尔摩 J H. 体验经济[M]. 毕崇毅，译. 北京：机械工业出版社，2016.

[35] Richardson L F. Weather Prediction by Numerical Process[M]. Cambridge：Cambridge University Press，1922.

[36] 张为民，唐剑锋，罗治国，等. 云计算深刻改变未来[M]. 北京：科学出版社，2011.

[37] Kavis M J. 让云落地-云计算服务模式（SaaS、PaaS 和 IaaS）设计决策[M]. 陈志伟，辛敏，译. 北京：电子工业出版社，2016.

[38] 本刊编辑部. 未来属于混合多云——《混合多云行业应用调查报告》节选[J]. 网络安全和信息化，2020（7）：45-54.

[39] 田江波，斯文，皮丽华，等. 边缘计算与云计算协同白皮书 2.0[R]. 边缘计算产业联盟（ECC）与工业互联网产业联盟（AII），2020.